Der Vietnamkrieg
im Fotoessay

AF720866

Judith Schulte

Der Vietnamkrieg im Fotoessay

Larry Burrows zwischen Propaganda und kritischer Kriegsfotografie

arthistoricum.net
FACHINFORMATIONSDIENST KUNST · FOTOGRAFIE · DESIGN

Über die Autorin

Judith Schulte ist Kunsthistorikerin mit den Schwerpunkten Fotografie, Mediengeschichte und Digital Humanities. Als Stipendiatin promovierte Sie an der a.r.t.e.s. Graduate School for the Humanities Cologne. Sie arbeitet als wissenschaftliche Referentin für europäische Forschungsinfrastrukturen für die Max Weber Stiftung – Deutsche Geisteswissenschaftliche Institute im Ausland in Bonn.

Die Dissertation wurde gefördert durch ein Promotionsstipendium der a.r.t.e.s. Graduate School for the Humanities Cologne.

Bibliografische Information der Deutschen Nationalbibliothek
Die Deutsche Nationalbibliothek verzeichnet diese Publikation in der Deutschen Nationalbibliografie; detaillierte bibliografische Daten sind im Internet über http://dnb.dnb.de abrufbar.

Dieses Werk ist unter der Creative Commons-Lizenz 4.0 (CC BY-SA 4.0) veröffentlicht. Die Umschlaggestaltung unterliegt der Creative-Commons-Lizenz CC BY-ND 4.0.

arthistoricum.net
FACHINFORMATIONSDIENST KUNST · FOTOGRAFIE · DESIGN

Publiziert bei arthistoricum.net,
Universitätsbibliothek Heidelberg 2019.

Die Online-Version dieser Publikation ist auf https://www.arthistoricum.net dauerhaft frei verfügbar (Open Access).
urn: urn:nbn:de:bsz:16-ahn-artbook-514-3
doi: https://doi.org/10.11588/arthistoricum.514

Text © 2019, Judith Schulte

Umschlagillustration: © Alexander Andrews

ISBN 978-3-947449-66-8 (Softcover)
ISBN 978-3-947449-65-1 (PDF)

Inhalt

Vorwort

Bei dieser Studie handelt es sich um eine leicht überarbeitete und gekürzte Fassung meiner Dissertation. Die ursprüngliche Fassung wurde im Januar 2017 an der Philosophischen Fakultät der Universität zu Köln im Fach Kunstgeschichte angenommen.

Besonderer Dank gilt meiner Doktormutter Prof. Dr. Ekaterini Kepetzis, die diese Arbeit und bereits meine Magisterarbeit in allen Phasen mit großem Interesse begleitet hat und die meine Neugier für Kriegsdarstellungen mit dem von ihr geleiteten Hauptseminar zur Kriegs- und Revolutionsdarstellung geweckt hat. Ebenso danke ich Herrn Prof. Dr. Stephan Grohé und Frau Prof. Dr. Ursula Frohne für die weitere Betreuung und Begutachtung. Ihnen verdanke ich wichtige Hinweise zur Ausrichtung der Arbeit.

Die Dissertation wurde ermöglicht mit einem Stipendium der a.r.t.e.s. Graduate School for the Humanities Cologne, deren interdisziplinäre Struktur diese Arbeit geprägt hat. Mein Dank gilt dem gesamten a.r.t.e.s.-Team und besonders Prof. Dr. Dr. h. c. Andreas Speer und Dr. Artemis Klidis-Honecker. Ohne die Finanzierung und Schaffung der Rahmenbedingungen, hierzu gehört auch die besonders familienfreundliche Atmosphäre und ein Arbeitsplatz zu jeder Tageszeit, wäre diese Arbeit nicht möglich gewesen. Für die vielen Anregungen und kritischen Diskussionen danke ich der Klasse „Wissen und Wissenschaft im interkulturellen Kontext“ unter Leitung von Prof. Dr. Stefan Grohé, Prof. Dr. Ralph Jessen und Prof. Dr. Jakob Vogel ebenso wie dem Kolloquium von Prof. Dr. Herta Wolf. Anregend war auch die Teilnahme an den Studientagen für Fotografie der Deutschen Gesellschaft für Photographie: „Ethik & Ästhetik. Die Verantwortung der Fotografie“, konzipiert und organisiert durch Dr. Angela Matyssek und Prof. Dr. Hubert Locher.

Für die Begleitung, Motivation und aufmerksame Diskussion danke ich neben anderen „ArtistInnen“ besonders Jule Schaffer und Francesca Valentini, meiner Arbeitsgruppe Franziska Bolz, Jennifer Crowley, Steffen Goldbecker, Corinna Kühn, Sarah Maupeu und Christiane Wanken. Für die Anregungen gerade zu Beginn der Promotionszeit und die Motivation zur Promotion danke ich Prof. Dr. Anna Pawlak sowie für die sorgfältigen Korrekturen dieser Druckfassung Elisabeth Ernst und Christoph Wiktorin.

Eine kunsthistorische Abhandlung ohne Abbildungen zu publizieren, stellt wohl einen Fauxpas dar, doch ist es leider immer noch schwer, eine Open-Access-Veröffentlichung mit Copyright-Forderungen zu vereinbaren. Das Copyright für das *Life*-Magazin wird von *Getty Images* verwaltet, die mit verschiedenen Restriktionen einer Open-Access-Publikation entgegenarbeiten. Da diese Restriktionen die gesamte Zahl der Hauptanalyseobjekte betreffen, habe ich mich entschieden, auf Abbildungen in Gänze zu verzichten. Sie, liebe Leserinnen und Leser, können jedoch über *Google Books* die diskutierten Essays einsehen. Die Suchmaschine zeigt Ihnen die entsprechenden Essays bei Eingabe zentraler Stichworte sowie dem Namen der Fotografinnen und Fotografen an. Außerdem ist eine Link-Liste im Anhang angefügt (leider handelt es sich nicht um Permalinks). Mein großer Dank gilt dem Team der Universitätsbibliothek Heidelberg, die diese Arbeit mit vielen Hilfestellungen über den Fachinformationsdienst Kunstgeschichte veröffentlichen.

I. Einleitung, Methode und Herleitung

1. Das Kriegsbild Vietnam zwischen Mythos und Wirklichkeit

Kriegsfotografien dienen oftmals nicht (nur) als dokumentarische Belege des Krieges oder von Kriegsverbrechen, sondern können zu Instrumenten der politischen Kriegsführung werden. Sie stehen in einem Spannungsfeld zwischen objektiver Berichterstattung einerseits und ethischer wie politischer Zensur andererseits und können ideologische, moralische und politische Bedeutung besitzen. Zwar sind die meisten Fotografien ambivalent lesbar, doch werden sie häufig entweder kriegskritisch oder -propagandistisch eingesetzt. Susan Sontag schreibt in ihrem vielbesprochenen Essay „Das Leiden anderer betrachten“:

> „Die unzähligen Gelegenheiten, bei denen man heute das Leiden anderer Menschen – aus der Distanz durch das Medium der Fotografie – betrachten kann, lassen sich auf vielerlei Weise nutzen. Fotos von einer Gräueltat können gegensätzliche Reaktionen hervorrufen. Den Ruf nach Frieden. Den Schrei nach Rache.“[1]

In der historischen Betrachtung und im Diskurs über Krieg und seine massenmediale Darstellung wird dem Vietnamkrieg eine Schlüsselrolle zugesprochen. Er gilt als medialer Wendepunkt und „Sonderfall“ der visuellen Kriegsberichterstattung[2] sowie als erster „living-room war“ in den USA.[3] Obwohl detaillierte Stu-

---

1 Sontag, Susan: Das Leiden anderer betrachten. Frankfurt am Main ²2008 (2003), S. 20.

2 Dies gilt für zahlreiche historische und medienwissenschaftliche Untersuchungen wie Paul, Gerhard: Der Vietnamkrieg als Sonderfall und Wendepunkt in der Geschichte der Visualisierung des modernen Krieges?, in: Thomas Knieper und Marion G. Müller (Hg.), *War Visions. Bildkommunikation und Krieg*, Köln 2005, S. 80–104. Vgl. Müller, Marion G. und Knieper, Thomas: Krieg ohne Bilder?, in: dies. (Hg.), *War Visions. Bildkommunikation und Krieg*, Köln 2005, S. 7–21, hier S. 12. Siehe zur Analyse des Status als Sonderfall auch Klein, Lars: Größter Erfolg und schwerstes Trauma. Die folgenreiche Idee, Journalisten hätten den Vietnamkrieg beendet, in: Ute Daniel (Hg.), Augenzeugen. Kriegsberichterstattung vom 18. zum 21. Jahrhundert, Göttingen 2006, S. 193–216, hier S. 211.

dien inzwischen belegen, wie eingeschränkt und idealisiert die US-Presse lange Zeit aus Vietnam berichtete und dass viele Bilder der Schrecken erst mit starker Verspätung oder auch gar nicht veröffentlicht wurden, dass die Kriegsdarstellung in der US-amerikanischen Presse viele Jahre durch freiwillige Zensur geprägt war,[4] hält sich der Mythos[5] der unzensierten Berichterstattung aus Vietnam konstant in der Öffentlichkeit und beeinflusst Kriegsberichterstattung bis heute.[6] Insbesondere die von US-amerikanischen Kriegsbefürwortern verbreitete „Dolchstoßlegende“, wonach der Krieg an der „Heimatfront“ verloren worden sei und die Fotografien den Krieg beendet hätten,[7] hierbei sind allen voran Bilder wie Eddie Adams „Exekution eines Vietkong“ oder Nick Úts „Napalm Girl“ zu nen-

3 Arlen, Michael J.: Living-Room War 1997 (1966). Erstmals als Krieg über das Fernsehen für 60 Prozent der US-Amerikaner zu verfolgen, siehe zur genaueren Darstellung der Fernsehberichterstattung Paul, Gerhard: Bilder des Krieges – Krieg der Bilder. Die Visualisierung des modernen Krieges. Paderborn 2004, S. 315; Knightley, Phillip: The First Casualty. The War Correspondent as Hero and Myth-Maker from the Crimea to Iraq. Baltimore 2004 (1975), S. 410; Hallin, Daniel C.: The „Uncensored War“. The Media and Vietnam. New York 1986, S. 124 f.

4 Siehe zur Presseberichterstattung: Hallin 1986 (wie Anm. 3); Wyatt, Clarence R.: Paper Soldiers. The American Press and the Vietnam War. Chicago 1995; Knightley, Phillip: The Eye of War. London [u. a.] 2003; Knightley 2004 (wie Anm. 3); Klein, Lars: Die „Vietnam-Generation“ der Kriegsberichterstatter. Ein amerikanischer Mythos zwischen Vietnam und Irak (= Göttinger Studien zur Generationsforschung, 7). Göttingen 2011.

5 Der Begriff „Mythos“ bezieht sich in dieser Arbeit in erster Linie auf überhöhte Darstellung der Vietnamfotografien. Sie orientiert sich an Roland Barthes‘ und Michael Griffins Mythosdefinition. Barthes, Roland: Mythen des Alltags. Berlin 2010 (1957), S. 252–316; Griffin, Michael: Media images of war, in: *Media, War & Conflict*, 3 (1), 2010, S. 7–41, hier S. 37., unter: <http://mwc.sagepub.com/content/3/1/7.full.pdf> (17.12.3013). Der Begriff bezeichnet eine Botschaft oder Version von Geschichte oder Ereignissen, die eine Kultur bedeuten oder die historische Ereignisse, Praktiken oder Artikulationen unter einem Sinn zusammenführt oder ihnen einen Sinn gibt (Barthes 2010, S. 294 f.) Er schließt auch die einer Gesellschaft nicht bewussten, kollektiven Bedeutungen mit ein. Sie kann im Grunde richtig sein, aber die Richtigkeit hat keine Relevanz auf den Status als kultureller Mythos, „seine Wirkung ist mutmaßlich stärker als die rationalen Erklärungen, die ihn kurz darauf wieder dementieren können.“ (Barthes 2010, S. 279).

6 Siehe genauer, auch zu der Politik der Folgekriege Griffin 2010 – Media images of war, S. 24.

7 Siehe für eine detaillierte Entkräftung dieser Legende Klein 2011 (wie Anm. 4), S. 296–304; Pentecost, Debra: War Photojournalism and Audiences. Making Meaning from Tragic Moments (Phil Diss. Vancouver 2002). Ottawa 2004, S. 132–154; Knightley 2004 (wie Anm. 3), S. 441–468.

nen, hatte weitreichende Folgen für den Fotojournalismus und die Deutung der Bilder.[8]
Bei späteren Konflikten oder Kriegseinsätzen versuchte die US-Regierung die Berichterstattung entweder stark zu kontrollieren oder vollständig zu vermeiden.[9] Während des Golfkriegs 1991 war ein Zugang zum Frontgeschehen für Journalisten nahezu unmöglich.[10] Stattdessen veröffentlichte das Militär eigene, automatisch generierte Bilder und Direktübertragungen aus Geschossperspektive, um konkrete Schrecken des Krieges auszublenden und im Gegenteil dazu mit einer distanzierten, depersonalisierten Ästhetik aufzuwarten.[11] So sollte das Bild eines Krieges vermittelt werden, bei dem dank präziser Bombardierung unnötiges Blutvergießen vermieden würde. Durch diese gezielte Informationslenkung wollte man die eigene und die Weltbevölkerung von der Rechtmäßigkeit des Kriegseinsatzes überzeugen.[12] Eine weitere Maßnahme zur Steuerung der Berichterstattung war die Einführung von *embedded journalists*. Dabei wurden ausgewählte Journalisten fest in eine Einheit des US-Militärs eingebunden und konnten von vor Ort berichten.[13]

Im Gegensatz zu dieser gelenkten Medienpolitik im 21. Jahrhundert und der offiziell zensierten Berichterstattung des Zweiten Weltkriegs wird die Situation in Vietnam oft als Idealfall für die Presse geschildert, da es keine derartige Zensur gegeben habe und sich dadurch eine freie, authentische und kritische Berichterstattung entwickeln konnte.

So schreibt der Historiker Michael Ploetz:

---

8 Vgl. Maccarthur, John R.: Die Schlacht der Lügen. Wie die USA den Golfkrieg verkauften. München 1993, S. 127 f; Paul 2005 – Der Vietnamkrieg als Sonderfall, S. 95.

9 Vgl. Schwarte, Kristina Isabel: Embedded Journalists. Kriegsberichterstattung im Wandel (= Einsprüche, 18). Münster 2007, S. 30 f.

10 Zur direkten Kontrolle der Berichterstattung bildeten die USA sogenannte Pools, bei denen man einige ausgewählte Journalisten in Militärstützpunkte ließ, die jedoch unter ständiger Beobachtung standen, sich nicht frei bewegen oder frei recherchieren konnten und bei einer Missachtung der auferlegten Regeln des Pools verwiesen wurden. Vgl. Schwarte 2007, S. 33–42.

11 Vgl. Frohne, Ursula: Media Wars. Strategische Bilder des Krieges, in: Annegret Jürgens-Kirchhoff (Hg.), *Warshots. Krieg, Kunst & Medien* (= Schriften der Guernica-Gesellschaft, Bd. 17), Weimar 2006, S. 161–185, hier S. 166; Paul 2004 (wie Anm. 3), S. 368 f.

12 Vgl. Schwarte: Embedded journalists, S. 48–52.

13 Siehe Jürgens-Kirchhoff, Annegret: Im Sucher. Der Moment des Todes – Zu Heiner Stadlers Film Warshots (1996), in: ders. (Hg.), *Warshots. Krieg, Kunst & Medien* (= Schriften der Guernica-Gesellschaft, Bd. 17), Weimar 2006, S. 119–130; Schwarte 2007 (wie Anm. 9), S. 91–94.

> „Dem Umstand, dass der Foto-Journalismus im Vietnam-Krieg auf Seiten der USA und ihrer Verbündeten kaum Einschränkungen unterlag, verdanken wir Aufnahmen von ungeheurer Authentizität, die das Kriegsgeschehen weitgehend ungefiltert widerspiegeln.“[14]

Der Historiker Gerhard Paul spricht den Fotografien „ein bislang ungekanntes Maß an Authentizität, Unmittelbarkeit und Direktheit“ zu.[15] Tim Parks, ein britischer Schriftsteller, weist am Beispiel einer von der *New York Times* von 2002 bis 2013 veröffentlichten Sammlung von Kriegsfotografien den Vietnambilder eine stärkere dokumentarische Kraft im Gegensatz zu den deutlich ästhetisierenden Bildern des 21. Jahrhunderts zu. Sie hätten die Gewalt unmittelbarer gezeigt:

> „[…] these are glamour pictures to be admired, rather than documentary images that give immediacy to violence and horror. […] we are a long, long way from the more sober black-and-white images that chronicled the Vietnam War in the same paper.“[16]

Die Fotografien aus dem Vietnamkrieg stehen somit heute für eine unmittelbare Gewaltdarstellung und für einen unabhängigen Journalismus, der bis heute vorbildhaft ist. So benennt der Kunsthistoriker Karl Otto Werckmeister „die Tradition, einer unabhängigen, ja kritischen Kriegsfotografie […], die dort seit dem Vietnamkrieg obligatorisch ist.“[17] Diese Darstellung findet sich jedoch nicht nur in Literatur und Forschung, sondern die den Fotografien durch die Rezeption zugeschriebene kritische Kraft beeinflusst auch zeitgenössische Fotografen.
Luc Delahaye betont am Beispiel von Larry Burrows die „Authentizität“ der Aufnahmen dank einer vermeintlichen Unmittelbarkeit der Fotografien und des

14 Ploetz, Michael: Rezension von: Pete Hamill: Vietnam. The Real War. A Photographic History by The Associated Press, New York 2013, in: *sehepunkte*, 13 (12), 2013, unter: <http://www.sehepunkte.de/2013/12/24140.html> (03.11.2015).

15 Paul 2004 (wie Anm. 3), S. 314. Fabian Rainer und Hans-Christian Adam formulieren in einer Bildzusammenstellung von Kriegsfotografien für den *Stern* noch deutlicher: „Im Gegensatz zu allen Kriegen zuvor wollten die Kriegsfotografen in Vietnam mit ihren Bildern krankmachen, aufstören, schockieren.“ Fabian, Rainer und Adam, Hans-Christian: Bilder vom Krieg. 130 Jahre Kriegsfotografie, eine Anklage. Hamburg 1983, S. 30.

16 Tim Parks kommentiert hier das Buch von Shields, David und Hickey, Dave: War is Beautiful. The New York Times Pictorial Guide to the Glamour of Armed Conflict. New York 2015. Parks, Tim: Pretty Violence, in: *NYR Daily* 21.12.2015, unter: <http://www.nybooks.com/daily/2015/12/21/pretty-violence-david-shields-war-is-beautiful/> (22.12.2015).

17 Werckmeister, Otto Karl: Der Medusa-Effekt. Politische Bildstrategien seit dem 11. September 2001. Berlin 2005, S. 31.

Wagemuts des Fotografen. Gleichzeitig unterstellt er, dessen Fotos seien ohne Kenntnisse von Fotografie- und Bildtradition entstanden:

> „Er ist ein wichtiger Photograf [sic!], denn er dokumentierte den Krieg ohne überflüssige Effekte und ohne diese schreckliche Sentimentalität, die generell das Kennzeichen der Fotografie und aktueller Reportagen ist. In der Epoche Vietnams wurden die Fotografen noch durch die Presse in der extremen Armut ihrer visuellen Kultur domestiziert. In dem Sinne schützte ihre „Naivität" ihre Fotografie dort, wo sie frei von ästhetischen Absichten, das Reale auf direkteste Weise fotografierten [sic!]. Ihre Fotografie war einfach das Zeichen ihrer Anwesenheit im Realen. Der körperliche Mut war der andere Teil dieser Fotografengeneration, und einige unter ihnen haben das mit ihrem Leben bezahlt."[18]

James Nachtwey als einer der bekanntesten heutigen Fotojournalisten weltweit beschreibt ebenfalls den großen Einfluss der Vietnambilder auf seine eigene Arbeit:[19]

> "One of the things that became very influential for me was photographs of the Vietnam war. The pictures from anonymous wire photographers, and the large bodies of work of Larry Burroughs [sic!] and Don McCullin, had a really strong effect on my consciousness, and that of the nation. I began to see documentary photography as a form of protest."[20]

Wie bereits diese wenigen Beispiele verdeutlichen, hat sich der Mythos der kritischen und freien Berichterstattung aus Vietnam im euroamerikanischen[21] Diskurs der Kriegsfotografie und des Fotojournalismus festgeschrieben. Den Fotografien aus Vietnam wird im Diskurs ein besonderer Realismus und eine stärkere

18 Delahaye, Luc: Der Adel der Kriegsfotografie. Ein Gespräch mit Heinz-Norbert Jocks, in: *Kunstforum* (165), 2003, S. 176–201, hier S. 197.

19 „Influenced by the work of still photographers during the Vietnam War and impressed by the power of photos to communicate the immediacy of events" Encyclopædia Britannica Online: *James Nachtwey*, unter: <http://www.britannica.com/biography/James-Nachtwey> (14.1.2016).

20 James, Simon: Interview. James Nachtwey, in: RPS Journal, 140 (2), 2000, S. 66–68, hier S. 67.

21 Der Begriff „euroamerikanisch" wird in dieser Arbeit synonym zu „westlich" oder auch „westlicher Kulturkreis" genutzt, wie dies heute im englischen Sprachgebrauch allgemein üblich ist, auch wenn sich der Begriff 1988 bei David Schneider auf weiße US-Amerikaner europäischer Abstammung bezog: Schneider, David M.: American Kinship. A Cultural Account. Chicago ^{2}1988 (1980). Unter euroamerikanisch oder westlich verstehe ich nicht nur den geografischen Raum, Europa und Nordamerika, sondern auch die gemeinsame historische und kulturelle Prägung.

dokumentarische Aussagekraft als anderen Kriegsfotografien zugesprochen. Sie gelten in der Rezeption als besonders authentisch und kritisch.

Dieser Mythos und einige der Fotografien, um die er sich rankt, werden in dieser Arbeit am Beispiel von Larry Burrows (1926–1971) untersucht, der von 1963 bis 1971 für das *Life*-Magazin in Vietnam fotografierte und dessen Fotografien, wie in den Zitaten von Delahaye und Nachtwey, als besonders einflussreich und authentisch benannt werden. Burrows' Fotografien werden bis heute stark rezipiert und lassen, da er über neun Jahre immer wieder berichtete, besonders gut Veränderungen in der Kriegsdarstellung erkennen.[22]

Woran kann diese besondere Authentizität der Fotografien und der zeitgenössischen Publikationen dieser Bilder festgemacht werden? Es soll hierfür der Begriff der „Authentizität" historisch hergeleitet und der Bezug zur Fotografie aufgezeigt werden. Um die Fotografien als „kritisch" beurteilen zu können, werden sie im Kontext der Veröffentlichung und in den Verlauf des Vietnamkriegs und der euroamerikanischen Berichterstattung eingebettet. Im Vordergrund steht die Frage, wie der Vietnamkrieg in US-amerikanischen Fotoessays, insbesondere in *Life*, und euroamerikanischen Fotoessays anhand von Fotografien konstruiert wurde und wie diese bis heute rezipiert werden. Welche Rolle nimmt hierbei der Fotograf als Persönlichkeit ein, oder welche Rolle wird ihm im Laufe der Rezeption zugewiesen? Bei der Nutzung von „euroamerikanisch" beziehe ich mich vor allem auf Renny Christopher, die sich in ihrer Analyse vietnamesischer Exilautoren und euroamerikanischer Texte mit der US-amerikanischen Stereotypisierung von Vietnamesen und der Dichotomie der Kriegsansichten auseinandersetzt. Sie stellt die dominante US-amerikanische Perspektive einer vietnamesischen gegenüber. Da in dieser Untersuchung insbesondere die US-amerikanische und europäische Sichtweise auf den Krieg im Vordergrund steht, erweist sich der Begriff als besonders passend.[23]

22 Horst Faas berichtete auch viele Jahre aus Vietnam. Doch da er für die Agenture *Associated Press* vor Ort war, wurden seine Fotografien oft einzeln und in vielen unterschiedlichen Medien veröffentlicht. Eine Überblicksbetrachtung ist nicht so gut möglich wie bei Burrows. Philip Jones Griffiths reiste erst spät nach Vietnam, als sich das Kriegsbild schon langsam verändert hatte. Sein Fotobuch „Agent Orange" deckt später die Folgen des Vietnamkriegs ab. Griffiths, Philip Jones: Agent Orange. ‚Collateral Damage' in Vietnam. London 2003.

23 Siehe Christopher, Renny: The Viet Nam War. The American War. Images and Representations in Euro-American and Vietnamese Exile Narratives. Amherst 1995.

2. Untersuchungsgegenstand und Quellenlage

Unter „Vietnamkrieg“ ist in diesem Zusammenhang der Zeitraum von 1957 bis 1975 des eigentlich über 30 Jahre andauernden Konflikts in dem Gebiet Vietnam, Laos und Kambodscha gemeint, der 1945 mit dem Widerstand der vietnamesischen Kommunisten und anderer Gruppierungen gegen die französischen Kolonialherren begann, sich 1957 nach dem Rückzug der Franzosen als Bürgerkrieg zwischen Nord- und Südvietnam fortsetzte und schließlich 1975 mit der Wiedervereinigung beider Landesteile nach Eroberung seitens nordvietnamesischer Truppen endete.

Das größte westliche Medieninteresse bestand während der Zeit US-amerikanischer Beteiligung, aus vietnamesischer Sicht der „Krieg der nationalen Erlösung von den Amerikanern“ (*Chien Tranh Chong My Cuu Nuoc*).[24] Eine beachtliche Anzahl Journalistinnen und Journalisten hatten Zugang zum Kriegsgeschehen, zeitweise waren über 600 internationale Reporterinnen und Reporter im Land,[25] hierunter auch zahlreiche Fotojournalistinnen und Fotojournalisten, die für unterschiedliche Zeitungen und Magazine, Agenturen oder auch frei tätig waren. Die Korrespondenten, die für die westliche Presse in Vietnam arbeiteten, waren bezüglich ihrer Arbeitsweise sehr heterogen.[26] Sie schrieben unter anderem für technische Journale, religiöse oder College-Zeitungen. Es gab bekannte Autoren, Korrespondenten für kleine städtische Verlage, erfahrene Korrespondenten, die schon aus Korea oder sogar dem Zweiten Weltkrieg berichtet hatten und auch Leute, die vorher noch nie als Kriegsberichterstatter tätig gewesen waren.[27]

Diese Untersuchung konzentriert sich bei der Analyse der Berichterstattung aus Vietnam auf Fotografien. Die Fotografie stellte, trotz der starken Präsenz des Fernsehens, ein wichtiges Medium für die Informationsvermittlung an eine breite Öffentlichkeit dar. So waren die kleinen Kameras in schwer zugänglichem Terrain sehr viel handlicher und leichter zu transportieren als große, sperrige Kameraausrüstungen und konnten somit ein umfassenderes Bild der Kriegsgescheh-

24 Vgl. Bradley, Mark: Vietnam at War. Oxford, New York 2009, S. 132.

25 Vgl. Paul 2004 (wie Anm. 3), S. 313.

26 Einen umfassenden Überblick über das Interesse der Journalisten an Vietnam und wann welche Zeitung Korrespondenten entsandte, findet sich bei Philip Knightley, auch wenn dies teilweise anekdotisch ist. Knightley 2004 (wie Anm. 3), S. 410–468.

27 Vgl. Knightley 2004, S. 441 f. Moeller verweist auch auf Fotojournalisten, die zuvor nie professionell mit einer Kamera gearbeitet haben: Moeller, Susan D.: Shooting War. Photography and the American Experience of Combat. New York 1989, S. 395.

nisse aufzeichnen. Dies änderte sich erst in den frühen 1970er-Jahren.[28] Fernsehteams berichteten deshalb viel von Saigon aus und höchstens von groß angekündigten Offensiven.[29]

Für das Verständnis des Fotojournalismus während des Vietnamkriegs ist die Unterscheidung zwischen *news photography* und *feature photography* zentral.[30] Dabei handelt es sich um eine fest verankerte und allgemeine Differenzierung im Journalismus, die bedeutsame Konsequenzen für die Arbeit und Vorgehensweise der Fotografinnen und Fotografen hat. Unter *news* versteht man Artikel, die in erster Linie Information beinhalten und auf nachweisbaren Fakten basieren, während *feature stories* als Artikel definiert werden, die auch Analysen und Emotionen enthalten.[31] Der Begriff der *feature photography* verweist somit auf die spätere Form der Publikation, in der die Fotografien erscheinen: die *feature story.*[32] Bereits in der Ausgabe seiner „History of Photography" von 1949 nimmt Beaument Newhall die Trennung zwischen *spot news photographs* und *feature stories* vor: „[...] showed two types of pictures: spot news photographs, supplied for the most part by news agencies, and feature stories, written and photographed to order."[33] Die *feature photography*[34] unterscheidet sich sowohl im Produktionsprozess, als auch in den publizierten Resultaten wesentlich von der Nachrichtenfotografie. Nicht das tagesaktuelle Einzelbild, sondern ausführlich recherchierte Themen werden als zusammenhängende Bildgeschichten veröffentlicht.

---

28 Vgl. Kennedy, Liam: „A Compassionate Vision". Larry Burrows's Vietnam War Photography, in: *Photography & Culture*, 4 (2), 2011, S. 179–194, S. 180.

29 Für eine umfassende Betrachtung des Kriegsbildes des Vietnamkriegs müssten Fernsehberichterstattungen mit einbezogen werden, wie dies bereits in Untersuchungen von Klein 2011 (wie Anm. 4) und Paul 2004 (wie Anm. 3) erfolgte, doch geht es in dieser Studie um die medienspezifische Darstellung im Fotojournalismus.

30 In der folgenden Darstellung wird der Schwerpunkt auf Fotografie gesetzt, auch wenn die Differenzierung zwischen *news* und *feature* auch andere Medien wie die Fernsehberichterstattung betrifft.

31 Vgl. Ricketson, Matthew: Writing Feature Stories. How to Research and Write Newspaper and Magazine Articles. Crows Nest 2004, S. 2.

32 Der Begriff „Reportagefotografie" ist tendenziell die deutsche Entsprechung der *feature photography*, da er journalistische Fotografie für größere Reportagen bezeichnet. Weil er jedoch häufig allgemein für Fotojournalismus verwendet wird, eignet sich der englische Name *feature photography* besser zur Abgrenzung von der Praxis der Nachrichtenfotografie zum Zweck der Information.

33 Newhall, Beaumont: The History of Photography. From 1839 to the Present Day. New York 1949, S. 230. Bei dem Buch handelt es sich um eine Überarbeitung des 1937 zur Ausstellung „Photography 1839–1937" (17.3.–18.4.1937) im Museum of Modern Art in New York erschienen Textes mit Illustrationen: „Photography: A short Critical History".

34 Der Begriff *„feature photography"* wird unübersetzt verwendet, da es in der Bedeutungsvielfalt, die der Begriff wiederspiegelt, keine deutsche Entsprechung gibt.

Es gab somit unterschiedliche Nachfragen und Produktionsprozesse, einmal für Langzeitreportagen oder für das tagesaktuelle Nachrichtenbild.

Die Nachfrage nach dem Nachrichtenbild wurde in erster Linie über die Agenturen gedeckt: Zur Zeit des Vietnamkriegs arbeiteten Fotojournalisten für Nachrichtenagentur wie *Associated Press* (AP) und *United Press International* (UPI) vor Ort und machten Nachrichtenbilder. Diese Fotografinnen und Fotografen mussten die tägliche Nachfrage an Bildern bedienen. Es ging in erster Linie darum, schnell zu sein.[35] Sie konnten die Bilder in der Regel nicht selbst sichten und wussten vorher nicht, in welchen Zusammenhängen die Bilder erscheinen würden. Die Agenturen sichteten das Bildmaterial und verkauften ausgewählte Bilder weiter. Sie hatten in der Regel mehrere und unterschiedliche Fotografinnen und Fotografen vor Ort stationiert.[36] Einige wie Horst Faas (1933–2012) waren jahrelang für AP vor Ort, während andere nur kurze Zeit dort arbeiteten. *Associated Press*, gegründet 1848, gilt heute als größte Nachrichtenagenturen der Welt mit Hauptsitz in New York. AP hatte ein Büro in Saigon, das über die Jahre stark wuchs und ab 1965 mit einer eigenen Radiotelegraphielinie in das New Yorker Büro ausgestattet war und mit einem kleineren Büro in Da Nang.[37] Das Büro in Saigon war Treff- und Anlaufpunkt für viele Journalisten, auch wenn sie nicht bei AP assoziiert waren. Auf dem Höhepunkt des Krieges von 1968 bis 1970 waren im Saigoner Büro ungefähr 30 Mitarbeiter für Fotografie, Nachrichten und Administration beschäftigt. Zusätzlich kamen noch temporäre Aufenthalte von Mitarbeitern.[38] Catherine Leroy (1954–2006), kam 1966 nur mit einem Hinflugticket mit einer Leica nach Saigon. Sie arbeitete als „Stringer" (freier Mitarbeiter) für AP. Wurde ein Bild angenommen, erhielt sie dafür 15 Dollar.[39] Die Journalistinnen und Journalisten arbeiteten in der Regel von dem meist ruhigen Saigon aus. Von dort aus konnten sie mit dem Militär in umkämpftere Regionen aufbrechen. Zum Teil hatten Zeitungen auch fest angestellte Fotografinnen und Fotografen vor Ort, die ihre Nachfrage nach *news photography* deckten.

Die für ein Magazin tätigen Fotografinnen und Fotografen hatten somit in Vietnam von Anfang an ein anderes Aufnahmeziel und konnten sich für ihre Arbeit mehr Zeit nehmen, als dies bei einer Agentur oder Zeitung möglich gewesen wäre. Oft begleiteten sie einen Journalisten und hatten mehr Möglichkeiten, das

---

35 Vgl. Moeller 1989 (wie Anm. 27), S. 354; Harrison, Norman K.: Press Photography in Practice. A Comprehensive Guide to Press Photography and Camera Journalism. London 1957, S. 11.

36 Vgl. Moeller 1989 (wie Anm. 27), S. 371.

37 Vgl. Associated Press: *AP 18.5 Saigon Bureau Records* Oktober 2006. The Associated Press Corprate Archives, S. 4 f.

38 Vgl. Associated Press Oktober 2006 – AP 18.5 Saigon Bureau Records, S. 7.

39 Fabian u. Adam 1983 (wie Anm. 15), S. 322.

Endergebnis zu beeinflussen, denn sie verkauften die Geschichten, und nicht nur Einzelbilder größerer Ereignisse.[40] Noch freier in seinen Entscheidungen waren die freien Fotografen.

Im Einzelnen hieß das aber auch, dass Reportagefotografinnen und -fotografen bei den wichtigen historischen Ereignissen nicht oder eher in Ausnahmen vor Ort waren,[41] weil sie nicht jede Meldung täglicher Auseinandersetzungen verfolgten, sondern für längere thematische Reportagen im Feld unterwegs waren. *Look,* neben *Life* lange Zeit (1937–1971) eines der großen Bildmagazine in den USA, hat beispielsweise keine Reportage zur Tet-Offensive[42] gebracht, einer der größten Militäraktionen im Vietnamkrieg. Diese feature *photography* wurde dann als Essays in Magazinen wie *Life*, *Look* oder *Paris Match* veröffentlicht. Das Fotobuch wurde in der Zeit auch mehr und mehr als eine Möglichkeit für Fotografinnen und Fotografen entdeckt, ihre eigene Auswahl und Textbegleitung zu den Fotografien zu veröffentlichen.[43] Insbesondere für die Kriegsfotografie, bei der durch direkte und indirekte Zensur viele Fotografien nicht veröffentlicht wurden, war das eine Möglichkeit für Fotografinnen und Fotografen, die eigene Position zu publizieren. Viele der Fotografinnen und Fotografen nutzten unterschiedliche Publikationswege und Formen. Horst Faas Fotografien wurden von AP einzeln vertrieben, es erschienen aber auch ganze Fotoessays mit seinen Bildern.[44]

Die vielen Fotografinnen und Fotografen waren unterschiedlich lang vor Ort und kamen zu unterschiedlichen Zeiten, wenige waren über lange Zeit oder immer wieder in Vietnam unterwegs.[45] Viele fotografierten auch erst gegen Ende der 1960er-Jahre, als ein besonders großes Medieninteresse bestand.[46] Der Fotograf Larry Burrows berichtete über den Zeitraum von 1962 bis 1971 regelmäßig für *Life* aus Vietnam und deckt somit fast die gesamte Zeit der US-amerikanischen Intervention in Vietnam mit seinen Fotografien ab. Deshalb eignen sich Burrows' Vietnambilder besonders für eine detaillierte Analyse von Fotoessays.

---

40 Harrison 1957 (wie Anm. 35), S. 47.

41 Vgl. zur Unterscheidung von feature photography und Nachrichtenfotografie Moeller 1989 (wie Anm. 27), S. 403–405.

42 Siehe zur Tet-Offensive auch Kapitel II.4 im Unterkapitel „Langsamer Umbruch".

43 Mary Panzer verweist darauf, dass in den 1960er Jahren immer mehr Fotografen das Fotobuch als günstige Form erkannten, ihre Fotoessays zu veröffentlichen, Panzer, Mary: Introduction, in: Mary Panzer und Christian Caujolle (Hg.), *Things as They Are. Photojournalism in Context since 1955*, New York 2005, S. 8–33, hier S. 25.

44 Faas, Horst: New Fury in Vietnam, in: *Life*, 59 (1), 2.7.1965, S. 30–40A.

45 Hier sind vor allem Horst Faas (AP) und Larry Burrows (*Life*) zu nennen, viele andere waren auch immer wieder vor Ort wie u. a. Co Rentmeester, Tim Page, Catherine Leroy.

46 Wie beispielsweise Philip Jones Griffiths (Magnum), Don McCullin.

Außer ihm war wohl nur der Fotograf Horst Faas über einen so langen Zeitraum immer wieder vor Ort. Horst Faas war als Leiter des AP-Büros auch eine zentrale Figur der Vietnamkriegsberichterstattung und ist der *news photography* zuzuordnen. Seine Fotografien sind deshalb einzeln an unterschiedliche Publikationsorgane verkauft worden und lassen so, einen Überblick über die einzelnen Publikationen nicht in dem Maße zu wie dies bei Burrows der Fall ist. Larry Burrows Fotografien lassen sich den Entstehungsphasen der einzelnen Essays zuordnen. Sie erschienen mehrfach auf dem Cover des Magazins und waren Teil zahlreicher Fotoessays zum Vietnamkrieg. Burrows gilt mit W. Eugene Smith (1918–1978) und Leonard McCombe (1923–2018) als einer der großen „Meister der Form" und des Fotoessays bei *Life*.[47]

Da Larry Burrows' Fotografien die Grundlage für zahlreiche Fotoessays über den Verlauf der US-amerikanischen Beteiligung am Krieg bilden, eignen sich seine Fotografien besonders um das US-amerikanische Kriegsbild, so wie es in *Life* gezeichnet wird, zu beobachten und herauszuarbeiten, wie und ob es sich im Laufe des Krieges verändert. Anhand dieses Hauptuntersuchungsgegenstandes wird das euroamerikanische Kriegsbild im Fotoessay analysiert und in drei Phasen eingeteilt. Insbesondere für die letzte Phase, hier benannt als „Neues Interesse an Vietnam" lassen sich zahlreiche Vergleichsbeispiele aus anderen Magazinen aufzeigen.[48] In dieser Zeit entstanden auch einige Fotobücher von Fotografen,[49] von denen das von Philip Jones Griffiths (1936–2008) (Agentur *Magnum*) zum Vergleich genauer untersucht wird.

Larry Burrows begann mit 16 Jahren als Dunkelkammerassistent bei *Life* in London, wo er während des 2. Weltkriegs auch mit Robert Capa, George Rodgers, Ralph Moerse und Frank Schersel in Kontakt kam.[50] In den 1950er-Jahren arbeitete er als Drucker und freier Fotograf für den gleichen Arbeitgeber. Er fotografierte unterschiedliche Themenbereiche, neben Politik, Konflikten und Persönlichkeiten auch Kunst großer europäischer Museen.[51] Ab 1961 bis zu seinem tragischen Tod 1971 war er als fester Fotograf für *Life* in Hongkong stationiert.

47 Cookman, Claude Hubert: American Photojournalism. Motivations and Meanings. Evanston 2009, S. 159.

48 Genauer untersucht wird Leroy, Catherine: This is that war, in: *Look*, 32 (10), 14.5.1968, S. 24–32.

49 Donald McCullin: The Destruction Business. London 1971; Duncan, David Douglas: I protest. New York 1968; Duncan, David Douglas: War Without Heros. New York 1970; Griffiths, Philip Jones: Vietnam Inc. New York, London 1971.

50 Page, Tim: Vietnam Through the Lens of Larry Burrows, in: *MHQ: the quaterly journal of military history*, 22 (3), 2010, S. 72–83, hier S. 75.

51 Anders als von Mary Warner Marien angegeben, fotografierte Burrows nicht wie David Douglas Duncan bereits im Koreakrieg. Warner Marien, Mary: Photography. A Cultural History. London 2010, S. 339.

In dieser Zeit berichtete er hauptsächlich über Vietnam, machte aber auch immer wieder Station in anderen Ländern, um über Sehenswürdigkeiten (bspw. Taj Mahal oder Angkor Wat), Politik oder regionale Konflikte (Malaysia, Indien und Neu Guinea) zu berichten.[52] Larry Burrows war bekannt dafür, immer auf dem neuesten Stand der Technik zu sein und immer mehrere unterschiedliche Kameras griffbereit zu haben.[53] Wie viele andere Fotografen in Vietnam arbeitete Burrows mit Entfernungsmessern von Leica und Nikon Fs. sowie mehreren Linsen, darunter 21, 28, 35, 50, 85, 105 und 200 mm.[54]

Larry Burrows' Fotografien sind im Bereich der *feature photography* anzusiedeln. Er war fest angestellt für *Life* tätig und seine Fotografien zielten auf die Entstehung von Fotoessays als Gesamtprodukte ab, in denen versucht wurde, bestimme Aspekte des Krieges zu dokumentieren und herauszustellen. Für diese Untersuchung wird der historische Publikationskontext einiger zentraler Fotoessays und deren Rezeption in den Vordergrund gestellt.[55] So lassen sich nicht nur Schlüsse über einen einzelnen Fotografen, sondern durch die breitere politische Kontextualisierung auch über einige Akteure und Diskurse sowie über die praktizierte Propaganda während des Vietnamkriegs ziehen. Hierfür ist es notwendig, die Entstehungsgeschichte und Tradition des Fotoessays offenzulegen und die Zusammenarbeit bei *Life* als ein Zusammenspiel unterschiedlicher Akteure zu kennzeichnen. Außerdem ermöglicht die Einordnung in genutzte Bildmuster und -traditionen Aussagen über die Entwicklungen im Fotojournalismus und erlauben so Rückschlüsse auf aktuelle Tendenzen.

In Anbetracht der *embedding*-Strategie der US-Regierung im Afghanistankrieg und zweiten Irakkrieg[56] als privilegierte Auswahl von Journalisten zur Lenkung der Bildberichterstattung in gewünschte Sichtweisen auf den Krieg,

---

52 Vgl. Burrows, Larry: Vietnam (Introduction von David Halberstam). London 2002, S. 226.

53 Vgl. Page, Tim: Tim Page's Nam. Introduction by William Shawcross. London 1983, S. 74; Page 2010 – Vietnam Through the Lens, S. 74.

54 Vgl. Moeller 1989 (wie Anm. 27), S. 368.

55 Es wird nur die konkrete historische Rezeption der Fotografien untersucht. Die gesamte massenkulturelle Rezeption des Vietnamkriegs ist in den USA sehr vielschichtig. Siehe hierfür Jeffrey Walsh und James Aulich (Hg.): *Vietnam Images. War and Representation.* London 1989; Linda Dittmar und Gene Michaud (Hg.): *From Hanoi to Hollywood. The Vietnam War in American film.* New Brunswick 1990; Martin, Andrew: Receptions of War. Vietnam in American Culture (= Oklahoma project for discourse and theory, 10). Norman 1993; Holert, Tom und Terkessidis, Mark: Entsichert. Krieg als Massenkultur im 21. Jahrhundert. Köln ^{2}2003, S. 23–68; Gustainis, J. Justin: American Rhetoric and the Vietnam War. Westport 1993.

56 Mit Irakkrieg wird die Besetzung des Irak von den USA, Großbritannien u. a. in der Zeit von 2003 bis 2011 bezeichnet. Afghanistankrieg meint die Invasion Afghanistan durch alliierte Truppen seit 2001.

wurde der Vietnamkrieg als Untersuchungsgegenstand gewählt. Ähnlich wie der *embedded journalist* in Anbindung an eine stationierte Einheit agiert, war eine Berichterstattung vor Ort in Vietnam nur durch Kooperation mit dem Militär und mit dem Begleiten von Einheiten möglich. Diese Arbeit liefert einen Ansatzpunkt, die Bildrhetorik und Bildmuster, mit denen der Vietnamkrieg in der Presse dargestellt wurde und heute in Fotobüchern und Museen rezipiert wird, besser zu verstehen und sie im Kontext der Kriegsfotografie deuten zu können. Es wird auf die Frage eingegangen, inwieweit die untersuchten Fotografien wichtige Anknüpfungspunkte für Bildproduktionen während des Irak- und Afghanistankrieges bilden. Können aus den Darstellungsmustern des Vietnamkriegs Rückschlüsse auf die Darstellungskonventionen des globalen Fotojournalismus, wie er bis heute praktiziert wird, gezogen werden?

Für die Analyse werden diese Fotoessays im Kontext der Gesamtdarstellung des Vietnamkriegs aus westlicher Perspektive eingebettet. Als Grundlage für die vorliegende Arbeit wurden weitere Magazine gesichtet oder zumindest teilwiese mit einbezogen (*Look, Sunday Times, National Geographic, Paris Match, Stern*). Ebenso wurden zahlreiche anderweitig veröffentlichten Vietnamfotografien sowie zeitnah publizierte Fotobücher von Philip Jones Griffiths (1936–2008) und David Douglas Duncan (1916–2018) berücksichtigt.

Die Analyse stützt sich auf die publizierten Magazine[57] und Fotobücher[58], sowie auf weiteres veröffentlichtes Material[59] und Ausstellungen,[60] aber auch Informationen durch Russel Burrows, der einen Teil des Nachlasses von Larry Burrows verwaltet, und einiger Stiftungen.[61] Diethart Kerbs verweist in seiner Untersuchung zur Berliner Pressefotografie auf die Schwierigkeiten, die sich solchen Untersuchungen gerade in Hinblick auf die Sichtung und Verteilung des Materials stellen.[62] Die für die Fragestellung des Projektes relevanten Magazine

57 Die wichtigsten sind *Life*, *Look*, *Stern*, *Berliner Illustrierte Zeitung, Paris Match* u. a.

58 Burrows 2002 (wie Anm. 52); Griffiths 1971 (wie Anm. 49); Duncan 1970 (wie Anm. 49); Catherine Leroy (Hg.): *Under Fire. Great Photographers and Writers in Vietnam.* New York 2005; Larry Burrows: Larry Burrows. Compassionate Photographer. New York 1972.

59 Moeller 1989 (wie Anm. 27); Getty Images International, unter: <http://www.gettyimages.de> (28.7.2016).

60 Horst Faas und Peter Arnett (Hg.): *Requiem. By the Photographers who Died in Vietnam and Indochina.* New York, London 1997; Page 2010 – Vietnam Through the Lens.

61 Informationen vom *Overseas Press Club*, von *World Press Photo* und Informationsmaterial aus dem Saigon-Büro von *Associated Press* und zuletzt auch der *Dotation Catherine Leroy*.

62 Siehe ausführlich Kerbs, Diethart: Zur Geschichte der Berliner Pressefotografie im ersten Drittel des zwanzigsten Jahrhunderts, in: Diethart Kerbs und Walter Uka

konnten alle gesichtet werden. Das zugängliche Material für die Entstehung einiger der Fotografien und Essays wurde, soweit möglich, in die Untersuchung einbezogen, so dass schlaglichtartig die Hintergründe der Essays beleuchtet werden können. Da der Fokus der Untersuchung auf dem Diskurs und der Rezeption und somit auf dem veröffentlichten Endergebnis der Produktion liegt, erwiesen sich diese Quellen als ausreichende Grundlage für diese Studie. Wie Diethart Kerbs und Walter Uka am Beispiel der frühen deutschen Pressefotografie im 20. Jahrhundert deutlich machen, sollten zum Verständnis von Pressefotografien drei Bereiche analysiert werden:

> „1. die illustrierten Zeitungen, Zeitschriften und Magazine (die Verlage, Redaktionen und Druckereien)
> 2. die Fotografen, Bildredakteure und Agenturleiter und
> 3. die Fotografien selbst“[63]

In dieser Studie wird ein umfassenderes Bild über die *feature photography* zur Zeit des Vietnamkriegs vorgelegt, als es in der bisherigen Forschung zu diesen Bildern geliefert wird, indem sie sich intensiver mit der Produktion von Fotoessays in der *Life*-Redaktion beschäftigt und dies mit den einzelnen Essays und ihrer bildrhetorischen Analyse zusammenführt. Es war im Rahmen der Arbeit jedoch nicht möglich, ein komplettes Bild der Entstehungssituation aller einzelnen Essays zu ermitteln.[64] Dies hängt zum einen mit der Menge des Korpus und der beteiligten Akteure, aber auch mit dem teilweise schlecht zugänglichen Material[65] und dem lückenhaften Forschungsstand zusammen. So können über die

(Hg.), *Fotografie und Bildpublizistik in der Weimarer Republik*, Bönen 2004, S. 29–48, hier S. 29–31.

63 Uka, Walter: Die Modernisierung der Pressefotografie. Zur Geschichte der Bildreportage in der Weimarer Republik, in: Elke Grittmann, Irene Neverla und Ilona Ammann (Hg.), *Global, lokal, digital. Fotojournalismus heute*, Köln 2008, S. 238–252, hier S. 238 f. Siehe auch Kerbs 2004 – Zur Geschichte der Berliner Pressefotografie, S. 39.

64 Zahlreiche weitere Aufnahmen von Larry Burrows, über die Fotoessays in *Life* hinaus, sind über das Online-Archiv von *Getty Images* einsehbar: <www.gettyimages.de> (17.11.2015). Susan D. Moeller war es im Rahmen ihrer Dissertation in den 1980er-Jahren möglich, einen Teil von Larry Burrows‘ Notizen und Telegrammen mit dem Verlagshaus zu sichten und teilweise zu publizieren: Moeller 1989 (wie Anm. 27).

65 Die Archive von *Time Inc.* und *Magnum* sind nicht öffentlich zugänglich und werden nur ausgewählten Personen zugänglich gemacht. Beide haben ein Interesse daran, die Rezeption in großen Teilen selber zu steuern (siehe hierzu auch Kapitel III.2). Auch Wendy Kozol kritisiert, ihr wurde nicht gewährt, andere „Letters to the editor“ im Archiv einzusehen, um die Auswahl zu überprüfen. Kozol, Wendy: Life’s America.

einzelnen Bildredakteure und Agenturleiter nur wenig Aussagen getroffen werden. Was diese Arbeit dennoch liefern kann, ist eine differenzierte Einordung des Materials in die Presselandschaft zur Zeit des Vietnamkriegs, eine Differenzierung der unterschiedlichen Bereiche und Darstellungskonventionen des Fotojournalismus und der Kunst und eine detaillierte Analyse einzelner Fotografien im Kontext des gesamten Essays, so dass zwar kein kompletter, aber doch ein weiter Überblick entsteht, dessen Ergebnisse den Ausgangspunkt für übergreifendere Überlegungen zum Fotojournalismus bilden.

Family and Nation in Postwar Photojournalism. Philadelphia 1994, S. 48. Anfragen der Autorin blieben unbeantwortet.

3. Kriegsfotografien als Sammlungs- und Ausstellungsobjekte

Wie zahlreiche Ausstellungen zum Thema Krieg und Gewalt verdeutlichen, befassen sich insbesondere Künstlerinnen und Künstler wie Kuratorinnen und Kuratoren mit der visuellen Darstellbarkeit von Krieg.[66] Nicht nur die primär künstlerische Beschäftigung mit Krieg ist hierbei von Interesse, sondern auch die kritische Auseinandersetzung mit der medialen Darstellung des Krieges. Welche Rolle spielen Kriegsfotografien[67] in der Gesellschaft? Wo und wie werden sie rezipiert? Ist ein Foto- oder Bildjournalist, wie es die Bezeichnung sagt, ein Journalist oder auch ein Künstler? Ist ein Foto mit einer Referenz auf ein reales Kriegsereignis ein Dokument oder ein ästhetisches Objekt? Wer sich mit Kriegsfotografien beschäftigt, stößt auf einen widersprüchlichen Diskurs, in dem es offenbar relevant ist, Kriegsfotografien in die Kategorien „Kunst“ oder „Fotojournalismus“ einzuteilen.

Der Glaube an die Fotografie als mechanisches, objektives Dokument im 19. Jahrhundert bestimmte für lange Zeit die Vorstellung von einer Trennung zwischen der Fotografie mit Dokumentcharakter und Fotografie als Kunst, wie sie

---

66 Ausst. Kat.: M_ARS. Kunst und Krieg, Graz, Neue Galerie am Landesmuseum Joanneum, 10.1.–26.3.2003. Ostfildern-Ruit 2003; Ausst. Kat.: Attack! Kunst und Krieg in den Zeiten der Medien, Wien, Kunsthalle, 23.5–21.9.2003. Göttingen 2003; Ausst. Kat.: MyWar. Participation in an Age of Conflict, Partizipation in Kriegszeiten, Liverpool, Foundation for Art and Creative Technology, 12.3.–30.5.2010; Oldenburg, Edith Russ Haus, 10.6.–29.8.2010. Heidelberg 2010; Ausst. Kat.: Covering the real. Kunst und Pressebild, von Warhol bis Tillmans, Basel, Kunstmuseum, 1.5.–21.8.2005. Köln 2005; Ausst. Kat.: Beautiful Suffering. Photography and the Traffic on Pain, Williamstown, Williams College Museum of Art, 28.1.–30.4.2006. Chicago 2007; Ausst. Kat.: Serious Games. Krieg, Medien, Kunst, Darmstadt, Mathildenhöhe, 27.3–24.7.2011. Darmstadt 2011; Ausst. Kat.: Bild gegen Bild, München, Haus der Kunst, 10.6.–16.9.2012. Köln 2012; Ausst. Kat.: War/Photography. Images of Armed Conflict and its Aftermath, Houston, Museum of Fine Arts, 11.9.2012–3.2.2013; Los Angeles, Annenberg Space for Photography, 23.3.–2.6.2013; Washington D.C., The Corcoran Gallery of Art, 29.6.–29.9.2013; New York, Brooklyn Museum, 8.11.2013–2.2.2014. New Haven 2012; Bilderschlachten. 2000 Jahre Nachrichten aus dem Krieg, Osnabrück, Museum Industriekultur, Kunsthalle Dominikanerkirche, Erich-Maria-Remarque-Friedenszentrum, 22.4.– 4.10.2009. Göttingen 2009; Ausst. Kat.: Krieg/Individuum, Münster, Ausstellungshalle Zeigenössische Kunst, 20.2.–25.4.2010. Berlin 2010.

67 In Anlehnung an Bernd Hüppauf fasst der Begriff der „Kriegsfotografie“ in dieser Studie kein eigenes Genre, sondern unter einem „weit gefassten, nicht-militärischen Kriegsbegriff“ auch Fotografien, die keine direkte Kriegshandlung und Gewalt zeigen. Hüppauf, Bernd: Fotografie im Krieg. Paderborn 2015, S. 78.

von den Piktorialisten inszeniert wurde.[68] In den Schriften dieser Zeit taucht immer wieder die Formulierung einer unvermittelten Einschreibung der Natur auf. In den Begriffen „Heliografie“[69] Joseph Nicéphore Niépces und „Zeichenstift der Natur“[70] von William Talbot wird die menschliche Handlung ausgeklammert und die vermeintlich direkte Handschrift des Lichtes betont. Dies verhilft dem Foto zu dem Status eines Dokuments und Zeugnisses.[71] Inwiefern die Trennung zwischen den Genres der „objektiven (wissenschaftlichen)“ und „subjektiven (künstlerischen)“ Fotografie verbreitet war, zeigen Daston und Gallison am Beispiel des kalifornischen Fotografen Eadweard Muybridge, der seine Landschaftsbilder bedenkenlos retuschierte, aber einen Skandal hervorrief als er dies auch mit seinen als wissenschaftlich anerkannten Fotografien eines galoppierenden Pferdes tat.[72]

Seit den 1960er-Jahren verschwimmen die Grenzen zwischen Fotojournalismus und Kunst jedoch zunehmend. Kriegsfotografien dienen demnach nicht mehr nur als Presse- und Reportagefotos in den Massenmedien zur Propaganda und zur Vermittlung von Gewalt im Tagesgeschehen oder als Dokumentation vor Gericht. Sie sind zu Ausstellungs- und Sammlungsstücken geworden[73] mit dem Zweck einer übergreifenden Auseinandersetzung im Verhältnis Kunst und Krieg sowie Gewalt und Ästhetik.[74] Heute ist allgemein anerkannt, dass Fotografien

---

68 Holschbach, Susanne: Im Zweifel für die Wirklichkeit – Zu Begriff und Geschichte dokumentarischer Fotografie, Holschbach, Susanne (Hg.), *Wirklich wahr! Realitätsversprechen von Fotografien.* Ausst. Kat. Essen, Ruhrlandmuseum. 6.6.–26.9.2004, Ostfildern-Ruit 2004, S. 23–30, hier S. 24 f.

69 Warner Marien 2010 (wie Anm. 51), S. 11.

70 Talbot, William Henry Fox: The Pencil of Nature. München 1844 (1844).

71 Vgl. Sekula, Allan: On the Invention of Photographic Meaning [1974], Sekula, Allan (Hg.), *Photography Against the Grain. Essays and Photo Works 1973–1983*, Bd. 13. Ausst. Kat. Ohio State University Gallery of Art. 1984, Halifax 1984, S. 3–21, hier S. 5. Auch wenn das Fotografieren hohes mechanisches Können bedurfte und einen ästhetisch geschulten Blick voraussetzte und im 19. Jahrhundert „Photographen, Wissenschaftler und ihr Publikum genau wußten, wie gut Photos verfälscht, retuschiert oder auf andere Art manipuliert werden konnten“, ebenso wie Daston, Lorraine und Galison, Peter: Photographie als Wissenschaft und Kunst [2007], in: Bernd Stiegler (Hg.), *Texte zur Theorie der Fotografie*, Stuttgart 2010, S. 59–70, hier S. 65 f.

72 Vgl. Daston, Galison 2010 – Photographie als Wissenschaft und Kunst, S. 64 f.

73 Auch die frühen Kriegsfotografien von Roger Fenton bspw. waren als Ausstellungsstücke konzipiert, vgl. Freund, Gisèle: Photographie und Gesellschaft. Reinbek bei Hamburg 1974 (1974), S. 117–119.

74 Vgl. Matthias, Agnes: Die Fotografie, der Krieg und das Feuilleton. Künstlerische und journalistische Positionen im Widerstreit, in: *Fotogeschichte*, 24 (94), 2004, S. 43–56, hier S. 43 f; Matthias, Agnes: Die Kunst, den Krieg zu fotografieren. Krieg in der künstlerischen Fotografie der Gegenwart (Phil. Diss. Tübingen 2003). Marburg 2005, S. 91.

polyvalent einsetzbar und verschiedene Gebrauchsweisen möglich sind.[75] Bei solchen Ausstellungspraktiken tritt der politische und historische Kontext der Bilder stärker zurück und ästhetische Kategorien werden wichtiger. Diese Wahrnehmung unter vornehmlich ästhetischen Gesichtspunkten erlaubt eine ganz andere Sortierung und Lesart der Fotografien. „Das Pressefoto als zeitgeschichtliches Dokument wird zum Objekt einer allgemeineren Reflexion, zum exemplarischen Bild der Realität des Krieges."[76] Die Bereiche und Funktionen der Fotografien überlappen sich und Fotografien aus unterschiedlichen Zusammenhängen werden gemeinsam in Ausstellungen gezeigt, ohne eine visuelle oder thematische Trennung vorzunehmen. Durch das bereits geschilderte Interesse an der medialen Darstellung von Krieg werden insbesondere Kriegsfotografien im 21. Jahrhundert häufig in Museen und Galerien präsentiert.[77]

So wurden beispielsweise in der Ausstellung „M_ARS. Kunst und Krieg", fotojournalistische Aufnahmen neben künstlerischen Auseinandersetzungen mit Krieg gezeigt und erfuhren somit eine Neukontextualisierung.[78] Die Ausstellung „Beautiful Suffering"[79] summierte Arbeiten von unterschiedlichen Fotografinnen und Fotografen zur Thematisierung der Debatte über eine Ästhetisierung von Gewalt und Krieg in der Fotografie. In der Ausstellung „Zeichen gegen den Krieg. Antikriegsplastik von Lehmbruck bis heute", die 2014/15 im Lehmbruckmuseum in Duisburg gezeigt wurde, wurden auch Fotografien von Anja Niedrin-

75 Vgl. Runge, Evelyn: Glamour des Elends. Ethik, Ästhetik und Sozialkritik bei Sebastião Salgado und Jeff Wall (Phil. Diss. München 2010). Köln 2011, S. 117, 246.

76 Meincke, Guido: Anja Niedringhaus. At War 2002–2009, Meincke, Guido (Hg.), *Zeichen gegen den Krieg. Antikriegsplastik von Lehmbruck bis heute.* Ausst. Kat. Duisburg, Stiftung Wilhelm Lehmbruck Museum. 11.9.2014–1.2.2015, Köln 2015, S. 118–124, hier S. 122.

77 Beispielhaft sei hier nur eine kleine Auswahl genannt: Ausst. Kat.: Engaged Observers. Documentary Photography Since the Sixties, Los Angeles, J. Paul Getty Museum, 29.6.–14.11.2010. Los Angeles 2010; Ausst. Kat.: This is War. Robert Capa at Work, New York, International Center of Photography, 26.9.2007–6.1.2008; London, Barbican, 9.10.2008–25.1.2009; Mailand, Forma, 28.3.–21.6.2009. u. a. New York, Göttingen 2007; Huet, Henri; Faas, Horst und Gédouin, Hélène: Henri Huet. „j'étais photographe de guerre au Viêtnam". Paris 2006; Tucker, Michels, Zelt, War/photography 2012; L'ombre de la guerre, Paris, Maison Européenne de la Photographie, 29.6.–25.9.2011. Paris 2011. Visible War, Nürnberg Künstlerhaus-Kulturzentrum K4, 22.9.–29.10. 2005.

78 In der Ausstellung wurden Bilder von Stanley Greene aus Grozny in Tschetschenien und Anja Niedringhaus aus Albanien, Bosnien und dem Kosovo, jeweils mit einer kurzen Kontextualisierung gezeigt. Fotografien von James Nachtwey wurden, zumindest im Katalog, nicht mehr kontextualisiert, sondern nur als zugehörig zu der Serie „The Passion of Islam" gekennzeichnet. Siehe Weibel, M_ARS 2003, S. S. 189–191, 360–369.

79 Reinhardt, Edwards, Duganne, Beautiful suffering 2006/2007 (wie Anm. 66).

ghaus (1965–2014) ausgestellt. Niedringhaus war als Fotografin für die Agenturen *European Press Photo Agency* und AP in Krisengebieten tätig. Sie wird im Katalog als eine von 21 Künstlerinnen und Künstlern geführt,[80] auch wenn dort eine vielsagende Relativierung vorgenommen wird: „Ob diese Fotos Kunst sind, als solche gelten wollen oder können, darf hierbei offenbleiben."[81] Im Museum Kunstpalast wurde 2019 eine Ausstellung „Fotografinnen an der Front. Von Lee Miller bis Anja Niedringhaus" gezeigt. Ebenso sind Kriegsfotografien und Fotobücher zum Thema Krieg zu Sammlungsobjekten geworden. So werden die Fotografien von Philip Jones Griffith beispielsweise von der Art Collection der Deutschen Börse als ästhetische Beispiele der Dokumentar- und Reportagefotografie gesammelt. Der Versicherungswert der gesamten Sammlung hat sich in den letzten Jahren verdreifacht.[82]

Durch Ausstellungen wie „M_ARS. Kunst und Krieg" treten Fragen nach der visuellen Darstellung von Gewalt in den Vordergrund der Lesart. Wie werden Krieg und Gewalt in den Bildern selbst visualisiert und präsentiert? Mit welcher Bildrhetorik arbeiten sie und auf welche Bildtraditionen greifen sie zurück? Dass die Wahrnehmung von Fotografien unter rein ästhetischen Prämissen und innerhalb von Kategorien einer traditionellen Kunstgeschichtsschreibung problematisch sein kann, haben bereits zahlreiche anglo-amerikanische Theoretikerinnen, Theoretiker, Künstlerinnen und Künstler wie Martha Rosler, Allan Sekula, John Tagg und Abigail Solomon-Godeau aufgezeigt. Allan Sekula stellt in seiner Analyse von Fotografien von Lewis Hine (1874–1940) und W. Eugene Smith (1918–1978) die Schwierigkeiten bedingt durch eine Kategorisierung zwischen den Polen von dokumentarischer und künstlerischer Fotografie heraus:

> „What these two connotative levels suggest is an artist who partakes of two roles. The first role, which determines that empirical value of the photograph as report, is that of witness. The second role, through which the photograph is invested with spiritual significance, is that of seer, and entails the notion of expressive genius."[83]

Er stellt fest, dass es nicht ausreicht, die Fotografien in diesen Kategorien zu analysieren, sondern dass sich immer auch Expressivität und persönlicher Stil in der Darstellung von Fakten zeigt:

---

80 Vgl. Dinkla, Söke: Ikonen, Monumente, Symbole, Zeichen … … Positionen der Kunst in Zeiten kriegerischer Konflikte, Dinkla, Söke (Hg.), *Zeichen gegen den Krieg. Antikriegsplastik von Lehmbruck bis heute.* Ausst. Kat. Duisburg, Stiftung Willhelm Lehmbruck Museum. 11.9.2014–1.2.2015, Köln 2015, S. 22–31, hier S. 22.

81 Meincke 2015 – Anja Niedringhaus, S. 122.

82 „XXX Fragen an Anne-Marie Beckmann", Art Collection Deutsche Börse 2012.

83 Vgl. Sekula 1984 – On the Invention of Photographic (wie Anm. 71), S. 20 f.

> „Every photograph tends, at any given moment of reading in any given context, toward one of these two poles of meaning [‚art photography' vs. ‚documentary photography']. The oppositions between these two poles are as follows: photographer as seer vs. photographer as witness, photography as expression vs. photography as reportage, theories of imagination (and inner truth) vs. theories of empirical truth, affective value vs. informative value, and finally metaphoric signification vs. metonymic signification."[84]

Auch Martha Rosler macht in ihren Überlegungen über die Dokumentarfotografie auf die Schwierigkeiten aufmerksam, die die Bewertung von Fotografien als historisches Dokument und ästhetisches Objekt mit sich zieht:

> „Mir scheint aus der Entgegnung des Fotografen jenes fest eingewurzelte Paradigma herauszuklingen, dem zufolge eine Dokumentaraufnahme zweierlei Momente in sich vereint: zum einen ein ‚unmittelbares', instrumentelles Moment, welches das Bild aus dem aktuellen Zeitstrom heraustrennt und als Zeugnis oder Beweis, durchaus im juridischen Sinne des Wortes, lesbar werden läßt. Und zum anderen das konventionelle ‚ästhetisch-historische' Moment, dessen Grenzen weniger greifbar scheinen. Dieses Moment drängt die kritische Bildbetrachtung zugunsten der Lust am ästhetisch Stimmigen oder der gelungenen Form [...] zurück. [...] Durch den Verlust einer spezifischen Referenz wird vor allem der ästhetische Aspekt gestärkt [...]. Ich glaube nicht, daß es eine ideologiefreie Ästhetik geben kann; jede Reaktion auf ein Bild ist notwendig durch ein gesellschaftliches Bewußtsein geprägt. Das gilt insbesondere für das gesellschaftliche Verständnis kultureller Produkte."[85]

An den benannten Auseinandersetzungen mit Fotografie zeigt sich ein Diskursfeld, dass in dieser Arbeit anhand der Vietnam-Fotografien stärker beleuchtet wird. Roland Barthes stellt 1961 fest, Pressefotografie sei niemals eine „künstlerische Fotografie".[86] In der Kunstgeschichte, aber auch in anderen Disziplinen, wird eine Kategorisierung von Fotojournalismus als Kunst immer wieder kritisch diskutiert:[87]

---

84 Sekula 1984 – On the Invention of Photographic, S. 21.

85 Rosler, Martha: Drinnen, Drumherum und nachträgliche Gedanken (zur Dokumentarfotografie) [1989], Rosler, Martha (Hg.), *Martha Rosler. Positionen in der Lebenswelt.* Ausst. Kat. Wien, Generali Foundation. 12.5.–8.8.1999, Wien, Köln 1999, S. 105–150, hier S. 121.

86 Barthes, Roland: Die Fotografie als Botschaft, in: Der entgegenkommende und der stumpfe Sinn. *Kritische Essays III*, Frankfurt am Main [2]1993, S. 11–27, hier S. 13 f.

87 Siehe Knoll, Nina: Krieg Kamera Kunst. Krisenberichterstattung im Kunstmuseum (Phil. Diss. Karlsruhe 2012). Stuttgart, Karlsruhe 2013; Matthias 2004 – Die Fotografie (wie Anm. 74).

> „Auch sind die relativ routinisierten und kurzfristigen Schlüsselbilder der Massenmedien von den kreativ autorisierten im Kunstbereich zu unterscheiden.“[88]

> „Fotojournalismus ist jedoch keine Kunst, Fotojournalismus ist Journalismus.“[89]

> „[…] wird der grundsätzliche Unterschied zwischen einer künstlerisch ambitionierten Pressefotografie, wie sie Nachtwey betreibt, und einer Kunst mit Fotografie deutlich.“[90]

Mit diesen Feststellungen weisen Frohne, Grittmann und Matthias darauf hin, dass auch bei polyvalenter Nutzung die Funktion und die Entstehung einer Fotografie berücksichtigt werden muss. Gleichzeitig bewegen sich fotojournalistische Fotografien, die in Ausstellungen zwischen anderen Kunstwerken gezeigt werden, in diesem Diskurs. Diese Untersuchung widmet sich daher nicht der Frage, ob es sich bei den Fotografien um Kunst oder „nur“ Pressefotografien handelt, sondern es geht darum, die Fotografien in den Diskursen, in denen sie partizipieren, zu verorten und zu analysieren. Dies wird vor allem durch die genaue Beleuchtung des Entstehungskontextes, der bildrhetorischen Zusammenhänge und der Rezeptionsgeschichte der einzelnen Fotografien untersucht.

Als hilfreicher Ansatz dient dabei, das erst 1979 von Klaus Honnef entworfene Konzept der „Autorenfotografie“,[91] ein Modell, um die Position des Fotografen zu reflektieren. Honnef definiert einen Autor als Künstler, der das Bild der Wirklichkeit durch seinen eigenen Standpunkt prägt. Die subjektive Perspektive solle er dabei jedoch im Interesse einer Öffentlichkeit nicht zu stark herausstellen:

> „Sie heben symptomatische Züge der Wirklichkeit hervor, sei es in Serien, sei es in Bilderfolgen, deren einzelne Bilder Zug um Zug ihr Universum und gleichzeitig ihre Erfahrung der Wirklichkeit belegen, und sie schaffen mit und in ihrem Werk eine fotografische Realität, die zwar authentisch ist, weil sie sich streng an

88 Frohne, Ursula; Ludes, Peter und Wilhelm, Adalbert: Militärische Routinen und kriegerische Inszenierungen, in: Thomas Knieper und Marion G. Müller (Hg.), *War Visions. Bildkommunikation und Krieg*, Köln 2005, S. 120–151, hier S. 121.

89 Grittmann, Elke; Neverla, Irene und Ammann, Ilona: Global, lokal, digital. Strukturen und Tendenzen im Fotojournalismus, in: dies. (Hg.), *Global, lokal, digital. Fotojournalismus heute*, Köln 2008, S. 8–35, hier S. 9.

90 Matthias 2004 – Die Fotografie, S. 48.

91 Evelyn Runge aktualisiert 2011 Honnefs Thesen zur Autorenfotografie und denkt sie weiter, siehe Runge 2011 (wie Anm. 75), S. 116–119.

die dokumentarischen Prinzipien der Fotografie hält, aber doch von einem individuellen Bewusstsein ausgewählt, gefiltert, erarbeitet und verdichtet worden ist."[92]

Ein Autorenfotograf könne sich dadurch kennzeichnen, „zeit seines Lebens ein einziges Thema [zu verfolgen]", die Welt in einer Sichtweise zu beobachten oder eine wieder erkennbare Bildrhetorik herauszubilden.[93] Honnef zufolge tritt der Autorenfotograf vereinzelt schon im 19. Jahrhundert auf, ist jedoch erst nach dem Zweiten Weltkrieg weiter verbreitet – insbesondere seit sich die Museen für die Fotografie interessierten.[94]

Diese Unterscheidung zwischen Fotograf und Autorenfotograf und das Herausstellen eines subjektiven Ausdrucks hat heute mehr Relevanz, da der persönliche Stil des Fotografen durch die zunehmende Vermarktung fotojournalistischer Arbeiten in Fotobüchern und Ausstellungen, in den Fokus des Interesses rückt.[95] Bereits in den 1970er-Jahren werden in der Fotografietheorie verstärkt personale Gesichtspunkte der Fotografie diskutiert. Wer macht Fotos und aus welchem Antrieb? Hat eine Nutzung der Kamera in dieser Weise politische Folgen? Was für eine Ästhetik wird erzeugt?[96] Fotografen wie Lee Friedlander, der bekannt wurde durch die „new documents"-Ausstellung,[97] untersuchten durch die Einbeziehung der eigenen Person in die Fotografien die Rolle und Position des Fotografen.[98]

In Bezug auf die Fotografie der 1960er-Jahre wird am Beispiel von Larry Burrows untersucht, wie stark der Fotograf im *Life*-Magazin als Autor inszeniert wird und ob man an seinen Fotografien den Versuch eine möglichst objektiven Bildrhetorik erkennen kann. Außerdem wird anhand der Entstehung des Fotoessays innerhalb der Redaktion untersucht, ob der Fotograf auch als Autor des Essays auftreten kann. Im Anschluss wird die Darstellung des Fotografen als Autor in der Rezeption untersucht.

---

92 Honnef, Klaus: Thesen zur Autorenfotografie [1979], in: Wolfgang Kemp und Hubertus von Amelunxen (Hg.), *Theorie der Fotografie. I–IV; 1839–1995*, München 2006, S. 204–210, hier S. 209.

93 Honnef 1979 – Thesen zur Autorenfotografie, S. 204.

94 Vgl. Honnef 1979 – Thesen zur Autorenfotografie, S. 205 f.

95 Vgl. Schwartz, Dona: On the Line. Crossing Institutional Boundaries between Photojournalism and Photographic Art, in: *Visual Studies*, 5 (2), 1990, S. 22–29, hier S. 25.

96 Vgl. Runge 2011 (wie Anm. 75), S. 113.

97 The Museum of Modern Art: *Press Release. New Documents* (28.2.–7.5.1967), unter: <https://www.moma.org/momaorg/shared/pdfs/docs/press_archives/3860/releases/MOMA_1967_Jan-June_0034_21.pdf?2010> (10.8.2016).

98 Vgl. Warner Marien 2010 (wie Anm. 51), S. 351.

4. Forschungsstand

Die „Bilderflut“ in den Medien an sich ist kein neues Phänomen,[99] doch ist das Interesse verschiedener Wissenschaften am Bild in den letzten Jahren enorm gestiegen.[100] Ausgehend von den zum globalen Medienereignis gesteigerten Anschlägen des 11. September 2001, die eine gänzlich neue Präsenz von Kriegsbildern[101] in der Öffentlichkeit hervorriefen, ist ein verstärktes Interesse an Kriegsbildern und Gewaltdarstellungen sowie deren Wirkweise in den Geisteswissenschaften zu konstatieren, wie zahlreiche Tagungen und Untersuchungen erkennen lassen.[102] Relevante Fragen, die im 21. Jahrhundert insbesondere in den Medien-, Kommunikations-, Kultur-, Kunst- und Geschichtswissenschaften stärker debattiert werden, lauten: Wie wird Krieg in den Medien visualisiert und was

---

99 Kracauer, Siegfried: Die Photographie [1927], in: ders. (Hg.), Das Ornament der Masse, Frankfurt am Main 1977, S. 21–39, hier S. 33.

100 Siehe hierzu Boehm, Gottfried: Iconic Turn. Ein Brief, in: Hans Belting (Hg.), *Bilderfragen. Die Bildwissenschaften im Aufbruch*, München 2007, S. 27–36; Christa Maar (Hg.): *Iconic Turn. Die neue Macht der Bilder.* Köln [3]2005; Mitchell, W. J. T.: Pictorial Turn. Eine Antwort, in: Hans Belting (Hg.), *Bilderfragen. Die Bildwissenschaften im Aufbruch*, München 2007, S. 37–45.

101 Krieg wird hier im Sinne Hüppaufs als Kombination von „Kampf und Diskurs“ verstanden. Siehe für eine komplexe Darstellung Hüppauf, Bernd: Was ist Krieg? Zur Grundlegung einer Kulturgeschichte des Kriegs. Bielefeld, Berlin 2013, S. 15–92.

102 Hier seien beispielhaft genannt: Annegret Jürgens-Kirchhoff (Hg.): *Warshots. Krieg, Kunst & Medien* (= Schriften der Guernica-Gesellschaft, 17). Weimar 2006, hier Bd. 17; Thomas Knieper und Marion G. Müller (Hg.): *War Visions. Bildkommunikation und Krieg.* Köln 2005; Martin Löffelholz (Hg.): *Krieg als Medienereignis. Krisenkommunikation im 21. Jahrhundert.* Wiesbaden 2004; Barbara Korte und Horst Tonn (Hg.): *Kriegskorrespondenten. Deutungsinstanzen in der Mediengesellschaft.* Wiesbaden 2007; Paul 2004 (wie Anm. 3); Claudia Glunz und Thomas F. Schneider (Hg.): *Wahrheitsmaschinen. Der Einfluss technischer Innovationen auf die Darstellung und das Bild des Krieges in den Medien und Künsten (*Krieg und Literatur) (= Schriften des Erich-Maria-Remarque-Archivs, 25). Göttingen 2010, hier Bd. 25; Geoffrey Batchen u. a. (Hg.): *Picturing atrocity. Photography in crisis.* London 2012. Für Auseinandersetzungen mit historischen Gewaltbildern siehe Martin Zenck (Hg.): *Gewaltdarstellung und Darstellungsgewalt in den Künsten und Medien* (= Historische Anthropologie, 34). Berlin 2007, hier Bd. 34; Christine Vogel (Hg.): *Bilder des Schreckens. Die mediale Inszenierung von Massakern seit dem 16. Jahrhundert.* Frankfurt am Main 2006; Sofsky, Wolfgang: Todesarten. Über Bilder der Gewalt. Berlin 2011; Köppen, Manuel: Das Entsetzen des Beobachters. Krieg und Medien im 19. und 20. Jahrhundert (Habil. Universität Berlin 2004). Heidelberg 2005; Anna Pawlak und Kerstin Schankweiler (Hg.): *Ästhetik der Gewalt. Gewalt der Ästhetik* (= Schriften der Guernica-Gesellschaft, 19). Weimar 2013, hier Bd. 19.

sind die Wirkungs- und Funktionsweisen von Kriegsbildern und wie wird Krieg erinnert?

Wie Bernd Hüppauf in seiner Kulturgeschichte der Kriegsfotografie formuliert, ist der

> „theoretisch-methodische Rahmen des jungen Feldes der Kulturgeschichte des Krieges […] bisher nicht so abgesteckt worden, dass für Abweichungen von der historisch-militärischen Perspektive auf den Krieg, die sich in der Fotografie nicht nur Frank Hurleys finden, ein Raum geöffnet würde. Dieser Rahmen ist über zwanzig Jahre nach der Entdeckung der Kriegsfotografie noch immer ungesichert und schmal.“[103]

Er plädiert für eine interdisziplinäre Forschung zur Kriegsfotografie. Dies zeigt ein Problem auf, dass sich im Forschungsstand der Kriegsfotografie offenbart. Es treffen sich Anläufe aus verschiedensten Disziplinen, ein weitreichendes Feld von unterschiedlichen Seiten zu fassen. Während sich die anglo-amerikanische Forschung bereits in den 1960er-Jahren mit Fotografie auseinandersetzte, begann man in Europa erst ca. 15 Jahre später sich dem Medium als kunsthistorisch relevantem Thema zu nähern.[104] Bernd Hüppaufs „Fotografie im Krieg“ liefert jüngst eine breite philosophische und theoretische Herleitung und Diskussion dessen, was unter „Kriegsfotografie“ zu verstehen ist und wie sich ihre Bedeutung in der Gesellschaft signifiziert. Es baut somit einen längst überfälligen Rahmen für eine methodische Annäherung und diskursive Deutung.[105]

Neben philosophischen Betrachtungen[106] näherten sich Geschichten der Kriegsfotografie dem Thema stärker über eine militärisch-historische Perspektive und ließen so, gerade in der deutschen Forschungslandschaft, die Geschichte des Fotojournalismus und der Fotoreportage stärker außer Acht, oder nur in Bezug auf Kriegsdarstellung an sich einfließen. Dies erscheint problematisch, da der Fotojournalismus ein eigenes Diskursfeld ist, mit visuellen Praxen und Gepflogenheiten weit über die Kriegsfotografie hinaus. Die Debatte ist demnach stärker an einer historischen Einbettung orientiert und betrachtet die Fotografien in erster Linie an kriegerischen Ereignissen und der technischen Entwicklung. Der Fotoessay als Gesamtprodukt spielt in der deutschen Forschung eine unter-

---

103 Hüppauf 2015 (wie Anm. 67), S. 24. Siehe zu Frank Hurley (1885–1965) genauer Kapitel I.6.

104 Vgl. Walter, Christine: Bilder erzählen! Positionen inszenierter Fotografie: Eileen Cowin, Jeff Wall, Cindy Sherman, Anna Gaskell, Sharon Lockhart, Tracey Moffatt, Sam Taylor-Wood (Phil. Diss. München 2001). Weimar 2002, S. 10.

105 Hüppauf 2015 (wie Anm. 67).

106 Sontag 2008 (wie Anm. 1).

geordnete Rolle, insbesondere für die Entwicklung der Kriegsfotografie wurde er wenig beachtet.

Dennoch gibt es wichtige Studien zur Kriegsfotografie. Ein grundlegendes und umfassendes Standardwerk ist Gerhard Pauls „Bilder des Krieges – Krieg der Bilder“, das eine solide und breite Basis zur Darstellung des modernen Krieges legt. Der Historiker kombiniert verschiedene Methoden zu einem interdisziplinären Ansatz, bringt Fotografie und Film zusammen und zeichnet einen historischen Abriss über die Visualisierung von Krieg seit der Neuzeit. Seine Arbeit bildet eine wichtige Grundlage, da er die Ikonographie der Bilder beobachtet und Typologien erstellt. Leider bleiben die Ausführungen unabhängig von dem konkreten Anschauungsmaterial.[107] Eine wichtige Studie über US-amerikanische Kriegsfotografien bildet „Shooting War. Photography and the American experience of combat“ von Susan D. Moeller.[108] Die Historikerin liefert eine detaillierte Geschichte des Spanisch-Amerikanischen Krieges, des Ersten und Zweiten Weltkrieges sowie des Korea- und des Vietnamkriegs. Sie konzentriert sich auf die Perspektive der Fotografen, deren Erfahrung und Möglichkeiten zur Darstellung des Krieges und liefert somit eine wichtige Grundlage für die vorliegende Untersuchung, insbesondere da sie sich auch mit Larry Burrows beschäftigt hat. Doch handelt es sich um eine historische Untersuchung im größeren Rahmen, so dass wenig Raum für eine detaillierte Analyse der Fotografien bleibt.

Zu nennen wäre hier außerdem Annette Vowinckels „Agenten der Bilder. Fotografisches Handeln im 20. Jahrhundert“, das sich mit den Akteurinnen und Akteuren der Fotografie detailliert auseinandersetzt und somit viele Aspekte aus einem anderen Blickwinkel beleuchtet und aktuelle Fragestellungen auf den Fotojournalismus überträgt.[109]

Kunsthistorische Untersuchungen finden meist als Betrachtungen von Autorenfotografen und unter hauptsächlich ästhetischen Prämissen statt. Eine komplexe Kontextualisierung der Fotografien in den unterschiedlichen Diskursfeldern ist bisher kaum geleistet worden und setzt erst zögernd ein. Zu nennen wäre hier das von Horst Faas und Hélène Gédouin veröffentlichte Buch „Horst Faas. 50 ans de photojournalisme“.[110]

---

107 Paul 2004 (wie Anm. 3).

108 Moeller 1989 (wie Anm. 27).

109 Vowinckel, Annette: Agenten der Bilder. Fotografisches Handeln im 20. Jahrhundert (= Visual history, Band 2). Göttingen 2016.

110 Horst Faas und Hélène Gédouin (Hg.): *Horst Faas, 50 ans de photojournalisme.* Paris 2008.

Die Diskussion von Kriegsfotografien bewegt sich somit häufig entweder auf historischer oder vorwiegend visuell ästhetischer Ebene.[111] Im 21. Jahrhundert versucht man an diese Forschung anzuschließen und bestehende Lücken interdisziplinär zu schließen. Die Dissertation von Nina Knoll füllt diese Lücke teilweise, sie führt kunsthistorische Fragestellungen und Kriegsfotografie für den deutschen Forschungsraum zusammen. Sie setzt sich mit der Frage nach der Musealisierung aus unterschiedlichen Perspektiven und Herangehensweisen auseinander und leistet somit einen wichtigen Beitrag zu einem Thema, das in der Kunstgeschichte bisher wenig bearbeitet ist.[112] Jule Hillgärtner hat zuletzt eine breite Auseinandersetzung mit Kriegsfotografien und insbesondere der Perspektive des *embeddings* vorgenommen, die dadurch gewinnt, dass sie Fotografien und filmische Dokumentationen zu gleichen Teilen untersucht und ihren Schwerpunkt insbesondere auf die Ambivalenzen richtet, die durch eine einerseits dokumentarische, anderseits gestalterische Perspektive entstehen. Dabei führt sie die bildlichen Kameraerzeugnisse immer auf einen Referenten zurück.[113] Hillgärtner wirft die Frage auf, ob es in Bezug auf Krieg durch die vielfältigen Verflechtungen, die sich zwischen Kriegsdarstellungen ergeben, überhaupt noch sinnvoll ist, zwischen Kriegs- und Kunstbild zu unterscheiden.[114]

2013 entstand an der Hochschule für Bildende Künste Braunschweig das Graduiertenkolleg „Das fotografische Dispositiv“, bei dem Fotografien nicht als Bilder, sondern komplexes Handlungsgefüge verstanden werden.[115] Das Projekt „Visual History. Institutionen und Medien des Bildgedächtnisses“, für das sich mehrere Institutionen zusammengeschlossen haben, hatte das Ziel, gerade die Bildredaktionen, Agenturen und Distribution fotojournalistischer Bilder stärker in den Fokus der Forschung rücken.[116]

In der anglo-amerikanischen Forschung wurden Kriegsfotografien und Fotojournalismus bereits in einen weiteren Kontext eingebunden und in ein Verhältnis zur Entwicklung sozialdokumentarischer Fotografie und im weiteren Sinne auch künstlerischer Fotografie gesetzt. Beispielsweise arbeitete die Kuratorin des Georg Eastman House in New York, Marianne Fulton, im Rahmen der Aus-

111 Eine Ausnahme bildet Werckmeister, Otto Karl: Der Medusa-Effekt. Politische Bildstrategien seit dem 11. September 2001. Berlin 2005.

112 Knoll 2013 (wie Anm. 87).

113 Vgl. Hillgärtner, Jule: Krieg darstellen (= Kaleidogramme, 83). Berlin 2013, S. 12.

114 Vgl. Hillgärtner 2013, S. 22.

115 Das Graduiertenkolleg ist angegliedert an die Hochschule für Bildende Künste Braunschweig: <http://dasfotografischedispositiv.de/?page_id=61> (13.5.2016).

116 Ein Zusammenschluss des Zentrums für Zeithistorische Forschung Potsdam, des Herder-Instituts in Marburg, des Georg-Eckert-Instituts für internationale Schulbuchforschung in Braunschweig und des Deutschen Museums in München: <https://www.visual-history.de/sample-page/> (27.4.2016)

stellung „Eyes of Time. Photojournalism in America“, die vom 29. Juni bis zum 9. August 1990 am International Center of Photography gezeigt wurde, die Geschichte des amerikanischen Fotojournalismus auf und ordnete die Kriegsfotografie dementsprechend in einen weiteren fotohistorischen Kontext ein.[117] Brett Abbott stellt im Katalog zur Ausstellung „Engaged Observers“ Fotojournalismus in einen Zusammenhang mit der Geschichte der Dokumentarischen Fotografie und der Kunstfotografie.[118]

Die US-amerikanische Forschung ist demnach schon weiter darin fortgeschritten, Kriegsfotografien in Bild- und Fotografietraditionen einzuordnen und somit Zusammenhänge über den Rahmen des Krieges hinaus herzustellen. Eine Reflektion der eigenen US-amerikanischen Position findet dabei jedoch kaum statt, was insbesondere für den Vietnamkrieg gilt. Dies ist aber für das Verständnis des einzelnen Kriegsfotos und dem damit erzeugten Kriegsbild von maßgeblicher Relevanz. Der Vietnamkrieg wurde intensiv unter militärhistorischer, politischer sowie allgemeiner medienhistorischer Perspektive aufgearbeitet.[119] Auch gibt es wichtige Beiträge, die die Mythen des Kriegsjournalismus aufarbeiten und relativieren.[120]

Eine kritische Bewertung der Vietnamfotografien unter postkolonialen und postimperialen Gesichtspunkten erfolgt indes erst langsam. Zwar wird häufig der Einfluss der Medien auf den Kriegsverlauf hinterfragt und auf die Differenz der Einschätzungen der Korrespondenten vor Ort und der Herausgeber in den USA verwiesen, aber eine Untersuchung, welche die stark ideologische Perspektive der USA kritisch beleuchtet, fehlt bisher. Dies ist ein deutliches Forschungsdesiderat. So liefert die Historikerin Patricia Pelley einen Überblick über die vietnamesische Perspektive des Vietnamkriegs und eine kritische Bewertung US-amerikanischer Ideologien,[121] und die Literaturwissenschaftlerin Renny Christopher beschäftigt sich mit der euroamerikanischen Darstellung der Vietnamesen

117 Siehe Ausst. Kat.: Eyes of Time. Photojournalism in America, New York, International Museum of Photography at George Eastman House, 28.6.–17.11.1989. Boston 1988.

118 Abbott, Brett: Engaged Observers, Abbott, Brett (Hg.), *Engaged Observers. Documentary Photography Since the Sixties.* Ausst. Kat. Los Angeles, J. Paul Getty Museum. 29.6.–14.11.2010, Los Angeles 2010, S. 1–35.

119 Arlen 19697 (wie Anm. 3); Hallin 1986 (wie Anm. 3); Knightley 2003 (wie Anm. 4).

120 Holzer, Anton: Das fotografische Gesicht des Krieges. Eine Einleitung, in: ders. (Hg.), *Mit der Kamera bewaffnet. Krieg und Fotografie*, Marburg 2003, S. 7–20; Klein 2011 (wie Anm. 4); Griffin 2010 – Media images of war; Pentecost 2004 (wie Anm. 7); Hallin 1986 (wie Anm. 3); Knightley 2004 (wie Anm. 3).

121 Pelley, Patricia M.: Postcolonial Vietnam. New Histories of the National Past. Durham, London 2002.

in der Exil-Literatur.[122] Doch eine Visualisierung in der Presse und den Fotografien wurde noch nicht angegangen. Eine wichtige Grundlage konnte die Studie von Mark Bradley liefern, der für den Zeitraum von 1919–1950 aus diplomatischen Papieren unter anderem das U.S.-amerikanische Bild von Vietnam und den Vietnamesen für die Zeit vor der amerikanischen Beteiligung nachzeichnet.[123] Außerdem hat er eine Darstellung des Vietnamkriegs geschrieben, bei der die verschiedenen Perspektiven berücksichtigt wurden.[124]

122 Christopher 1995 (wie Anm. 23).

123 Bradley, Mark: Imagining Vietnam and America. The Making of Postcolonial Vietnam, 1919–1950. Chapel Hill 2000.

124 Bradley 2009 (wie Anm. 24).

5. Methodische Vorgehensweise

> „Die einzige ‚objektive' Wahrheit, die uns Fotografien bieten, ist die Behauptung, daß irgend jemand oder irgend etwas – in diesem Fall eine automatische Kamera – irgendwo war und eine Aufnahme gemacht hat. Alles weitere, alles außer diesem Abdruck einer Spur, ist für alles zu haben."[125]

Wie Allan Sekula formuliert, ist aus dem fotografischen Bild allein keine Aussage zu treffen und seine Bedeutung wird durch die kulturelle Zuweisung definiert.[126] Dieser Arbeit wird die Annahme vorweg gestellt, dass nicht „die Wahrheit der Repräsentation [...] analysiert werden [kann], sondern nur ihre Effekte."[127] Vielmehr geht es in der Analyse darum, die Bildrhetorik im Kontext der Veröffentlichung zu untersuchen und aufzuzeigen, wie Wirklichkeit in der Fotografie und im Fotoessay konstruiert und dadurch ein Kriegsbild, nationale Identität oder Abgrenzung von dem Anderen konstituiert wird. Denn wie Sekula herausstellt:

> „Es sollte eigentlich überflüssig sein, darauf hinzuweisen, daß fotografische Bedeutung relativ unbestimmt ist; dasselbe Bild kann in unterschiedlichen Präsentationszusammenhängen eine Vielfalt von Botschaften übermitteln."[128]

Im Kontext dieser Studie verstehe ich die Fotografien nicht als historische Dokumente, sondern als Bilder, die in einem spezifischen Produktions- und Entstehungskontext, nach ästhetischen Gesichtspunkten gestaltet wurden und an bereits bestehende Diskurse der Fotografie-, Kunstgeschichte und der Populärkultur anschließen. Ich deute „Dokumentarische Fotografie" im Sinne Martha Roslers als „Praxis mit einer Geschichte"[129], als eine Vergangenheit, die mit wechselnder Technik und unterschiedlicher Praxis und Mode immer um eine besondere Beziehung zur Wirklichkeit und deren authentischen und wahrheitsgemäßen Dar-

---

125 Sekula, Allan: Den Modernismus demontieren, das Dokumentarische neu erfinden. Bemerkungen zur Politik der Repräsentation [1976, 1978], in: Wolfgang Kemp und Hubertus von Amelunxen (Hg.), *Theorie der Fotografie. I–IV; 1839–1995*, Bd. 4, München 2006, S. 120–129, hier S. 125.

126 Vgl. Sekula 1984 – On the Invention of Photographic (wie Anm. 71), S. 3.

127 Holschbach, Susanne: Einleitung. Vom Paradigma zu den Diskursen, in: Herta Wolf (Hg.), *Diskurse der Fotografie. Fotokritik am Ende des fotografischen Zeitalters*, Frankfurt am Main 2007, S. 7–21, hier S. 10.

128 Sekula 2006 – Den Modernismus demontieren, S. 124.

129 Rosler – Drinnen, Drumherum und nachträgliche Gedanken (wie Anm. 85), S. 105.

stellung bemüht war und ist.[130] Ich gehe davon aus, dass die wahrgenommene Authentizität einer Aufnahme weniger mit dem Bezug zum Referenten als indexikalisches Zeichen zu tun hat, als vielmehr mit der Struktur des Diskurses, den sozialen und professionellen Praktiken, die die Fotografie konstituieren.[131] Deshalb ist der „Index“[132] nur für die Rezeption des Betrachters interessant.

Pierre Bourdieu kritisierte in seiner 1965 erschienenen soziologischen Studie über die sozialen Gebrauchsweisen der Fotografie in der französischen Gesellschaft die Parität von Fotografie, Realismus und Objektivität und charakterisiert dies als „affirmativen Zirkel“.[133] Er sah hierbei die Fotografie als Abbild sozialer Strukturen und Verbindungen. Sie sei nicht neutral oder objektiv, sondern spiegle eine Auswahl wieder, welche der Auffassung der Welt entspräche, die sich Europa seit dem 15. Jahrhundert gemacht habe. Und zwar in Form von Zentralperspektive als realistischer Darstellungsform und der Vorstellung von dem Gemälde als einem Fenster zur Welt.[134]

> „Im Namen eines naiven Realismus wird eine Darstellung der Wirklichkeit für realistisch erklärt, die den Anschein von Objektivität nicht etwa der Übereinstimmung mit der Wirklichkeit der Dinge verdankt […], sondern der Konformität mit den Regeln, die in ihrem gesellschaftlichen Gebrauch der Syntax definieren, d.h. mit der gesellschaftlichen Definition der objektiven Sicht unserer Welt. Indem sie der Photographie Realismus bescheinigt, bestärkt die Gesellschaft sich selbst in

---

130 Vgl. Price, Derrick: Surveyors and Surveyed. Photography Out and About, in: Liz Wells (Hg.), *Photography. A Critical Introduction*, London, New York ^{3}2004, S. 67–111, hier S. 69 f.

131 Vgl. auch Price op. 2004 – Surveyors and Surveyed, S. 74; Hüppauf 2013 (wie Anm. 101), S. 78 f.

132 „Index“ ist ein Begriff in der Fotografietheorie, der geprägt wurde durch Charles Sanders Peirce. Nach Peirce steht das indexikalische Zeichen im begründeten Zusammenhang zu seinem Referenten. Es wird durch ihn erzeugt. Siehe auch Dubois, Philippe: Die Fotografie als Spur eines Wirklichen [1990], in: Bernd Stiegler (Hg.), *Texte zur Theorie der Fotografie*, Stuttgart 2010, S. 102–114, hier S. 102.

133 Walther, Silke: Von der Fotografie als Weltsprache zum ‚Theater der Realität'. Bemerkungen zur Ausstellung ‚The Family of Man' im Museum of Modern Art New York, in: Ingeborg Reichle und Steffen Siegel (Hg.), *Maßlose Bilder. Visuelle Ästhetik der Transgression*, München 2009, S. 379–398, hier S. 397.

134 Vgl. auch Baacke, Annika: Fotografie zwischen Kunst und Dokumentation. Objektivität und Ästhetik, Kontinuität und Veränderung im Werk von Bernd und Hilla Becher, Albert Renger-Patzsch, August Sander und Karl Blossfeldt (Phil. Diss. Berlin 2013). Berlin 2014, S. 173 f.

> der tautologischen Gewißheit, daß ein Bild der Wirklichkeit, das der Vorstellung entspricht, die man sich von der Objektivität macht, tatsächlich objektiv ist.“[135]

Es handelt sich demnach bei Fotografien um subjektiv ausgewählte Ausschnitte, die ihre Authentizität durch die Augenzeugenschaft des Fotografen, die Verbürgung durch die Institution und eine bestimmte Bildrhetorik beansprucht. Authentizität wird in dieser Arbeit als Konstruktion und Zuschreibung durch die Betrachtenden gedeutet. Somit ist zu fragen, mit welchen Mitteln wurde dieser Eindruck von Authentizität in den Fotografien aus Vietnam vermittelt und erzeugt? Wie belegen Fotografinnen und Fotografen, die Authentizität der, für die Untersuchung ausgewählten, Aufnahmen und wie das Magazin die Authentizität der Fotoessays? Es wird ein besonderes Augenmerk auf die bildrhetorische Sprache gelegt und auf die Frage, ob sie einen visuellen Eindruck von Wirklichkeitsnähe und Unmittelbarkeit unterstützt. Hängt die Bildrhetorik der Fotografien tatsächlich mit einem freien Zugang zum Kriegsgeschehen für die Journalisten zusammen? Was zeichnet die Fotografien im Auge der Betrachtenden als authentisch, dokumentarisch, unmittelbar und kritisch aus?

Die Hauptuntersuchungsfragen lauten daher: Wie wird der Vietnamkrieg in den Fotoessays im *Life*-Magazin und somit auch in der euroamerikanischen Bildberichterstattung konstruiert? Welche Kriegsbilder werden aufgerufen? Dabei ist nicht die Frage, wie realistisch ein Kriegsbild ist, sondern mit welchen rhetorischen Mitteln und Stereotypen Bilder des Vietnamkriegs in den Medien in den USA und auch in Europa geformt wurden und werden. Ein Schwerpunkt der Arbeit liegt dabei auch auf der Betrachtung des Fotoessays als Analyseeinheit. Durch die Schwerpunktanalyse der Erstveröffentlichung im Fotoessay soll im Gegensatz zu vielen anderen Untersuchungen von Fotojournalismus nicht das einzelne Foto an sich betrachtet werden, sondern immer im Zusammenhang des gesamten Essays. Hierbei geht es auch darum, die Entstehung eines solchen Essays im Magazin als Zusammenspiel verschiedener Akteure zu thematisieren.

Wie Jason Hill und Vanessa Schwartz in ihrem Sammelband über die Mediengeschichte von Nachrichtenbildern einleitend feststellen, erfordert die Analyse von Pressefotografien einen interdisziplinären Ansatz:

> „The news picture as an object of study operates across the boundaries that have traditionally divided the fields of art history, history, communications, and media studies. As such, understanding news pictures requires a willingness to work collaboratively across these fields, taking the lessons of each seriously and seeking to

135 Bourdieu, Pierre und Rennert, Udo: Eine illegitime Kunst. Die sozialen Gebrauchsweisen der Photographie. Hamburg 2006 (1965), S. 88f.

> bring their respective strengths to bear on the subject rather than attempting to identify their particular blind spots."[136]

Die Analyse des Forschungsstandes hat bereits ein ähnliches Ergebnis gezeichnet. Fortführend soll deshalb erörtert werden, wie ein kunsthistorischer Ansatz sinnvoll für die Analyse des Fotojournalismus erweitert werden kann. Durch die Diskussion über eine „methodische Grenzerweiterung" der Kunstgeschichte als Bildwissenschaft[137] „Warburg'scher Prägung" und das Verständnis des Bildes als jegliches „visuell gestaltetes Gebilde" jenseits von Hoch- und Populärkultur rücken auch journalistische Fotografien stärker in den Fokus der kunsthistorischen Disziplin. Ich verstehe die Kunstgeschichte als Bildwissenschaft im Sinne Horst Bredekamps, bei der das Bild der Untersuchungsgegenstand ist, und dessen „äußere Bedingungen und Zwecke [...] in eine Beziehung zu deren historisch geprägter Form" gestellt werden.[138]

Die Kunstgeschichte bietet mit ihrer ikonographischen Analyse ein geeignetes Instrumentarium der Bildanalyse, das auch die Bildrhetorik in ihre historischen Zusammenhänge bettet und bei der eine kulturwissenschaftliche Einordnung spätestens seit der Aby Warburg-Rezeption methodisch etabliert ist. Zu den disziplinarischen Schwerpunkten kunsthistorischer Forschung gehört es, die Verwendung von Bildzitaten und -mustern herauszuarbeiten sowie die durch den Bildgebrauch und die Aneignung variierte Bedeutung dieser Muster in kulturelle Zusammenhänge zu stellen. Zeitüberschreitende Bildtypologien aufzuzeigen und ihre Wirkung zu ermitteln, schließt hieran an.[139] So stellten Cornelia Brink und Jonas Wegener heraus:

> „Die ihr [der Fotografie] eigene Beziehung zur Realität – die Fotografie als Spur/Abdruck/Index von etwas, das war – sollte aber nicht darüber hinweg-

136 Hill, Jason E. und Schwartz, Vanessa R.: General Introduction, in: dies. (Hg.), *Getting the Picture. The Visual Culture of the News*, London, New York 2015, S. 1–10, hier S. 3.

137 Siehe Hans Belting (Hg.): *Bilderfragen. Die Bildwissenschaften im Aufbruch.* München 2007; Diers, Michael: Fotografie, Film, Video. Beiträge zu einer kritischen Theorie des Bildes. Hamburg 2006; Boehm, Gottfried: Jenseits der Sprache? Anmerkungen zur Logik der Bilder, in: Christa Maar (Hg.), *Iconic Turn. Die neue Macht der Bilder*, Köln ^{3}2005, S. 28–43.

138 Bredekamp, Horst: Bildwissenschaft, in: Ulrich Pfisterer (Hg.), *Metzler Lexikon Kunstwissenschaft. Ideen, Methoden, Begriffe*, Stuttgart ^{2}2011, S. 72–74.

139 Frohne, Ludes et al. 2005 – Militärische Routinen und kriegerische Inszenierungen, S. 122 f.

> täuschen, dass die Fotografie ästhetisch medialen Traditionen, Konventionen und Logiken folgt.“[140]

Für die Aufdeckung ästhetischer und medialer Traditionen ist die kunsthistorische ikonographisch-ikonologische Methode prädestiniert. Doch gerade beim Medium der Fotografie und der Pressefotografie, die sich im Diskurs der Massenmedien wie der Kunst bewegen, ist eine genaue Kontextualisierung unabdingbar und wird daher in der vorliegenden Arbeit stärker in den Fokus gerückt.

Die „historische Diskursanalyse“ wie Achim Landwehr sie vertritt basiert auf dem Verständnis von Wirklichkeit als Konstrukt und fragt aufgrund dieser Basis nach den Formen, mit denen im geschichtlichen Prozess Ausformungen von Wissen, Wahrheit und Wirklichkeit entstehen. Sie fragt danach, wie in Gesellschaften im historischen Prozess Bedeutung geschaffen, Wirklichkeit konstituiert und wahrgenommen wird.[141] Für die historische Diskursanalyse ist Michel Foucaults Verständnis von „Diskurs“ als Konstitution von Wissen zu einer bestimmten Zeit innerhalb einer Kultur zentral, insbesondere die Verknüpfung mit der Frage nach den Machtverhältnissen und der Teilhabe an Wissen.[142] Als Definitionsgrundlage kann unter einem Diskurs die Breite der Aussagen, auch visuelle und nicht-sprachliche, über ein Thema verstanden werden. Dazu gehören auch Machtgefüge, welche die Äußerungen möglich machen, konstruieren und ordnen. Diskurse erzeugen dabei Strukturen oder wirken begrenzend. Ein historischer Zugriff ist hierbei von besonderer Bedeutung, da Diskurse nur auf Basis ihrer eigenen Historizität zu verstehen sind.[143] Die historische Diskursanalyse fragt dabei insbesondere nach der Konstitution von Weltsichten im Lauf der Zeit und ihrem Wandel.[144]

---

140 Brink, Cornelia und Wegerer, Jonas: Wie kommt die Gewalt ins Bild. Über den Zusammenhang von Gewaltakt, fotografischer Aufnahme und Bildwirkungen, in: *Fotogeschichte*, 32 (125), 2012, S. 5–14, hier S. 10.

141 Vgl. Landwehr, Achim: Historische Diskursanalyse (= Historische Einführungen, 4). Frankfurt am Main 2008, S. 19 f., 96.

142 Vgl. genauere Ausführung bei Landwehr 2008, S. 65–79. Michel Foucoult hat jedoch den Begriff des Diskurses im Laufe seiner Arbeit nicht einheitlich definiert. Als zentral für die Rezeption gilt seine Antrittsvorlesung am Collège de France: Michele Foucault, Die Ordnung des Diskurses, Frankfurt a.M. 1991.

143 Vgl. Schneider, Ralf: Der Krieg, die Künste Medien. Theoretische Überlegungen, in: Annegret Jürgens-Kirchhoff (Hg.), *Warshots. Krieg, Kunst & Medien* (= Schriften der Guernica-Gesellschaft, Bd. 17), Weimar 2006, S. 11–29, hier S. 22; Landwehr 2008 (wie Anm. 141), S. 98.

144 Vgl. Landwehr, Achim: Diskurs und Diskursgeschichte. Version 1.0, in: Docupedia-Zeitgeschichte, 11 (2), 2010, hier S. 8., unter: <http://docupedia.de/zg/Diskurs_und_Diskursgeschichte> .

Indem sie die Frage nach dem massenmedialen Kriegsbild im euroamerikanischen Raum und insbesondere in *Life* stellt und wie es sich im Verlauf des Krieges verändert, orientiert sich diese Arbeit an der historischen Diskursanalyse. Hierbei geht die Untersuchung vom Bild aus: der Korpus beschränkt sich auf Fotografien und ihren Publikationsrahmen. Anhand der ausgewählten Fotografien sollen verschiedene Diskurse aufgezeigt und beschrieben werden. Ziel ist es, diese Fotografien innerhalb des politischen und journalistischen Kontextes wie innerhalb des Bereichs der Kunst und Kunstgeschichte einzuordnen.[145] Wie der britische Soziologe und Mitbegründer der *Cultural Studies* Stuart Hall es formuliert:

> „Aber es fordert so etwas wie eine behutsame Ausgrabung, eine Archäologie, die die widersprüchlichen Spuren, welche frühere Diskurse in der Ikonographie des populären Gedächtnisses hinterlassen haben, nachzeichnet."[146]

In diesem Sinne werden sowohl die Entstehung und Erstveröffentlichung wie die spätere Rezeption und die Bedeutung für ihre Lesart analysiert. Jörn Glasenapp bezeichnet die Rekonstruktion des fotografischen Gebrauchs 2012 als *opinio communis* der gegenwärtigen fotohistorischen Forschung. Als prominenteste Vertreterin dieser Forschung führt er Susan Sontag an,[147] die in ihrer Essaysammlung „On photography" formuliert:

> „Because each photograph is only a fragment, its moral and emotional weight depends on where it is inserted. A photograph changes according to the context in which it is seen."[148]

Deshalb ist es Ziel dieser Arbeit, unterschiedliche Diskurse aufzudecken, die in den Fotografien eingebettet sind, und die sich ihnen eingeschrieben haben, um so allgemeinere Aussagen über die Realitätskonstruktion im Fotojournalismus treffen zu können. Warum erscheinen die Fotografien des Vietnamkriegs als kritische Vorbilder und inwiefern werden sie im 21. Jahrhundert aufgegriffen? Kön-

145 Wie Susanne Holschbach in der Einleitung zu einem Standardsammelband im Bereich der Fotografietheorie für den deutschen Sprachraum erneut feststellt, wird die Bedeutung einer Fotografie über die Diskurse und Gebrauchsweisen gesteuert, in die sie eingebunden ist. Vgl. Holschbach 2007 – Einleitung (wie Anm. 127), S. 7 f.

146 Hall, Stuart: Rekonstruktion [1984], in: Herta Wolf (Hg.), *Diskurse der Fotografie. Fotokritik am Ende des fotografischen Zeitalters*, Frankfurt am Main 2007, S. 75–91.

147 Glasenapp, Jörn: Vergangenheit und Zukunft. Wie fotografischer Sinn entsteht, in: *Fotogeschichte*, 32 (142), 2012, S. 5–12, hier S. 5.

148 Sontag, Susan: On Photography. New York 2001 (1977), S. 105 f.

nen über den Entstehungskontext Aussagen zur Ästhetik der Fotografien gemacht werden?

Die Diskursanalyse berücksichtigt grundsätzlich nur einen Teil eines Diskurses: „[i]nsofern produziert (auch) die Diskursanalyse Diskurse über Diskurse [...],“[149] wie Landwehr feststellte. Als Untersuchung des Kriegsbildes und Kriegsdiskurses trägt auch diese Arbeit zur Diskursbildung bei: Anstatt bisher weniger beachtete Fotoessays auszuwählen oder einen breiten Überblick darzustellen, konzentriert sich die Analyse auf Larry Burrows und das *Life*-Magazin und somit auf wenige Positionen, die bereits stark rezipiert wurden. Ein solches Vorgehen wurde bereits von Sally Stein kritisiert:

> „[...] das Magazin als Schlüsselbeispiel zu adeln ist mehr als nur eine Bestätigung des von Life selbst erhobenen Anspruchs, das absolut zentrale amerikanische Bildmedium des ‚amerikanischen Jahrhunderts‘ zu sein. Auch die jüngsten Publikationen verharren weiter in diesem wissenschaftlichen Tunnelblick auf Life.“[150]

Dennoch ist eine Analyse mit dem gewählten Fokus sinnvoll, da sich gerade bei Burrows als konstantem Berichterstatter die Veränderungen im Kriegsdiskurs in den Medien gut nachvollziehen lassen.[151] Durch die Konzentration auf einige Hauptpositionen bei der Darstellung des Vietnamkriegs lässt sich das öffentlich vermittelte Kriegsbild genauer analysieren und im Diskurs verorten. Gerade weil diese Bilder besonders stark rezipiert und in Ausstellungen gezeigt werden, und somit das kulturelle Gedächtnis zum Vietnamkrieg maßgeblich prägen, ist es notwendig, sie genauer zu kontextualisieren. Durch die Analyse eines Mediums kann der Entstehungskontext sowie einzelne Akteure genauer im Gesamtzusammenhang beleuchtet werden. So kann auch die gezielte Steuerung der Rezeption durch die *Life*-Redaktion offengelegt und kritisch reflektiert werden.

Anton Holzer verweist darauf, dass durch die Beschäftigung von Kunsthistorikerinnen und Kunsthistorikern mit der Pressefotografie einzelne Fotografinnen und Fotografen als Künstler entdeckt und ausgestellt wurden.[152] Gerade

149 Landwehr 2008 (wie Anm. 141), S. 98.

150 Stein, Sally: Mainstream-Differenzen. Das unverwechselbare Aussehen von *Life* und *Look* in der Medienkultur der USA, in: Herta Wolf (Hg.), *Diskurse der Fotografie. Fotokritik am Ende des fotografischen Zeitalters*, Frankfurt am Main 2007, S. 135–172, hier S. 144.

151 Für eine Verankerung der Kriegsfotografie im Verhältnis zum Fernsehen und der Berichterstattung im Fernsehen siehe Paul 2004 (wie Anm. 3), S. 311–364.

152 Anton Holzer kritisiert die Beschäftigung zahlreicher Studien mit dem Leben und Werk einzelner „Starfotografen“ und deren Darstellung als „journalistische Heroen“ Holzer, Anton: Rasende Reporter. Eine Kulturgeschichte des Fotojournalismus. Fotografie, Presse und Gesellschaft in Österreich 1890 bis 1945. Darmstadt 2014, S.

deshalb ist es wichtig, diese Bilder im Kontext einer Bildgeschichte und Kriegsfotografie zu analysieren, insbesondere wenn sie sich immer größerer Popularität erfreuen. Die Mythologisierung des Fotografen soll deshalb durch eine Rezeptionsanalyse aufgezeigt werden und in der Analyse immer wieder auf die Rolle verschiedener Institutionen und Akteure auf die öffentliche Wahrnehmung der Fotografinnen und Fotografen aufmerksam gemacht werden.

Susan Sontag hat sich in ihrer Studie „Das Leiden anderer Betrachten" kritisch mit der Funktion der Unterhaltung von medialen Kriegsbildern im Alltag westlicher Betrachtender beschäftigt.[153] Mir geht es in dieser Arbeit jedoch nicht darum, die Arbeit der Fotografen und Fotografinnen moralisch zu bewerten,[154] insbesondere da diese Studie ebenfalls aus einer verengten, distanzierten und westlichen Perspektive zum Krieg geschrieben wurde; aus der Position derer, die Krieg nur aus der Berichterstattung kennen und für die daher visuelle und ästhetische Elemente der Berichterstattung in den Vordergrund geraten können.

Der Topos der Augenzeugenschaft lässt sich bis in die Antike nachvollziehen. Nachrichten von Zeuginnen und Zeugen gelten seit jeher als besonders glaubwürdig. Bis ins Mittelalter wurden sie für einen wahrheitsgemäßen Bericht historischer Ereignisse konsultiert. Doch war der Augenzeugenbericht nicht immer relevant für die Kriegsdarstellung. Blickt man in die Geschichte, so haben die wenigsten Künstler der Neuzeit, die eindrucksvolle Historiengemälde schufen, selbst am Krieg teilgenommen noch den Kriegsschauplatz gesehen. Die Gemälde entstanden nicht auf dem Schlachtfeld, sondern von langer Hand vorbereitet im Atelier. Es ging nicht darum, eine realistische Darstellung zu schaffen, sondern die Handlung geschickt zu verdichten und einen erzählerisch relevanten Moment ausdrucksstark zu präsentieren.[155] Dies vermochten die Maler oft dank

---

443 f. Holzer, Anton: Nachrichten und Sensationen. Pressefotografie in Deutschland und Österreich. Ein Literaturüberblick, in: *Fotogeschichte*, 28 (107), 2008, S. 61–67, hier S. 63.

153 Vgl. Sontag 2008 (wie Anm. 1), S. 27–31.

154 Siehe für eine moralische Diskussion und Diskussion der Motivation von Kriegsjournalisten: Kamber, Michael und Grimm, Fred: Bilderkrieger. Von jenen, die ausziehen, uns die Augen zu öffnen. Kriegsfotografen erzählen. Hollenstedt 2013; Chapnick, Howard: Truth Needs no Ally. Inside Photojournalism. Columbia, London 1994. Nick Fitzhugh: Conflict. Redfitz Production, USA 2015, <http://watch.redfitz.com/conflict/> (8.8.16). Siehe für eine Thematisierung von Krieg als Abenteuer: Hüppauf 2015 (wie Anm. 67), S. 268–271.

155 Vgl. Hüppauf 2013 (wie Anm. 101), S. 458. Siehe zum Historiengemälde genauer Kepetzis, Ekaterini: Vergegenwärtigte Antike. Studien zur Gattungsüberschreitung in der französischen und englischen Malerei (1840–1914). Frankfurt am Main 2009; Mai, Ekkehard: Historienbilder im Wandel. Aspekte zu Form, Funktion und Ideologie ausgangs des 19. und im 20. Jahrhundert, Mai, Ekkehard (Hg.), *Triumph und Tod des Helden. Europäische Historienmalerei von Rubens bis Manet.* Ausst.-Kat. Köln,

ausdrucksstarker Gesten und ikonographischer und mythischer Formeln.[156] So wirkt das erschaffene Kriegsgeschehen oft dramatischer, als es die historische Aufarbeitung vermuten lässt.

Kriegsfotografien stehen in einem Spannungsfeld zwischen wahrheitsgetreuer Abbildung und propagandistischen und ideologischen Interessen. Um herauszuarbeiten, ob eine Fotografie als „kritisch“[157] bezeichnet werden kann, muss somit zunächst definiert werden, was unter propagandistisch und gesteuert zu verstehen ist. Diese Arbeit definiert „Propaganda“ nach Joachim Bussemer als

> „[…] besondere Form der systematisch geplanten Massenkommunikation, die nicht informieren oder argumentieren, sondern überreden oder überzeugen möchte. Dazu bedient sie sich in der Regel einer symbolisch aufgeladenen und ideologiegeprägten (Bild-)Sprache, welche die Wirklichkeit verzerrt, da sie entweder Informationen falsch vermittelt oder ganz unterschlägt. Ziel von Propaganda ist es, bei den Empfängern eine bestimmte Wahrnehmung von Ereignissen oder Meinungen auszulösen, nach der neue Informationen und Sachverhalte in den Kontext einer ideologiegeladenen Weltsicht eingebettet werden (Frauming). Der Wahrnehmungsraum, in dem die Empfänger Informationen einordnen oder bewerten können, wird so durch Propaganda langfristig manipuliert.“[158]

Ursprung des Begriffs „Propaganda“ ist das lateinischen *propagare*: ausstreuen, ausbreiten. Im 17. Jahrhundert, von der katholischen Kirche geprägt, war Propaganda ein Instrument zur Verbreitung von Ideologien während der Französischen Revolution. Im Zuge dessen erfuhr der Begriff eine enorme Aufwertung und entwickelte sich mit den Massenmedien und durch den Einfluss und die Verbreitung von Werbung zu einer professionellen Technik. Während des Ersten Weltkriegs war Propaganda Teil der Kriegsführung und wurde, wie beispielweise in Russland, Teil einer Herrschaftstechnik. In Demokratien wird sie seit den 1930er-Jahren als Strategie zur Herstellung gesellschaftlicher Stabilität einge-

---

Wallraf-Richartz-Museum, 30.10.1987–10.1.1988; Zürich, Kunsthaus 3.3.1988–24.4.1988; Lyon, Musée des Beaux-Arts Lyon 18.5.1988–17.7.1988, Köln, Mailand 1987, S. 151–163.

156 Vgl. Germer, Stefan und Zimmermann, Michael F.: Vorwort, in: dies. (Hg.), *Bilder der Macht. Macht der Bilder. Zeitgeschichte in Darstellungen des 19. Jahrhunderts* (= Veröffentlichungen des Zentralinstituts für Kunstgeschichte, Bd. 12), München 1997, S. 8–16, hier S. 8.

157 Hüppauf verweist darauf, dass die Dokumentation von Schrecken, Sterben und Zerstörung keine Werte beinhalten könne. Dies würde durch den Diskurs impliziert. Vgl. Hüppauf 2015 (wie Anm. 67), S. 98 f.

158 Thymian Bussemer: *Propaganda. Theoretisches Konzept und geschichtliche Bedeutung* (Version 1.0) 2.8.2013, unter: <http://docupedia.de/zg/Propaganda?oldid=87494>.

setzt. Der Begriff hat im Laufe der Jahrhunderte und insbesondere im 20. Jahrhundert einen größeren Funktionswandel erlebt und wird in Deutschland konnotiert mit der Kommunikationspolitik der Nationalsozialisten.[159] Im 21. Jahrhundert bestehen zwei Propagandabegriffe parallel: ein „engerer", der mit der Kontrolle von Informationen und Unterdrückung einer öffentlichen Meinung in totalitären Systemen verbunden ist und der Propaganda eine enorme Wirkung zugesteht. Gleichzeitig gibt es einen „weiteren" Propagandabegriff, bei dem man von einem Auftreten in sämtlichen Gesellschaftsformationen ausgeht, aber mit weniger Wirkmacht. Hierunter fällt beispielsweise die professionell geplante Meinungswerbung in Demokratien.[160] Nach Bussemer kann Propaganda[161]:

> „[…] als die in der Regel medienvermittelte Formierung handlungsrelevanter Meinungen und Einstellungen politischer oder sozialer Großgruppen durch symbolische Kommunikation und als Herstellung von Öffentlichkeit zugunsten bestimmter Interessen verstanden werden. Propaganda zeichnet sich durch die Komplementarität vom überhöhten Selbst- und denunzierendem Fremdbild aus und ordnet Wahrheit dem instrumentellen Kriterium der Effizienz unter. Ihre Botschaften und Handlungsaufforderungen versucht sie zu naturalisieren und mit vorhandenen Frames zu verknüpfen, damit diese als selbstverständliche und nahe liegenden Schlussfolgerungen erscheinen."[162]

Diese Arbeit schließt sich für die Untersuchung der Fotoessays dem genannten weiteren Propagandabegriff an und deutet somit Propaganda im Zusammenhang mit einem aktiven Rezipienten. Sie kann zwar von oben bestimmt werden, aber nur funktionieren, wenn sie auf bereits vorhandene Grundmuster, „Frames"[163] und Stereotypen in der Gesellschaft trifft. In der Kommunikation zwischen Propagandierenden und Rezipierenden kann demnach eine aktive Zusammenarbeit gesehen werden, in der Inhalte untereinander diskutiert und reguliert werden.[164]

---

159 Vgl. Bussemer, Thymian: Propaganda. Konzepte und Theorien. (Mit einem einführenden Vorwort von Peter Glotz). Wiesbaden ^{2}2008, S. 26 f; Bussemer 2013 – Propaganda.

160 Bussemer 2013 – Propaganda.

161 Bussemer leitet diese anhand verschiedener historischer Definitionen her: Lasswell, Harold D.: The Theory of Political Propaganda, in: *American Political Science Review*, 21 (4), 1927, S. 627–631; Maletzke, Gerhard: Propaganda. Eine begriffskritische Analyse, in: *Publizistik*, 17 (2), 1972, S. 153–164.

162 [Hervorhebungen aus dem Original entfernt] Bussemer 2013 – Propaganda.

163 Siehe zum Framing genauer Scheufele, Bertram: Visuelles Medien-Framing und Framing-Effekte, in: Thomas Knieper (Hg.), *Kommunikation visuell. Das Bild als Forschungsgegenstand – Grundlagen und Perspektiven*, Köln 2001; Butler, Judith: Raster des Krieges. Warum wir nicht jedes Leid beklagen. Frankfurt am Main 2010 (2009).

164 Vgl. Bussemer 2013 – Propaganda.

Von dieser Definition ausgehend werden die Fotoessays auf propagandistische Tendenzen untersucht, und es wird durch eine Kontextualisierung nachvollzogen, wie sie im historischen Kriegsdiskurs zu deuten sind.

Lange Zeit wurde der Vietnamkrieg in der westlichen Wissenschaft nur aus euroamerikanischer Perspektive beleuchtet, in Konzentration auf französische und US-amerikanische Akteure. Die vietnamesische Bevölkerung selber war dabei nur von peripherem Interesse.[165] Auch bei der gewählten Untersuchungsfrage bleibt eine vietnamesische Perspektive größtenteils außen vor. Diese Arbeit versteht sich vielmehr als postkoloniale und postimperiale Aufarbeitung der euroamerikanischen Perspektive auf den Vietnamkrieg in der Presse. Daher wird aufgezeigt, wie die Konzentration in den Medien auf die US-amerikanischen Soldaten als Darstellungsstrategie für ein positives US-amerikanisches Kriegsbild wirksam wurde und rassistische und koloniale Bildmuster zur Anwendung kamen. Bedingt durch die Darstellung in den euroamerikanischen Medien konzentriert sich diese Analyse somit hauptsächlich auf männliche,[166] euroamerikanische Positionen.[167]

---

165 Siehe für eine Geschichte des Vietnamkriegs in Konzentration auf vietnamesische Akteure Bradley 2009 (wie Anm. 24).

166 Männliche Fotografen waren in Vietnam deutlich in der Überzahl. Berücksichtigung in der Studie finden jedoch die Fotografinnen Catherine Leroy und Dickey Chapelle.

167 Es gibt eine Publikation, die sich mit Fotografien von vietnamesischen Fotografen beschäftigt, da sie jedoch erst im 21. Jahrhundert erschien, wurde sie nur für die Rezeption berücksichtigt: Page, Tim: Another Vietnam. Pictures of the War from the Other Side (Doug Niven und Chris Riley Hg.). Washington 2002.

6. Authentizität in der Kriegsdarstellung und im Fotoessay

Der italienische Fotograf Ruben Salvadori zeigt in seinem Projekt „Photojournalism Behind the Scenes“ Bildpraktiken des Fotojournalismus auf. Er verdeutlicht, wie bildjournalistische Fotografien entstehen, indem er andere Bildjournalisten und -journalistinnen bei der Arbeit dokumentiert. Salvadori vermittelt den Betrachtenden beispielsweise, wie angedeutetes Steinewerfen von maskierten Jugendlichen vor der Kamera zu dramatischen Straßenkämpfen stilisiert wird. Er hat in verschiedenen Aufnahmen, die er im Mai 2011 in Silwan in Ostjerusalem machte, dokumentiert, wie andere Fotojournalisten Straßenkämpfe fotografierten. Nach seiner Aussage kam es in Silwan regelmäßig nach dem Gebet zu gewaltvollen Auseinandersetzungen zwischen Palästinensern und israelischen Einsatzkräften, an diesem Tag jedoch nicht.[168] In der Serie befinden sich einerseits Fotografien, wie sie in den Nachrichten erscheinen könnten: wohlkomponierte dramatische Szenen, wie die Aufnahme eines jungen Maskierten im roten T-Shirt, der zentral auf der Straße vor einem kleinen Feuer und Pflastersteinen steht. Die Fotografie greift Bildmuster der Revolution auf, wie eine zentrale Figur des Widerstands mitten auf der Straße, eine errichtete Barrikade und Rauch im Hintergrund (Abb.-Link 1). Daneben zeigt Salvadori weitere Ausschnitte, die zahlreiche Fotografen neben den vermeintlichen Aufrührern mit ins Bild fassen und das Geschehen dadurch als harmlos enttarnen. Die Fotografinnen und Fotografen erfüllen bestimmte Erwartungen der Betrachtenden wie Redaktionen, um ihre Fotografien verkaufen zu können. Salvadori verdeutlicht mit dieser Bildserie fotografisch, dass es bestimmte Bildrhetoriken gibt, die im Geschäft des Bildjournalismus immer wieder bedient werden. Es gibt tradierte Bildmuster, die Betrachtende wie Redakteurinnen und Redakteure von Kriegs- und Kampfhandlungen erwarten und helfen, diese als authentisch anzuerkennen.

Im folgenden Kapitel sollen Bildrhetoriken und Bildmuster herausgearbeitet, in diesem Diskurs situiert und theoretisch fundiert werden. Zunächst wird der Begriff der Authentizität historisch und theoretisch hergeleitet und im Diskurs der Kriegsfotografie verortet, um Kriterien für die Analyse zu entwickeln. Um die Konstruktion eines authentischen Eindrucks in der Kriegsfotografie besser nachzuvollziehen, wird abschließend das Augenzeugenprinzip genauer betrachtet

---

168 Ruben Salvadori: Photojournalism Behind the Scenes 2013, unter: <http://www.rubensalvadori.com/index.php/project/photojournalism-behind-the-scenes/> (27.7.2016).

und mit einigen Praktiken der Kriegsdarstellung verknüpft.[169] Bernd Hüppauf stellt in seiner kulturgeschichtlichen Betrachtung von Kriegsfotografien hierzu allgemein fest:

> „Innerhalb der Medien wirkt ein Diskurs, der bestimmten Regeln folgt, in denen die Kriege der kollektiven Erinnerung entstehen und tradiert werden. Dieser Diskurs verleiht den Medien Autorität in der Produktion ihrer Inhalte."[170]

Wie bereits herausgearbeitet wurde, sah man den Vorzug der Fotografie bei ihrer Einführung und Verbreitung in der Presse in der Fähigkeit des Mediums zur realistischen und somit authentischen Darstellung. Paul Knoll stellte 1911 fest, dass Schnelligkeit und Authentizität die beiden Eigenschaften sind, die die Fotografie von anderen Darstellungsmethoden unterscheiden und ihre besonderen Stärken sind. Er gibt einen englischen Verleger wieder, der die These vertreten habe,

> „[...]der Erfolg der Illustrationsphotographie [beruhe] darauf [...], daß sie die eigene Anschauung viel besser und authentischer wiederzugeben in der Lage sei, als der Journalist mit Worten es vermöchte. Die Authentizität in der Schilderung von Vorgängen und Ereignissen war nach seiner Meinung der Urgrund zur bildlichen Berichterstattung überhaupt, und die Photographie sei wie geschaffen dazu, das Bedürfnis nach authentischer Darstellung von Vorgängen voll zu befriedigen."[171]

Bezieht sich der Begriff der „Authentizität" bei Knoll noch in erster Linie auf die mechanische Beziehung zum Referenten, erfüllt er später eine doppelte Funktion im Diskurs. Denn wie bereits im Bezug auf den Vietnamkrieg aufgezeigt, ist der Begriff der „Authentizität" im Bildjournalismus auch mit dem Glauben an politisch unabhängige Beobachter verknüpft, die unmanipulierte und objektive Bilder des Geschehens vermitteln. Im Kern geht es bei der Beschreibung einer Fotografie als „authentisch" darum, sie als nicht inszeniert und manipuliert zu kennzeichnen. Das Medium und die Möglichkeiten einer authentischen Darstellung werden erst Ende der 1960er-, Anfang der 1970er-Jahre durch Vertreter einer kritischen Fotografietheorie wie Martha Rosler, Allan Sekula, John Tagg

---

169 Siehe für historische Darstellungen der Kriegsfotografie u. a.: Paul 2004 (wie Anm. 3); Sontag 2008 (wie Anm. 1); Holzer 2003 – Das fotografische Gesicht des Krieges; Sachsse, Rolf: Polemoskop und Martial Arts. Über die Rolle der Photographie im modernen und postmodernen Krieg, Sachsse, Rolf (Hg.), *M_ARS. Kunst und Krieg.* Ausst. Kat. Graz, Neue Galerie am Landesmuseum Joanneum. 10.1.–26.3.2003, Ostfildern-Ruit 2003, S. 261–277. Siehe für eine Darstellung des Krieges in der Kunst und in den Medien: Köppen 2005 (wie Anm. 102).

170 Hüppauf 2015 (wie Anm. 67), S. 119.

171 Knoll, Paul: Presse, in: K. W. Wolf-Czapek (Hg.), *Angewandte Photographie in Wissenschaft und Technik,* 4 Bde., Bd. 3, Berlin 1911, S. 77–95, hier S. 89 f.

und Abigail Solomon-Godeau in Frage gestellt.[172] Und obwohl heute im digitalen Zeitalter der manuelle Bezug zum Referenten nicht mehr gegeben ist, ist der Glaube an die Authentizität der Fotografie immer noch groß, wie Cornelia Brink und Jonas Wegerer herausstellen:

> „Der mediale Code der Spur wurde zwar von mehreren Seiten kritisiert, ist aber noch immer der häufigste Zugang zum Verhältnis von Fotografie und Realität; deshalb auch immer wieder der Aufschrei, falls sich eine Aufnahme als Inszenierung oder Fälschung erweist.“[173]

Angelehnt an das griechische Substantiv *authéntēs*, der „Urheber“[174] oder „jemand, der etwas mit eigener Hand, dann auch aus eigener Gewalt vollbringt“[175], steht der Begriff „authentisch“ bzw. „Authentizität“ im Deutschen synonym für das Verbürgte, das Echte und Zuverlässige. Sowohl in der lateinischen Form als auch in der seit dem 16. Jahrhundert auffindbaren deutschen Form hat es sich in Bezug auf Dokumente, Reliquien oder Ähnliches tradiert, die durch die Autorisierung befugter Personen als authentisch bezeichnet wurden. Somit sind Glaubwürdigkeit und Echtheit unmittelbar verknüpft mit der Autorisierung.[176] Glaubwürdigkeit ist somit an eine Autorschaft gebunden, wenn die Autorisierung durch den Autor erfolgt.

Im Kunstdiskurs spielt der Begriff der Authentizität seit Winckelmann in Bezug auf Originalität und Zuschreibung eine Rolle und gewinnt in der Folge auch einen ästhetischen Wert.[177] Hans Ulrich Reck definiert die Authentizität der Kunst als vom Diskurs zugewiesene Eigenschaft von Werken und Autoren:

---

172 Siehe hierzu Ziethen, Rahel: Kunstkommentare im Spiegel der Fotografie. Re-Auratisierung – Ver-Klärung – Nicht-kontingente Experimente (Phil. Diss. Hildesheim 2010). Bielefeld, Berlin 2013, S. 272–275. Beispielhafte Theoretiker: Sekula 2006 – Den Modernismus demontieren; Solomon-Godeau, Abigail: Wer spricht so? Einige Fragen zur Dokumentarfotografie [1991], in: Herta Wolf (Hg.), *Diskurse der Fotografie. Fotokritik am Ende des fotografischen Zeitalters*, Frankfurt am Main 2007, S. 53–74.

173 Brink, Wegerer 2012 – Wie kommt die Gewalt ins, S. 14, Fußnote 35.

174 Kluge, Friedrich und Seebold, Elmar: Etymologisches Wörterbuch der deutschen Sprache. Berlin 242002, S. 72.

175 Joachim Ritter: Griechisches Wörterbuch der Philosophie 1971 zitiert nach Knaller, Susanne: Genealogie eines ästhetischen Authentizitätsbegriffs, in: Susanne Knaller und Harro Müller (Hg.), *Authentizität. Diskussion eines ästhetischen Begriffs*, Paderborn, München 2006, S. 17–35, hier S. 18.

176 Vgl. Grittmann, Elke: Das politische Bild. Fotojournalismus und Pressefotografie in Theorie und Empirie. Köln 2007, S. 265.

177 Vgl. Knaller 2006 – Genealogie eines ästhetischen Authentizitätsbegriffs, S. 20.

> „Es sind nicht die Bilder als ganze, die Authentizität beglaubigen, sondern spezialisierte Zonen in ihnen – Typisierungen, Handschriften, Stile, Signifikanzen etc. –, […]. Die attributive Struktur des ‚Echten' – das nicht als Gut vorliegt, sondern aus einem Prozeß der Verweisung der Attribute und Aspekte und umgekehrt hervorgeht – deutet darauf hin, daß Authentizität nicht das Evidente, sondern das durch einen Diskurs Gestützte, eine an Werke und Autoren verliehene Autorität ist. […] Authentizität ist ein Faktor der Selbstinterpretation des Kulturwandels im Hinblick auf Bedeutungshierarchien und zentralisierende Medien-Aufgabenstellungen, aber auch Technologien, Archivierungsprinzipien, Bildgewinnungsverfahren."[178]

Auch für die Kriegsfotografie handelt es sich bei Authentizität um ein Konstrukt. Im Journalismus ist eine zentrale Norm, wahrheitsgemäß und objektiv[179] über das zu berichten, was beobachtet und herausgefunden wurde. Es bedarf somit für die Authentifizierung einer Kriegsdarstellung eines Augenzeugen. Der Topos der Augenzeugenschaft lässt sich bis in die Antike nachvollziehen. Nachrichten eines Augenzeugen gelten seit jeher als besonders glaubwürdig. Bis ins Mittelalter wurden sie für einen wahrheitsgemäßen Bericht historischer Ereignisse konsultiert. Frühe Reiseberichte wurden deshalb als authentisch beurteilt, wenn sie das Ergebnis einer Reise waren.[180] Wie wichtig der Aspekt der Augenzeugenschaft im Diskurs bis heute ist, erkennt man beispielsweise an der Selbstdarstellung des Fotografen James Nachtwey auf seiner Homepage. Die Überschrift der Startseite lautet „Witness Photography by James Nachtwey" und zentral ist ein Zitat positioniert: „I have been a witness, and these pictures are my testimony. The events I have recorded should not be forgotten and must not be repeated."[181] Dies macht deutlich, wie wichtig die Funktion als Augenzeuge für die Selbstdarstellung und das Selbstverständnis von Fotojournalisten bis ins 21. Jahrhundert ist.

178 Reck, Hans Ulrich: Kunst als Medientheorie. Vom Zeichen zur Handlung. München 2003, S. 495 f.

179 Siehe für eine historische Herleitung der Nutzung des Objektivitätsbegriffes insbesondere in der Wissenschaft: Daston, Lorraine und Galison, Peter: Objektivität. Frankfurt am Main 2007.

180 Hüppauf verweist auf Marco Polos Berichte aus China: Hüppauf 2013 (wie Anm. 101), S. 190.

181 James Nachtwey, unter: <http://www.jamesnachtwcy.com/> (16.6.2016).

„Augenzeugenprinzip" als Kennzeichen der Authentizität

Der Augenzeugenbericht gilt nicht nur als besonders verbürgt, sondern hat gerade für die bildliche Darstellung die Eigenschaft, den Betrachtenden den Eindruck zu vermitteln, selbst dort gewesen zu sein und am Geschehen Teil zu haben. Ernst H. Gombrich machte auf das griechische „Augenzeugenprinzip" aufmerksam, dessen Funktion nicht nur die Fähigkeit sei, Informationen zu vermitteln, sondern vor allem Handlung darzustellen:

> „Der imaginäre Augenzeuge der Schlacht von Issos, in der Alexander der Große den Perserkönig Darius besiegte, zieht uns hinein ins Schlachtgetümmel. [...] „Wichtig ist, daß das Bild, indem es uns zu Augenzeugen macht, einen doppelten Zweck verfolgt: Es zeigt nicht nur, was sich dort und damals ereignete, sondern läßt uns empfinden, was wir damals – physisch und emotionell – erlebt hätten, wären wir dabei gewesen. Wir begreifen ohne Nachdenken, wo wir in bezug auf die geschilderten Ereignisse stehen, und ebenso die Größe des Augenblicks, den wir im Geist mit dem imaginären Augenzeugen teilen."[182]

Gombrich verweist hiermit nicht nur auf die durch das Bild behauptete Augenzeugenschaft mittels der Mimesis, der „Nachahmung der Natur", sondern auch auf die Eigenschaft, die Betrachtenden in die Position eines Augenzeugen zu versetzen. Bilder hätten prinzipiell die Möglichkeit darzustellen, was ein Zeuge zu einem bestimmten Zeitpunkt und Ort sehen und empfinden könne. Um dies zu erreichen, dürfe der Künstler nichts in das Bild aufnehmen, „was der Augenzeuge in einem bestimmten Augenblick von einem bestimmten Punkt aus nicht hätte sehen können."[183] Die Möglichkeiten der Wirklichkeitstreue seien immer an das Medium gebunden, doch könne sich der Künstler an diesen Prinzipien orientieren. Das Streben nach Wirklichkeitstreue sieht Gombrich besonders am Ende des Mittelalters verwirklicht, als die Künstler versuchten, sich an den Errungenschaften der Antike zu orientieren und sieht es beispielsweise bei Raffaels „Paulspredigt" umgesetzt, die die Betrachtenden zu Teilnehmenden der Szene macht.[184] Dank der Zentralperspektive sei dies möglich, auch wenn sie die Betrachtenden dazu zwinge, unbeweglich an einem Ort zu verweilen.[185]

Für die Fotografie bezieht sich die Behauptung des „Augenzeugenprinzips" auf die „‚Schnappschusssicht' mit *einem* unbeweglichen Auge [Markierung

182 Gombrich, Ernst H.: Bild und Auge. Neue Studien zur Psychologie der bildlichen Darstellung. Stuttgart 1982 (1982), S. 249.

183 Gombrich 1982, S. 248 f.

184 Vgl. Gombrich 1982, S. 250.

185 Vgl. Gombrich 1982, S. 252–260.

im Original]"[186]. Elke Grittmann arbeitete für die politische Pressefotografie verschiedene Praktiken heraus, die eine natürliche Aufnahmesituation suggerieren sollen. Sie bezeichnet Authentizität „nicht mehr als inhärente Eigenschaft, sondern als Anspruch an die Pressefotografie, der durch spezifische (foto-)journalistische Techniken erreicht werden kann."[187] Bestimmte Herangehensweisen und Darstellungsmodi seien „Garanten für ‚authentische' Bilder."[188] Hierzu zählt sie nicht nur den Verzicht auf die Manipulation des Materials oder eine Inszenierung des Motivs, sondern auch eine auf Naturalismus zielende Komposition.[189] Dazu gehört erstens der bereits vorgestellte „unbeobachtete Augenblick" im Sinne Salomons *candid camera*, zweitens ein Kamerawinkel, der dem „natürlichen" Blick entspricht wie eine Aufnahme auf Augenhöhe der Betrachtenden. Des Weiteren nennt Grittman Einstellungsgrößen zwischen Nahe und Halbtotale, die dem typischen Wahrnehmungshorizont gleichkommen. Auch bei den Effekten würde im Fotojournalismus meist versucht, auf Extreme zu verzichten, um sich einer möglichst „natürlichen" Wahrnehmung zu nähern. Selbiges gelte für die Bildformate: ausgefallene Formate würden die Bildlichkeit selbst thematisieren und seien deshalb die Ausnahme.[190]

Alle diese Kriterien verleiten euroamerikanische Betrachtende anzunehmen, selbst dem fotografierten Geschehen beizuwohnen – somit Augenzeugen zu sein. Wie Gombrich jedoch weiter herausarbeitete, nehmen Betrachtende mehr Szenen als realistisch wahr, als nur eine an die menschlichen Sehgewohnheiten angepasste Aufnahmesituation:

> „Wir haben uns an die Eigentümlichkeit des eingefangenen Bildes angepaßt, und was uns ein Bild als ‚wahr' erscheinen läßt, hängt nicht so sehr von seinem Informationsgehalt ab als von seiner Fähigkeit, uns eine Situation oder Stimmung überzeugend vor Augen zu stellen."[191]

Gombrich spricht für zeitgenössische Betrachtende von der Gewöhnung an Unschärfe als Zeichen für Bewegung oder auch ungewöhnliche Perspektiven in der Fotografie. Man toleriere diese weniger perfekten Aufnahmen, da man sich die Situation vorstellen könne, in der sie entstanden seien.[192] Er weist aber auch da-

186 Gombrich 1982 (wie Anm. 182), S. 266.

187 Grittmann, Elke: Das politische Bild. Fotojournalismus und Pressefotografie in Theorie und Empirie (Phil. Diss. Hamburg 2006). Köln 2007, S. 267.

188 Grittmann 2007, S. 281 f.

189 Vgl. Grittmann 2007, S. 281.

190 Vgl. Grittmann 2007, S. 281 f.

191 Gombrich 1982 (wie Anm. 182), S. 271.

192 Siehe für ein Beispiel Kapitel I.6 „Schlaglichter auf die Geschichte der euroamerikanischen Kriegsdarstellung" und Abb. 5.

rauf hin, man dürfe dennoch nicht „vor einem solchen Bild [...] erklären, es sei wahrer, im Sinne von wirklichkeitsgetreuer, als eine klare Aufnahme, die viele Einzelheiten wiedergibt.“[193] Was als wahrheitsmäßige oder authentische Aufnahme empfunden wird, hat demnach in erster Linie mit unseren Sehgewohnheiten zu tun. Oder wie der Philosoph Nelson Goodman es formuliert:

> „Ob man eine Darstellung als realistisch empfindet oder nicht, hat nichts mit Information oder Illusion zu tun, sondern ausschließlich mit dem, was man gelernt hat. Fast jedes Bild kann so ziemlich alles darstellen, was es gibt.“[194]

Im Kontext des Kriegsbildes weist Bernd Hüppauf darauf hin, dass die Betrachtenden das als authentisch wahrnehmen, was ihrem Bild von Krieg entspricht. Bernd Hüppauf schreibt dazu:

> „Jede Zeit entwickelt eine Vorstellung davon, was Krieg ist und wie er repräsentiert werden soll. Die Verwandlung innerer Bilder in Fotografie und die Umkehrung von Fotografie in innere Bilder gehört zu den ungeklärten Aspekten der Kriegsfotografie. Niemand weiß, wie das innere Kriegsbild in den Köpfen der anderen ausschaut. Zu einer gewissen Übereinstimmung führt die veröffentlichte Kriegsfotografie. Sie macht subjektive innere Bilder öffentlich, kommuniziert und stabilisiert sie.“[195]

Demzufolge nehmen Betrachtende jeweils jene Bilder als glaubwürdig wahr, die ihrer kulturellen Vorstellung von Krieg entsprechen:

> „Glaubwürdigkeit ist nicht universell und, da sie zeitabhängige Implikationen einschließt, stets nur für einen begrenzten Zeitraum gegeben. [...] Glaubwürdigkeit entsteht im gesellschaftlichen Diskurs und ist von Zuschreibungen nicht zu trennen, und sie sind wiederum an die Verbildlichung von *Implikationen* gebunden.“[196]

Zusammenfassend lässt sich festhalten, dass eine Fotografie von den westlichen Betrachtenden als authentisch empfunden wird, wenn sie nach dem „Augenzeugenprinzip“ erstellt wurde und den Sehgewohnheiten der Betrachtenden entspricht, die auch durch andere Bildtraditionen geprägt sind. Somit scheint es sich bei der fotografischen Authentizität um ein Paradox zu handeln: Einerseits gilt das Bild als realistisch, dem die Mimesis besonders gut gelingt. Andererseits

193 Gombrich 1982(wie Anm. 182), S. 272.
194 Nelson Goodman zitiert nach Gombrich 1982, S. 275.
195 Hüppauf 2015 (wie Anm. 67), S. 55.
196 Hüppauf 2015, S. 87 und 92.

kann es nur authentisch wirken, wenn es bestimmte kulturelle Vorstellungen und Tradierungen wiedergibt. Dieser Gegensatz lässt sich nur mit dem Kern der Authentizität auflösen: der Vertrauenswürdigkeit des Augenzeugen, der die Authentizität beglaubigt, und die sich in der Kriegsfotografie nicht als Zeugenschaft des Fotografen oder der Fotografin erschöpft. In der Kriegsfotografie muss das Bild diese Augenzeugenschaft außerdem visuell widerspiegeln, um als authentisch wahrgenommen zu werden:

> „Die Kulturgeschichte des Krieges verknüpft das Problem der Authentizität mit Subjektivität. […] Das Erlebnis hat seine eigene Realität. Es ist gegenüber dem Historiker im Recht, selbst wenn er es aufgrund seiner Kenntnis der Fakten als übertrieben oder verzerrt oder anderswie unwahrscheinlich einstuft. Die Klärung der Grundfrage, was Erfahrung ist und wie sie möglich ist, ist für die Klärung von Authentizität notwendig. Das Kriegserlebnis gibt es nur aus dem Zusammenwirken des einzigartigen Erlebnisses und seiner sprachlich-kulturellen Kodierung. Entscheidend für seine Authentizität ist nicht die Beziehung zum Ereignis, sondern die Stimmigkeit der immanenten Konstruktion. Wenn es keine objektiven Kriterien für Authentizität gibt, ist die Text-Leser-Beziehung entscheidend. Kulturgeschichte spricht vom Authentischen aus der Stimmigkeit der Konstruktion, die im Kopf des Rezipienten entsteht. Aufgrund der immanenten Stimmigkeit wird Authentizität zugeschrieben.“[197]

Die Auslegung, wie objektiv oder subjektiv ein Augenzeugenbericht sein muss, um als authentische Darstellung wahrgenommen zu werden, verändert sich dementsprechend mit der Zeit und wird unterschiedlich gewertet.

Schlaglichter auf die Geschichte der euroamerikanischen Kriegsdarstellung

Was stellen sich euroamerikanische Betrachtende unter Krieg vor? Wie wurde Krieg historisch dargestellt und wie wichtig war dabei die Augenzeugenschaft? Diese Fragen können in diesem Rahmen nicht umfassend beantwortet werden. In dieser Ausführung wird punktuell auf Darstellungstraditionen eingegangen, die in Bezug auf eine fotografische Kriegsdarstellung im Vietnamkrieg und insbesondere die Herleitung authentischer Darstellungspraktiken relevant sind. Es finden sich jedoch weitere Verweise auf Traditionen der Kriegs- und Gewaltdarstellung in den Analysen.

Der Augenzeugenbericht war nicht immer relevant für die Kriegsdarstellung. Blickt man in die Geschichte, so haben die wenigsten Künstler der Neuzeit, die

197 Hüppauf 2013 (wie Anm. 101), S. 199.

eindrucksvolle Historiengemälde schufen, selbst am Krieg teilgenommen oder den Kriegsschauplatz gesehen. Die Gemälde entstanden nicht auf dem Schlachtfeld, sondern von langer Hand vorbereitet im Atelier. Es ging nicht darum, eine realistische Darstellung zu schaffen, sondern die Handlung geschickt zu verdichten und einen erzählerisch relevanten Moment ausdrucksstark zu präsentieren.[198] Dies vermochten die Maler oft dank expressiver Gesten und ikonographischer und mythischer Formeln.[199]

Jürgen Wilke untersucht das Kriegsbild in der historischen Bildpublizistik. Anhand der unperiodisch erscheinenden Nachrichtenblätter, den *Newen Zeytungen*, zeigt er, wie im 16. Jahrhundert im Druck aktuelle Kriegsereignisse massenmedial visualisiert wurden. Er führt mit verschiedenen Bildtypen wie „Schlacht- und Kampfszenen“, „Feldlager“, „Belagerung“ und anderen aus, dass es in diesen frühen ereignisbezogenen Kriegsdarstellungen nicht darum ging, Vorgänge möglichst wirklichkeitsnah oder gewissenhaft abzubilden, sondern die textliche Schilderung in den Drucken möglichst anschaulich darzustellen. Hierfür bediente man sich Typologien und stereotyper Verdichtungen. Man griff auf ikonographische Traditionen zurück und richtete sich nach modellhaften, meist topographischen Szenen, die mehrfach verwendet wurden.[200] In den späteren periodisch erscheinenden Zeitungen, konnte eine visuelle Darstellung nur stark zeitverzögert publiziert werden. Die *Illustrirte Zeitung* lieferte im 19. Jahrhundert beispielsweise Schlachtenszenen, bei dem das Kampfgeschehen stark konzentriert und dramatisiert dargestellt wurde. Oftmals zeigte man den Moment höchster Spannung. Als Bildquelle wurde „nach der Natur“ oder „nach Photographien“ angegeben.[201]

Der Bezug zur Wirklichkeit wurde im 19. Jahrhundert wichtiger. Massenmediale Kriegsbilder wurden vornehmlich in den sogenannten Bilderbogen veröffentlicht, die unter anderem zu kriegerischen Ereignissen hergestellt wurden. Die dort abgedruckten Kriegsbilder zeigten vornehmlich die offene Feldschlacht und das Kampfgeschehen wurde zu spannungs- und abwechslungsreicheren Szenen verdichtet. Die Geschehnisse wurden dabei durch Variationen in der Landschaft und Architektur oder der Soldaten und Uniformdarstellung an die

198 Vgl. Hüppauf 2013 (wie Anm. 101), S. 458. Siehe zum Historiengemälde genauer Kepetzis 2009 (wie Anm. 155); Mai 1987 – Historienbilder im Wandel.

199 Vgl. Germer, Zimmermann 1997 – Vorwort (wie Anm. 156), S. 8.

200 Wilke, Jürgen: Kriegsbilder in der historischen (Bild-)publizistik, in: Thomas Knieper und Marion G. Müller (Hg.), *War Visions. Bildkommunikation und Krieg*, Köln 2005, S. 22–56, hier S. 27–36.

201 Vgl. Wilke 2005 – Kriegsbilder in der historischen (Bild-)publizistik, S. 46 f.

unterschiedlichen Gegebenheiten angepasst.[202] Für die Herstellung der Drucke wurden vielfach Fotografien herangezogen, doch wurde das Geschehen für die Bilderbogen spannungsreicher und turbulenter inszeniert. Sie dienten der Identifikation. So wurden Opfer und Tote nicht komplett ausgeblendet, aber doch dezent und respektvoll dargestellt.[203] Das Ziel war keine realistische Darstellung der Ereignisse, vielmehr sollten sie diejenigen Vorstellungen bedienen, die sich die Bevölkerung vom Krieg machte. Wie Wilke darstellt, war für die graphische Darstellung somit nicht von Nöten, dass der Graphiker selbst bei der Schlacht dabei gewesen war. Dennoch wurde dem Konzept der Augenzeugenschaft in der Neuzeit für die Darstellung von Krieg insgesamt große Bedeutung beigemessen. Es war für die Hofmaler Adam Frans van der Meulen und Jan van Huchtenburgh beim Malen von Kabinettkriegen im 17. Jahrhundert von Vorteil, wenn sie vorweisen konnten, auch bei den Schlachten zugegen gewesen zu sein. In der Darstellung ging es um genaue Kenntnisse des Hergangs:

> „[...] in der präzisen, karthographischen Darstellung der Schlachtfelder, in den auf der intimen Kenntnis der Topographie beruhenden Angaben zum Ort des Geschehens, im genauen Überblick über die verschiedenen Heeresformationen und Schlachtordnungen [...].“[204]

Die Dokumentation war für die Maler wichtiger als eine Mythisierung des Geschehens.[205]

Francisco de Goyas (1746–1828) zwischen 1810 und 1820 entstandener Zyklus „Los Desastres“[206] ist für die Geschichte der fotografischen Kriegsdarstellung zentral, da er „eine Neuformulierung der Kriegswahrnehmung widerspiegelt.“[207] In der Goya-Literatur wird seit den 1980er-Jahren auf die bildrhetorische Nähe zur Fotografie verwiesen.[208] Er machte explizit die Grausamkeiten des Krieges zum Thema der Darstellung und holte sie nah an die Betrachtenden heran. Anstatt heroischer Feldherren und Führungspersönlichkeiten zeigte er den einfachen

---

202 Siehe für eine Abbildung des Neuruppiner Bilderbogen Nr. 9639 Wilke 2005 – Kriegsbilder in der historischen (Bild-)publizistik (wie Anm. 200), S. 49.

203 Vgl. Wilke 2005 – Kriegsbilder in der historischen (Bild-)publizistik, S. 48–51.

204 Jürgens-Kirchhoff, Annegret: Der Beitrag der Schlachtenmalerei zur Konstruktion von Kriegstypen, in: Dietrich Beyrau (Hg.), *Formen des Krieges. Von der Antike bis zur Gegenwart* (= Krieg in der Geschichte, Bd. 37), Paderborn, München, Wien, Zürich 2007, S. 443–478, hier S. 452.

205 Vgl. Jürgens-Kirchhoff 2007 – Der Beitrag der Schlachtenmalerei, S. 452–454.

206 Siehe für Abbildungen Ausst. Kat.: Goya. Los desastres de la guerra, Hamburger Kunsthalle, 27. 11.1992–17.1.1993. Stuttgart 1993.

207 Knoll 2013 (wie Anm. 87), S. 64.

208 Vgl. Köppen 2005 (wie Anm. 102), S. 76.

Soldaten und die wehrlosen Opfer.[209] Anstelle allegorischer Überhöhung traten in den Radierungen Aspekte wie Wirklichkeitsnähe und das Leiden der Wehrlosen in der Visualisierung stärker in den Vordergrund.[210] Das Dargestellte blieb dabei oft ambivalent, unter anderem weil er die Rollen der Täter und Opfer nicht national, sprich zwischen Franzosen und Spaniern trennte.[211] Er suggerierte den Betrachtenden, nahe am Geschehen zu sein, indem er die Figuren fokussierte und monumentalisierte. Die Radierungen erweckten so einen realistischeren Eindruck, auch da sie keiner propagandistischen oder publizistischen Funktion dienten. Goya suggerierte Augenzeugenschaft, auch wenn er selbst nicht im Krieg gewesen ist. Diese unmittelbare Bildrhetorik steht der traditionellen Schlachtenmalerei konträr entgegen und erinnert zeitgenössische Betrachtende an die Ästhetik der Fotografie.[212] Auch durch den Titel „Yo lo vi“ („Ich habe es gesehen“) der 44. Radierung gab er Zeugenschaft vor.[213] Veröffentlicht wurden die Radierungen in den 1860er-Jahren, zu einem Zeitpunkt, als die Fotografie bereits erfunden war, stärker wurden sie jedoch erst im 20. Jahrhundert rezipiert.[214] Durch die Neubewertung des Barock und die Rezeption als Kriegsbilder prägen sie den Kriegsdiskurs seit der Moderne.[215]

Für die Frage nach authentisch wahrgenommen Darstellungen sind die Arbeiten von Frank Hurley und deren Rezeption sehr gewinnbringend. Hurley war als australischer Berichterstatter im Ersten Weltkrieg tätig. Sein Auftrag war, unbearbeitete Fotografien zu liefern. Hurley selbst jedoch war mit seinen Fotografien unzufrieden, da sie die Geschehnisse immer nur in Einzelereignisse zerlegt zeigten und so nicht seiner Erfahrung von Krieg entsprachen. Er erstellte für eine Ausstellung 1918 in London einen sechs Meter breiten Abzug von „A wave of infantery going over the top to resist a counter attack, Zonnebeke“ bei dem er mithilfe von Montagetechnik zwölf Negative in einem Abzug vereinte (Abb.-

209 Auch Jacques Callot zeigte bereits 1633 in seinen 18 Radierungen „Les misère et les malheurs des la guerre“ Folter, Plünderung und Vergewaltigung vgl. Sontag 2008 (wie Anm. 1), S. 52 f.

210 Vgl. Köppen 2005 (wie Anm. 102), S. 77; Knoll 2013 (wie Anm. 87), S. 64 f; Wilke 2005 – Kriegsbilder in der historischen Bildpublizistik (wie Anm. 200).

211 Vgl. Köppen 2005 (wie Anm. 102), S. 77; Hüppauf 2013 (wie Anm. 101), S. 123.

212 Vgl. Köppen 2005 (wie Anm. 102), S. 77 f.

213 Jahrzehntelang wurde Goya in der Kunstgeschichte als Augenzeuge gehandelt. Vgl. Hellmold, Martin: Warum gerade diese Bilder? Überlegungen zur Ästhetik und Funktion der historischen Referenzbilder moderner Kriege, in: Thomas F. Schneider (Hg.), *Kriegserlebnis und Legendenbildung. Das Bild des „modernen“ Krieges in Literatur, Theater, Photographie und Film,* 3 Bde., Bd. 1, Osnabrück 1999, S. 34–50, hier S. 42, 45.

214 Vgl. Köppen 2005 (wie Anm. 102), S. 86.

215 Vgl. Hüppauf 2013 (wie Anm. 101), S. 117. Siehe selbigen auch für eine ausführliche Darstellung der Veränderungen des Kriegsdiskurses allgemein.

Link 4). In London wurde der Abzug explizit als „composite picture" gezeigt.[216] Hurleys Erleben des Krieges war lauter, dramatischer und ereignisreicher, als es die einzelnen Aufnahmen zu zeigen vermochten. In der Montage aus mehreren Fotografien zeigte er, was seiner Wahrnehmung von Krieg entsprach. Dies lief den zeitgenössischen Richtlinien der Berichterstattung zuwider und wurde trotz Kennzeichnung in der Ausstellung stark kritisiert.[217] Gleichzeitig war die Montage ein Publikumsmagnet.[218] Dass Hurleys Empfinden nicht den Fotografien entsprach, hängt einerseits mit den Möglichkeiten der Fotografietechnik seiner Zeit zusammen und andererseits damit, dass Kriegsmaler seit jeher mehr Rauchwolken hinzufügen konnten, als sie sie realistischerweise gesehen hatten. War es nicht Aufgabe der Malerei, das Geschehen zu verdichten? Somit waren Kriegsfotografen in dem Dilemma, einerseits authentisch berichten zu sollen und andererseits die Erwartungen der Betrachtenden nach dramatischen Szenen zu erfüllen.

Als Letztes soll ein Beispiel von Robert Capa beleuchtet werden, welches während der Landung US-amerikanischer Truppen im Zweiten Weltkrieg in der Normandie entstand und dass in der Fotografiegeschichte immer wieder zitiert wird. Der Fotograf wurde so bekannt, dass er als Begründer der „combat photography" gefeiert wird.[219]

Düster und unruhig liegt das Meer vor der französischen Küste. Ein amerikanischer Soldat kriecht wie verloren durch die aufgewühlte Brandung. Er scheint isoliert. Soldaten, die hinter ihm an Land schwimmen, sind zwischen den unscharf gefassten Panzersperren kaum zu erkennen, wo sie Schutz vor dem feindlichen Beschuss suchen. Capa wählte den Ausschnitt mit der hohen Horizontlinie so, dass das Meer weit und der Soldat darin verloren erscheinen. Der Himmel ist nur ein schmaler Streifen. Da die gesamte Aufnahme unscharf und verwackelt wirkt, ist der Soldat im Vordergrund mit Helm und Ausrüstung das einzige, woran der Blick sich festhalten kann. Um ihn herum herrscht Chaos – für die Betrachtenden kaum zu identifizierende dunkle Gegenstände schwimmen im Wasser (Abb.-Link 3)

Capa porträtiert keinen heroischen Krieger, sondern vielmehr einen einzelnen Soldaten, der verletzlich und angreifbar ist, in einer unübersichtlichen Situation. Die Komposition ist dynamisch durch die vielen verstreuten Einzelteile, die diagonale Linien bilden und ganz besonders durch die Verschwommenheit. Es

216 Vgl. Brückle, Wolfgang: Bilder, die nichts zeigen. Inszenierter Krieg in der künstlerischen Fotografie, in: Lars Blunck (Hg.), *Die fotografische Wirklichkeit. Inszenierung – Fiktion – Narration*, Bielefeld 2010, S. 87–104, hier S. 95–97.

217 Vgl. Hüppauf 2015 (wie Anm. 67), S. 83.

218 Vgl. Hüppauf 2015, S. 108.

219 Steel, Andy: Photojournalism. The World's Top Photographers and the Stories Behind their Greatest Images. Mies 2006, S. 22.

wirkt, als würde der Fotograf sich auch im Wasser bewegen und hätte keine Zeit, um die Kamera lang genug still zu halten, oder als würden ihm vor Angst die Hände zittern. Er ist mitten im Geschehen, deshalb kann er uns am besten vermitteln, was vor Ort passiert ist und wie es sich für den einzelnen angefühlt haben muss.

Ähnlich wie der Eindruck, den diese Fotografie Capas vermittelt, schildern auch andere Augenzeugen die Situation am 06. Juni 1944, dem Tag der Landung der alliierten Truppen an der Küste der Normandie im Zweiten Weltkrieg. Die Bedingungen für die Landung waren für die amerikanische Division, die Capa begleitete, durch schlechtes Wetter erschwert. Zusätzlich sahen sie sich durch eine starke Verteidigung der deutschen Truppen bedroht.[220] Interessanterweise sind nicht alle erhaltenen Bilder Capas der Landung unscharf, aber gerade die beiden verwackelt wirkenden Aufnahmen werden immer wieder reproduziert. Die Unschärfe der Aufnahme, wenn auch durch einen Fehler beim Entwickeln entstanden,[221] steht heute für das spontane Fotografieren in der Situation. Bei der ersten Veröffentlichung in *Life* war angegeben, die Fotografien seien leicht verwackelt, da die Hände des Fotografen in der Gefahr gezittert hätten.[222]

Dieses Beispiel verdeutlicht somit nochmal, was bereits in Bezug auf Sehgewohnheiten und anhand Gombrichs „Augenzeugenprinzip“ benannt wurde. Nicht nur die Unschärfe und Spontanität, auch die Nähe zum Geschehen kennzeichnen heute authentische Kriegsfotografien. Capas Ausspruch – „Wenn Deine Bilder nicht gut genug sind, warst du nicht nah genug dran“[223]– wurde das Diktum des Fotojournalismus‘. Der Topos der Nähe setzt heute immer noch die Maßstäbe für guten Fotojournalismus.[224] Insbesondere die Todesgefahr, in die sich der Fotograf begibt, um Nähe zum Geschehen zu erzielen, zeichnet ihn als wagemutig und somit männlich aus.[225] Die Nähe zum Dargestellten ist als bildrhetorisches Mittel somit nicht nur relevant, um die Betrachtenden zu berühren, sondern auch

220 Siehe für eine genaue Schilderung des Tagesablaufs Whelan, Richard: Robert Capa. Die Sammlung. Berlin 2001, S. 9 f; Capa, Robert: Slightly Out of Focus. New York 1947, S. 147–150.

221 Vgl. Whelan 2001 (wie Anm. 220), S. 10; Capa 1947 (wie Anm. 220), S. 150 f.

222 Vgl. Whelan 2001 (wie Anm. 220), S. 10.

223 Whelan, Richard: Die Wahrheit ist das beste Bild. Robert Capa, eine Biographie. Köln 1993, S. 288.

224 Vgl. Warner Marien 2010 (wie Anm. 51), S. 303.

225 Vettel-Becker verweist in ihrer Analyse auf das Männlichkeitsbild während und nach dem Zweiten Weltkrieg, nachdem der Mann und Soldat und somit auch der Fotograf tapfer sein musste und keine Schwäche zeigen durfte. Vgl. Vettel-Becker, Patricia: Shooting from the Hip. Photography, Masculinity, and Postwar America. Minneapolis 2005, S. 36 f.

um den Wagemut der Fotografen und Fotografinnen und somit die Authentizität der Aufnahme zu belegen. Dies wird in den Hauptanalysen weiter erörtert.[226]

Folgende weniger bekannte Aussage Capas hat ebenfalls weiterhin Relevanz für authentische Darstellungspraxen: „[…] if you want to get good action shots, they mustn't be in true focus. If your hand trembles a little, then you get a fine action shot."[227] Eine verschobene Komposition ermöglicht nach dieser Aussage ein gutes „Action"-Bild, ebenso wie die Unschärfe als Verweis auf eine gefährliche Situation für die Soldaten wie für den Fotografen gelesen werden kann.

Für die Kriegsfotografie lassen sich abschließend verschiedene Kriterien herausstellen: Neben dem Versuch, den Betrachtenden das Geschehen aus Sicht eines Augenzeugen zu zeigen (Augenhöhe, Zentralperspektive etc.), lassen Unschärfe und Dynamik Kriegsgeschehen realistischer und dramatischer erscheinen. Außerdem ist es wichtig, dass die Darstellung der kulturellen Prägung der Betrachtenden entspricht, um glaubwürdig zu sein. Es ist somit die Frage, ob auch ikonographisch tradierte Bildmuster und Gesten bei westlich geprägten Betrachtenden zu stärkerer Glaubwürdigkeit der Aufnahmen führen. Bevor die ermittelten Kriterien in den Analysen überprüft werden, soll der Zusammenhang von authentischer Wirkung und Gebärden wie körperliche Versehrtheit weiter untersucht werden.

„Pathosformel", „Schlagbild" und versehrte Körper als Zeichen der Authentizität

Der Ausdruck der „Pathosformel" geht auf den Kunsthistoriker Aby Warburg zurück, der in der Synthese von „Pathos" und „Formel" eine Beschreibung für kulturell geprägte Ausdruckgebärden suchte: „die echt antiken Formeln des gesteigerten körperlichen und seelischen Ausdrucks".[228] Er verwendete den Begriff erstmals 1905, um auszudrücken, dass individuell dargestellte Posen zu etwas allgemein kulturell Gültigem werden können, das zwischen Epochen und Kulturräumen wandere.[229]

226 Das bildrhetorische Mittel bezieht sich nicht nur auf die Nähe zum Krieg, sondern vor allem auch auf die Nähe zu den Menschen, wie sie bereits als Darstellungsform des Fotoessay im Kapitel vorgestellt I.6 und anhand der „Migrant Mother" diskutiert wird.

227 Warner Marien 2010 (wie Anm. 51), S. 303.

228 Warburg, Aby Moritz: Dürer und die italienische Antike, in: Werke in einem Band, hg. v. Martin Treml u. a., Berlin 2011, S. 176–183, hier S. 178.

229 Vgl. Wedepohl, Claudia: Von der „Pathosformel" zum „Gebärdesprachenatlas". Dürers *Tod des Orpheus* und Warburgs Arbeit an einer ausdruckstheoretisch begründeten Kulturgeschichte, Wedepohl, Claudia (Hg.), *Die entfesselte Antike. Aby Warburg*

Michael Diers prägte für die Anwendung von politischer Ikonographie in Bildern des öffentlichen Lebens den Begriff des „Schlagbildes“ und nimmt dabei Bezug auf Aby Warburgs Wortschöpfung des „Pathosbildes“. Das Schlagbild kennzeichne sich ähnlich dem Schlagwort und der Schlagzeile durch eine charakteristische, emotional berührende Gestalt, deren Funktion im journalistischen Gebrauch das Vermitteln und Berühren ist.[230] Diers spricht in Bezug auf die Nutzung von Bildmustern und europäischer Bildsprache in Form von Ikonographie in aktuellen politischen Bildern von:

> „[...] kalkulierter Übertragung in neue Zusammenhänge, ihre Umsetzung und Anwendung im Alltag – vielfach via Rückübersetzung. Das Repertoire der der Bilderkunst entlehnten Formeln garantiert durch längst ubiquitär gewordene Standards nicht nur die Wiedererkennbarkeit, sondern einem international vernetzten Kosmos der Bilder namentlich weltweite Verständlichkeit und Lesbarkeit.“[231]

Diers führt am Beispiel des Kniefalls von Willy Brandt vor dem Warschauer Ghetto-Mahnmal am 7. Dezember 1970 aus, dass Brandt die adaptierte Übersetzung einer Pathosformel dabei half, „ein glaubwürdiges und politisch wirksames öffentliches Bild zu formen“. Der Kniefall als Zeichen für Bußfertigkeit, Trauer und Demut, wie er auch in der Figur der Mutter in Käthe Kollwitz‘ Ehrenmahl „Trauernde Eltern“ dargestellt wird, fungiert als eindringliche Metapher eines Schlagbildes und verweist so darauf,

> „[...] daß Bilder sich auf Vor-Bilder, auf Vorstellungs-Bilder als auf ein ‚Prägewerk‘ (Warburg) beziehen lassen, von denen ein Teil im Fundus der Kunstgeschichte, ein anderer Teil in der als ‚kollektiv‘ apostrophierten Erinnerung aufbewahrt wird.“[232]

Diers konstatiert einen Zusammenhang von Glaubwürdigkeit und dem Rückgriff auf bekannte Bildformeln. Anhand dessen wird in dieser Arbeit die These formuliert, dass durch die Verwendung von Pathosformeln und tradierten Bildmustern bei den Betrachtenden der Eindruck einer größeren Authentizität erreicht wird, da sich die bekannte und vielmals berührende Bildformel in Form eines Wieder-

---

und die Geburt der Pathosformel. Ausst. Kat. Köln, Wallraf-Richartz-Museum & Fondation Corboud. 1.3.–28.3.2012, Köln 2012, S. 33–50, hier S. 42; Krois, John Michael: Die Universalität der Pathosformeln. Der Leib als Symbolmedium, in: Hans Belting (Hg.), *Quel Corps? Eine Frage der Repräsentation*, München 2002, S. 295–307, hier S. 295. Siehe Warburg (wie Anm. 228).

230 Vgl. Diers, Michael: Schlagbilder. Zur politischen Ikonographie der Gegenwart. Frankfurt am Main 1997, S. 7–11.

231 Diers 1997, S. 44.

232 Diers 1997, S. 45.

erkennungseffektes mit dem Index der Fotografie und dem „Es ist so gewesen“[233] verbindet.[234] Durch das Wiedererkennen wird die Gebärde als bereits bekanntes Gefühl oder potentiell möglicher Ausdruck eingestuft und durch die indexikalische Rückkopplung der Fotografie bestätigt. Insbesondere Gesten haben eine symbolische Bedeutung, die von den Betrachtenden verstanden und körperlich sowie emotional wahrgenommen werden. Sie verstärken das Gemeinschaftsgefühl und ein Wiedererkennen.[235] Jeder Mensch hat einen Körper, an dem er Emotionen potenziell nachvollziehen kann. Die Versehrung des Körpers und die gleichzeitige Darstellung der emotionalen Komponente verstärken sich gegenseitig und bieten für die Betrachtenden eine Brücke zum eigenen körperlich-affektiven Nachvollziehen. Der Körper kann sozusagen als verbindendes Element fungieren, über das sich die Authentizität im persönlichen Nachempfinden als „wahr“ bestätigen lässt. Das Verhältnis von Bild und Körper und dem Körper als Repräsentation für das Reale sind komplex und können hier nur in Ausschnitten angedeutet werden.[236]

Auch in der christlichen Tradition und Ikonographie sind Zeugenschaft und der versehrte Körper eng miteinander verwoben. Ein Märtyrer ist im christlichen Glauben auch ein „Blutzeuge“. Er tritt für seine Überzeugung ein und bekräftigt diese mit seinem Leid. Er imitiert das Leben Christi indem er sein Leben für den Glauben opfert und mit seinem Körper dafür Zeugenschaft ablegt.[237] Der Apostel

233 Barthes, Roland: Die helle Kammer. Bemerkung zur Photographie. Frankfurt am Main 2008 (1980), S. 89.

234 Ikonographische Bildmuster sollen an dieser Stelle nicht auf eine Verstärkung einer vermeintlich authentischen Wirkung reduziert werden, dies kann nur ein Effekt ihrer Verwendung sein. Siehe zur Ikonographie bspw. Uwe Fleckner u. a. (Hg.): *Handbuch der politischen Ikonographie.* 2. Bde. München 2008.

235 Vgl. Wulf, Christoph und Fischer-Lichte, Erika: Einleitung, in: dies. (Hg.), *Gesten. Inszenierung, Aufführung, Praxis*, München 2010, S. 9–17, hier S. 9–11. In seiner philosophisch theoretischen Einordnung der Kriegsfotografie konkludiert Hüppauf das gesellschaftliche Kriegsbild im 20. Jahrhundert als das serielle Zusammentreffen einer Vielzahl von Bildern. Doch erfasst das Konzept der „Wiederholung“ nicht die komplette Tragweite von sich wiederholenden Bildmustern. Einmal ist der Begriff der „Serie“ in der Fotografie besetzt durch eine vom Fotografen definierte, zusammenhängende oder im Zusammenhang entstandene Bildergruppe und lässt sich somit schwer allgemein auf die Kriegsfotografie übertragen. Zum anderen greifen die Konzepte der „Pathosformel“ und des „Schlagbildes“ weiter in ihrer Deutung als die „Wiederholung“. Siehe hierzu Hüppauf 2015 (wie Anm. 67), S. 111–117.

236 Siehe genauer zum Verhältnis von Kunst und Körper Hans Belting (Hg.): *Quel Corps? Eine Frage der Repräsentation.* München 2002.

237 Vgl. Peters, John Durham: Witnessing, in: *Media, Culture & Society*, 23 (6), 2001, S. 707–723, hier S. 713; Isermann, Holger: Digitale Augenzeugen. Entgrenzung, Funktionswandel und Glaubwürdigkeit im Bildjournalismus (Phil. Diss. Braunschweig 2014). Wiesbaden 2015, S. 81; Behrmann, Carolin und Priedl, Elisabeth: Vor Augen

Thomas, auch der „ungläubige Thomas“, legt die Finger in die Wunde Christis, um sich der Auferstehung zu vergewissern (Joh. 20, 19–29). Die Versehrtheit Christi wird als ein Zeichen seiner Anwesenheit gedeutet.

Auch in der Fotografie kann der gezeichnete Körper die Kampfhandlung belegen. Die körperliche Versehrtheit funktioniert als Zeichen und Spur für die stattgefundene kriegerische Handlung. Wenn Fotojournalistinnen und Fotojournalisten beispielsweise erst nach den Geschehnissen am Tatort eintreffen oder es schlichtweg nicht möglich ist, die Kampfhandlungen fotografisch zu fassen, kann die Versehrtheit im Bild als Spur und körperliche Einschreibung eines Momentes darauf verweisen und eine emotionale Nähe zu den Betrachtenden erzeugen. Verletzungen oder emotionale Ausnahmezustände können nicht nur das Geschehnis an sich vermitteln, sondern die Tragik transportieren, indem sie die Betrachtenden emotional berühren und ihnen so dabei helfen, die Informationen auch gefühlsmäßig einzuordnen.[238] Insbesondere in der Kunst ist der Körper als „zentrales Erlebnismedium“ als Verweis auf das Reale zu verstehen, wie Ursula Frohne anhand der Kunst der 1990er-Jahre konstatiert. Sie bezeichnet den versehrten Körper als „Wahrheitsindikator der Bildlichen Darstellung“.[239] Körperliche Versehrtheit und Nähe können zusätzliche Indikatoren für Authentizität sein. Es ist somit zu überprüfen, ob das Zeigen von Kriegsopfern die von den Betrachtenden angenommene Authentizität der Aufnahme in der Vietnamberichterstattung steigert.

Erwähnt werden soll an dieser Stelle auch die Bedeutung von Symbolbildern, häufig auch als „Ikonen“ bezeichnet.[240] Martin Hellmold arbeitet anhand verschiedener Bildbeispiele unter dem Begriff des „historischen Referenzbildes“[241]

---

stellen. Zeugenschaft und Imitation, in: dies. (Hg.), *Autopsia: Blut- und Augenzeugen. Extreme Bilder des christlichen Martyriums*, Paderborn 2014, S. 9–20, hier S. 12.

238 Vgl. Isermann 2015 (wie Anm. 237), S. 81.

239 Frohne, Ursula: Berührung mit der Wirklichkeit. Körper und Kontingenz als Signaturen des Realen in der Gegenwartskunst, in: Hans Belting (Hg.), *Quel Corps? Eine Frage der Repräsentation*, München 2002, S. 401–426, hier S. 404 f.

240 Siehe zur Verwendung des Begriffs der „Ikone“ für Symbolbilder sowie die Diskussion dieser bspw. Hariman, Robert und Lucaites, John Louis: No Caption Needed. Iconic Photographs, Public Culture, and Liberal Democracy. Chicago 2007; Griffin 2010 – Media images of war; Schwingeler, Stephan und Weber, Dorotheé: Das wahre Gesicht des Krieges. Die Hinrichtung in Saigon von Eddie Adams. Das Entstehen einer Ikone vor dem Hintergrund ihrer Publikationsgeschichte in den Printmedien, in: *Kritische Berichte*, 33 (1), 2005, S. 36–50; Grittmann, Elke und Ammann, Ilona: Ikonen der Kriegs- und Krisenfotografie, in: Elke Grittmann, Irene Neverla und Ilona Ammann (Hg.), *Global, lokal, digital. Fotojournalismus heute*, Köln 2008, S. 296–325.

241 Hellmold – Warum gerade diese Bilder (wie Anm. 213), S. 36.

verschiedene Kriterien für Bilder heraus, bei denen die Bilder selbst als Symbole für historische Ereignisse fungieren können.[242] Zu diesen Merkmalen zählt Hellmold unter anderem die zentrale „Gebärdefigur“, worunter er eine oder mehrere Personen als kleine Gruppe versteht, deren Gesten und Ausdruck emphatisch Emotionen widerspiegeln.[243] Ein weiteres Kriterium ist für Hellmold die „sichtbare Evidenz von Echtheit“, die er mit der Augenzeugenschaft verbindet.[244] Auch für Hellmold steht somit der emotionale Ausdruck in Verbindung mit Glaubwürdigkeit und der Möglichkeit, dass das Bild als Symbolbild für einen Konflikt fungieren kann. Zwar reicht eine Analyse unter Hellmolds Kriterien für die Funktion als Schlüssel- oder Symbolbild nicht aus, denn hierfür spielt der historische und politische Kontext eine zentrale Rolle, ebenso wie die Publikationsgeschichte, worauf Gerhard Paul zu recht verweist,[245] aber dennoch lässt sich auch aus dieser Charakterisierung schließen, dass ein enger Zusammenhang zwischen der Referenz auf Bildmuster und Pathosformeln und der Suggestion von Authentizität besteht. In den Analysen soll somit die These überprüft werden, ob das Aufgreifen von bekannten Bildmustern in Form von Pathosformeln und Gebärdefiguren, die Glaubwürdigkeit der Vietnamfotografen bei den euroamerikanischen Betrachtenden erhöht und somit die wahrgenommene Authentizität noch steigert.

Der Fotoessay – Begriffliche und historische Herleitung

Die Entwicklung des Fotojournalismus ist verbunden mit der Entstehung einer eigenen Darstellungsform, dem Fotoessay, der als Hochform des Fotojournalismus gilt.[246] Um einen Zusammenhang zwischen Authentizität und dem Fotoes-

242 Ein anderer Begriffe, der in den Medienwissenschaften für ein solches Symbolbild häufig genutzt wird, ist „Ikone“, siehe: Grittmann, Ammann 2008 – Ikonen der Kriegs- und Krisenfotografie; Schwingeler, Weber 2005 – Das wahre Gesicht des Krieges.

243 Vgl. Hellmold – Warum gerade diese Bilder, S. 41–44.

244 Vgl. Hellmold – Warum gerade diese Bilder, S. 45 f.

245 Vgl. hierzu auch Paul, Gerhard: Die Geschichte hinter dem Foto. Authentizität, Ikonisierung und Überschreibung eines Bildes aus dem Vietnamkrieg, in: *Zeithistorische Forschungen/Studies in Contemporary History, Online Ausgabe*, 2, S. 1–15, unter: <http://www.zeithistorische-forschungen.de/site/40208413/default.aspx> .

246 Siehe hierzu bspw. Panzer 2005 – Introduction; Abbott, Engaged Observers 2010 (wie Anm. 118); Fulton, Marianne: Changing Focus. The 1950s to the 1980s, Fulton, Marianne (Hg.), *Eyes of Time. Photojournalism in America.* Ausst. Kat. New York, International Museum of Photography at George Eastman House. 28.6.–17.11.1989, Boston 1988, S. 173–256.

say als einer Variante des Fotojournalismus herzustellen, wird der Fotoessay als eigene Darstellungs- und Reportageform vorgestellt. Fotoessay und Kriegsfotografie sind nicht typischerweise verbunden, die bekanntesten Kriegsfotografien werden insbesondere für sich allein stehend oder in Fotobüchern rezipiert. Doch finden viele Veröffentlichungen von Kriegsfotografien in zusammenhängenden Bildergeschichten statt und für das Verständnis von Burrows Fotoessays ist die Geschichte des Fotoessays von zentraler Bedeutung. Sie ist eng verknüpft mit vielen Bildtraditionen des Fotojournalismus und der dokumentarischen Fotografie, die deshalb in dieser Darstellung auch benannt werden.

Der deutsche Begriff der „Fotoreportage“ und der englische „photographic essay“[247] sind nicht klar definiert und beschreiben eine journalistische Darstellungsform, die sich im Laufe des 20. Jahrhunderts verändert hat. Theoretisch fassen beide Begriffe das Gleiche: eine mehr oder weniger zusammenhängende Bildgeschichte, die sich aus Fotografien und kurzen Texterläuterungen zusammensetzt.[248] Doch wird der deutsche Begriff der „Fotoreportage“ verstärkt für die Hoch-Zeit der deutschen Illustrierten der Weimarer Republik in den 1920er- und 1930er-Jahren verwendet, während der „Fotoessay“ insbesondere in strenger historischer Auslegung für die in US-amerikanischen Magazinen verbreitete Form der Bildgeschichte genutzt wird, die dort in der Zeit des Zweiten Weltkriegs bis zum Ende der Illustrierten in den 1970er-Jahren praktiziert wurde.[249] Der Kunsthistoriker Bodo von Dewitz formuliert diese Trennung der Begriffe in seiner „Geschichte der Fotoreportage“ für das Deutschen explizit. Er beschreibt den Fotoessay im Gegensatz zur Fotoreportage als „Abfolge von Fotografien, die mit wenig Text assoziativ ‚gelesen‘ werden sollten.“[250] Bereits vor ihm hat Glenn Willumson 1992 zwischen den frühen Bildergeschichten und dem späteren „photo-essay“ begrifflich getrennt. Dieser stehe niemals allein, sondern sei

---

247 *Photographic essay* oder kurz *photo essay* wird im Folgenden übersetzt als Fotoessay verwendet.

248 Es finden sich Publikationen, in denen der Begriff „photo essay“ für sämtliche Bildzusammenstellungen in der illustrierten Presse gewählt wird, vgl. bspw. Edey, Maitland: The Photo Essay. A new Way to Communicate, in: The Editors of Time-Life Books (Hg.), *Photojournalism*, New York 1971, S. 54–55.

249 Vgl. Willumson, Glenn Gardner: W. Eugene Smith and the Photographic Essay. Cambridge 1992, S. 1, 7. Auch *Life*-Redakteure nutzen den Begriff so, 1978 feiert Maitland Edey einen Fotoessay mit Fotografien von Margarete Bourke-White in der ersten Ausgabe von *Life* 1936 als ersten richtigen Fotoessay überhaupt: „[...] they had just created the first true photographic essay ever made: a collection of pictures on a single theme, arranged to convey a mood, deliver information, tell a story, in a wy that one picture alone cannot.“ Edey, Maitland und Sullivan, Constance: Great Photographic Essays from Life. Boston 1978, S. 1.

250 Bodo von Dewitz (Hg.): *Kiosk. Eine Geschichte der Fotoreportage, 1839–1973.* Göttingen 2001, S. 250.

eingebunden in ein Magazin mit anderen Essays, Werbung usw. und sei im *Life*-Magazin am weitesten ausgearbeitet gewesen.[251] Diese klare Differenzierung galt zwar für das zweite Drittel des 20. Jahrhunderts, inzwischen werden unter dem Begriff des „Fotoessays“ Fotozusammenstellungen im weiteren Sinn verstanden, wie sie etwa in Zeitschriften, Büchern, einer Ausstellung oder einem Museum präsentiert werden. Die Zusammenstellung der Fotografien muss dabei nicht zwingend von Text begleitet werden.[252] Diese breitere Auslegung des Begriffs ist auf die zunehmende Nutzung des Fotobuchs als Publikationsmedium, ebenso wie Bildsequenzen im Internet und die stärkere Verdrängung der Bildmagazine vom Markt zurückzuführen. In dieser Arbeit wird mit einer strengeren Begriffsauslegung in Anlehnung an Willumson gearbeitet, da die Analyse sich auf den Zeitraum der 1960er-Jahre konzentriert und so die spezifischen Eigenheiten des Fotoessays gegenüber dem Fotobuch und anderen Formen der Fotoreportage besser herausgearbeitet werden können. Der Begriff der „Fotoreportage“ soll daher weiter gefasst werden und sämtliche abgeschlossenen Bildserien und Druckergebnisse des Fotojournalismus umfassen.

Wo der Beginn des Fotoessays zu sehen ist, darüber herrscht in der Forschung keine Einigkeit. Die Entstehung des Fotoessays wird im Allgemeinen in den 1920er- und 1930er-Jahren in Deutschland gesehen. Wesentlich zur Verbreitung dieser Position hat sicherlich die Ausstellung „The Photographic Essay“ von John Szarkowski (1925–2007) beigetragen, die 1965 im Museum of Modern Art in New York gezeigt und bei Essays aus den 1920er-Jahren ansetzte.[253] Einige Studien verweisen jedoch darauf, dass erste Bildgeschichten bereits Ende des 19. Jahrhunderts in der illustrierten Presse erschienen seien,[254] der Begriff „photographic essay“ sei bereits 1908 im *Everybody's Magazin* in Bezug auf eine Veröffentlichung mit Fotografien von Lewis Hine verwendet worden.

251 Vgl. Willumson 1992 (wie Anm. 249), S. 1, 7.

252 Vgl. zu dem „Genre“ des Fotoessays Runge 2011 (wie Anm. 75), S. 117.

253 Siehe zum Einfluss von John Szarkowski auf die Schreibung der Fotografiegeschichte auch Crump, James: J.S. + W.E. Eine Wiederentdeckung, Crump, James (Hg.), *Walker Evans. Decade by Decade.* Ausst. Kat. Cincinnati, Art Museum, 12.6.2010–5.9.2010, Köln, Die Photographische Sammlung, SK Stiftung Kultur, 21.9.12–20.1.2013, Ostfildern 2012, S. 270–286.

254 Bernd Weise nennt als erste Bildsequenz zwei Fotografien von Ottomar Anschütz (1846–1907), die 1884 in der Leipziger *Illustrirten Zeitung* vom Kaisermanöver in Homburg abgedruckt wurden. Daraus habe sich die Bildreportage entwickelt, wofür er als erstes Beispiel auf eine über sechs Seiten laufende Reportage in der Leipziger *Illustrirten Zeitung* über die Arbeiten am Simplontunnel im Jahr 1901 verweist und weitere der folgenden Jahre. Siehe Weise, Bernd: Pressefotografie I. Die Anfänge in Deutschland, ausgehend von einer Kritik bisheriger Ansätze, in: *Fotogeschichte*, 9 (31), 1989, S. 15–40, hier S. 21, 27; Uka 2008 – Die Modernisierung der Pressefotografie; Willumson 1992 (wie Anm. 249).

„Mr. Hine has written a photographic essay in four parts on the technique of the struggle.“[255] Bereits um 1900 seien Reportagen erschienen, die mit dem späteren Fotoessay viel gemeinsam hätten, doch führten vor allem ökonomische Gründe zur verzögerten Durchsetzung des Fotoessays, nicht die gestalterische Idee.[256]Aktuelle deutsche Studien betonen zudem die Rolle der Agenturen und Redakteure als Akteure gerade für die Entstehung der modernen Fotoreportage, die vorher von der Forschung weniger beachtet wurden.[257]

Bei der Betrachtung der Entwicklung des Fotoessays als eigene journalistische Darstellungsform wird im Folgenden das Hauptaugenmerk auf die Entstehung der narrativen Bildgeschichte als Ergebnis redaktioneller Zusammenarbeit in Anlehnung an Willumson[258] sowie auf die angewendeten Ausdrucksmittel gelegt, um später in den Analysen konkret die Rolle des Fotografen als Autor zu hinterfragen und die Verfestigung von Ausdrucksnormen überprüfen zu können.

Der Fotoessay ist ein Produkt der Massenmedien, genauer der illustrierten Presse. Der Vormarsch der Fotografie um die Jahrhunderwende hatte Einfluss auf die redaktionelle Arbeitsweise und Rollenverteilung bei den Zeitungen. Während der Zeichner noch den Text zu den Abbildungen selber verfasste und mit seinen Zeichnungen untermalte, wurde der Fotograf mehr als Experte für den Apparat gesehen, nicht als Reporter im eigentlichen Sinne. Die meisten Fotografen arbeiteten daher mit einem Magazinreporter zusammen, welcher den Text für die Beiträge verfasste. Eine Erweiterung des Bildermarktes um 1900 machte es

---

255 Hard, William und Dorr, Rheta Child: The Woman's Invasion. II, in: *Everybody's Magazine*, 19 (6), 1908, S. 798–810, hier S. 799. In dem Artikel wird als „Fotoessay“ eine Gruppe von vier zusammenhängenden Bildern über die Herstellung von Zigarren („stoggies“) in Pittsburgh genannt, die jedoch im gesamten Artikel nur durch die Nummerierung in der Bildunterschrift von den restlichen Bildern zu unterscheiden ist. Ulrich Keller verweist auf die Nennung des Begriffs allerdings mit Angabe einer falschen Jahreszahl in Fußnote 19 vgl. Keller, Ulrich: Der Weltkrieg der Bilder. Fotoreportage und Kriegspropaganda in der illustrierten Presse 1914–1918, in: *Fotogeschichte*, 33 (130), 2013, S. 5–50, hier S. 47.

256 Vgl. Holzer 2014 (wie Anm. 152), S. 68 f.

257 Autoren wie Walter Uka und Diethart Kerbs grenzen sich damit insbesondere von Tim Gidal (1909–1996) ab, der eine erste wichtige Darstellung der deutschen Pressefotografie der Weimarer Republik geliefert hat und der darin besonders den individuellen Fotojournalisten der Zeit ab 1929 als Innovator herausstellt. Gidal war selbst Fotojournalist in der Zeit und tritt als Zeitzeuge auf. Gidal, Tim N.: Deutschland. Beginn des modernen Photojournalismus (= Bibliothek der Photographie, 1). Luzern 1972. Siehe aktueller auch Vowinckel 2016 (wie Anm. 109).

258 Glenn Willumson arbeitet in seiner Untersuchung zum Fotoessay von W. Eugene Smith insbesondere für die USA die narrative Bildgeschichte als Ergebnis redaktioneller Zusammenarbeit heraus. An dessen Ausführungen zum Fotoessay orientieren sich die folgenden Absätze in vielen Punkten: Willumson 1992 (wie Anm. 249), S. 7–14.

den Redakteuren möglich, Fotografien auf verschiedene Weisen zu erwerben. Neben der Anstellung eigener Fotografen, und dem Bezug von Fotografien bei freien Fotografen, war es nun möglich, Fotografien bei Fotoagenturen zu erwerben, welche die Bilder sammelten und weiter verkauften. So hatten Herausgeber von Zeitungen und Magazinen eine große Auswahl an Fotografien zur Verfügung. Dennoch war es für die Herausgeber weiterhin reizvoll, eigene Fotografen anzustellen, denn es sicherte ihnen die jeweiligen Bildrechte.

Diese Vielfalt an Bildern machte es den Redakteuren im späten 19. und frühen 20. Jahrhundert möglich, mit ganzen Bildsequenzen zur Untermauerung eines Artikels zu experimentieren und neue Formen auszuprobieren. Die Fähigkeit der Bilder, eigenständige Narrative zu transportieren und Ideen zu vermitteln, wurde stärker herausgestellt und genutzt. Am 8. Mai 1909 erschien beispielsweise in dem Magazin *Collier's* der Artikel „Snapshot of a Race"[259], in dem versucht wurde, mit Bildern von Lewis Hine moralische Aussagen zu treffen und außerdem durch die Aufnahmen von Kindern die Sympathie der Leserinnen und Leser zu gewinnen. Die Bilder wurden collageartig mit Unterschriften präsentiert und sollten die Armut afrikanisch stämmiger Amerikaner nicht nur belegen, sondern implizit auf eine Veränderung der Zustände pochen.[260]

In Europa und besonders in Deutschland wurden in den 1920er- und 1930er-Jahren Bildsequenzen weiterentwickelt und zur Überzeugung eingesetzt, ähnlich der späteren Sozialdokumentation. Zwischen den Jahren 1921 bis 1926 kamen zahlreiche Illustrierte auf den deutschen Markt, wie die *Hamburger Illustrierte*, die *Münchener Illustrierte Presse* oder das *Illustrierte Blatt* in Frankfurt. Insbesondere die älteste und renommierteste, die *Berliner Illustrierte Zeitung*, steigerte ihre Auflage bis 1929 auf 1,8 Millionen Exemplare.[261] Pressefotografien wurden in kurzer Zeit um ein Hundertfaches stärker nachgefragt. Neue Publikumsschichten lasen die Bildgeschichten und unter dem Druck der neuartigen Informationsbedürfnisse des Massenpublikums änderte sich Mitte der 1920er-Jahre die Aufmachung der Illustrierten, der Fotoessay als Gestaltungsprinzip setzte sich durch.[262] Kurt Korff, Chefredakteur der *Berliner Illustrierten Zeitung* schrieb 1927 dazu rückblickend:

> „Die Zeitschriften der früheren Jahrzehnte brachten im wesentlichen mehr oder minder ausführliche Texte, die durch Bilder illustriert wurden [...] Erst in einer Zeit, in der das Leben ‚durch das Auge' eine stärkere Rolle zu spielen anfing, war

259 o. A.: Snapshot of a Race, in: *Collier's*, XLIII (7), 8.5.1909, S. 8. Für eine Abbildung siehe Willumson 1992 (wie Anm. 249), S. 12.

260 Vgl. zu diesem Absatz Willumson 1992, S. 10 f.

261 Vgl. Molderings, Herbert: Umbo. Otto Umbehr 1902–1980. Düsseldorf 1996, S. 125.

262 Vgl. Molderings 1996 (wie Anm. 261), S. 125.

> das Bedürfnis nach visueller Anschauung so stark geworden, daß man dazu übergehen konnte, das Bild selbst als Nachricht zu verwenden. Es ist kein Zufall, daß die Entwicklung des Kinos und die Entwicklung der ‚Berliner Illustrierten Zeitung' ziemlich parallel laufen.[...] Nicht die Wichtigkeit des Stoffes entschied über Auswahl und Annahme von Bildern, sondern allein der Reiz des Bildes selbst."[263]

Korff verweist hierin bereits auf wichtige Punkte, die auch für die Analyse von Burrows Essays zentral sind: der Zusammenhang der Entwicklung von Kino und Fotografie, der für die Bildsprache der Fotoessays wichtig ist. Außerdem beginnt die Ästhetik des Fotos über den Nachrichtenwert zu bestimmen. Fotografien werden nicht mehr nur zur bildlichen Anschauung eines informierenden Textes eingesetzt, sondern gewinnen Eigenwert. Menschliche Geschichten spielen eine entscheidende Rolle für die Auswahl der Fotografien und den Nachrichtenwert. Die Bildgeschichten entwickelten sich verstärkt hin zur *human interest story*.[264] Dies bedeutet gleichzeitig, dass der Befriedigung von Schaulust ein Vorrang gegenüber dem Informationswert eingeräumt wird. Inhaltlich wurden dabei persönliche, menschliche Geschichten bevorzugt, die sich am Alltagsleben der „kleinen Leute" anlehnten.[265]

Bei der Erstellung der Fotoessays setzte man in den Redaktionen als visuelles Gestaltungs- und Erzählprinzip auf die Montage. Hierbei orientierte man sich an den Gestaltungsmitteln des Films, indem Geschichten und Ereignisse seit den 1910er-Jahren durch die Aneinanderreihung verschiedener Einstellungsgrößen (wie Totale, Halbtotale oder Nahaufnahme) unterhaltsam dargestellt wurden. Später lernte man mit dem *Pars-pro-toto*-Verfahren und gezielt eingesetzten Groß- und Nahaufnahmen zentrale Punkte stärker herauszustellen. Dadurch wirkten die Szenen unmittelbar und intim.[266] Sich diese Methoden aneignend, konzipierten die Redakteure spannungsreiche Bildgeschichten, bei denen komplexe Ereignisse zu verständlichen „Storys" verdichtet wurden. Film wie Fotoessay benötigten Text zum Verständnis.[267] So erarbeiteten die Redakteure und ihre künstlerischen Beiräte (heute *art director*) für die Zeitschriftenseiten große Col-

263 Kurt Korff: Die ‚Berliner Illustrierte'. In: 50 Jahre Ullstein 1877–1927, S. 290–292 zitiert nach Molderings 1996 (wie Anm. 261), S. 125.

264 Unter *human interest story* versteht man eine *feature story*, die eine Geschichte aus dem Leben einer oder mehrerer Personen erzählt. Das persönliche Erleben ist dabei der Kern, keine historisch wertvollen Ereignisse. Ziel ist es, den Leser emotional anzusprechen.

265 Vgl. Kerbs 2004 – Zur Geschichte der Berliner Pressefotografie, S. 37; Molderings 1996 (wie Anm. 261), S. 126.

266 Vgl. Dewitz (Hg.) 2001 – Kiosk, S. 112. und Willumson 1992 (wie Anm. 249), S. 13.

267 Vgl. Uka 2008 – Die Modernisierung der Pressefotografie, S. 243 f.

lagen, bei denen in rhythmischer Unterteilung Serien von Einzelbildern zusammen mit einem kurzen erzählenden oder interpretierenden Kommentar kombiniert wurden. So ging man auf die Sehgewohnheiten ein, die das Kino im Publikum erzeugt hatte.[268] Auch diese Nähe zum Kinofilm ist ein wichtiges visuelles Merkmal für die späteren Fotoessays der 1960er-Jahre in *Life*.

Für den Fotoessay war eine möglichst wirklichkeitsnahe und unmittelbare Bildsprache gefragt, bei der es, wie Tim Gidal ausführt, um die Erfassung der „condition humaine", des allgemein Menschlichen oder der Natur des Menschen gehe und einen natürlichen Bildausdruck möglichst auch ohne Blitz im Innenraum.[269] Diese Prinzipien spielen auch für die Diskussion für die Kriegsfotografie des Vietnamkriegs eine wesentliche Rolle.

Als wichtige Ausdrucksweise in diesem Zusammenhang gilt die Technik der *candid camera*, „die aufrichtige Kamera". Gemeint ist der Versuch, so unauffällig zu fotografieren, dass es den Fotografierten verborgen bleibt und sie sich denkbar natürlich verhalten oder einen unbedachten Moment einzufangen, wenn die Anwesenden sich bereits an das Beisein des Fotografen gewöhnt hatten, um einen möglichst „natürlichen" Augenblick festzuhalten.[270] Die *candid camera* ist somit als eine Bildsprache des Fotoessays zu bezeichnen, bei der es darauf ankam, eine möglichst authentische Wirkung zu erzeugen.

Eine zentrale Rolle für die Geschichte des Fotoessays spielen auch die Bildagenturen. In den 1920er-Jahren existierten in Deutschland ca. zwei Dutzend dieser Agenturen, die sich „Photovertriebsanstalten", „Illustrations-Institute", „Bild-Pressebureaus" und „Photographische Agenturen" nannten.[271] Es handelte sich in der Regel um kleine Familienunternehmen oder Firmen mit einer überschaubaren Zahl von Mitarbeitern, Ausnahmen waren die größeren US-amerikanischen Agenturen wie *Keystone* und AP.[272] Die frühen Fotoreportagen entstanden, indem die Redakteure bei verschiedenen Fotodiensten die Fotografien zu einem bestimmten Thema zusammenkauften und aus diesen Einzelfotos Bildgeschichten über mehrere Seiten arrangierten. Diese Vorgehensweise führte oft dazu, dass die bunt zusammengestellten Bilderseiten keine zusammenhängende Narration

268 Vgl. Molderings 1996 (wie Anm. 261), S. 126.

269 Gidal 1972 (wie Anm. 257), S. 5, 27.

270 Der Begriff der „Candid Camera" wurde durch einen Redakteur der *Graphic* 1929 bekannt. Erich Salomon (1886–1944) wurde bekannt für seine *candid camera*, „die aufrichtige Kamera". Salomon fotografierte in erster Linie Konferenzen und Politiker im Innenraum. Solomon arbeitete bis 1932 mit einer Ermanox und wechselte dann zur Leica. Vgl. Gidal, Tim N.: Chronisten des Lebens. Die moderne Fotoreportage. Gidal 1972 (wie Anm. 257), S. 16–19.

271 Vgl. Weise, Bernd: Pressefotografie IV. Die Entwicklung des Fotorechts und der Handel mit der Bildnachricht, 14 (52), 1999, S. 27–40, hier S. 36.

272 Vgl. Uka 2008 – Die Modernisierung der Pressefotografie, S. 246.

entfalten konnten.[273] Der Gründer der Agentur *Dephot* (Gründung Jahreswende 1928/29), Simon Guttmann, trat dem entgegen, indem er bereits zusammengestellte Bildgeschichten verkaufte. Diese kurzfilmartigen „Serien", wie sie im damaligen Pressejargon hießen, stammten aus der Hand eines Fotografen und konnten in der Regel eine kontinuierliche Handlung vorweisen. Auch die *Weltrundschau* vertrieb ganze Bildgeschichten. Thematisch behandelten diese Bilderfolgen zeitunabhängige Ereignisse aus dem Alltagsleben.

Für diese Art der Bildgeschichte war weniger der handwerklich ausgebildete Pressefotograf gefragt, sondern vielmehr eine Persönlichkeit, die einen eigenen Stil entwickeln und somit als „Autor" auftreten konnte.[274] Walter Uka spricht deshalb von den Agenturen als „Kreativpools", wo von den verschiedenen Fotografen und den wirtschaftlichen und ästhetischen Interessen der Leiter neue Ideen vorangetrieben wurden.[275] Es ist somit in der historischen Herleitung auch eine Verbindung von einer fotografisch erzählten Geschichte in Verbindung mit einer erzählenden Person, einer Fotografen- oder Fotografinnenpersönlichkeit.

Der Beruf des Pressefotografen war bis in die Zwischenkriegszeit nicht besonders angesehen. In ihrer Verhandlungsposition gegenüber Redaktionen waren sie schwach. Mit der Etablierung des Fotoessays als eigene Darstellungsform entstand auch das Berufsbild des Fotojournalisten. Es bildete sich ein neues Selbstbewusstsein und Berufsverständnis. In den 1920er-Jahren tauchte der Name des Fotografen oft neben dem des Autoren eines Beitrags auf gleicher Ebene auf, wodurch auch die gesellschaftliche Stellung stieg.[276] Im *Uhu* wurden 1929 zahlreiche Fotografen wie unter anderem André Kertész, Lásló Moholy-Nagy, Martin Munkacsi, Albert Renger-Pentsch und Erich Salomon im Selbstporträt gezeigt unter der Überschrift: „Eine neue Künstler-Gilde. Der Fotograf erobert Neuland."[277] Es gab in der Zeit sowohl ein Bemühen um größtmögliche Objektivität, als auch eine Entwicklung weg vom Fotografen als reinem Handwerker und zur Anerkennung als Persönlichkeit,[278] die den Wert des Fotoessays und dessen Glaubwürdigkeit somit nochmal steigert. Dies hängt maßgeblich mit der

273 Vgl. Molderings 1996 (wie Anm. 261), S. 126.

274 Vgl. Molderings 1996, S. 125 f.

275 Vgl. Uka 2008 – Die Modernisierung der Pressefotografie, S. 247. Auch Robert Capa, der heute als größter Kriegsfotograf aller Zeiten gefeiert wird, begann seine Karriere als Laborant bei *Dephot* 1931 und 1932.

276 Vgl. Holzer 2014 (wie Anm. 152), S. 444. Holzer verweis ebenfalls darauf, dass bereits Ende des ersten Weltkriegs einige Reporter ihre Fotografien mit Namen veröffentlichten: Holzer 2003 – Das fotografische Gesicht des Krieges, S. 10. Siehe für die englischsprachige Presse: Carmichael, Jane: First World War Photographers. London, New York 1989, S. 34 ff.

277 Vgl. Dewitz (Hg.) 2001 – Kiosk, S. 112.

278 Vgl. Grittmann 2007 (wie Anm. 187), S. 39.

Tradition und Vorstellungen der Augenzeugenschaft zusammen, die gerade in Bezug auf Kriegsdarstellung von besonderer Relevanz ist.

Eine thematische Richtung, die im Fotoessay auch eine große Rolle spielt, ist die sozialdokumentarische Fotografie. Das Ankreiden sozialer Missstände wurde immer wieder über Fotoessays praktiziert.[279] Als Grundlage für die Erweiterung des dokumentarischen Stils als sozialdokumentarisch wird in der Fotogeschichtsschreibung die stilistische Auseinandersetzung von Fotografinnen und Fotografen unter der Leitung von Roy Stryker (1893–1975) während der *Farm Security Administration* angeführt. Politische Aufgabe der Initiative war die Öffentlichkeitsarbeit für das Landwirtschaftsministerium unter der *New-Deal*-Politik und somit das Aufmerksammachen der Bevölkerung auf Armut und Missstände unter der Landbevölkerung und den Kleinpächtern, um staatliche Reformen zu rechtfertigen.[280] Während der Durchführung dieses Projektes stritten die Fotografinnen und Fotografen über die Ausrichtung eines „dokumentarischen Stils". „We were after the truth [...]"[281] gab Dorothea Lange (1895–1965) als Ziel an. Anders als der distanzierte Stil Walker Evans (1903–1975) propagierte Roy Striker, beeinflusst von der Sozialphilosophie der Zeit und politischen Ideen einer sozialen Umverteilung[282] mehr und mehr die Form des „engagierten Beobachters":

> „A good documentary should tell not only what a place or thing or person *looks* like, but it must also tell the audience what it would feel like to be an actual witness to the scene."[283]

279 So wurde beispielsweise am 8. Mai 1909 in dem Magazin Collier's mit dem Artikel „Snapshot of a Race" versucht, mit Bildern von Lewis Hine moralische Aussagen zu treffen. o. A.: „Snapshot of a Race", in: Collier's vom 8.5.1909 XLIII (H. 7), S. 8 Für eine Abbildung siehe G. G. Willumson: Willumson, W. Eugene Smith 1992 (wie Anm.159, S. 12

280 Siehe ausführlicher Solomon-Godeau 2003 – Wer spricht so, S. 64 ff; Hertfelder, Thomas: Unterwegs im Universum der Deutungen. Dorothea Langes Fotozyklus „Migrant Mother", in: Zeithistorische Forschungen/Studies in Contemporary History, Online Ausgabe, 4 (1/2), 2007, unter: <http://www.zeithistorische-forschungen.de/site/40208749/default.aspx#pgfId-1037454a> (23.8.2016). Im Rahmen der New-Deal-Politik wurden weitere dokumentarische Fotoprojekte von der Regierung finanziert. Warner Marien 2010 (wie Anm. 51), S. 288 f.

281 Bezner, Lili Corbus: Photography and Politics in America. From the New Deal into the Cold War. Baltimore 1999, S. 5.

282 Vgl. Hertfelder 2007 – Unterwegs im Universum der Deutungen; Starl, Timm: Dokumentarfotografie. Anmerkungen zu einem fragwürdigen Begriff, in: Pakt, 4, 1994, S. 26–29.

283 Roy Stryker zitiert nach Bezner 1999 (wie Anm. 281), S. 10.

Nach Striker sollte die subjektive Perspektive die Authentizität der Aufnahme bezeugen und sie somit glaubhafter und überzeugender machen, so dass der Betrachter das Bild „als authentisches Zeugnis *empfinden*“ könne.[284]

Als bekanntester Repräsentant einer solchen sozialdokumentarischen Fotografie wird in der Fotogeschichtsschreibung das Bild der „Migrant mother“ rezipiert, das Dorothea Lange 1936 in der Nähe des Kalifornischen Dorfes Nipomo machte.[285] Es zeigt eine Mutter mit drei Kindern im Halbporträt, von denen die zwei älteren den Blick vom Betrachter abgewandt haben und das Baby im Arm der Frau die Augen geschlossen hält (Abb.-Link 2). Die Kleidung ist einfach und verschlissen. Der enge Körperkontakt wirkt intim. Ein stark eingegrenzter Bildausschnitt fokussiert die klassische Melancholie-Geste der Frau, und lenkt somit die Aufmerksamkeit des Betrachters auf den Affekt der Frau und stellt eine emotionale Nähe her, obwohl diese keinen Blickkontakt sucht. Die Komposition erinnert ikonographisch an eine Pietá-Darstellung[286] mit zwei Assistenzfiguren, auch wenn die Kinder dem Betrachter den Rücken zukehren. Durch das völlige Ausblenden des Kontextes gewinnt der Ausdruck von mütterlicher Stärke, Liebe und Sorge im Angesicht von Armut und Existenznot universellen Charakter.[287] Der Fotografiehistoriker Olivier Lugon weist darauf hin, dass gerade durch die reduzierte Darstellung von Informationen im Bild die Einbindung in einen begleitenden Text eine zentrale Bedeutung gewinnt.[288] Gleichzeitig kennzeichnet sich die sozialdokumentarische Fotografie bildrhetorisch durch eine starke Nähe zu den fotografierten Subjekten und deren informeller Pose, die sie als einfache Menschen markiert.[289] Diese bildrhetorische Darstellungsweise war populär in den 1930er-Jahren und wurde in den Fotojournalismus übernommen, auch ohne direkte politische Ausrichtung oder Absicht:

---

284 [Markierung im Original] Holschbach 2004 – Im Zweifel für die Wirklichkeit (wie Anm. 68), S. 27. Susanne Holschbach bezieht sich hier auf Erkenntnisse von Lugon, Olivier: Le style documentaire. D' August Sander à Walker Evans, 1920–1945 (= Le champ de l' image). Paris 2001, S. 106.

285 Siehe für detaillierte Informationen und den dahinter stehenden Diskurs Hertfelder 2007 – Unterwegs im Universum der Deutungen. Siehe für die genaue Entstehungsgeschichte Lethen, Helmut: *Migrant Mother* im Zeitalter der Zirkulation, in: Peter Geimer und Michael Hagner (Hg.), *Nachleben und Rekonstruktion. Vergangenheit im Bild*, Paderborn 2012, S. 111–133, hier S. 118–124.

286 Siehe zur Tradition des Piéta o. A.: Vesperbild, in: Gerhard Strauss und Harald Olbrich (Hg.), *Lexikon der Kunst,* 6 Bde., Bd. 5, München 1996, S. 615–616.

287 Auch wenn dies das bekannteste Foto Langes wie der F. S. A. ist, ist es nicht typisch für Langes Arbeit, und auch im Rahmen der F. S. A. entstanden sehr vielseitige Aufnahmen. Vgl. Warner Marien 2010 (wie Anm. 51), S. 283–285.

288 Lugon 2001 (wie Anm. 284), S. 28.

289 Vgl. Price op. 2004 – Surveyors and Surveyed (wie Anm. 130), S. 96.

> „Around the United States, newspapers sent their photographers into the countryside to bring back F.S.A.-like photographs, safely shorn of any social welfare propaganda."[290]

Unter „humanistischer Fotografie" versteht man im Allgemeinen das Bemühen, durch dic Fotografie auf menschenunwürdige Zustände hinzuweisen, sie verändern zu wollen. Dies erfolgte oft durch das Aufzeigen eines „als universell angesehene[n] Gefühlsausdruck[s]".[291] Diese Ausrichtung sozialdokumentarischer Fotografie erfuhr demnach eine breite Öffentlichkeit und beeinflusst den Fotojournalismus bis heute. Nach wie vor wird häufig im Fotojournalismus der „als universell angesehene Gefühlsausdruck"[292] als der direkteste Weg genutzt, um die Betrachtenden zu berühren. Es war bei der Fotografie von Emotionen und Aktionen für Fotografinnen und Fotografen im Fotojournalismus wichtig, die Gefühle der Fotografierten glaubhaft zu vermitteln.

Dafür wurden im Laufe der Zeit verschiedene Strategien entwickelt,[293] die „Schnappschussfotografie" (*snapshot photography*) oder auch „Street Photography",[294] ist ein zentrales Darstellungsprinzip dieser Ästhetik in vielen Fotoessays. Darunter versteht man im weitesten Sinne das spontane Fotografieren auf der Straße oder außerhalb des Ateliers. Im engeren Sinn bezeichnet es einen Stil der Fotografie, der sich in den 1920er-Jahren zu einem eigenen künstlerischen Zweig herausbildete und dessen Bildrhetorik Fotografien bis in die 1960er-Jahre

---

290 Warner Marien 2010 (wie Anm. 51), S. 289. Edward Steichen zeigte 1955 in der Ausstellung „The Family of Man" im Museum of Modern Art eine Zusammenstellung von Fotografien, die entkontextualisiert in einer neuen Gegenüberstellung das allgemein Menschliche und friedliche Zusammenleben auf der Erde verdeutlichen sollten. Siehe Steichen, Edward: Introduction, Steichen, Edward (Hg.), *The Family of Man.* Ausst. Kat. New York, Museum of Modern Art. 24.1.–8.5.1955, New York 1955. In dieser Ausstellung wurde der „Migrant Mother" ein bedeutender Platz eingeräumt. Lethen 2012 – Migrant Mother im Zeitalter, S. 117. Roland Barthes beschrieb in seinen „Mythen des Alltags", das Ziel der Ausstellung „The Family of Man" sei es, „die Universalität der menschlichen Gesten im alltäglichen Leben in allen Ländern der Welt zu zeigen." Barthes 2010 (wie Anm. 5), S. 226. „The Family of Man" tourte bis 1964 durch 38 Länder und es wurden drei Millionen Kataloge verkauft, vgl. Caruso, Martina: Humanistische Fotografie, in: Juliet Hacking (Hg.), *Fotografie. Die ganze Geschichte*, S. 322–323. 1964 stellte Karl Pawek in Orientierung an „The Family of Man" die „Weltausstellung der Photographie" aus. Pawek, Karl: Was ist der Mensch? (= Weltausstellung der Photographie, 1). Hamburg 1964.

291 Holschbach 2004 – Im Zweifel für die Wirklichkeit (wie Anm. 68), S. 29.

292 Holschbach 2004 – Im Zweifel für die Wirklichkeit, S. 29.

293 Siehe Thesen zur Authentizität Kapitel I.6 in dieser Arbeit.

294 Da es keine entsprechende Übersetzung im Deutschen gibt, wird in dieser Arbeit mit dem englischen Begriff gearbeitet.

prägte.[295] Meist fotografierte man Alltagsmomente und Stadtleben, also keine politisch relevanten Ereignisse und versuchte sie anrührend und bewegend ins Bild zu fassen. Typische Merkmale sind neben der Fokussierung eines Hauptmotivs in der Bildmitte starke Kontraste und große Tiefenschärfe sowie die schwarzweiße Farbigkeit. Es handelt sich oft um intime, ungestellte oder natürlich wirkende Momente.[296] Häufig werden die Fotografien auch der dokumentarischen Fotografie zugeordnet, da sie soziale Zustände festhalten.[297] Wesentlich geprägt wurde diese Richtung durch Henri Cartier-Bresson (1908–2004), der mit in seiner Einführung zu seinem Bildband „The decisive moment" („Images à la sauvette") (1952) nicht nur eine theoretische Grundlage für seine Fotografien lieferte, sondern insbesondere den künstlerischen Anspruch dieser Art der Fotografie herausstellte. Cartier-Bresson drückte hierin den Anspruch aus, eine ganze Geschichte in einem Bild zu erzählen.[298]

295 Vgl. zur *street photography* Walter 2002 (wie Anm. 104), S. 17 f.

296 Caruso – Humanistische Fotografie.

297 Vgl. Walter 2002 (wie Anm. 104), S. 17.

298 Cartier-Bresson, Henri: Der entscheidende Augenblick (1952), in: Bernd Stiegler (Hg.), *Texte zur Theorie der Fotografie*, Stuttgart 2010, S. 197–205.

II. Der Vietnamkrieg im *Life*-Magazin

Life und der Fotoessay sind in der Mediengeschichtsschreibung heute untrennbar miteinander verknüpft. Wie kaum ein anderes Magazin prägte es das Bild des Fotoessays in der Zeit des Zweiten Weltkriegs und danach.[299] Für ein besseres Verständnis der einzelnen zu untersuchenden Essays ist es wichtig, den Essay als Produkt einer Zusammenarbeit verschiedener Mitarbeiter der Zeitschrift zu verstehen, sowie teilweise als Sprachrohr politischer und wirtschaftlicher Interessen. Deshalb wird zunächst die Gründung und Ausrichtung des Magazins in Augenschein genommen. Da die Entstehungsgeschichten für die analysierten Fotoessays nicht im Einzelnen rekonstruiert werden können, sollen nachfolgend die Entstehungszusammenhänge für Fotoessays in der *Life*-Redaktion offengelegt werden, um anschließend auf die Essays mit den Fotografien von Larry Burrows einen genaueren Blick werfen zu können. Hierbei wird besonderes Augenmerk auf das Verhältnis von Fotograf und Redaktion gelegt: Wie sah eine Zusammenarbeit aus und wie groß war die Beteiligung des Fotografen am Endergebnis? Inwieweit kann der Fotograf als Autor für die Essays benannt werden?

299 Sally Stein diskutiert die Rolle von *Life* in der Geschichtsschreibung kritisch und sieht *Look* ähnlich stark: Stein 2007 – Mainstream-Differenzen. Doch die starke Rezeption von *Life* in der Mediengeschichtsschreibung bedingt auch eine starke Rezeption der Fotoessays von *Life* und den dort publizierten Fotografien.

1. Entstehung von *Life* und redaktionelle Prozesse des Fotoessays

Das Magazin *Life*[300] aus dem Verlagshaus *Time Inc.* wurde als US-amerikanisches Bildermagazin für eine große Leserschaft geplant. Der Verleger und Leiter von *Time Inc.*, Henry Luce, der mit *Fortune* und dem *Time Magazine* bereits zwei Magazine verlegte, begann mit den ersten Planungen für ein Bildmagazin im Jahre 1934. Das erste Layout orientierte sich am Beispiel der *Berliner Illustrierten* und dem Fotoessay der deutschen Illustrierten der 1930er-Jahre.[301] Deutsche Redakteure hatten sich jedoch auf kurze, zwei- bis dreiseitige Bildergeschichten beschränkt. Bei *Life* sollten die Bilder das Kernstück werden, denkbar erschienen Bildergeschichten bis zu zehn Seiten zu einem Thema.[302] Der Fotoessay sollte jeweils einen bestimmten Gesichtspunkt herausstellen, eine moralische Komponente enthalten und auf eine überraschende Wende hinauslaufen.[303] Sequenzen sollten effektiv mit Überschriften kombiniert werden und so das Verständnis der Lesenden in eine bestimmte Richtung führen.[304] Es sollte eine subjektive Sicht auf das Geschehen hervorgehoben und kein allgemeiner thematischer Überblick geliefert werden.[305]

---

300 Wesentliche Informationen zur Geschichte von *Life* lieferte die offizielle Geschichte von Time Inc. Prendergast, Curtis und Colvin, Geoffrey: The World of Time Inc. The Intimate History of a Changing Enterprise. Volume Three: 1960–1980. 3. Bde. New York 1986; Elson, Robert T.: Time Inc. The Intimate History of a Publishing Enterprise, Volume Two: 1941–1960. 3. Bde. New York 1973; Elson, Robert T.: Time Inc. The Intimate History of a Publishing Enterprise, Volume One: 1923–1941. 3. Bde. New York 1968. Da das Archiv von *Time Inc.* nicht allgemein für Wissenschaftler geöffnet ist, dient diese von *Time Inc.* abgesegnete Arbeit für zahlreiche Veröffentlichungen als wesentliche Quelle. Außerdem publizierten ehemalige *Life*-Mitarbeiter Darstellungen: Loudon Wainwright publizierte 1986 eine eigene Geschichte des Magazins, die sich aus seinen Erfahrungen und Kontakten speist, aber nicht offiziell genehmigt wurde. Wainwright, Loudon: The Great American Magazine. An Inside History of Life. New York 1986.

301 Siehe zur Emigration vieler Fotojournalisten und Redakteure nach der Ernennung von Hitler zum Reichskannzler 1933, Gidal 1972 (wie Anm. 257), S. 29 f. Kurt Korff und Kurt Szafranski waren bei den Anfängen von *Life* beteiligt, Alfred Eisenstaedt einer der ersten Fotografen.

302 Vgl. Willumson 1992 (wie Anm. 249), S. 15.

303 Vgl. Wainwright 1986 (wie Anm. 300), S. 99–104.

304 Vgl. Abbott 2010 – Engaged Observers (wie Anm. 118), S. 2.

305 Vgl. Abbott 2010 – Engaged Observers, S. 2. Dieser Anspruch steht im starken Widerspruch zur gängigen Praxis bei *Life*, bei der die Fotografen an der eigentlichen Erstellung des Essays nicht beteiligt waren und das gedruckte Ergebnis in erster Linie ein Produkt der Redakteure war. Jedoch lässt sich zeigen, dass die Beteiligung des

In einer ersten Ankündigung von *Life* wurde die Programmatik formuliert und einige Grundideen des Fotojournalismus ausgedrückt. Man sollte in *Life* das Weltgeschehen im Foto beobachten, darüber staunen und etwas lernen können. Man wollte die Betrachtenden unterhalten und belehren:

> „To see life; to see the world; to eyewitness great events; to watch the faces of the poor and the gestures of the proud; [...] to see and take pleasure in seeing; to see and be amazed; to see and be instructed."[306]

Life sollte von Anfang an kein reines Nachrichten- und Featuremagazin sein, sondern die Kamera sollte immer auch ein Kommentator der Geschehnisse sein.

> „Actually, as Life has learned in its first months, the camera is not merely a reporter. It can also be a commentator. It can comment as it reports. It can interpret as it presents. [...] A photographer has his style as an essayist has his. He will select his subjects with equal individuality."[307]

Nachdem *Life* als großformatiges Bildmagazin am 2. November 1936 auf den Markt kam, wurde es vom Publikum sofort sehr gut angenommen. In den ersten zwei Jahren konnten nicht so viele Magazine geliefert werden, wie nachgefragt wurden. Das Magazin hatte eine Auflage von 500.000 bei der Gründung, drei Monate später produzierte man bereits doppelt so viele Abdrucke. 1938 war man bei 2.000.000 gedruckten Exemplaren und bis 1968 wuchs die Gesamtzahl bis auf 8.500.000.[308] Trotz dieser hohen Verkaufszahlen hatte das Magazin hohe Druckkosten und war stark abhängig von den Werbeeinnahmen.[309] *Life* erreichte mit einer Leserschaft von über 5.000.000 in den 1940er- und 1950er-Jahren mehr Menschen als andere Magazine wie *Look, Saturday Evening Post* und *Colliers*, weshalb es bei den Werbekunden sehr beliebt war.

Auch war die Seite mit 10,5 mal 14 Zoll sehr groß. Die Werber nutzten teilweise Fotografien, die kaum von den Fotoessays zu unterscheiden waren. Das Layout der Werbung passte sich dem Design des Fotoessays mit mehreren Fotos

Fotografen je nach Art des Essays unterschiedlich stark war. Siehe Punkt III.1 „Autorschaft der Fotoessays" in dieser Arbeit.

306 Zitiert nach Edey u. Sullivan 1978 (wie Anm. 249), S. 4.

307 Luce, Henry: The Camera as Essayist, in: *Life*, 2 (17), 26.4.1937, S. 62–63. Dies ist die Außendarstellung. Wie folgend ausgeführt, wurde den Fotografen im Produktionsprozess sehr viel weniger Raum eingeräumt. Die Auswahl und die Entscheidung über das Layout traf der zuständige Redakteur.

308 Vgl. zu den Auflagezahlen Dewitz (Hg.) 2001 – Kiosk, S. 318; Erika Lee Doss (Hg.): *Looking at Life Magazine.* Washington 2001, S. 2 f.

309 Vgl. Kozol 1994 (wie Anm. 65), S. 35.

und Überschriften an. Für Werbekunden war das Magazin interessant, wie Wendy Kozol in einer Analyse herausstellt:

> „Needless to say, advertisers liked the strategy of emulating photo-essays and competing for audiences' attention by creating designs that blurred the line between editorial content and ads, turning the product into a type of news that gained legitimacy by visual association."[310]

Auch wenn die Redakteure die Layouts der Essays nicht speziell nach Anzeigen planten, mit denen sie kombiniert wurden, beeinflusste die Nähe zu den Werbeanzeigen dennoch die Rezeption des Materials. Diese Werbeanzeigen erzeugten eine Mittelklassewelt, deren Probleme darin bestanden, für welches Produkt man sich entscheiden sollte.[311] Es wird somit deutlich, dass das Magazin trotz einer großen Leserschaft stark abhängig von den Werbeeinnahmen war und sich in seiner Ausrichtung den Werbekunden anpasste: Es sollte ein positives Magazin sein, das sich für Dinge ausspricht und nicht dagegen. Es sollte sich mit dem alltäglichen Leben und historischen Ereignissen gleichermaßen beschäftigen. Inhaltlich konzentrierte man sich in den ersten Jahren besonders auf US-amerikanische Themen. In einem Vermerk für seine Mitarbeiter notierte Luce 1948:

> „If we can bring together in one magazine a feeling for all the little „human" problems and all the little episodes of human life together with an awareness and intelligent disclosure of the ‚great historic' forces–that surely will be a very great achievement."[312]

Eine Studie aus dem Jahr 1957 ermittelte die typischen *Life*-Lesenden als gut ausgebildete und gut verdienende Bürger, zu gleichen Teilen männlich und weiblich.[313] Für den Erfolg des Magazins waren verschiedene Faktoren verantwortlich: zum einen die bewegte und emotionale Berichterstattung über den Zweiten Weltkrieg und der Fokus auf die Unterhaltung wie Sport, Liebe und Humor, zum anderen die konservative, regierungstreue Linie des Herausgebers.[314] Nach dem Zweiten Weltkrieg war *Life* auch aufgrund seiner offensiven Nachrichtentechniken so beliebt. Das redaktionelle Budget des leitenden Redakteurs belief sich auf zehn Millionen US-Dollar, was dem doppeltem Budget der *Saturday Evening Post* und dem vierfachen von *Look* entsprach. Dementsprechend arbeiteten be-

310 Kozol 1994 (wie Anm. 65), S. 36.

311 Vgl. und siehe für genauere Beispiele Kozol 1994 (wie Anm. 65), S. 36 f.

312 Wainwright 1986 (wie Anm. 300), S. 199.

313 Vgl. Kozol 1994 (wie Anm. 65), S. 38.

314 Vgl. Garner, Gretchen: Disappearing Witness. Change in Twentieth-Century American Photography. Baltimore 2003, S. 75–78.

kannte Fotografen für *Life*, da es gut bezahlte und die Bilder eine große Öffentlichkeit erreichten.[315]

Während anfangs noch mit dem Layout experimentiert wurde, beschränkte man sich Ende der 1930er-Jahre darauf, das rechteckige Format der Fotografien zu belassen. Variiert wurde nur bei der Platzierung des Textes und der Größe der Bilder. Dieses Format sollte auf die Betrachtenden weniger bearbeitet wirken.[316] Das Schema eines Essays sah zu Beginn ein halb- oder ganzseitiges Foto vor, meist eine Figur, die die Geschichte repräsentierte. Begleitender Text erklärte, wie das Foto die Nachricht illustrierte. Danach folgten kleinere und größere Fotos, die verschiedene Aspekte der Situation zeigten und am Schluss ein ganzseitiges Foto. Der Fotoessay entwickelte dabei meist seine Narrative mit einer Reise durch Zeit oder Raum zu einer Auflösung am Schluss.[317]

Der Prozess zur Erstellung eines Fotoessays lief zwar unter den verschiedenen leitenden Redakteuren leicht unterschiedlich, blieb aber im Großen und Ganzen ähnlich.[318] Unter Joseph Thorndike beispielsweise, *Managing Editor* zwischen 1946 bis 1949, wurden die Fotoessays in verschiedene Ressorts und an deren jeweilige Redakteure verteilt, die die Ideen und Arrangements entwickelten.[319] Innerhalb der einzelnen Abteilungen wurden Artikelideen besprochen und in einer wöchentlichen Konferenz mit dem Chefredakteur präsentiert. Wenn sie als vielversprechend beurteilt wurden, gingen sie an einen *researcher* und es wurde ein *picture script* erstellt. Der Fotoredakteur las das Skript und suchte einen Fotografen aus, der auf dem ausgewählten Gebiet spezialisiert war. Der Redakteur teilte dem Fotografen die Erwartungen der Redaktion mit und ging den Auftrag mit ihm durch. Die Diskussion dieser Bilderskripte steckte den Gestaltungsspielraum der Geschichte ab. Der Fotograf setzte die Erwartungen des Skripts um, war aber auch angehalten, dies so frei zu tun, dass eine Bildserie mit sinnvollem visuellem Zusammenhang entstehen konnte. Erwartet wurde demnach von den Fotografen, eigene narrative Zusammenhänge herauszuarbeiten.[320]

---

315 Vgl. Kozol 1994 (wie Anm. 65), S. 38.

316 Vgl. Hicks, Wilson: WORDS and PICTURES. An Introduction to Photojournalism (= The Literature of Photography). New York 1973, S. 41–43.

317 Vgl. Kozol 1994 (wie Anm. 65), S. 43.

318 Da die Entstehungsgeschichten für die analysierten Fotoessays nicht im Einzelnen rekonstruiert werden können, sollen nachfolgend die Entstehungszusammenhänge für Fotoessays in der *Life*-Redaktion offengelegt werden, um anschließend auf die Essays mit Fotografien von Larry Burrows einen genaueren Blick werfen zu können.

319 Vgl. Edey u. Sullivan 1978 (wie Anm. 249), S. 12.

320 Vgl. Willumson 1992 (wie Anm. 249), S. 21, 22; Hicks 1973 (wie Anm. 316), S. 47–79; Life (Hg.): *The Great Life Photographers.* London 2009, S. 10.

Man stellte ihnen im Vorhinein Hintergrundinformationen zur Verfügung, die von den Mitarbeitern zusammengetragen wurden.[321]

Auch die Abläufe, wenn das Fotomaterial wieder in der Redaktion eingetroffen war, variierten teilweise unter den unterschiedlichen Chefredakteuren. Es arbeiteten neben dem Fotografen und dem *researcher* in der Regel fünf Personen an der Erstellung eines Fotoessays: der Redakteur der Abteilung, der Fotoredakteur, der Negativredakteur, der Layouter oder künstlerische Leiter (*art director*) und der Chefredakteur. Für die Fotografen, die die Prozesse der Essayherstellung kannten, bedeutete es in der Praxis, möglichst viele Fotos in unterschiedlichen Formaten zu erstellen, so dass für das Layout jeweils verschiedene Versionen zur Verfügung standen.

> „For a typical assignment at Life magazine, the editors expected the photographer on location to shoot at least eight basic types of photos to ensure complete coverage of the situation and to guarantee enough good pictures for a layout.
> Introductory or overall: Usually a wide angle or aerial shot that establishes the scene
> Medium: Focuses in on one activity or one group
> Close-up: Zeroes in on one element, like a person's hands or an intricate detail of a building
> Portrait: Usually either a dramatic, tight head shot or a person in his or her environmental setting
> Interaction: People conversing or in action
> Signature: Summarize the situation getting all the key story-telling elements in one photo–often called the decisive moment
> Sequence: A hot-to, before and after, or a series with a beginning, middle, and end (the sequence gives the essay a sense of action)
> Clincher: A closer that would end the story [...]
> When the Life photographer had run through the list of pictures possibilities, the photojournalists could feel confident they had covered the story completely and in depth. Then the photographers were free to look for unusual or unexpected situations that would set their essay apart from the standard photo story."[322]

Wie diese Aufzählung von Kenneth Kobre verdeutlicht, gab es einen Leitfaden für die Fotografinnen und Fotografen, welches Material die Redaktion ungefähr für einen Essay benötigte. Die Filme waren günstig und für eine große Auswahl an Fotos bekamen die Fotografinnen und Fotografen bei *Life* zahlreiche Filme zur Verfügung gestellt. Deshalb trugen die sie normalerweise viele davon bei

321 Vgl. Willumson 1992 (wie Anm. 249), S. 236.

322 Kobre, Kenneth: Photojournalism. The Professionals' Approach. Somerville 1980, S. 252 f.

sich, wenn sie ins Feld gingen. Wie das folgende Zitat verdeutlicht, machte Larry Burrows eine Vielzahl von Aufnahmen derselben Szene:

> „[T]o get the composition and pictures [he]had in mind"

machte Larry Burrows eine

> „number of similar frames […] whether he was in the heat of battle or was taking a picture of the single soldier eating food out of a ration tin."[323]

Aus dieser Vielzahl von Negativen konnte ausgewählt werden. Der Negativredakteur oder auch *contact editor* war für die erste Auswahl und Vergrößerung der Fotografien zuständig. In der Regel gab der Fotograf die Bilder an das Fotolabor, wo dann Negative oder später *contact sheets* hergestellt wurden.[324] Thematisch wurde dabei noch nicht editiert, sondern lediglich das beste Bild oder die besten Bilder einer Sequenz ausgewählt – im Schnitt wählte man eins von sieben aus. Bis zu diesem Punkt hatten die Fotografen begrenzten Einfluss auf die Auswahl.[325] Teilweise wurden die Fotografen auch angewiesen, eine eigene Auswahl zu treffen.[326] Der Essay wurde meist in Zusammenarbeit verschiedener Redakteure konstruiert und durchlief mehrere Gestaltungsentwürfe, bei denen Bilder ausgetauscht und unterschiedliche Beziehungen zwischen ihnen hergestellt wurden. Es wurden mehrere Layouts erstellt, um das Beste unter Druckbedingungen zu ermitteln. Nachdem die Bilder arrangiert waren, wurde das Recherchematerial an einen Texter gegeben, der Text für die weißen Stellen produzierte.

Wenn das Layout stand, wurde der Essay einmal entlang der Wand des Chefredakteurs gepinnt, der den Essay entweder abnahm oder noch kleinere Änderungen vornehmen ließ.[327] Ob und wann eine Geschichte publiziert wurde, hing von verschiedenen Faktoren ab. Ziel war es, in einem Magazin immer eine Mischung unterschiedlicher Nachrichtenformen zu veröffentlichen, die verschiedene emotionale Gewichtungen hatten und eine heterogene Leserschaft ansprechen

323 Russel Burrows zitiert nach Moeller 1989 (wie Anm. 27), S. 370.

324 In den Formaten 8 x 10 und 11 x 14 Zoll, vgl. Abbott 2010 – Engaged Observers (wie Anm. 118). Willumson 1992 (wie Anm. 249), S. 22.

325 Vgl. Edey u. Sullivan 1978 (wie Anm. 249), S. 11; Willumson 1992 (wie Anm. 249), S. 22 f.

326 Gespräch mit Russel Burrows am 26.9.2013. Larry Burrows traf die Auswahl für verschiedene seiner Essays selbst: Burrows, Larry: We Wade Deeper into Jungle War, in: *Life*, 54 (4), 25.1.1963, S. 22–30; Flaherty, Tom: The Air War. Photographed by Larry Burrows, in: *Life*, 61 (11), 9.9.1966, S. 44–59; Burrows, Larry: Vietnam. ‚A Degree of Disillusion', in: *Life*, 67 (12), 19.9.1969, S. 66–75.

327 Vgl. Edey u. Sullivan 1978 (wie Anm. 249), S. 6, 14; Willumson 1992 (wie Anm. 249), S. 22 f.

sollten. Das Magazin wurde über einen Sechs-Wochen-Rhythmus gefüllt. Drei Wochen vor Erscheinen wurde Platz für die Haupttextgeschichten eingefügt, die Fotoessays wurden eine Woche vor Veröffentlichung eingesetzt. Es blieb immer noch ein bisschen Platz, ca. 16 Seiten, um kurz vor Erscheinen aktuelle Meldungen einzufügen. Man legte großen Wert darauf, ein Gleichgewicht zwischen Werbung und editierten Bereichen zu erreichen. Wenn für ein Magazin viele Werbeanzeigen verkauft worden waren, musste demnach auch der redaktionelle Teil größer werden. Sonntags und montags wurde gedruckt, das Magazin erschien dienstags.[328]

Nicht nur die Praxis der Redaktionsabläufe variierte leicht unter den verschiedenen leitenden Redakteuren, sondern auch die Ästhetik und der Stil des Fotoessays. Thorndike beispielsweise führte *Life* noch stärker von den Nachrichten zu den Features, die Berichterstattung wurde emotionaler und intimer, dem Layout und insbesondere dem Weißraum wurde mehr Aufmerksamkeit gewidmet. Auch die Position des Designers innerhalb des Produktionsprozesses wurde gestärkt[329] und auch die Außendarstellung der Fotografen als Autoren und als subjektive Beobachter veränderte sich mit der Zeit:

> „The originator of a story did not get his name on it, nor did the designer. As time went on and as the photo essay continued to flower, not only as an art form being perfected right there in Life but also as a showplace for the talents of a growing group of truly gifted photographers, it became the practice to put the photographer's name on any photo essay that was considered outstanding enough to justify its getting a byline."[330]

328 Vgl. Willumson 1992 (wie Anm. 249), S. 23; Edey u. Sullivan 1978 (wie Anm. 249), S. 15.

329 Vgl. Edey u. Sullivan 1978, S. 11; Willumson 1992, S. 18–20.

330 Edey u. Sullivan 1978, S. 13.

2. Der (post-)koloniale Blick auf Vietnam in *Life* bis 1963

Das vermittelte Kriegsbild in der Berichterstattung über den Vietnamkrieg hat sich im Laufe der Jahre entlang einer politischen und ideologischen Zuspitzung stark verändert. Um diesen Wandel auch im *Life*-Magazin deutlicher darstellen zu können, werden die zu analysierenden Fotoessays in historischer Reihenfolge dargestellt und in jeweils drei Phasen zusammengefasst, um Gemeinsamkeiten besser herausstellen zu können. Der einzelne Essay und seine Einbettung in den Gesmatverlauf von einem französisch-vietnamesischen Kolonialkrieg hin zu einem Krieg mit US-amerikanischer Beteiligung stehen hierbei im Vordergrund.[331]

Berichterstattung in *Life* ab den 1950er-Jahren

Als die USA in den 1950er-Jahren mit ihrer Beraterfunktion im Vietnamesischen Bürgerkrieg begannen, interessierte sich die US-amerikanische Öffentlichkeit kaum für die Vorkommnisse. Die ersten Jahre US-amerikanischer Einmischung in Vietnam wurden von den Medien weitgehend ignoriert, zwischen 1954 und 1960 gab es kaum Experten für Südostasien in den USA.[332] Die politische Situation Vietnams war bereits lange Zeit im Mittelpunkt verschiedener ausländischer – französischer, großbritannischer, japanischer, chinesischer, russischer und US-amerikanischer – Interessen und deren Auseinandersetzungen. Seit der Mitte des 19. Jahrhunderts waren Teile Vietnams unter französischer Kolonialherrschaft, die ihre Regentschaft über „Indochina" in den folgenden Jahren weiter ausgedehnt hatten. 1946 befand Vietnam sich in einer verworrenen Situation zwischen japanischen, englischen und französischen Besatzern, der Demokratischen Republik von Vietnam und Kämpfern, die sich den *Việt Minh* anschlossen. Die *Việt Minh – Việt Nam Độc Lập Đồng Minh Hội*, eine 1941 gegründete kommu-

331 Es können durch die Fokussierung auf bestimmte Essays im Gesamtverlauf nicht alle politischen Ereignisse Berücksichtigung finden. Politische Berichterstattung sowie die Heimatfront und die Antikriegsbewegung müssen daher weitgehend außen vor bleiben. Siehe für eine Gesamtübersicht von *Life* und dem Vietnamkrieg die Dissertation von Flowers, Jackie Walker: Life in Vietnam. The Presentation of the Vietnam War in Life Magazine, 1962–1972 (Phil. Diss. South Carolina 1996) 1997.

332 Siehe genauer Knightley 2004 (wie Anm. 3), S. 274; Wölfl, Jan: Kriegsberichterstattung im Vietnamkrieg (= Krieg der Medien – Medien im Krieg, 2). Münster 2005, S. 48.

nistische Partei unter der Führung Hồ Chí Minhs, bekämpften erfolgreich japanische und englischen Besatzer sowie die französische Kolonialmacht.[333]

Der Krieg brach im Dezember 1946 als kolonialer Krieg zwischen dem neuen unabhängigen Vietnamesischen Staat, der Republik von Vietnam, und Frankreich aus, das gerne erneut koloniale Verhältnisse herstellen wollten. Er wurde Teil des wachsenden Kalten Krieges als 1950 die Volksrepublik China und die Vereinigten Staaten von Amerika eingriffen. Der französische Krieg endete im Mai 1954 mit der Schlacht von *Điện Biên Phủ*.[334] Die USA hätten eine Wiederherstellung kolonialer Machtverhältnisse gegenüber einem kommunistischen Einfluss im Kalten Krieg bevorzugt. Ihre Entscheidung, die Verteidigung der Franzosen zu übernehmen, hatte somit weniger mit Vietnam zu tun, als vielmehr mit der globalen Instabilität und dem Kalten Krieg.[335] Als die Franzosen 1954 geschlagen wurden, trugen die USA bereits nahezu 80 Prozent der Kosten.[336]

Life ließ sporadisch über den französischen „Indochinakrieg" während der 1950er-Jahre berichten sowie über die US-amerikanischen Anstrengungen während der 1950er- und frühen 1960er-Jahre ein nicht-kommunistisches Südvietnam aufzubauen. Gegenüber anderen Herausgebern in den USA legte Henry Luce Wert auf eine durchgehende Berichterstattung aus Vietnam. Der Fotograf Howard Sochurek wurde erstmals 1952 dorthin entsandt. In der Zeit bevor Burrows in Hong Kong als Fotograf für Asien positioniert wurde, arbeiteten bereits Howard Sochurek, David Douglas Duncan und für kurze Zeit bis zu seinem tragischen Tod auch Robert Capa für *Life* in Vietnam.[337]

1953 veröffentlichte *Life* einen fünfseitigen Essay „Bold French get the jump on Vietminh"[338] in dem über einen Fallschirmspringer-Einsatz der Franzosen berichtet wird, der die *Viêt Minh* schwächen sollte. Die Bilder des Essays zeigen die landenden Fallschirmspringer und die Zivilbevölkerung, die vor dem Kampf fliehen musste (Abb.-Link 5). Die getöteten *Viêt Minh* werden daneben im Schlamm liegend offen zur Schau gestellt, während drei tote französische Soldaten, den Konventionen der Kriegsfotografie zur pietätvollen Darstellung eigener Toter entsprechend, in einer Plane gewickelt in einem Erdloch gezeigt werden.

333 Siehe für eine detaillierte Beschreibung des vietnamesischen Krieges mit einer Perspektive auf Vietnam und die amerikanische Sicht Bradley, vgl. Bradley 2009 (wie Anm. 24), S. 61 f.

334 Vgl. Bradley 2009, S. 41 f., 69.

335 Vgl. Wyatt 1995 (wie Anm. 4), S. 54; Carter, James M.: Inventing Vietnam. The United States and State Building, 1954–1968. Cambridge 2008, S. 21–24.

336 Vgl. Carter 2008 (wie Anm. 335), S. 23.

337 Vgl. Morris, John G.: Get the Picture. A Personal History of Photojournalism. New York 1998, S. 155.

338 Sochurek, Howard: Bold French Get the Jump on Vietminh, in: Life, 35 (24), 14.12.1953, S. 32–36.

Somit wird in der Darstellung zwischen den Kämpfern des *Viêt Minh* und den französischen Soldaten differenziert. Man behandelte die französischen Toten mit mehr Respekt. Hieran wird deutlich, dass die *Viêt Minh*-Kämpfer als Feind konstruiert wurden, was als eine klare Positionierung gegen kommunistische Tendenzen zu werten ist. An dem Essay ist zu erkennen, dass der Gegenstand der Berichterstattung zu diesem Zeitpunkt noch kein US-amerikanischer Krieg war; man schaute mit einer gewissen Distanz auf das Geschehen und konstruierte das Andere.[339] Der Essay transportiert ein sehr körperliches Kriegsbild, bei dem zahlreiche Tote als Ergebnis eines Kampfeinsatzes ins Bild gerückt wurden.

Die US-amerikanische Bevölkerung hatte in dieser Zeit noch eine größere Distanz zum Kriegsgeschehen. In vielen Punkten war die Allgemeinheit der US-Amerikaner nicht einverstanden mit der französischen Kolonialpolitik, die man als administrativen, ökonomischen und moralischen Fehler wertete.[340] Mit dieser Distanz zum Geschehen war es möglich, die Geschehnisse in dieser Brutalität im Bild zu zeigen, und im Life-Magazin daneben farbige Werbung für Suppe abzubilden.[341]

Im Gegensatz zu dieser Darstellung wurde der Krieg in der französischen *Paris Match* unter anderen Gesichtspunkten präsentiert. Werner Bischof – seit 1949 Mitglied der Agentur *Magnum* – wurde 1952 von *Paris-Match* nach Vietnam mit folgender Aufgabe entsandt:

> „Private shots of evening reception at a plantation, entertainments and dangers, weapons in cloakroom, guards on lookout, ceiling fans and bridge-playing and dancing."[342]

Werner Bischof machte hierfür viele Aufnahmen der Vietnamesinnen und Vietnamesen im Sinne der humanistischen Fotografie, wie sie vielfach bei der Agentur *Magnum* praktiziert wurde. Er machte harmonische Fotografien, bei denen die Menschen, insbesondere die französischen Soldaten, im Vordergrund stehen. Sie glichen in der Darstellung einem universellen Menschenbild, wie es auch in der Ausstellung „Family of Man" gezeigt wurde. Roland Barthes beschrieb in seinen „Mythen des Alltags", das Ziel der Ausstellung „The Family of Man" sei

339 Siehe zu rassistischen Vorstellungen in den USA gegenüber den Vietnamesen genauer Bradley 2000 (wie Anm. 123), S. 46–59.

340 Vgl. Bradley 2000, S. 46 f. Weiter führt Bradley aus, dass dieses schlechte Bild der französischen Handhabung von Vietnam nicht mit einem generellen Uneinverständnis zu tun hat, als vielmehr mit der Durchführung und dem Erfolg des US-amerikanischen Kolonialprojektes auf den Phillipinen.

341 Vgl. Sochurek 14.12.1953 – Bold French Get the Jump, S. 36.

342 Telegramm von *Paris Match* an Werner Bischof zitiert nach Marco Bischof und René Burri (Hg.): *Werner Bischof 1916–1954. His Life and Work.* London 1990, S. 191.

es, „die Universalität der menschlichen Gesten im alltäglichen Leben in allen Ländern der Welt zu zeigen.“[343] „The Family of Man“ tourte bis 1964 durch 38 Länder und es wurden drei Millionen Kataloge verkauft.[344] Unter „humanistischer Fotografie“ versteht man im Allgemeinen das Bemühen, durch die Fotografie auf menschenunwürdige Zustände hinzuweisen, sie verändern zu wollen. Dies erfolgte oft durch das Aufzeigen eines universellen Gefühlsausdrucks. Diese Ausrichtung sozialdokumentarischer Fotografie erfuhr demnach eine breite Öffentlichkeit und beeinflusst den Fotojournalismus bis weit ins 21. Jahrhundert. Im Vergleich zu den Fotografien Bischofs wirkt der *Life*-Essay brutal und direkter in der Bildsprache.

1955, nach der französischen Niederlage, erschien ein Fotoessay mit Bildern von Sochurek und François Sully „Civil War, the view of those caught in“[345] in *Life*, der einen Blick auf die Schrecken des Krieges freigibt (Abb.-Link 6). Direkt auf der ersten Seite sind zwei Zivilopfer nah an der Kamera in ihrem Leid gezeigt. Daneben windet sich schmerzvoll ein verletzter Soldat Diệms. Die Fotografien zeigen die Leiden der Zivilbevölkerung, wie man sie erst wieder gegen Ende des US-Einsatzes ab 1968 in US-amerikanischen Medien zu sehen bekommt. Im Verlauf des Essays sieht man fliehende Zivilisten, und die Konsequenzen des Krieges für die Zivilbevölkerung.[346] Der Bürgerkrieg wird in seinen brutalen Konsequenzen gezeigt. Außerdem wird eine kleine Heldengeschichte eingebaut: ein US-amerikanischer Soldat bringt ein Mädchen aus der Gefechtszone. Die Soldaten waren zufällig vor Ort, wie im Artikel ausgeführt wird: „American servicemen cut off from their jobs at the U.S. military mission in Cholon.“[347] Die Rolle der US-amerikanischen Soldaten wird somit als vorbildliches Beispiel humanistischer, christlicher Werte herausgestellt, während der Krieg in den Fotografien ansonsten brutal und unmenschlich erscheint. Außerdem wird so ein polarisierendes Gut-Böse-Bild der US-Amerikaner gegen den kommunistischen Feind konstruiert.

In Vietnam unterstützte die US-Regierung Ngô Đình Diệm mit nationalistischen Tendenzen und klarer antikommunistischer Haltung im Süden. Ein Katholik in einem weitgehend buddhistischen Land, der im Sommer 1954 die Rolle eines Präsidenten in dem neuen Staat übernahm, womit die USA effektiv die Rolle

343 Barthes 2010 (wie Anm. 5), S. 226.

344 Vgl. Caruso – Humanistische Fotografie. 1964 stellte Karl Pawek in Orientierung an „The Family of Man“ die „Weltausstellung der Photographie“ aus, Pawek 1964 (wie Anm. 290).

345 Sochurek, Howard; Mecklin, John und Sully, Francois: Battle in Saigon. An Eyewitness report of Vietnam's Civil War, in: *Life*, 38 (19), 9.5.1955, S. 26–33.

346 Sochurek, Mecklin et al. 9.5.1955 – Battle in Saigon, S. 28–33.

347 Sochurek, Mecklin et al. 9.5.1955 – Battle in Saigon, S. 29.

der vorherigen französischen Kolonisatoren innehatten.[348] Die US-Amerikanische Regierung entschied sich zu bleiben und eine Wiedervereinigung anzustreben – eine US-amerikanische Mission, anstatt einer Neuerfindung Vietnams. Das wirtschaftliche Interesse des Westens gebot es aus US-amerikanischer Sicht, in Asien den Kapitalismus regieren zu lassen. Man fürchtete, sobald ein Land unter den Einfluss des Kommunismus fallen würde, würden mehr Länder hinter mitziehen. Diese konstruierte „Dominotheorie" benötigte keine Bestätigung oder genaueren Differenzierung und viele Experten und Offizielle in den USA und Europa realisierten in der Zeit die Abhängigkeit der eigenen Wirtschaft von der Entwicklung und Unterstützung der Wirtschaft in der übrigen Welt. Dieser Theorie lag die Annahme zugrunde, durch die wirtschaftliche Entwicklung würden sich traditionellere Länder stärker entwickeln.[349] „Traditionell" wurde unter anderem als ein Mangel von Infrastruktur, eine große Zahl Analphabeten und ein schlechtes kommunikatives und Transportsystem begriffen.[350] Viele Wissenschaftler an Universitäten der USA setzten sich damit auseinander, wie man solche Gesellschaften bestmöglich entwickeln könne und berieten die Regierung. Die steigende Aufmerksamkeit für diese Länder und Menschen, das Interesse an sinkender Armut und der Entwicklung solcher Länder zusammen mit einem starken Nationalismus in Vietnam führten zu großen Staatsentwicklungsplänen für Vietnam.[351] Allerdings wussten U.S.-amerikanische Politiker sehr wenig über die Geschichte Vietnams, die Kultur, Politik und die physikalische Infrastruktur. Eine Auseinandersetzung mit der Geschichte Vietnams, der Kultur vor der Kolonisation der Franzosen sowie das Interesse der vietnamesischen Bevölkerung zu einer neuen Definition ihrer eigenen Interessen fanden nicht statt.[352]

Diese ersten Jahre US-amerikanischer Einmischung in Vietnam wurden von den Medien weitgehend ignoriert, zwischen 1954 und 1960 gab es kaum Experten für Südostasien in den USA. Nachdem 1960 einige Fallschirmjäger in Diêms Armee revoltierten und dabei fast 400 Menschen ums Leben kamen, sandten die Agenturen AP, UPI und *Reuters* erste Vertreter nach Saigon. Die Zahl vergrößer-

---

348 Vgl. Carter 2008 (wie Anm. 335), S. 43.

349 Die Grundlagen solcher evolutionistischer Vorstellungen liegen im 19. Jahrhundert, siehe hierzu Sebastian Fitzner u. a. (Hg.): *Evolutionistische Strukturen in den Geisteswissenschaften (*fastforeword. magazin. exkurs 1) 2008.

350 Siehe auch Kaiser, Ulrike: Naturvölker, in: Susan Arndt und Antje Hornscheidt (Hg.), *Afrika und die deutsche Sprache. Ein kritisches Nachschlagewerk*, Münster [2]2009, S. 180–183.

351 Vgl. Carter 2008 (wie Anm. 335), S. 25–36. Siehe zu den USA und den postkolonialen Plänen auch allgemein Mollin, Gerhard Th.: Die USA und der Kolonialismus. Amerika als Partner und Nachfolger der belgischen Macht in Afrika 1939–1965. Berlin 2009, S. 147–168.

352 Vgl. Carter 2008 (wie Anm. 335), S. 37.

te sich in den folgenden Jahren leicht, doch blieben es wenige.[353] Als Larry Burrows 1962 erstmals in Vietnam fotografierte, waren somit nur wenige US-amerikanische Journalisten in Saigon tätig. Die Korrespondenten von *Time Inc.* arbeiteten von Hong Kong aus. Das Asien-Büro von *Time* wurde zu dem Zeitpunkt von Stanley Karnow geleitet, zuständig als Korrespondent für Asien war Milton Orshefsky. Beide hatten bereits zuvor von Paris aus über den Kolonialkrieg der Franzosen berichtet.[354] Für mehrere Fotoessays arbeitete Larry Burrows eng mit Milton Orshefsky zusammen. Einer dieser Essays ist „Joan of Arc or Dragon Lady" über „Madame Nhu"[355] (*Trần Lệ Xuân*), der Frau von Ngô Đình Nhu, dem Bruder von Ngô Đình Diệm, der im Oktober 1962 veröffentlicht wurde (Abb.-Link 7). Er ist gleichzeitig der erste Essay mit Fotografien von Burrows aus Vietnam. Eine prägnante Fotografie des Essays zeigt „Madame Nhu" in weißem Oberteil zielend bei einer Schussübung vor anderen dunkel gekleideten Frauen. Inszeniert als starke Frau in verantwortungsvoller Position, ließ sich die „first lady"[356] ganz offensichtlich als gute Unterhaltung für das Mittelschichtspublikum der USA verkaufen. Der Essay zeigt sie als solide Frau, gefährlich und verführerisch. Wie Heather Stur herausgearbeitet hat, präsentierte Madame Nhu, alias die „Dragon Lady", in der US-amerikanischen Presse im Allgemeinen das Stereotyp asiatischer Frauen. Sie bildete die asiatische Bedrohung in weiblicher Form ab und rechtfertigte so die männliche Kraft der US-Streitkräfte in politischer Mission. Wie Stur weiter ausführt, verschmolzen in den Darstellungen Madame Nhus Vorbehalte gegen Rasse, soziales Geschlecht und Sexualität, die keinen realen Bezug zu asiatischen Frauen hätten. Dennoch bliebe Ihr Bild in der Presse insgesamt durchaus ambivalent.[357] In der Darstellung in *Life* erscheint sie teilweise auf Augenhöhe und teilweise leicht von unten ins Bild gefasst.

353 Vgl. Knightley 2004 (wie Anm. 3), S. 274; Wölfl 2005 (wie Anm. 332), S. 48.

354 Vgl. Prendergast u. Colvin 1986 (wie Anm. 300), S. 237.

355 Orshefsky, Milton: Joan of Arc or Dragon Lady, in: *Life*, 53 (17), 26.10.1962, S. 55–64.

356 Orshefsky 26.10.1962 – Joan of Arc or Dragon, S. 55.

357 Orshefsky 26.10.1962 – Joan of Arc or Dragon. Vgl. Stur, Heather Marie: Beyond Combat. Women and Gender in the Vietnam War Era. New York 2011, S. 25–28.

Fotoessay Larry Burrows (Fotograf): „We wade deeper into Jungle War" (*Life*, 25.1.1963)

Der erste große Fotoessay mit Kriegsbildern aus Vietnam von Burrows erschien in *Life* am 25. Januar 1963 als Coverstory. Das Thema war zu diesem Zeitpunkt in den Nachrichten wenig präsent, somit sticht die große Präsentation „We wade deeper into Jungle War"[358] von *Life* besonders hervor, die den farbigen Fotoessay mit einem eher unüblich großem, aufklappbaren Deckblatt besonders inszenierte und ankündigte. Es handelt sich um einen Fotoessay von insgesamt neun Seiten (davon vier Doppelseiten und eine einzelne), an den ein dreiseitiger und schwarz-weiß bebilderter Bericht von Milton Orshefsky direkt anschließt (Abb.-Link 8).[359] Der Fotoessay beschreibt beispielhafte Einsatzsituationen der südvietnamesischen Armee im Mekong Delta, begleitet durch US-Berater. Im Folgenden werden der Essay und seine Präsentation in *Life* analysiert, so wie er sich den Lesenden beim Durchblättern des Magazin erschließt: von vorne nach hinten und Doppelseite für Doppelseite, dabei wird der gesamte Text in die Analyse mit einbezogen.

Das auf doppelte Größe aufklappbare Deckblatt des Magazins zeigt ausschließlich in einem großen Foto den Abtransport von nordvietnamesischen Gefangenen. Neben der Ankündigung des Fotoessays über Vietnam wird nur auf einen anderen Artikel über Joe Kennedy verwiesen. Die Ankündigung „In Color: The Vicious Fighting in Vietnam" verspricht die Darstellung eines bösen, ja teuflischen Kampfes und stellt gleichzeitig die Farbigkeit der Fotografien als etwas Besonderes heraus. Das Foto zeigt vier gefesselte Gefangene, von denen zwei bereits in einem kleinen offenen Holzboot sitzen und zwei gerade eingestiegen sind. Sie stehen im Zentrum der Komposition. Ihnen folgen zwei südvietnamesische Soldaten, erkennbar an ihren Helmen, von denen der eine bereits im Boot ist. Von dem nachfolgenden reicht nur der Kopf am rechten Rand ins Bild. Beide werden von hinten gezeigt. Links am Bildrand steht ein weiterer Soldat, im verlorenen Profil zu sehen, dessen ins Bild ragender Arm den Blick der Betrachtenden ins Bildzentrum zu den vier Gefangenen führt. Vor den Gefangenen im Boot steht eine Vietnamesin in ziviler Bekleidung, die zwei Stangen zum Navigieren gekreuzt in den Händen hält. Sie, und die zwei sitzenden Gefangenen sind die einzigen, deren Gesichter erkennbar sind. Die beiden stehenden Gefangenen haben die Blicke gesenkt und die drei Soldaten sind so ins Bild gefasst,

358 Burrows 25.1.1963 – We Wade Deeper into Jungle War.

359 Orshefsky, Milton: Despite Battlefield Setbacks there is Hope–with Caution, in: *Life*, 54 (4), 25.1.1963, S. 31–33.

dass sie anonym bleiben. Keiner der Fotografierten nimmt Blickkontakt mit den Betrachtenden auf.

Das Foto wurde gegenüber dem Negativ auf der linken Seite und am oberen Rand beschnitten, so dass die Horizontlinie bis kurz unter den oberen Bildrand rutscht. Der Soldat links war mit seinem Oberkörper fast komplett ins Bild gefasst. Den Gefangenen wird somit mehr Raum im Bild gegeben, die wesentlichen Details gehen nicht verloren.[360] Das Foto ist mit einem weitwinkligen Objektiv aufgenommen, so dass die Gefangenen schärfer erscheinen als die Soldaten am Rand. Die Betrachtenden nehmen einen erhöhten Standpunkt ein und haben somit eine leichte Aufsicht auf das Geschehen. Die Bildunterschrift verkündet: „In Mekong Delta, Vietnam Troops Take Communists Prisoners to Headquarters".[361] Das Cover präsentiert somit gleich mehrere inhaltliche und stilistische Komponenten, die im Laufe des Essays eine Rolle spielen: der Krieg findet unter einfachen Bedingungen statt. Die Gefangenen werden mit Seilen gefesselt und in unmotorisierten Holzbooten transportiert. Die geographischen Bedingungen sind schwierig. Die Beobachtenden sind den Dargestellten überlegen. Die angeschnittene Komposition und die Verwendung einer Rückenfigur im Vordergrund sind Ausdrucksformen, die im Essay mehrfach verwendet werden. Auf der Rückseite des klappbaren Deckblatts befindet sich groß und bunt Werbung für Fertigessen. Wie sich im Zusammenhang mit der Verwendung von Klappcovern bei *Life* zeigt, scheint es prädestiniert für auffällige Werbung zu sein.

Neben dem Inhaltsverzeichnis auf Seite drei druckte *Life* regelmäßig eine Notiz des Herausgebers, die sich jeweils einem aktuellen Thema widmet. Für diese Ausgabe wurden Larry Burrows und sein Aufenthalt in Vietnam zum Thema der Notiz gewählt. Unter der Überschrift „He went Off to War with Films in his Socks" werden Burrows und sein Einsatz für das Magazin vorgestellt. Ein kleines Foto zeigt ihn neben einem Flugzeug stehend, zwei Kameras um den Hals, mehrere in den Händen und mit stark ausgebeulten Socken. Hier wird ausgeführt, den Auftrag zu dieser Fotoreportage habe er in New York von Hugh Moffett erhalten. Er sollte den Krieg in Farbe fotografieren, was laut Moffet bisher nie in befriedigender Form geschehen sei. Außerdem werden ein paar seiner Stationen für *Life* genannt und auch seine Befähigung zur Farbfotografie dargelegt: „he has been one of the world's most expert copyist of paintings",[362] was ihn auch als Kunstkenner auszeichnet. Es wird auf den Aufwand verwiesen, der

360 Vgl. zur unbeschnittenen Fotografie Burrows 2002 (wie Anm. 52), S. 32 f. Die Abbildungen in diesem Bildband sind nach Aussagen von Russel Burrows am 26.9.2013 mit einer Ausnahme nicht beschnitten worden.

361 *Life*, 54 (4), 25.1.1963, Cover.

362 Hunt, George P.: Editors' Note. He went Off to War with Films in his Socks, in: *Life*, 54 (4), 25.1.1963, S. 4.

für die Reportage betrieben wurde: er soll nicht nur mehrere Monate daran gearbeitet haben, sondern auch nahezu 50 Hubschrauber- und Jagdbomber-Missionen begleitet haben. Viele Strecken sei er auf stahlbesohlten Schuhen zum Schutz vor Bambus und Stahl-Spikes gelaufen.[363] Es wird somit der Aufwand betont, der für diesen Fotoessay vorgenommen wurde, gespickt mit Details, die ein persönliches Bild des Fotografen zeichnen. Ein Foto von Burrows zeigt ihn bei seiner Arbeit. Durch diese Angaben von persönlichen Fakten und somit der Personifizierung des Fotografen gewinnen die Bilder an Glaubwürdigkeit und Authentizität durch die Authentifizierung und die in der Fotografie nochmal belegte Augenzeugenschaft. Gleichzeitig werden damit die „abstrakten" Aufnahmen an eine reale Person geknüpft, die all das selbst erlebt hat, was die Bilder zeigen sollen. Der Mann hinter der Kamera wird sichtbar.

Auch in der künstlerischen Fotografie ist zu dieser Zeit eine ähnliche Tendenz erkennbar. So spielt Lee Friedlander in seinen Fotografien immer wieder mit seiner Person, indem er seinen Schatten fotografiert oder in einem Spiegel in Erscheinung tritt. Die Person hinter der Kamera ist selbst präsent.[364] Eine derartige visuelle Inklusion des Fotografen ist im Fotojournalismus nicht möglich. Bevor die Bilder gezeigt werden, wird ihnen jedoch durch diese Details und Fakten bereits eine Aura der Authentizität verliehen und der Fotograf als Held präsentiert: „‚Larry,' says a reporter, ‚is either the bravest man I ever knew–or the most nearsighted.'"[365]

Mit dieser „Editors' Note" wird nicht nur der Fotoessay besonders angekündigt und in seiner Authentizität belegt, für die das Magazin als Institution einsteht, sondern auch der Grundstein für Burrows' spätere Mythologisierung und Inszenierung als Held geliefert. Sämtliche spätere Darstellungen in Artikeln und Büchern beziehen sich auf hier gemachte Aussagen und zitieren Teile davon. So versuchte *Life*, seine Fotografen als Stars und Experten zugleich in Szene zu setzen. Die Lesenden sind schon darauf vorbereitet, dass sie besondere Bilder erwarten. Wie Michael Carlebach herausstellt, wurden die *Life*-Fotografen nicht nur im Magazin selbst als Stars inszeniert:

---

363 Vgl. Hunt 25.1.1963 – Editor's Note.

364 Siehe hierzu genauer Coleman, A. D.: Diane Arbus, Lee Friedlander, and Garry Winogrand at Century's End, Coleman, A. D. (Hg.), *The Social Scene. The Ralph M. Parsons Foundation Photography Collection at the Museum of Contemporary Art, Los Angeles.* Ausst. Kat. Los Angeles, Museum of Contemporary Art, 4.6.–20.8.2000; Palm Beach, Institute of Contemporary Art, 7.10.–30.12.2000, Los Angeles 2000, S. 30–37. Siehe für eine Abbildung Lee Friedlander, New Orleans, Louisiana, 1968 in: Lee Friedlander: Lee Friedlander – Self Portrait, New York 2005, S. 5, Abb. 9.

365 Zitiert nach Hunt 25.1.1963 – Editors' Note.

> „At Life and Look photographers were at the center of the enterprise. Some of them even achieved celebrity status, ultimately garnering almost as much attention as their glittery subjects. Well-paid, highly respected, and almost always properly credited for their work, magazine photographers seemed a definite cut above their peers in the grimy world of daily newspapers."[366]

Die den Fotoessay begleitende Reportage von Milton Orshefsky wird in der „Editors' Note" nicht weiter angekündigt. Dem Fotografen wird demgegenüber sehr viel mehr Raum als dem Journalisten gegeben, mehr Wagemut zugesprochen und so auch die subjektive Perspektive auf das Geschehen betont.

Die erste Doppelseite des Essays zeigt rechts fast auf die gesamte Seite gezogen ein Bild von zwei vietnamesischen Soldaten, die sich durch den Sumpf quälen. Der eine steckt tief im Morast fest, er ist mit einem dicken Seil gesichert. Ein zweiter kniet links daneben und bemüht sich, den anderen Soldaten aus dem Matsch zu ziehen. Das gespannte Seil zieht sich von der rechten zur linken Fotoseite und weist somit die Blicke der Betrachtenden zur Überschrift „We wade deeper into Jungle War" und zu dem darüber platzierten, halbseitigen Foto in Schwarz-Weiß. Es zeigt fünf Soldaten, die mit dem Rücken zu den Betrachtenden auf einen gerade landenden Hubschrauber zu laufen. Dahinter fliegt ein weiterer. Die im Landen festgehaltenen Hubschrauber und die in der Laufbewegung aufgenommenen Soldaten bilden eine keilförmige Komposition. Dies lässt das Foto sehr dynamisch wirken, unterstützt durch die zahlreichen Diagonalen im Bildaufbau, wie etwa die rotierenden Propellerblätter.

Der Untertitel „Stark color of the vicious struggle in Vietnam", metaphorisch und beschreibend, macht somit nochmal aufmerksam auf den Unterschied der Fotografien, links in Schwarz-Weiß und rechts in Farbe, als Auftakt für den farbigen Fotoessay. Die Bildunterschriften, direkt darüber gesetzt, kontextualisieren jeweils die Fotos. Das linke Foto zeigt vietnamesische Soldaten, die mit US-amerikanischen H-21-Hubschraubern zu einem Gefecht in der Nähe Saigons gebracht werden sollen. Die Lesenden werden außerdem darüber informiert, das zweitägige Gefecht sei „erfolgreich" gewesen. Während die Szene auf der rechten Seite im Mekong Delta innerhalb eines „erfolglosen" amphibischen Einsatzes situiert wird. Was konkret „erfolgreich" und „erfolglos" bedeutet, erfahren die Lesenden jedoch nicht. Die Fotografie mit den zwei Soldaten im Sumpf wurde von der Redaktion stark beschnitten. Aus dem Querformat des Negativs wurde ein Hochformat gemacht, um die zwei Soldaten in den Vordergrund zu rücken und die Szene intimer wirken zu lassen.[367] Die Fotografien unterstreichen auch

366 Carlebach, Michael L.: American photojournalism comes of age. Washington 1997, S. 190.

367 Siehe für eine größere Darstellung der Fotografie:

symbolisch die Bedeutung der Überschrift. Das Bild, welches allein durch seine Größe direkt ins Auge springt, zeigt die für die Artillerie am Boden nur schwer zu handhabende Landschaft. Ein Morast, der für die Soldaten ein großes Hindernis darstellt und den man durchwaten muss.

Das Wort „Dschungel“ aus der Überschrift wird demnach hier durch ein Sumpfgebiet symbolisiert. Der englische Begriff *jungle*, der in der Überschrift verwendet wird, entstammt dem Hindi-Wort *jangal*, was so viel bedeutet, wie „Ödland, Wald“ und dem altindischen „wasserarme, menschenleere, unfruchtbare Gegend“. Doch wandelt sich die Bedeutung bereits im Indischen zu „wildbewachsenem Land“.[368] Das „Oxford Dictionary“ führt *jungle* als „an area of land with dense forest and tangled vegetation, typically in tropics“.[369] Dschungel ist als tropischer Regenwald zu verstehen, aber auch als Sumpfwald. Es meint verschiedene Gegenden und Vegetationsformen, die verschiedene Gemeinsamkeiten wie feuchtes, tropisches Klima und dichte Bewachsung aufweisen. Es handelt sich dabei um keine exakte, geologische oder botanische Kategorie wie „tropischer Regenwald“, sondern vielmehr um eine pauschale Homogenisierung unterschiedlicher Waldgebiete. Durch diese Zuspitzung auf die Merkmale der dichten Vegetation kommt es zu den dem Begriff immanenten Assoziationen von Undurchdringlichkeit und Undurchschaubarkeit, in denen einerseits die Begeisterung für das Exotische aber auch Angst vor dem Unbekannten und Unwägbaren mitschwingt. Die Bezeichnung „Dschungel“ für einen dichten Wald entstand im Englischen nach dem Prinzip, für die Landschaft der kolonialisierten Gebiete keinen in Europa bereits gebräuchlichen Begriff zu wählen. So konnte zwischen den Kolonialmächten und dem kolonialisierten Gebiet differenziert werden. Außerdem diente dieser begriffliche Unterschied zugleich als Abwertung.[370] Dieser Deutung des Begriffs „Dschungel“ liegt die Orientalismuskritik von Edward W. Said[371] zugrunde, der 1978 mit seiner Diskursanalyse englischer und französischer Texte den eurozentristischen, westlichen Blick auf den Nahen Osten kritisierte. Er sah die Bedeutung des Orientalismus in „seiner Funktion als Symbol der europäisch-atlantischen Macht über den Orient.“[372] Said differenziert aus-

---

http://www.baghdadmuseum.org/posters/i3781257_SVietnamese_Soldier_freeing_friend_after_Ladder_Bogged_Down_in_Bottomless_Mud_During_Vietnam_War.html (6.2.2014).

368 Vgl. Kluge u. Seebold 2002 (wie Anm. 174), S. 218.

369 Waite, Maurice: Oxford Dictionary and Thesaurus. Oxford ²2007, S. 565.

370 Vgl. Göttel, Stefan: Dschungel, in: Susan Arndt und Antje Hornscheidt (Hg.), *Afrika und die deutsche Sprache. Ein kritisches Nachschlagewerk*, Münster ²2009, S. 112–115, hier S. 112 f.

371 Said, Edward W.: Orientalismus. Frankfurt am Main ¹²2010 (1978).

372 Said 2010 (wie Anm. 371), S. 15.

drücklich zwischen den USA und Europa, denn für die Amerikaner sei der Orient in erster Linie der Ferne Osten (insbesondere China und Japan).[373]

Somit ist der „jungle“ in der Überschrift nicht nur als Hinweis auf Schwierigkeiten zu verstehen, die sich durch unbekanntes, schwer wägbares Terrain ergeben, eine konventionelle Kriegsführung unmöglich machen und westliche Technik wie Hubschrauber bedingen, sondern auch als Andeutung auf primitivere Lebensformen und unbekannte exotische Erfahrungen und Gefahren, die der Dschungel bereithalten kann. Wie aus Briefen von US-Soldaten deutlich wird, die diese während des Vietnamkrieges schrieben, war der Dschungel für sie einerseits ein dunkler Raum, in dem der Tod droht, andererseits versprach er die orgastische Befreiung von sozialen Normen und militärischen Konventionen.[374] Mit diesen Stereotypen wird in der Überschrift gespielt. Wenn man jetzt die beiden Fotos im Zusammenhang mit der Überschrift des Essays betrachtet, zeigt das rechte die Unwägbarkeit der Landschaft, des Dschungels, die den Soldaten gefangen hält. Dem Bild der unwegsamen Natur werden die Hubschrauber als überlegene Technik und westliche Antwort gegenüber diesen Gegebenheiten präsentiert. Das Bild ist im Layout des Essays höher gesetzt und erhebt sich somit bildlich über den Dschungel. Hubschrauber waren die Haupttransportmittel für die US-Amerikaner im Vietnamkrieg und sind hier auch als Symbole der Überlegenheit westlicher Zivilisation zu deuten. Ihr Blickwinkel von oben steht für Übersicht über das Geschehen und für Zielgerichtetheit.

Der Essay wird durch einen kurzen Text über eine halbe Seite mit Zahlen über den Einsatz der US-Amerikaner in Vietnam eingeleitet. Man spricht von einem „formlosen Krieg“ mit einem starken Feind, über den es keinen schnellen Sieg geben könne. John F. Kennedy wird zitiert: es wäre für die USA in Vietnam nicht dunkler geworden und in einigen Punkten heller.[375] Dies entspricht der offiziellen US-Medienpolitik während des Vietnamkriegs. Man versuchte lange Zeit gegenüber der Presse und der Bevölkerung den Eindruck zu vermitteln, es würde langsam vorangehen, auch wenn dies nicht objektiv beurteilt werden konnte und es keinen Überblick über die Gesamtsituation gab.[376]

Die nächste Doppelseite wird komplett von einem Foto eingenommen, auf dem der Abwurf einer Napalmbombe durch einen T-28-Kampf-Bomber gezeigt wird. Das Bild ist aufgenommen aus einem Hubschrauber, dessen Pilot links als Rückenfigur zu erkennen ist. Auch wird das Bild rechts durch einen Teil des

---

373 Vgl. Said 2010 (wie Anm. 371), S. 9.

374 Siehe zu den Briefen ausführlich Bernard Edelman (Hg.): *Dear America. Letters home from Vietnam.* New York 1985.

375 Burrows 25.1.1963 – We Wade Deeper into Jungle War, S. 22.

376 Vgl. Wölfl 2005 (wie Anm. 332), S. 58–62.

Cockpitrahmens begrenzt. Der Rücken des Piloten bis zur Brust und sein Helm nehmen fast die gesamte linke Seite des Bildes ein, rechts sieht man den Kampfjet, der die Bombe soeben abgeworfen hat und eine flammende Explosion in rotgrau über dem Boden. Was dort in weiter Landschaft bombardiert wurde, ist nicht zu erkennen. Die Berge auf der Horizontlinie sind ungefähr auf Augenhöhe des Pilotenkopfes positioniert. Der bombende Kampfjet rechts fliegt über dem Horizont und ist somit in Untersicht gezeigt. Der Hinterkopf gehört einem US-Piloten-Ausbilder, der einen Napalm-Angriff beobachtet, der, wie in *Life* angegeben wird, von einem südvietnamesischen Soldaten geflogen wird. Dies wird im Essay sogar durch die Formulierung „But as advisors they may not drop bombs." in der Bildunterschrift betont.[377] Diese explizite Hervorhebung der eingeschränkten Möglichkeiten der US-Berater ist interessant, denn aus einem Telegramm von Burrows an *Life* geht hervor, dass das Napalm von einem US-amerikanischen Piloten abgeworfen wurde. Burrows verweist aber explizit darauf, diesen Umstand nicht zu veröffentlichen, um den Ruf zu erhalten, die US-Amerikaner wären nur als Berater in Vietnam.

> „Important: The pilot in this picture, the man who actually fired these rockets, is an American pilot. But since, publically at least, Americans are only there as advisors, it would probably do considerable harm if we publish that fact, although it has been hinted at before. It is probably better to refer to the man here as a Vietnamese pilot, since there's nothing in the picture that would give him away as an American, we hope."[378]

Die absichtliche Fehlinformation im Essay ist ein deutlicher Beleg für die Regierungstreue des Magazins, das auf seine Werbekunden angewiesen ist, sowie des Fotografen, der die Anweisung erteilte und dies wohl auf Wunsch der US-amerikanischen Armee, die Burrows auf den Flug mitgenommen hat. Wie eng das Verhältnis von Burrows zu den Soldaten in diesem Fall war, belegt gleichzeitig die Aussage eines Offiziers zu dieser Aufnahme: „Larry conned the T-28 pilot into flying so low that we actually went through part of that fireball after he made his picture."[379] Der Pilot ist demnach ein größeres Risiko eingegangen, damit dieses Bild entstehen konnte. Nicht nur, dass man den Fotografen zu den Einsätzen mitnahm, das Verhältnis muss sogar so kameradschaftlich gewesen sein, dass man sich einer größeren Gefahr aussetzte, um dem Fotografen einen Gefallen zu tun und spektakuläre Aufnahmen zu ermöglichen.

---

377 Burrows 25.1.1963 – We Wade Deeper into Jungle War, S. 24.
378 Larry Burrows zitiert nach Moeller 1989 (wie Anm. 27).
379 Zitiert nach Hunt 25.1.1963 – Editors' Note.

Auch der Fotograf Tim Page (*1944), der Burrows während seiner Zeit in Vietnam kennenlernte, beschreibt: „I don't believe the US-Air Force would have been nearly as plant or patient with any other photographer.“[380] Dies kann einerseits ein Hinweis auf das kameradschaftliche Verhältnis des Fotografen zu den Soldaten verstanden werden, aber auch auf seinen Kult- und Heldenstatus als Kriegsfotograf für *Life* zurückzuführen sein, welcher auch auf die fotografierten Soldaten zurückwirken kann, die durch die Fotografien an dessen Ruhm partizipieren können. Gleichzeitig verpflichtet die Risiko- und Kooperationsbereitschaft der Soldaten im Gegenzug den Fotografen dazu, sich bei der Veröffentlichung an gewisse Regeln zu halten. Außerdem ist es als Beleg für die indirekte Zensur zu deuten, die durch die selbstgewählte Beschränkung der Verlage und durch den Druck der Regierung vorgenommen wurde.[381]

Die Nordvietnamesen hatten intern eine starke Zensur und arbeiteten mit eigener Propaganda. Sie hatten keine Korrespondenten in diesem Sinn, westliche wurden nur zugelassen, wenn ein Vorteil für die nordvietnamesische Regierung gesehen wurde. Journalisten, die von dort berichteten, wurden in ihren Heimatländern mit Misstrauen beäugt, da man ihnen unterstellte, als nordvietnamsisches Sprachrohr zu dienen.[382]

Eine starke US-amerikanische Zensur, wie sie während des Zweiten Weltkriegs praktiziert wurde, fand in Vietnam nicht statt. Im Zweiten Weltkrieg wurde sämtliches Filmmaterial vor der Freigabe vom Militär, und Fotografien wurden sogar ein zweites Mal in Washington gesichtet, bevor sie veröffentlicht werden durften.[383] Direkt zensiert wurde jedoch das Material der Armeefotografen. Beginnend 1962, arbeiteten insgesamt 1.500 Armeefotografen, *combat photographers*, für die US-Armee in den unterschiedlichen Einheiten. Das Material diente der Dokumentation und wurde teilweise an die heimische Presse weitergereicht.[384]

Im Kriegsverlauf in Vietnam praktizierten die US-Regierungen verschiedene Strategien in der Medienpolitik. Unter der Kennedy-Administration bot man den US-Medien Kooperation und Hilfe an, um sich den Rückhalt und die Unterstützung durch die Medien zu sichern. Gleichzeitig schloss man Reporter bei Operationen aus, deren Ausgang ungewiss war und die das offizielle Bild der Kriegsführung in Frage stellen konnten. Philip Knightly erklärt, dass das US-amerikani-

---

380 Page 2010 – Vietnam Through the Lens, S. 75.

381 Siehe hierzu genauer im Verlauf dieses Kapitels.

382 Vgl. Knightley 2004 (wie Anm. 3), S. 457.

383 Siehe zur Praktik im Zweiten Weltkrieg genauer Cookman 2009 (wie Anm. 47), S. 160 f.

384 Vgl. Moeller 1989 (wie Anm. 27), S. 366 f.

sche Militär Prinzipien zum Umgang mit Journalisten im Krieg entwickelt hat und seine Mitarbeiter immer ähnlich anleite:

> „All the military manuals follow basic principals–appear open, transparent and eager to help; never go in for summary repression or direct control; nullify rather than conceal undesirable news; control emphasis rather than facts; balance bad news with good; and lie directly only when certain that the lie will not be found out during the course of the war.“[385]

Man übte sowohl Druck auf die Reporter vor Ort, als auch auf die Verleger in der Heimat aus. Kennedy versuchte persönlich den Abzug von David Halberstam zu erwirken, der durch Berichte über das korrupte Diêm-Regime aufgefallen war. Kennedy besaß im Gegensatz zu seinen Nachfolgern gute Beziehungen zur Presse und man brachte ihm im Allgemeinen von Seiten der Medien große Sympathie entgegen. Obwohl vom US-amerikanischen Militär offiziell keine direkte Zensur bestand, wurde jedoch mit Hilfe der südvietnamesischen Regierung eine restriktive Informationspolitik betrieben,[386] Moeller spricht für die Jahre unter Diêm (1955–1963) sogar von einer starken südvietnamesischen Zensur, beschreibt aber gleichzeitig Wege, wie die Journalisten diese unterwanderten.[387] Auch seien unter anderem Larry Burrows und Milton Orshefsky von *Life* zwischenzeitlich inhaftiert worden, nachdem sie eine Anti-Diêm-Demonstration fotografiert hatten. Es sei ihnen dennoch gelungen, das Material in die USA zu senden.[388]

Für eine Zulassung als Journalist bei der US-Administration, dem *Military Assistance Command, Vietnam* (MACV), waren ausschließlich ein Visum sowie ein Begleitschreiben eines Medienunternehmens notwendig. Wenn man als freier Journalist arbeiten wollte, brauchte man Briefe von zwei Organisationen, die bestätigten, dass sie bereit seien, die Berichte zu erwerben. Man erhielt eine Identitätskarte, die einem die Unterstützung zur Erfüllung des eigenen Auftrags zusagte. Außerdem musste man in der lokalen Botschaft ein südvietnamesisches Visum beantragen. Dieses Visum war den Journalisten im Normalfall sicher.[389] Um

385 Knightley 2004 (wie Anm. 3), S. 484.

386 Vgl. Wölfl 2005 (wie Anm. 332), S. 45 f.

387 Vgl. Moeller 1989 (wie Anm. 27), S. 361 f.

388 Vgl. Moeller 1989, S. 363.

389 Philip Knightley verweist lediglich auf wenige Ausnahmen, in denen Visa komplett abgelehnt wurden: Martha Gellhorn, Philip Jones Griffiths und William Shawcross, deren Berichte über ihre ersten Besuche im Land als zu negativ eingestuft wurden sowie John Philgy. Wenn andere Korrespondenten abgelehnt wurden, dann mit dem Verweis, es zu einem späteren Zeitpunkt nochmal zu versuchen. Vgl. Knightley 2004

eine Identitätskarte zu erhalten, mussten die Journalistinnen und Journalisten eine Vereinbarung mit 15 Grundregeln unterschreiben, welche sich im Laufe der Zeit leicht änderten und hauptsächlich Einschränkungen in Bezug auf militärische Sicherheit betrafen.[390] Es durften nicht zu detaillierte Informationen über geplante Einsätze oder Leistungen von Maschinen veröffentlicht werden.[391]

Die Identitätskarte erlaubte einem die Teilnahme an täglichen Informationsveranstaltungen im *Joint United States Public Affairs Office*, welches für die Kommunikation mit der Presse und der psychologischen Kriegsführung geschaffen worden war. Dieses Angebot wurde jedoch kaum wahrgenommen. Unter den Journalisten vor Ort herrschte großes Misstrauen gegenüber der Glaubhaftigkeit dieser Veranstaltung.[392] Die Akkreditierung garantierte den Journalisten jedoch vor allem die Unterstützung der US-Armee bei Transport, Verpflegung und Unterkunft.[393] Ohne die logistische Kooperation mit dem Militär, war es für Journalisten kaum möglich, sich in Vietnam zu bewegen. Philip Jones Griffiths gibt für einen späteren Zeitpunkt im Vietnamkrieg an:

> „The mechanism by which you actually worked in Vietnam was you went to the public affairs office called JUSPAO … and you said I want to go to so and so. You couldn't go anywhere without them because the roads were all closed. The communists controlled all the roads. So you had to take a helicopter and in order to get on the helicopter you had to tell JUSPAO what you were doing. Looking back on it now there were probably a few places you could have gone by yourself actually – and later in the war you could go quite far by yourself, but [the American authorities] didn't want you to go [anywhere by car]. They wanted you to go by helicopter because it meant they knew where you were and what you were doing. […] they wanted to make sure you got to a good place where they'd just had a big battle or uncovered this or that."[394]

Während heute Reporter in Kriegsgebieten oft ungebetene Gäste sind, waren sie in Vietnam durchaus erwünscht. Im Gegensatz zum Zweiten Weltkrieg und zum

(wie Anm. 3), S. 442 f. Lars Klein gibt an, dies ginge mit der Billigung der USA vonstatten, vgl. Klein 2011 (wie Anm. 4), S. 62.

390 Eine Nicht-Einhaltung dieser militärisch bedingten Grundregel konnte zu einem Entzug der Akkreditierung führen, für die Zeit 1965–67 ist aber nur ein Fall bekannt. Vgl. Wölfl 2005 (wie Anm. 332), S. 84.

391 Vgl. Knightley 2004 (wie Anm. 3), S. 442 f; Wölfl 2005 (wie Anm. 332), S. 82–84.

392 Vgl. Knightley 2004 (wie Anm. 3), S. 443.

393 Vgl. Paul 2004 (wie Anm. 3), S. 313; Arnett, Peter: Unter Einsatz des Lebens. Der CNN-Reporter live von den Kriegsschauplätzen der Welt. München [3]1994, S. 308.

394 Philip Jones Griffiths im Jahr 1987, er war ab 1966 im Land, zitiert nach Moeller 1989 (wie Anm. 27), S. 360 f.

Korea-Krieg wurden die Journalisten in Vietnam nicht einer bestimmten Einheit oder einem Einsatz zugewiesen.

Das Fehlen einer offiziellen Zensur legte die Bürde der Entscheidung auf die Schultern der Korrespondenten und Redakteure. Die Presse selbst musste entscheiden, welche Informationen veröffentlicht werden konnten und welche dem Militär schaden würden.[395]

Der Gebrauch von Napalm wurde erst 1965 im Einsatz gegen nordvietnamesische Kräfte offiziell autorisiert,[396] somit ist eine Verwendung durch südvietnamesische Kräfte auch besser mit der offiziellen Linie der Regierung in der Öffentlichkeit vertretbar. Wie Lars Klein belegen kann, war es Anfang der 1960er-Jahre das Bestreben der US-Regierung, das Bild zu wahren, es handele sich um einen rein vietnamesischen Konflikt. Er kann einige Beispiele anderer Journalisten anführen, die 1961 und 1962 durch vietnamesische und US-amerikanische Soldaten daran gehindert wurden, die aktive Beteiligung von US-amerikanischen Soldaten zu dokumentieren. Auch führt er an, dass der assistierende Staatssekretär für Fernostbeziehungen, W. Averall Harriman, nach eigenen Notizen gegenüber dem *New York Times*-Redakteur James Reston beklagt, dass Korrespondentenberichte und Bilder von Hubschraubereinsätzen das Bild erzeugten, die USA würden Krieg führen.[397]

Das hier analysierte Bild von Burrows zeigt die Explosion der Napalmbombe als dramatisches und gleichzeitig ästhetisches Ereignis. Dramatisch wird es durch die Kameraposition im Flugzeug, die den Betrachtenden durch die Komposition vor Augen geführt wird. Der Cockpitrahmen ist am Rande des Fotos erkennbar und die Rückenfigur des US-amerikanischen Piloten ist dominant auf der linken Seite positioniert. Dies ermöglicht den US-amerikanischen Betrachtenden den Zugang zum Geschehen und eine Identifikation. Die Perspektive, bei der durch einen Rahmen zu erkennen ist, dass das Foto aus einem Objekt heraus gemacht wurde, wählte bereits W. Eugene Smith 1945. Sie dürfte Burrows durch das *Life*-Magazin bekannt gewesen sein.[398] Es nimmt die Ästhetik von Videospielen voraus.

Ästhetisiert wirkt das Ereignis durch die Distanz zur Bombe. Wer oder was getroffen wird, zeigt das Foto nicht. Es wird lediglich die Explosionswolke gezeigt, die sich in grau-orange leuchtend farblich stark von der grün-braunen Mo-

395 Vgl. Moeller 1989, S. 66.

396 Vgl. Moeller 1989, S. 343.

397 Vgl. Klein 2011 (wie Anm. 4), S. 62–64.

398 Smith, W. Eugene: The Battlefield of Iwo, in: *Life*, 18 (15),9.4.1945, S. 93–101, hier S. 94 f.

nochromie des Fotoessays absetzt. Somit wird das Geschehen durch die Luftaufnahme und diagonale Blickrichtung gezielt entfremdet und distanziert gezeigt.

Die Explosionswolke als ästethisches Gebilde wurde durch die Umnutzung von Fotografien der Atompilzwolke aus dem Zweiten Weltkrieg bekannt, die diese als erhabenes Gebilde ins Bild fassen. *Life* zeigte erste Großaufnahmen davon am 20. August 1945, die Gerhard Paul wie folgt interpretiert:

> „Vieles spricht dafür, dass es sich bei der Fokussierung des öffentlichen Blickes auf die pilzförmige Wolke als sauberem Symbol von politischer Macht und technischem Fortschritt um eine strategische Ikonisierung handelt.“[399]

Er führt aus, dass die „mushroom cloud“ in den USA in den Folgejahren zu einem allgemein und dekontextualisiert verwendetem Werbeträger wurde. Dies sei durch die majestätische Größe, die visuelle Abstraktion und den Wiedererkennungswert möglich gewesen.[400] Es ist demnach davon auszugehen, dass die Lesenden der Zeit die Ästhetik nicht nur kannten, sondern auch die farbige Explosionswolke in diesem Sinne deuten konnten, nämlich als Zeichen politischer Macht und technischen Fortschritts, der in dem Essay bereits durch den Hubschrauber auf der ersten Seite thematisiert wurde. Durch den beobachtenden Hinterkopf und dadurch, dass keine Gesichter und Emotionen in Nahsicht gezeigt werden, wird gleichzeitig eine gewisse Distanz zum Kriegsgeschehen aufgebaut. Dennoch bleibt die Möglichkeit der Identifikation mit dem Piloten und dem spannenden „Kriegsspiel“.

Die nächste Doppelseite zeigt vier Bilder, die einen Überblick über den Krieg in Vietnam vermitteln sollen. Sie zeigen U.S.-amerikanische H-21-Hubschrauber, die wartende Soldaten transportieren sollen, ein Dorf, das in Brand gesteckt wurde, die Gefangennahme vermeintlicher vietnamesischer Kommunisten – darunter auch ein Junge – und ein Bild zeigt eine Gruppe Soldaten, die durch einen Fluss zu ihren Boten watet. Die Bilder sprechen insgesamt von Dynamik, sie zeigen Soldaten in Bewegung und einen landenden Hubschrauber. Keiner der Soldaten blickt in die Kamera, alle bleiben anonym, nur der als Kommunist Verdächtigte blickt in die Kamera.

Die folgende Doppelseite ist als *double truck* gestaltet. Sie wird von einem Foto komplett ausgefüllt und ist somit als Höhepunkt des Essays erkennbar. Es ist ohne Umrandung bis an die Seitenkanten gezogen und zeigt Gefallene des Krieges, den Feind, wie er vernichtend geschlagen wurde. Die toten Körper ver-

399 Paul, Gerhard: „Mushroom Clouds“. Entstehung, Struktur und Funktion einer Medienikone des 20. Jahrhunderts im interkulturellen Vergleich, Paul, Gerhard (Hg.), *Visual History. Ein Studienbuch*, Göttingen 2006, S. 243–264, hier S. 248.

400 Paul 2004 (wie Anm. 3), S. 251.

meintlicher vietnamesischer Kommunisten füllen das Zentrum des Bildes fast vollständig aus. Der Länge nach ausgestreckt liegen sie, teilweise nebeneinander, teilweise in etwas andere Richtungen gedreht, auf dem Bauch und auf dem Rücken. Die Kleidung ist dreckverschmiert, teilweise beschädigt und verrutscht. Die Todesursache bleibt somit für die Betrachtenden zunächst nicht erkennbar, diese Information können sie bei Interesse der kleinen Bildunterschrift entnehmen. Sie erklärt: „Vietcong soldiers, trapped and shot down in the Delta, lie dead on a nearby shore beside their flag while captured comrades huddle in defeat."[401] Aus der Bildunterschrift wird jedoch nicht eindeutig klar, ob sie woanders getötet und anschließend hier zusammen getragen oder ob sie an Ort und Stelle erschossen wurden. Bei dem Toten vorne rechts im Bild ist eine Kopfverletzung durch eine blutig rote Stelle sichtbar, bei allen anderen sind die Schusswunden nicht erkennbar. Rechts neben den Toten liegen beschlagnahmte Waffen auf einem Haufen gesammelt, auch eine Fahne der Nationalen Front für die Befreiung Südvietnams weht daneben. Im Vordergrund steht ein südvietnamesischer Soldat dicht vor der Kamera, sein Halbportrait ist im Profil erkennbar, der Blick geht wachsam aus dem Bild heraus, rechts im Hintergrund stehen weitere mit dem Rücken zu den Betrachtenden. Im Hintergrund sieht man zwei US-Berater und einen weiteren südvietnamesischen Soldaten in Uniform. Der Helm verdeckt sein Gesicht. Die US-Berater, durch andere, hellere Uniformen optisch von den Vietnamesen abgesetzt, wirken angesichts der vielen Toten von der Körpersprache her entspannt. Links daneben hockt eingekeilt eine Gruppe Gefangener am Boden. Sie haben verzweifelt die Köpfe gesenkt.

Das Bild zeigt somit einen kleinen Sieg der südvietnamesischen Armee über die Kommunisten. Die Leichen und Waffen wurden zusammengetragen und drappiert, für den Abtransport und vermutlich auch für die Kamera. Diese präsentiert uns Ordnung und Ruhe, die hier nach dem Kampf eingekehrt ist. Dennoch stellt das Bild die Toten in den Vordergrund, die in unschönen Posen am Boden verstreut sind und ohne Würde oder Erhabenheit im Schlamm liegen. Dies wird noch durch das weitwinklige Objektiv betont, mit dem die Aufnahme gemacht wurde. Die Toten in der Mitte sind schärfer ins Bild gefasst, als der Rand der Aufnahme. Auch die zusammenkauernden Gefangenen wirken erbärmlich. Die Farben bleiben im Bereich von Braun und Grün, fast monochrom, abgesehen von der rot-blauen Fahne. Den toten Gegner im Dreck liegend zu zeigen, ist eine übliche Präsentationsform in der Kriegsfotografie. Insbesondere aus dem Amerikanischen Bürgerkrieg sind Szenen bekannt, bei denen die Toten auf dem Schlachtfeld verstreut liegen. Die eigenen Toten werden hingegen in der

401 Burrows 25.1.1963 – We Wade Deeper into Jungle War, S. 29.

Darstellung meist ausgespart oder höchstens im Sarg präsentiert.[402] Henri Huet hat 1967 in der Nähe von *Quy Nhơn* ein Bild vom Hubschrauber aus aufgenommen, bei dem zahlreiche Leichen durcheinander im Gras liegen.[403] Im Vergleich zu der Aufnahme wirkt das Foto von Burrows noch respektvoll, denn hier liegen die Toten weitgehend geordnet nebeneinander. Die Aufnahme von Huet zeigt die toten Körper stärker geschändet und deformiert. Teilweise sind sämtliche Kleider vom Leib gerissen, die Verwundungen sind deutlicher sichtbar, auch wurden die Seile, mit denen die Toten zusammengezogen wurden, nicht immer entfernt.[404] Im Vergleich zu dieser Fotografie wird deutlich, dass es sich bei der Präsentation in Burrows' Bild auch um ein für die Kamera zurechtgerücktes Arrangement handeln muss.

Die Bildunterschrift „Field of Death" drückt die Bitterkeit der Situation aus. Die Anwesenheit der Toten im Zentrum wirkt umso dramatischer, als sie von den Lebenden kaum beachtet werden. Die Soldaten im Bild wenden den Blick ab oder sind mit dem Rücken zum Geschehen gezeigt. Besonders auffällig ist dies bei dem Soldaten vorne links, der sowohl an der Kamera als auch an den Toten vorbei aus dem Bild schaut. Auch die Blicke der US-Amerikaner erscheinen abgewandt.[405] Ihre Körpersprache zeigt eine gewisse Distanz zum Geschehen, wie sie in den verschränkten Armen deutlich wird.

Der Artikel endet mit einem Bild, in dem ein südvietnamesischer Soldat einen vermeintlichen „Vietcong"[406] mit einem Messer bedroht. Die Betrachtenden schauen von oben auf das Opfer im jugendlichen Alter, das am Boden kniet und flehendlich hochschaut. Er gestikuliert mit den Händen, die Arme sind mit einem Seil an einen weiteren Gefangenen gebunden, von dem nur ein Ausschnitt im Bild zu erkennen ist. Der Täter oder Folterer, ein südvietnamesischer Soldat, ist seitlich zu sehen und nur im verlorenen Profil erkennbar. Er steht mit dem Messer drohend erhoben am linken Bildrand über dem Gefangenen. Die flehende Geste des Gefangenen erinnert an die Darstellung Goyas „Man kann es nicht mit ansehen" aus den „Los Desastres de la Guerra",[407] indem eine Gruppe von Menschen vor der Erschießung dargestellt ist (Abb.-Link 9). Einer der Zivilisten richtet kniend den Blick zu den im Bild nur durch die Waffenspitzen angedeuteten Bedroher empor und hat dabei die Hände flehend unter das Kinn geführt. Ganz

402 Vgl. zur Darstellung des Todes der Anderen in der Kriegsfotografie Holzer 2003 – Das fotografische Gesicht des Krieges, S. 13 f.

403 Faas, Arnett (Hg.) 1997 – Requiem, S. 194 f.

404 Huet u. a. 2006 (wie Anm. 77), S. 186 f.

405 Vgl. Kennedy 2011 (wie Anm. 28), hier S. 185.

406 Bildunterschrift Burrows 25.1.1963 – We Wade Deeper into Jungle War, S. 31.

407 Francisco Goya, „No se pueda mirar", Blatt 16 aus den „Los desastres de la guerra", 1814–1818, 14,5 x 21 cm, Radierung, Museo del Prado, Madrid.

ähnlich ist die Gebärde des Vietnamesen in Burrows' Fotografie, nur dass hier der Bedroher von hinten gezeigt wird. Die Drohgebärde wird somit ebenso zum Thema des Bildes wie die Reaktion darauf, gemein ist beiden Darstellungen jedoch die anonyme Täterschaft.

Der begleitende Text informiert darüber, dass beide Seiten im Verhör gelegentlich foltern, der hier Verhörte sei jedoch unbeschadet in das Gefangenenlager verbracht worden. Dass hier die Foltermethoden der Südvietnamesen gezeigt werden, spricht ebenfalls für eine gewisse Distanz, die die US-Amerikaner noch zu diesem Krieg haben und gibt implizit das Stereotyp der brutalen Vietnamesen wieder. Ein verstärkter Einsatz der US-Streitkräfte als Retter, wie er im Text klar formuliert wird, deutet sich in dieser stereotypen Darstellung bereits an. Der Begriff „Vietcong", als Abkürzung von *Viêt-Nam Công Sân* (Vietnamesische Kommunisten) wurde nach dem Genfer Friedensvertrag 1954 von der südvietnamesischen Regierung und Diêm verwendet, um den Begriff der *Viêt Mînh* zu meiden. Er taucht ab 1956 in südvietnamesischen Texten auf. Die Kämpfer und *Viêt Mînh* selbst nannten sich nicht so. Von westlichen Regierungen aufgegriffen, wurde der Begriff für Soldaten der Vietnamesische Volksarmee (VV, *Quân Đội Nhân Dân Việt Nam*) und der Nationalen Front für die Befreiung Südvietnams (NFB, *Mặt Trận Giải Phóng Miền Nam Việt Nam*) genutzt. Die Bezeichnung „Vietcong" wurde von US-amerikanischer Seite als Subsummierung aller Kommunistinnen und Kommunisten und kommunistischen Guerilla-Kämpferinnen und Kämpfern genutzt, somit der Feinde in diesem Krieg.[408]

Der Artikel von Milton Orshefsky im Anschluss lässt sich wie folgt zusammenfassen: auch wenn vor einem Jahr noch keiner daran hätte glauben können, dass die Südvietnamesen zu einem Kampf in der Lage seien, habe sich die Situation durch den Beistand und die Ausbildung der US-Amerikaner massiv verändert. Der Ton ist optimistisch. Dennoch klingen die Probleme des Einsatzes bereits hier an:

> „Although the strafing and bombing attacks have killed many innocent Vietnamese–and others are mistaken for guerillas who wear no uniforms–the casualty ratio probably runs three to one in favor of the government."[409]

In diesem Fotoessay werden verschiedene Bilder zu einer narrativen Geschichte kombiniert, die sich stilistisch am Layout von *Life* orientieren, jeweils versehen mit einer kurzen Bildunterschrift. Die Bilder wurden so ausgewählt, dass sie

408 Vgl. Leifer, Michael: Dictionary of the Modern Politics of South-East Asia. London 1996, S. 269; Clayton, Daniel: Militant Tropicality. War, Revolution and the Reconfiguration of ‚the Tropics' c. 1940–c.1975, in: *Transactions*, 38 (1), 2013, hier S. 185.

409 Orshefsky 25.1.1963 – Despite Battlefield Setbacks there is, S. 32.

einen Überblick über eine Einsatzsituation liefern. So wie die Bilder kombiniert, die Unterschriften gesetzt und formuliert sind, arbeiten sie zusammen, um die Geschichte zu dramatisieren und eine inhaltliche Steigerung zum Ende des Essays zu erzielen. Der Essay beginnt mit dem Transport durch Hubschrauber, zeigt die Unwägbarkeit des Sumpfes, folgend den Abwurf einer Napalmbombe aus dem Inneren eines Flugzeuges beobachtet und auf der nächsten Doppelseite das Ausströmen der Soldaten, die Einnahme eines Dorfes und das Abführen Verdächtiger. Es folgt ein *double truck* mit den getöteten „Vietcong" im Zentrum, erkennbar der Höhepunkt des Artikels sowie das Finale der Aktionen. Dies wird betont durch das Layout, das Bild ist auf die komplette Doppelseite gezogen, so dass die Toten zentral im Mittelpunkt stehen. Zu diesem Zeitpunkt ist so ein *double truck* noch eine Seltenheit bei *Life*, wie Tad Bartimus formulierte.[410] In diesem Essay ist es jedoch als Gestaltungsprinzip erkennbar, denn insgesamt werden zwei Fotografien auf jeweils einer Doppelseite und eine Fotografie groß auf einer Seite präsentiert. „We Wade Deeper into Jungle War" kommt insgesamt mit neun Fotografien auf neun Seiten aus. Der bekannte Essay „Country Doctor" von W. Eugene Smith zeigte 1948 auf zwölf Seiten noch 28 Fotografien.[411]

Hier ist deutlich der Stilwechsel zu erkennen, der sich durch George P. Hunt und Bernard Quint im Magazin bemerkbar machte. 1961 übernahm Hunt die Aufgabe des Chefredakteurs. Unter ihm erhielt Quint den Posten des künstlerischen Leiters. Beide waren somit zuständig für fast alle Fotoessays mit Fotografien von Burrows' zum Vietnamkrieg in der Zeit von 1961–1969. Sie legten großen Wert auf das Layout und räumten der formalen Qualität der Bilder dabei viel Platz ein. Gemeinsam veränderten sie das Layout von *Life* hin zu wenigen, dafür großformatigeren Bildern in einem Essay. Dies unterschied sich zu vorherigen Redakteuren, die mehrere pointierte Fotos bevorzugten, um durch die größere Zahl die „story line" zu stärken.[412] Quint sagte in einem Radiointerview: „We tried to make the magazine easier, simpler, more direct."[413]

Das Bildmaterial für diesen Essay sammelte Burrows über einen Zeitraum von sechs Monaten,[414] ausgewählt wurden nur wenige der Bilder, die so zusammengesetzt den Eindruck eines einzigen Einsatzes erwecken. Wobei davon aus-

410 Vgl. Bartimus, Tad: Larry Burrows, in: Horst Faas und Peter Arnett (Hg.), *Requiem. By the Photographers who Died in Vietnam and Indochina*, New York, London 1997, S. 92–98, hier S. 92, 96.

411 Smith, Eugene: Country Doctor, in: Life, 25 (12), 20.9.1948, S. 115–126.

412 Vgl. Cookman 2009 (wie Anm. 47), S. 157; Edey u. Sullivan 1978 (wie Anm. 249), S. 12 f.

413 Zitiert nach Wainwright 1986 (wie Anm. 300), S. 307.

414 Vgl. Hunt 25.1.1963 – Editors' Note.

gegangen werden muss, dass bei weitem nicht jeder Fronteinsatz mit einer Konfrontation endete. Somit erweckt der Essay einen dramatischeren Eindruck, indem er das Material aus vielen Begegnungen subsummiert. Wenn man die veröffentlichten Bilder mit einem Teil des von Burrows gelieferten Bild- und Textmaterials vergleicht, wird deutlich: Man hätte den Essay noch dramatischer und offener gestalten können. Das Bildmaterial beinhaltet bspw. noch Aufnahmen eines brennenden Dorfes, von mehreren Leichen, die geborgen werden, von einem verängstigt kauernden NFB-Kämpfer und weitere Aufnahmen aus dem Flugzeug.[415] Die Betrachtenden werden dennoch geschont, was auch mit den Konventionen der US-amerikanischen Presse zu tun hat, die zu viele Tote und Verletzte aus moralischen Gründen nicht zeigten.

„We Wade Deeper into Jungle War" und „Despite Battlefield Setbacks there is Hope–with Caution" sind Beispiele für die Kombination aus Fotoessay und vertiefendem Text, für den ein Fotograf und ein Korrespondent recherchiert haben. Im Inhaltsverzeichnis werden sie gemeinsam angekündigt: „Photographs by Larry Burrows. [...] Report by Milton Orshefsky".[416] Im Essay selber treten beide als Autor für jeweils einen Teil auf. Die verstärkte Nutzung dieser kombinierten Essays war eine Reaktion Hunts, der 1961 die Chefredaktion von *Life* übernommen hatte, auf die oberflächliche Berichterstattung des Fernsehens und die zunehmende Tendenz in den Medien, Bilder als reine Illustration zu nutzen. Man wollte sich so von den anderen Medien abgrenzen, um sich einen Platz am Markt zu sichern.[417] Um 1960 hatten bereits 90 Prozent der US-amerikanischen Haushalte zumindest einen Fernseher und guckten im Mittelmaß fünf Stunden Fernsehen am Tag. 1963 wurden die Nachrichtensendungen von 15 auf 30 Minuten verlängert.[418]

Wie durch die Überschrift und das Klappcover bereits herausgestellt, sind farbige Kriegsbilder in dieser Zeit noch etwas Besonderes. Farbdruck wurde in dem Magazin bereits in den 1930er-Jahren eingeführt (*Fortune* 1933, *Time* 1934, *Newsweek* 1935, *Life* 1936), war jedoch 30 Jahre nahezu ausschließlich der Werbung vorenthalten. In Farbe zu drucken war teurer, komplizierter und zeitaufwendiger als in Schwarz-Weiß und war daher nur von den großen, finanziell gutgestellten Werbern zu bestreiten. Am 7. Juli 1941 brachte *Life* das erste farbige Foto auf der Titelseite. Auch in der Folge zeigte man vor allem in Verbindung mit militärischer Berichterstattung immer mal wieder ein Farbfoto auf der Titel-

415 Vgl. die Aufnahmen von Burrows in Burrows 2002 (wie Anm. 52), S. 15–53.
416 *Life*, 54 (4), 25.1.1963, S. 5.
417 Vgl. zu Hunts Veränderungen Willumson 1992 (wie Anm. 249), S. 262.
418 Kozol 1994 (wie Anm. 65), S. 185.

seite.[419] In den 1940er- und 1950er-Jahren mussten farbige Essays, wie sie teilweise für Kunst oder historische oder wissenschaftliche Themen gewählt wurden, bereits Wochen vor Erscheinen des Magazins zum Druck nach Chicago gesendet werden. 1963 war es noch ein erheblicher Aufwand, größere Teile in Farbe zu drucken, wie Hunt in einem Editorial in der Ausgabe am 6. September 1963 darlegt. Doch war es trotzdem möglich, auch kurzfristig farbige Teile drucken zu lassen. Erst ab 1965 wurde Farbdruck intensiv für redaktionelle Beiträge genutzt.[420]

Der stärkere Einsatz von Farbe auch im editierten Teil hatte mehrere Gründe: Hunt war ein Verfechter der Farbfotografie und ließ sie gerne groß drucken. Er sorgte dafür, dass große Teile des edierten Teils in Farbe gedruckt wurden. Einerseits sollten die farbigen Essays ein Gegengewicht zu den zahlreichen farbigen Werbeanzeigen setzen, und andererseits waren sie eine Antwort auf die zunehmende Konkurrenz durch die Berichterstattung im Fernsehen und hochwertige Farbdrucke in anderen Publikationen.[421]

Zu diesem Zeitpunkt war das Thema der Farbe für Aufnahmen in der Presse unter Fotografen bereits lebhaft diskutiert worden. Es gab unterschiedliche Positionen zur Bevorzugung von Schwarz-Weiß oder Farbe. Im Grundtenor ging man nicht davon aus, dass sich Farbe auf die Dauer durchsetzen würde. Beaumont Newhall schreibt 1949 zur Farbfotografie mit Ektachrome/Kodachrome-Filmen:

> „The color photographer is faced with many esthetic problems. The eye does not see color the way the camera does. Should he choose the naturalistic approach and, as P. H. Emerson did in black and white, limit himself to reproducing what the eye sees? Or should he follow the camera's lead, exploiting its potentials and respecting its limits? There seem to be colors which exist only in photographs: Kodachrome film, for example, gives blue of a richness and depth which can validly be used for its own sake with no attempt at realism."[422]

Die Meinungen zur Farbe in der Kriegsberichterstattung in den 1960er-Jahren gingen weit auseinander. Milton Orshefsky argumentierte zur Nutzung von Farbe

---

419 Vgl. Stein 2007 – Mainstream-Differenzen, S. 160.

420 Vgl. Weinberg, Adam D.: On the Line. The New Color Photojournalism, Weinberg, Adam D. (Hg.), *On the Line. The New Color Photojournalism.* Ausst. Kat. Minneapolis, Walker Art Center, 22.3.–1.6.1986; Portland, Museum of Art, 21.6.–7.9.1986; Auckland, Museum of Art, 1.11.–21.12.1986 u. a., Minneapolis 1986, S. 16–69, hier S. 31, 34. Eine Ausnahme bildet der *National Geographic*, der bereits früh im 20. Jahrhundert farbige Fotografien druckte. Vgl. Panzer 2005 – Introduction, S. 24.

421 Vgl. Edey u. Sullivan 1978 (wie Anm. 249), S. 17.

422 Newhall 1949 (wie Anm. 33), S. 246.

und Schwarz-Weiß. Er tendierte zur Farbe „for the spectacle part—the chopper patterns, the rockets firing etc. and blackwhite for the ‚human' part, the emotions, the fatigue, the tension etc."[423] Der Fotograf Edward T. Adams (1933–2004) fand Schwarz-Weiß passender:

> „I think all war should be done in black and white. It's more primitive; color tends to make things look too nice. Makes the jungle in Vietnam look lush–which it was, but it wasn't ‚nice'"[424]

Dabei gilt für die allgemeine Perzeption von Farbaufnahmen in der Zeit, dass die Farbe die Wahrnehmung behindere, auch obwohl sie stärker der eigenen menschlichen Wahrnehmung enstpricht. Man sprach ihr die stärkere Emotionsvermittlung zu. Schwarz-Weiß war besonders mit der Nachrichtenvermittlung verknüpft. Wer in Schwarz-Weiß arbeitete, dem wurde größeres handwerkliches Geschick zugesprochen.[425] Gerade humanistische und *concerned* Fotografie wurde in Schwarz-Weiß gemacht. Auch in der künstlerischen Fotografie galt Schwarz-Weiß als seriöser. Farbe setzte sich ab den 1970er-Jahren verstärkt durch und war vielmehr mit Fantasie und Selbstausdruck verbunden. Sie galt lange als vulgär. Die farbigen Aufnahmen machte Larry Burrows mit Hilfe von Ektachrome-Filmen. Sein Sohn sagte dazu:

> „The reason for the Ektachrome was that he found that by slightly underexposing it, it produced the greens and the browns which were hallmark colors of Vietnam. You'll notice in a lot of his pictures that tonally the color was quiet deliberate."[426]

Farbe eignet sich, wie Catherine A. Lutz und Jane L. Collins am Beispiel des *National Geographic* herausarbeiten, besonders gut zur Darstellung des kulturell Anderen, da so Differenzen besonders herausgestellt werden könnten.[427] Das kulturell Andere ist, wie bereits ausgeführt, auch Thema dieses Essays. Durch die monochrome Farbigkeit vieler Aufnahmen wird die vietnamesische Landschaft, der „Dschungel", in der Andersartigkeit betont. Die *National Geographic* hat bereits 1962 einen 29-seitigen Essay mit Text und Bildern von Dickey Cha-

---

423 „Hong Kong Mailer No. 648", memorandum from Orshefsky, Hongkong, to Lang for Rowan, 11.1.1964, S. 2, *Time Inc. Archives* zitiert nach Moeller 1989 (wie Anm. 27), S. 391.

424 Eddie Adams am 22.11.1987, zitiert nach Moeller 1989, S. 393.

425 Vgl. Warner Marien 2010 (wie Anm. 51), S. 422.

426 Russel Burrows zitiert nach Moeller 1989 (wie Anm. 27), S. 369.

427 Vgl. Lutz, Catherine A. und Collins, Jane L.: Reading National Geographic. Chicago 1994, S. 94.

pelle (1919–1965) zur Situation in Vietnam in Farbe veröffentlicht.[428] Auch hier wurden ähnliche Prinzipien wie in „We wade deeper into the jungle“ verwendet. Eine Weitwinkelaufnahme, die fliegende Hubschrauber in der Luft zeigt, wurde auf eine ausklappbare Seite gedruckt. Bei einem weiteren Bild wurde mit einem *double truck* gearbeitet.

Es ist daher anzunehmen, dass der Chapelle-Essay der *Life*-Redaktion als Vorbild oder Orientierung diente. Farbe und Krieg kombiniert *Life* hier erstmals bei der Darstellung des Vietnamkriegs zu einem Zeitpunkt, als die US-amerikanische Beteiligung in Vietnam in den Medien kaum präsent ist. Wie die Reaktionen auf den Artikel zeigen, wurden die Bilder im Publikum als „most wonderful color pictures of the war in Vietnam“[429] wahrgenommen. Das zeigt, dass nicht nur die Farbe als besonders bemerkenswert empfunden wurde, sondern auch dass die Bilder als schön perzipiert wurden. Ihre Ästhetisierung sticht besonders hervor, auch wenn die Bilder ambivalent interpretiert wurden: „I have never seen a more shocking series of photographs […] ‚dirty war'“[430] und ein anderer Leser formulierte: „I found your pictures of the jungle war in Vietnam both horrifying and heartbreaking“.[431]

Durch die Verwendung von Farbe erinnern die Fotografien auch stärker an malerische Traditionen der Historienmalerei. So wird durch die nahezu monochrome braun-blaue Farbigkeit der Aufnahme auf dem *double truck*, aus der nur die Fahne leuchtend heraussticht, auch eine visuelle Referenz zu Eugène Delacroixs „Die Freiheit führt das Volk an (Die Freiheit auf den Barrikaden)“ von 1830 deutlich, bei dem auch die Gefallenen am Boden liegen wie die toten Vietnamesen in der Aufnahme am Ende des Essays.[432] Kompositorisch unterscheidet sich die Aufnahme enorm von dem Gemälde, da es keine visuelle Entsprechung der Freiheit in der Fotografie gibt. Und während in Delacroixs Bild die Revolutionäre in den Kampf geführt werden, ist in Burrows Aufnahme der Kampf bereits beendet, ähnlich wie in Ernest Meissoniers Gemälde „Barrikade“ von 1848,[433] in dem die Opfer des Kampfes in trister Farbigkeit kreuz und quer am Boden liegen. Dieser farbliche Bezug kann als Anspielung auf die Gattung der Historienmalerei und als Übernahme der Farbigkeit aus der Malerei zu verstehen. Das Fo-

---

428 Chapelle, Dickey: Helicopter War in South Viet Nam, in: *National Geographic*, 122 (5), Nov. 1962, S. 722–754.

429 Robert C. Straube, *Life*, 54 (7), 15.2.1963, S. 15.

430 Phyllis J. Thomas, *Life*, 15.2.1963, S. 15.

431 Virgina W. Baum, *Life*, 15.2.1963, S. 15.

432 Eugène Delacroix: „Die Freiheit führt das Volk an (Die Freiheit auf den Barrikaden)“, 1830, Öl auf Leinwand, 259 x 325 cm, Musée du Louvre, Paris.

433 Ernest Meissonier: *Barrikade*, 1848, Öl auf Leinwand, 29 x 22 cm, Musée du Louvre, Paris.

to stellt sich somit in die Nachfolge dieser monumentalen Kunst. In der Kunstfotografie werden ähnlich große Formate erst später übernommen – wie beispielsweise unter den Becherschülern[434]– doch ist allein ein Großziehen auf die gesamte Doppelseite in Magazinen noch eher selten. Dies ist auch als Versuch zu sehen, in dem bisher noch nicht tradierten Feld der farbigen Kriegsfotografie[435] auf bestehende Traditionen zurückzugreifen, anzuknüpfen und somit die Ausstrahlung der Malerei in das Medium der Fotografie zu überführen und der Aufnahme einen zeithistorisch übergreifenden Charakter zu geben.

Burrows nutzt die leuchtenden Farben der Fotos, um bestimmte physische und emotionale Aspekte zu unterstreichen. Er nutzt die Kompositionen, um den Blick auf die Personen und das Geschehen zu lenken.[436] In Burrows' Bildern ist häufig kein klarer beziehungsweise ein verschobener Fokus auszumachen. Die Aufnahmeeinstellung entspricht in den meisten der Fotografien einer Totalen, in mehreren Bildern wird diese Einstellungsgröße jedoch durch eine Rückenfigur am Bildrand gebrochen, welche, wie im Bild mit den Toten, die Betrachtenden ins Bild führt. Sie bewirkt auch eine Verschiebung des Bildfokus, so dass keine klare Bildkomposition mehr zu erkennen ist. Sämtliche Bilder zeigen einen dynamischen Moment, sie sind im Augenblick der Bewegung festgehalten worden. Doch werden über diese Schnappschussästhetik hinaus durch die ungewöhnlichen Kompositionen Sehgewohnheiten aufgebrochen. Die farbigen Anknüpfungen an Kriegsdarstellungen und Historiengemälde zeigen den Versuch, in einem nicht etablierten Genre der Farbfotografie Traditionen der Kriegsdarstellung zu rekurrieren und sich gleichzeitig in deren Nachfolge zu stellen.

Das Motiv der Rückenfigur hat eine lange Tradition in der Geschichte der Kunst. Erste Rückenfiguren sind aus dem Jungpaläolithikum bekannt und in der Antike hatten Rückenfiguren raumgestaltende Funktionen. Giotto di Bodone setzte die Rückenfigur als Vermittler zwischen irdischer und himmlischer Sphäre ein und positionierte sie, ebenso wie Burrows, am Bildrand.[437] Im Lauf der Geschichte wird die Rückenfigur auf unterschiedliche Weise verwendet und die Funktion verändert sich. Interessant für das Verständnis von Burrows Rückenfi-

---

434 Große Formate in der Fotografie gewinnen erst mit einer stärkeren Musealisierung der Fotografie an Bedeutung. Siehe hierzu beispielsweise Polte, Maren: Andreas Gursky, in: Lynne Warren (Hg.), *Encyclopedia of Twentieth-Century Photography*, New York, London 2006, S. 643–644.

435 Siehe zur farbigen Fotografie in der Zeit genauer „Bedeutung der Farbe" in diesem Kapitel.

436 Vgl. Kennedy 2011 (wie Anm. 28), S. 184.

437 Vgl. zur Geschichte der Rückenfigur Wilks, Guntram: Das Motiv der Rückenfigur und dessen Bedeutungswandlung in der deutschen und skandinavischen Malerei zwischen 1800 und der Mitte der 1940er Jahre (Phil. Diss. Greifswald 2004). Marburg 2005, S. 18–26.

guren ist insbesondere der Vergleich mit impressionistischer Malerei. Max Slevogt und Max Liebermann drückten anhand einer Rückenfigur in ihren Bildern das Spontane und Momenthafte aus, ohne ihr eine weitere Bedeutung zu geben. In Bildern wie „Mädchen vor dem Löwenkäfig“ oder „Papageienallee im Amsterdamer Zoo“ dienen sie als Zeichen von „Momentaufnahmen des Alltäglichen“. Durch diese Normalität ermöglichen sie die Identifikation der Betrachtenden, ohne der Figur eine tiefere Symbolik zu geben.[438] Auch in Burrows' Bildern drückt sich durch die Komposition das Flüchtige und Momenthafte aus, was gerade in Kriegsfotografien als Zeichen für Nähe zum Geschehen gelesen werden kann.

Burrows gliedert sich mit seinen Fotografien auch in dokumentarische und fotojournalistische Traditionen ein. Das Motiv wird über etwaige künstlerische und ästhetische Absichten gestellt. Dies zeichnete sich traditionell besonders durch das weitestgehend Unsichtbarmachen eines Stils aus, was Zuschreibungen wie Objektivität und Sachlichkeit ermöglicht.[439] Dies erreicht er unter anderem durch die Schnappschussästhetik, die sich auch darin zeigt, dass die Abgebildeten die Anwesenheit einer Kamera nicht erkennen lassen, sowie durch die Nähe zum Geschehen. Durch die Farbigkeit der Aufnahmen sowie die eher atektonische Komposition und die größere Einbindung des Geschehens grenzen sich seine Fotografien von einem allgemein sozialdokumentarischen Fotografiestil ab, wie ihn beispielweise die Fotografinnen und Fotografen der *Farmsecurity Administration* praktizierten.[440]

Dennoch muss an dieser Stelle erneut betont werden, dass dieser Eindruck aus einem Essay entsteht, dessen Bildauswahl von der *Life*-Redaktion getroffen wurde und Burrows seine Bilder auch mit Wissen der Auswahlpraxis und Bearbeitung von Ausschnitten bei *Life* erstellte.

Das Kriegsbild in den Fotografien und in *Life*

Durch die Verwendung der Rückenfigur als bildführendes Element und somit die Identifikationsmöglichkeit von nicht-eingreifenden Figuren und die Präsentation

438 Max Liebermann: „Papageienallee im Amsterdamer Zoo“, 1902, Öl auf Leinwand, 88 x 72 cm, Kunsthalle, Bremen. Max Slevogt: Mädchen vor dem Löwenkäfig, 1901. Öl auf Leinwand, 54 x 81 cm, Städtische Galerie, Hannover. Vgl. Wilks 2005, S. 51 f., 178.

439 Vgl. Holschbach 2004 – Im Zweifel für die Wirklichkeit, S. 25–27.

440 Siehe zur Fotografie der *Farmsecurity Administration* in dieser Arbeit das Unterkapitel „Der Fotoessay“ im Kapitel I.6.

der Gewalt entsteht eine Distanz der Betrachtenden zu diesem Krieg, der durch eine rassistische Darstellung von Vietnamesen noch verstärkt wird.

Mark Bradley weist für die Zeit zwischen 1919 und 1950 nach, dass das Wissen der US-Amerikanerinnen und Amerikaner über Vietnam, trotz des Ablehnens der französischen Politik, fast ausschließlich auf den Texten französischer Wissenschaftler, Journalisten und offiziellen Kolonialbeamten beruhte, da Vietnam selber aus US-amerikanischer Sicht lange Zeit nicht von Interesse war und somit viele Vorstellungen des Anderen aus französischen Berichten übernommen wurden.[441] Er führt aus, wie in der Zwischenkriegszeit ein Bild der vietnamesischen Gesellschaft und Kultur als „primitiv" entstand. In US-amerikanischen Texten würden die „faulen" und „primitiven" Vietnamesen als Lügner dargestellt, denen man nicht trauen könnte. US-amerikanische Beobachter stellten die vietnamesische Gesellschaft als grausam und von Hass dominiert dar, wobei gleichzeitig die Vietnamesen schwach und unmännlich erschienen.[442]

Diese stereotype Darstellung der Vietnamesen passt in das Bild des Vietnamkriegs, das *Life* in der Zeit vor der offiziellen Beteiligung 1965 zeichnet, wie der Vergleich mit dem Essay „A Little War, Far Away–and Very Ugly"[443] mit Bildern von Akihiko Okamura und Larry Burrows zeigt, der am 12. Juni 1964 in *Life* erschien. Auch dieser Essay wird auf dem Cover als farbig angekündigt, was hervorhebt, dass farbige Berichterstattung noch immer etwas Besonderes war. Das Cover-Bild stammt von Burrows (Abb.-Link 10). Den Lesenden kommt ein US-Offizier entgegen, der eine Einheit durch hohes Gras führt.[444]

Der Essay zeigt zahlreiche drastische Kriegsfotografien, bei denen die Opfer in ihrem Elend präsentiert werden. Der Artikel beginnt mit einer Aufnahme eines verbrannten und verwüsteten Dorfes, daneben ist in Nahaufnahme ein Soldat zu sehen, der seinen toten Sohn betrauert. Es folgen zwei Doppelseiten mit einem Arrangement von Bildern. Sie zeigen unter anderem Tote, die verkrümmt im Morast liegen, ein verletztes Kind, das sich vor Schmerzen windet, als seine Verletzung behandelt wird und folternde vietnamesische Soldaten. Auf der nächsten Doppelseite ist in Großaufnahme der Körper eines toten US-amerikanischen Soldaten neben der Überschrift „the American tried to save a friend" gesetzt. Auf der nächsten Seite ist noch ein farbiges Bild zu sehen: das Ende eines Gefechtes.

441 Vgl. Bradley 2000 (wie Anm. 123), S. 47.

442 Vgl. Bradley 2000, S. 47–49. Siehe auch für eine breitere Herleitung des Diskurses und der Vorstellung rassischer Differenzen in der amerikanischen Gesellschaft, aufgrund dessen sich auch der amerikanische Imperialismus begründet Bradley 2000, S. 47–59.

443 Okamura, Akihiko: A Little War, Far Away–and Very Ugly, in: Life, 56 (24), 12.6.1964, S. 34–44C.

444 Das Bild erschien auch in *Paris-Match* am 17.2.1965

Zwei Tote liegen am Boden, der auf der vorherigen Seite in Großaufnahme präsentierte US-amerikanische Soldat und neben ihm ein vietnamesischer. Es folgt ein farbiger Bruch, die folgenden Seiten, auf denen die US-amerikanische Beteiligung im Vordergrund steht, sind in Schwarz-Weiß abgesetzt. Man sieht das Porträt eines US-amerikanischen Soldaten, ein Bild, in dem dieser GI den vietnamesischen Soldaten Anweisungen gibt, und ein Bild mit einem Hubschrauber. Außerdem ein Bild, auf dem US-Soldaten mit einheimischen Kindern spielen. Die Bilder vermitteln einen sehr geordneten Eindruck. Weitblick und Technik werden Verwüstung und den einfachen Verhältnissen, in denen die vietnamesischen Kriegsopfer präsentiert sind, gegenübergestellt.

Die drastischen Bilder werden jedoch nicht eingesetzt, um ein allgemeines Antikriegsbild zu erzeugen. Sie sollen vielmehr die Brutalität des Feindes sowie den Frust südvietnamesischer Soldaten aufzeigen. Die Schlagzeile auf der letzten Seite lautet: „They are few, but they keep the fight going". In der Mitte wird das Porträt eines zähen, US-amerikanischen Soldaten gezeigt. In dem folgenden Text wird der Zwiespalt beschrieben, in dem die US-Amerikaner stecken. Es wird die Bedrohungskulisse des Kalten Krieges aufgezeigt, über chinesische und russische Kriegsschiffe geschrieben und überlegt, was die beste Vorgehensweise für Vietnam sei. Man stecke in einem Dilemma.[445] Dieser Essay soll die Lesenden auf einen kommenden größeren Einsatz in Vietnam vorbereiten und ist somit im weiteren Sinne als Kriegspropaganda zu deuten.

Die Bilder in diesem Essay, die US-amerikanische Soldaten zeigen, stammen von Burrows, während die Bilder der Vietnamesen und Opfer alle von Okamura sind. Es bleibt somit festzuhalten, dass der Fokus der beiden Fotografen weit auseinander ging. Die Redaktion der Zeitschrift hat aus beiden Bilderkontingenten eine Aussage zusammengestellt, die in das Konzept des Magazins passte. Okamuras Bilder können jedoch auch ganz anders ausgelegt werden. Sie wurden in Japan Teil der Antikriegsbewegung. Bereits 1965 erschien sein Buch „This is war in Vietnam" in Japan,[446] dass über Monate ein Bestseller war, zu einem Zeitpunkt als das US-amerikanische Bombardement in Nordvietnam extrem unpopulär war und die Aggression des US-amerikanischen Engagements in Japan stark kritisiert wurde.[447] Im Gegensatz hierzu sollen die Fotografien in dem in *Life* erschienenen Essay die US-amerikanische Mission rechtfertigen.

In diesen frühen Essays wird das Bild der Vietnamesen aus einer rassistischen Perspektive gezeichnet. Keine der beiden Seiten wird in so positivem Licht

445 Vgl. Okamura 12.6.1964 – A Little War, S. 42-44A.
446 Akihiko Okamura: This is War in Vietnam. Tokyo 1965.
447 Vgl. Kelman, Peter Gerald: Protesting the National Identity. The Cultures of Protest in 1960s Japan (Diss. Univ. Sydney 2001) 2001, S. 126 f.

gezeigt wie die US-amerikanischen Soldaten. Sie zeigen in diesen Darstellungen keine menschlichen und mitleidigen Regungen.[448] Beide Seiten foltern[449] und kämpfen so nicht nach dem humanitären Völkerrecht.[450] Ein südvietnamesischer Soldat, der beim Foltern gezeigt wird, reagierte auf die Frage des Fotografen, der dies unnötig grausam fand, wie der Bildunterschrift zu entnehmen ist: „But this is my duty".[451]

Insbesondere in dem Essay von Burrows „We wade deeper into Jungle War" werden die Vietnamesen meistens von oben herab fotografiert, nicht auf Augenhöhe. Regeln, wie sie für die Darstellung toter US-Amerikaner beachtet werden – „a refusal to show identifiable faces or extreme forms of death"[452] – interessieren für die Darstellung toter Vietnamesen offenbar nicht. Insbesondere in dem Essay mit Fotografien von Okamura werden die Opfer in unschönen verdrehten Posen im Dreck gezeigt,[453] während der tote Amerikaner bereits auf einer Trage liegend und nur im Ausschnitt gezeigt wird. Der Kopf, und somit seine individuellen Züge, werden nicht gezeigt. Die Überschrift auf dieser Seite lautet „The American Tried to Safe a Friend",[454] was erneut die humanistische Einstellung US-Amerikanischer Soldaten betonen soll. Die Gegenüberstellung von der technisierten und „zivilisierten" westlichen Kultur, gegenüber „primitiveren" Kulturen ist ein übliches Darstellungsmuster der Zeit nach dem Zweiten Weltkrieg, wie es besonders deutlich auch in der *National Geographic* wiedergeben wurde.[455]

Dies erzeugt Distanz der US-amerikanischen Lesenden gegenüber den fremden Vietnamesen und dem brutalen Krieg und deutet damit den Bedarf eines „Retters" an. Gleichzeitig knüpft es an bekannte und bewährte Feindbildmuster der USA an. Über einen langen Zeitraum wurde die indigene amerikanische Bevölkerung als die „wilden" und „unberechenbaren" „Indianer" dargestellt.[456]

448 Vgl. zu dieser Auslegung von „We wade deeper into Jungle War" auch Moeller 1989 (wie Anm. 27), S. 401.

449 Burrows 25.1.1963 – We Wade Deeper into Jungle War, S. 30.

450 Nach dem Genfer Abkommen über die Behandlung von Kriegsgefangenen von 1949 sollen Gefangene menschlich behandelt und unter anderem nicht gefoltert werden, vgl. <http://www.uni-muenster.de/PeaCon/global-texte/g0405/embedded/genfer_abkommen/drittes_genfer_abkommen.pdf> (1.9.2016).

451 Okamura 12.6.1964 – A Little War, S. 39.

452 Moeller 1989 (wie Anm. 27), S. 233.

453 Vgl. Okamura 12.6.1964 – A Little War, S. 36 f.

454 Vgl. Okamura 12.6.1964 – A Little War, S. 40 f.

455 Lutz u. Collins 1994 (wie Anm. 427), S. 110.

456 Siehe zu amerikanischen Feindbildern Kleinsteuber, Hans J.: Terrorismus und Feindbilder. Zur visuellen Konstruktion von Feinden am Beispiel Osama Bin Laden und Saddam Hussein, in: Michael Beuthner (Hg.), *Bilder des Terrors – Terror der Bil-*

Durch die Darstellung des kommunistischen Feindes als „primitiv“ werden solche tradierten Feindbilder wieder aufgerufen. Insbesondere die nackten Oberkörper und die einfachen vietnamesischen Boote erinnern an „indianische“ Stereotype. Der Essay „We wade deeper into Jungle War“ zeigt somit insgesamt die Schrecken des Krieges mit brutalen Konsequenzen für den Einzelnen, nämlich den Tod auf. Er abstrahiert das Geschehen nicht, sondern zeigt konkret am Körper die rohe Gewalt blutiger Auseinandersetzungen. Durch rassistische und koloniale Bildmuster wird eine Distanz durch Abgrenzung des Anderen aufgebaut. Die Art der Feindinszenierung dient nicht nur dem Aufbauen eines Feindbildes, sondern drückt gleichzeitig die Machtverhältnisse aus. Die Nacktheit ist ein Kennzeichen archetypischer Darstellungsmuster „primitiver“ Völker, wie sie in der Kolonialfotografie des 19. Jahrhunderts immer wieder herausgestellt wurden:

> „What were returned to the Western spectator were images of native peoples that established them as primitive, bizarre, barbaric or simply picturesque. In the service of these images, people were photographed in what appeared to be archetypal ways. While ‚primitive' dress was sometimes stressed, there was also a great emphasis on nudity.“[457]

Es ließe sich argumentieren, dass Burrows lediglich Einsatz-Situationen festgehalten hat. Doch ist am Bildmaterial von Burrows erkennbar, dass die Redaktion die Vietnamesen auch in anderen Posen und Momenten hätte zeigen können, bei denen die vermeintlichen Guerilla-Kämpfer bekleidet sind.[458] Dies lässt vermuten, dass es sich hierbei um das gezielte oder unterbewusste Aufgreifen rassistischer Darstellungsmuster handelt. Insbesondere ist die Nacktheit in kolonialer Fotografie als symbolischer Ausdruck der Macht der Kolonisierer gegenüber den Kolonisierten zu deuten.[459] Der Essay „We Wade Deeper Into Jungle War“ erzielt somit in der Bildsprache vor allem eine Diffamierung des Gegners als anders und „primitiv“. Er inszeniert die Vietnamesen zwar nicht so stark als ursprünglich, wie es beispielsweise Werner Bischof in seinen „Indochina“-Bildern tat, dies mag aber auch damit zusammenhängen, dass Bischof die Vietnamesen stärker in ihrem Alltag und nicht in Kriegsszenen dokumentierte.

Das Kriegsbild des Essays zeigt somit einen vietnamesischen Krieg, der noch nicht der eigene, also US-amerikanische, ist. Gezielt wird Distanz zum Dargestellten und ein klares Feindbild aufgebaut. Im Gegensatz dazu erscheinen die

---

der? Krisenberichterstattung am und nach dem 11. September, Köln 2003, S. 206–237, hier S. 214–218.

457 Price op. 2004 – Surveyors and Surveyed (wie Anm. 130), S. 83.

458 Siehe beispielsweise Burrows 2002 (wie Anm. 52), S. 35, 39 und 42.

459 Vgl. Price op. 2004 – Surveyors and Surveyed, S. 84 f.

US-Amerikaner stark technisiert, zivilisiert und gerüstet. Hierbei greift der Essay eine Bildsprache des Kolonialismus auf und macht deutlich, dass sieben Jahre nach dem offiziellen Ende der Kolonisation durch die Franzosen die US-amerikanische Darstellungspraxis auf den Bildmustern der Kolonisation beruht.

Diese rassistische und progagandistische Darstellung passt sich im *Life*-Magazin thematisch in eine stringente konservative Position ein. Dies zeigt nicht nur die Leitlinie des Magazins für den Vietnamkrieg auf, es macht auch deutlich, wie abhängig das Magazin von den Werbekunden und somit auch von einer unternehmerfreundlichen und konservativen Leitlinie sowie einer klaren Position im Kalten Krieg war. Henry Luce war Konservativer, Anhänger der Republikaner und überzeugter Antikommunist.[460] Seine politische Einstellung bestimmte die Linie von *Life*, das politisch und ideologisch danach ausgerichtet wurde:

> „The ‚certain things‘ that Life ‚stood for‘ were nationalism, capitalism, and classlessness, a sense of confidence, optimism, and exceptionalism, and the sure belief that the American way was the way of the world.“[461]

Dies war nicht nur der Grundtenor des Magazins, sondern wurde von Luce explizit als Überlebensstrategie formuliert.[462]

Life, das lange Zeit das profitabelste Blatt des *Time Inc.*-Konzerns war, musste Ende der 1950er-Jahre sinkende Einnahmen verbuchen. 1959 machte es erstmals Verluste und erwirtschaftete nur in einigen der Folgejahre noch Gewinn. Dies hatte nichts mit der weiterhin großen Leserschaft und Auflage von um die sieben Millionen zu tun, sondern war der großen Bedeutung der Werbekunden geschuldet, die zahlreich zum Fernsehen abwanderten, um dort eine noch größere Zahl Menschen zu erreichen.[463] Wie der Historiker Alan Brinkley in seiner Monographie über Henry Luce herausarbeitet, war Luce in seinen letzten Jahren an der Konzernspitze zwar politisch offener, hatte aber bzgl. des Vietnamkriegs eine klare Position. Er glaubte an ein nicht-kommunistisches Südvietnam und unterstützte dies unermüdlich.

Trotz verschiedener Kontroversen brachte er dementsprechend seine Magazine immer wieder auf Kurs.[464] Seine Antwort auf die Frage nach den Zielen von *Life* in den 1960er-Jahren war: „Life is and shall be designed to be the magazine of national purpose.“ Noch konkreter führt er als Ziele auf, den Kalten Krieg zu

460 Vgl. Wyatt 1995 (wie Anm. 4), S. 29.

461 Doss (Hg.) 2001 – Looking at Life Magazine, S. 11.

462 Vgl. Brinkley, Alan: The Publisher. Henry Luce and his American Century. New York 2010, S. 445–447.

463 Luce zitiert nach Brinkley 2010, S. 441 f.

464 Vgl. Brinkley 2010 (wie Anm. 462), S. 445–447.

gewinnen, „create a better America“. Die Ansprüche an die Erstellung des Magazins sollten dabei die höchsten und anspruchsvollsten sein.[465] Wie Howard Sochurek im Gespräch mit Robert Capa berichtete, sehe Henry Luce es als patriotische Pflicht an, Frankreich in seinem Krieg zu unterstützen. Er wolle keine negative Berichterstattung über den Krieg.[466]

Diese politische Einstellung wird durch die Auseinandersetzung über den 1953 bei *Life* erschienen 16-seitigen Essay „The Year of the Snake“[467] mit Fotografien und Text von David Douglas Duncan weiter untermauert (Abb.-Link 11). In dem Essay heißt es „ineffective French tactics and ebbing French will“ und es wird explizit formuliert, dass Frankreich von US-amerikanischer Hilfe abhängig sei. Duncan sieht „Indochina“ verloren für die „antikommunistische Welt“ und verweist auf Beispiele, bei denen die finanzielle Hilfe der US-Amerikaner verfehlt ist. Er nennt ein Dorf, welches von US-amerikanischen Geldern zur Stabilisierung der Region gebaut wurde, aber nicht den Bedürfnissen der Bevölkerung entspräche und deshalb nicht bewohnt würde und außerdem immer wieder von Kommunisten angegriffen würde.[468] Die Fotografien erinnern im Stil an die sozialdokumentarischen Fotografien von Dorothea Lange.[469] Zwar ist davon auszugehen, dass der Text von der Redaktion redigiert und gesetzt wurde, doch entspricht er nicht den ideologischen Leitlinien des Herausgebers. Luce befand sich zum Zeitpunkt der Veröffentlichung im Urlaub und zeigte sich später mit der Veröffentlichung eines so wenig patriotischen Essays nicht einverstanden. Er setzte Duncan auf eine „inactive list“ und unterstellte ihm eine „seductive power over managing editors“ ebenso wie eine „emotional attitude“ Frankreich gegenüber. Er reagierte mit einer Kampagne zur „Schadensregulierung“, da er von US-amerikanischen Kriegsunterstützern stark kritisiert wurde.[470] 1957 wurde Luce Mitglied von *American Friends of Vietnam*, welche die südvietnamesische Regierung unterstützten und war auf einem Kurs mit der Einsenhower-Regierung.[471]

Zusammenfassend lässt sich über die Darstellung des Vietnamkriegs in *Life* in dieser frühen Phase sagen, sie versuchte Aufmerksamkeit zu erregen und folgt gleichzeitig einer klaren, regierungstreuen Linie des Herausgebers. Die unter-

465 Luce zitiert nach Brinkley 2010, S. 441 f.

466 Vgl. Miller, Russell: Magnum. Fifty Years at the Front Line of history. London 1999, S. 115.

467 Duncan, David Douglas: The Year of the Snake, in: *Life*, 35 (5), 3.8.1953, S. 72–85, 88, 91.

468 Vgl. Duncan 03.8.1953 – The Year of the Snake, S. 82.

469 Vgl. hierzu Kapitel I.6 „Der Fotoessay“ in dieser Arbeit.

470 Henry Luce zitiert nach Brinkley 2010 (wie Anm. 462), S. 377.

471 Vgl. Brinkley 2010, S. 445–447.

suchten Fotografien zeigen in ihrem Veröffentlichungskontext in den Essays ein drastisches, unmittelbares Kriegsbild, das Distanz zu den Betrachtenden aufbaut und zur Abgrenzung mit einer deutlich rassistischen Bildsprache arbeitet, die an kolonialen Bildmustern festhalten. Das Geschehen wird als vietnamesischer Krieg dargestellt, als das Andere, zu dem ein Gegensatz anhand der humanistischen, US-amerikanischen Haltung erzeugt wird. Es wird eine deutliche Dichotomie zwischen „primitiven", vietnamesischen Kämpfern und der technisierten, euroamerikanischen „Zivilisation" aufgebaut. Die Fotografien erscheinen in Farbe, was einen Gegensatz zur bisherigen dokumentarischen Fotografie darstellt.

Somit passt sich das Kriegsbild, welches in *Life* gezeigt wurde, in eine allgemeinere euroamerikanische Perspektive auf den Krieg ein. Es lässt für den Fotojournalismus, insbesondere den Fotoessay der Zeit feststellen, dass ein distanziertes Kriegsbild gezeichnet wird, was auf weitgehender Unkenntnis der Sitten und Gebräuche basierte und wenn durch französische Berichterstattung geprägt war. Man zeigte den Krieg noch aus distanzierter Perspektive, er war noch nicht der eigene. Es wurde eine starke Dichotomie zwischen euroamerikanischer Technik, in welcher man die größte Überlegenheit sah, und unwegsamen „Dschungel" erzeugt.

3. Der Soldat im Fokus – US-amerikanische Bildpropaganda in *Life* 1964 bis 1967

Im folgenden Kapitel werden verschiedene Essays aus der Zeit zwischen 1964 und 1967 verglichen, die zur Erzeugung eines Kriegsbildes größtenteils einer propagandistischen Strategie folgen – der Konzentration auf den US-amerikanischen Soldaten. Zunächst wird zur besseren historischen Einordnung eine kurze Darstellung zur weiteren politischen Entwicklung gegeben.

Im August 1964 kam es zur sogenannten Tonkin-Krise. US-Patrouillenboote hatten sich nahe nordvietnamesischer Gewässer im Golf von Tonkin bewegt und eine Gruppe Torpedoboote der Demokratischen Republik von Vietnam waren ihnen sehr nahe gekommen, worauf US-Amerikanische Soldaten das Feuer eröffneten und die andere Seite mit mehreren Torpedos reagierte. Zwei Tage später meldete ein US-amerikanisches Kriegsschiff einen erneuten Zwischenfall, woraufhin Präsident Johnson Luftangriffe auf die Torpedoboote anordnete und der US-Kongress ein offizielles Mandat zum Kriegseintritt absegnete, auch wenn die Beweise für den zweiten Zwischenfall nicht schlüssig waren und sich im Nachhinein als inszeniert herausstellten. Die Resolution des Kongresses am 8. August 1964 erlaubte den USA in der Folge offiziell, eine stärkere militärische Rolle zu spielen.[472]

In Anbetracht der politischen Krise in Saigon, traf Präsident Johnson einige Entscheidungen, die den US-Einsatz grundsätzlich veränderten. Er erlaubte Bombenangriffe im Norden und schickte Bodentruppen. Die *Operation Rolling Thunder* zur Bombardierung von Militärstationen im Norden und des „Ho Chi Minh-Pfads" startete im März 1965, die ersten Bodentruppen und zwei Marine-Battalione erreichten Vietnam am 8. März. Um einen drohenden Sieg der der militärische Organisation des Nordens, der Vietnamesische Volksarmee (VV, *Quân Đội Nhân Dân Việt Nam*) im Süden zu verhindern, stockte Johnson die Bodentruppen im Sommer auf 125.000 Soldaten auf und versprach weitere. Die südvietnamesische Regierung wurde dabei nicht konsultiert, ebenso wie sie nicht an der Entscheidung zur Bombardierung des Nordens beteiligt wurde. Bis 1967 sollten die Bodentruppen auf ca. 500.000 ansteigen und 864.000 Tonnen Bomben in der *Rolling Thunder*-Kampagne über Nordvietnam abgeworfen werden.

472 Vgl. Bradley 2009 (wie Anm. 24), S. 109.

Fotoessay mit Fotografien von Larry Burrows: „Alert in Vietnam" (*Life*, 27.11.1964)

Am 27. November 1964 erschien ein großer mehrteiliger Leitessay „Alert in Vietnam" über die Arbeit und den Kampf von US-Amerikanern in Vietnam in *Life*, der sich über 19 Seiten erstreckt (Abb.-Link 12).[473] Er beinhaltet neben einer Doppelseite als Ankündigung drei eigenständige Fotoessays jeweils aus der Zusammenarbeit von Fotografen und Korrespondenten und einer anschließenden fünfseitigen Diskussion zwischen den *Life*-Korrespondenten und der US-Führung in Südvietnam. Die einzelnen Essays beleuchten unterschiedliche Facetten des Krieges in Südvietnam aus US-amerikanischer Perspektive, aber alle drei thematisieren den verstärkten Einsatz der US-amerikanischen Armee. Der vierseitige Essay „Captain Gillespie goes after the Vietcong", der im Folgenden genauer analysiert wird, ist als erster in dieser Zusammenstellung positioniert. Er entstand aus der Zusammenarbeit von Larry Burrows und dem Leiter des Pariser *Time*-Büros Lee Hall.[474] Er beschreibt den Einsatz einer von Kapitän Gillespie angeführten Patrouille in „Vietcong"-kontrolliertem Gebiet. Es folgen die Essays „‚Junk navy' has a perlious mission" von Marshall Smith und John Loengard[475] und „Young civilian tries to win the fight on the people front" von John Flynn und Terence Spencer,[476] die jedoch in diesem Zusammenhang nicht genauer vorgestellt werden.

Der Leitessay wird auf dem Cover des Magazins durch ein spektakuläres Bild von Burrows angekündigt. Es zeigt zentral im Vordergrund einen funkenden Soldaten vor lichterloh brennendem Regenwald. Der Soldat hat den Blick zum Himmel gerichtet. Er steht schräg zu den Betrachtenden und sein Gesicht wird von vorne angestrahlt, so dass er für die Betrachtenden gut zu erkennen ist. Andere Soldaten weiter hinten sind dagegen weniger gut in der Dunkelheit auszumachen. Das Foto changiert zwischen sehr dunklen Bereichen und farbigen Flächen, die durch das Feuer erleuchtet sind. Die Lesenden erfahren in der Bildunterschrift, nachdem sie drei Seiten Werbung durchgeblättert haben, dass es sich bei den Soldaten um Sondereinsatzkräfte handelt. Der Hauptmann Vernon Gillespie kontaktiere das Basiscamp, während südvietnamesische Soldaten ein

473 o. A.: Alert in Vietnam. Americans Work and Fight as the Crisis Gets Worse, in: *Life*, 57 (22), 27.11.1964, S. 30–52.

474 Hall, Lee: Captain Gillespie Goes after the Vietcong (Photographed by Larry Burrows), in: *Life*, 57 (22), 27.11.1964, S. 32–35.

475 Smith, Marshall: „Junk Navy" Has a Quietly Perlious Mission (Photographed by John Loengard), in: *Life*, 57 (22), 27.11.1964, S. 36–39.

476 Flynn, John: Young Civilian Tries to Win the Fight on the People Front (Photographed by Terence Spencer), in: *Life*, 57 (22), 27.11.1964, S. 40–45.

„Vietcong-Versteck" niederbrennen würden.[477] Das Feuer tritt farblich deutlich hervor. Starke Hell-Dunkel- und Komplementär-Kontraste dominieren die Bildästhetik. In seinem Spiel mit Licht und Schatten, farbigen und dunklen Bereichen erinnert das Foto an das Chiaroscuro barocker Gemälde ähnlich der Caravaggios (1573–1610) oder Rembrandts (1606–1669), bei dem nur bestimmte, erzählerisch relevante Bildbereiche ausgeleuchtet sind und die restliche Szene in Dunkelheit bleibt. Dies wurde als Stilmittel zur Steigerung des erzählerischen Moments eingesetzt.[478] Diese Farbigkeit in der Fotografie erzeugt einerseits eine starke räumliche Wirkung und andererseits steigert es die Dramatik der Situation.

Die Aufnahme wurde für das Deckblatt stark beschnitten. Aus dem eigentlichen Querformat wurde ein Hochformat gemacht. Auf dem unbeschnittenen Foto erkennt man drei brennende Hütten im Hintergrund, dazwischen und darüber Wald. Diese kann man auf dem Cover nicht identifizieren. Es wirkt dramatischer, da durch die Beschneidung nicht mehr auszumachen ist, was genau brennt. Das Feuer reicht vielmehr bis zum oberen Bildrand, wodurch es drastischer und größer wirkt. Das Hochformat wird durch die Horizontalen, den *Captain* und die Bäume im Hintergrund betont. Traditionelle Linienführung der Malerei wie das Achsenkreuz werden durch diese beschnittene Form herausgestellt und betonen so die konstruierte Nähe zur christlichen Historienmalerei, die sich bereits in der Farbigkeit gezeigt hat. Zur Darstellung des Weltgerichts wurde in der Malerei häufig das Hochformat gewählt, welches sich zur Illustration eines transzendentalen Oben und Unten anbietet. Kapitän Gillespies Blick zum Himmel, durch die Beschneidung stärker in den Fokus genommen, kann somit auch im Zusammenhang von Weltgerichtsdarstellungen gedeutet werden. Gillespies Blick erinnert an den strebenden Blick der Auserwählten zum Weltenrichter, im Gegensatz zu den Verdammten, die mit gesenkten Köpfen ins ewige Feuer gesandt werden. Dieses vom Fotografen bereits angelegte christliche Bildmuster des zum Himmel strebenden Gillespies wurde von der Redaktion durch die Veränderung des Formats noch verstärkt. Die Bedeutsamkeit der imaginären Jenseitsräume Himmel und Hölle seien im christlichen Abendland nicht zu überschätzen, schreibt Hartmut Böhme.[479] Es ist davon auszugehen, dass eine Deutung in diesem Sinne der

477 Vgl. *Life*, 57, Heft 22, 27.11.1964, S. 3.

478 Siehe beispielsweise Caravaggio: „Salomé erhält das Haupt des Täufers", um 1606, 116 x 140 cm, Tafelmalerei, London, National Gallery oder Rembrandt Harmensz van Rijn, Die Blendung Simsons, 1636, Tafelmalerei, Städelsches Kunstinstitut, Frankfurt am Main.

479 Böhme verweist auf die Herausbildung der Vorstellungsräume Himmel und Hölle in den nachchristlichen Jahrhunderten als *civitas dei* gegenüber den irdischen Spähren der *civitas mundi*. Trotz der Ausbildung dieser Räume in schriftlichen Diskursen, seien sie heute in erster Linie durch das Bildgedächtnis geprägt. Böhme, Hartmut: Ima-

Redaktion bekannt und beabsichtigt war und auch von den Lesenden in diesem Sinne verstanden wurde. Durch den Höllenvergleich wird der Gegner diffamiert und Gillespie überhöht. Durch diese Metapher greift das Kriegsbild Chimären einer düsteren, von höllischen Kräften beherrschten Vorzeit auf.[480] Eine solche Visualisierung der Auseinandersetzung in Vietnam polarisiert somit nicht nur deutlich zwischen Gut und Böse, sondern ist auch als Legitimierung eines Führungsanspruches der US-Amerikaner in Vietnam zu lesen. Inwieweit sich diese These auch im Essay bestätigt, wird im Folgenden analysiert.

In seinen bunten und leuchtenden Farben und den starken Kontrasten fungiert das Foto als „eye-stopper"[481] und beinhaltet durch den emotionsgeladenen Blick Gillespies auch die immateriellen Faktoren, die die Aufmerksamkeit der Lesenden halten sollen. Nach der 1951 in New York erschienenen Anleitung zum „Picture Editing" von Stanley Kalish und Clifton Edom, sollte ein „gutes" Foto den Blick stoppen und mit den ausgedrückten Gefühlen halten. Es eignet sich somit nach den Kriterien Kalishs und Edoms sehr gut für die Frontseite. Nachdem das Cover bereits die Aufmerksamkeit der Lesenden geweckt hat, beschäftigt sich auch die „Editors' Note" mit dem Leitessay. Gleich zu Beginn macht George P. Hunt auf die Prinzipien einer authentischen Kriegsberichterstattung aufmerksam: „There's only one way to photograph a war: get up close to it. There's only one way to write about it: be on the spot."[482] *Life* macht somit seine Ansprüche an Kriegsjournalismus und -fotografen deutlich. 1964 war eine Berichterstattung aus dem Feld aus Vietnam nicht der Standard im US-amerikanischen Journalismus. Wie Clarence R. Wyatt ausführt, war es für Korrespondenten der größeren Nachrichtenorganisationen in der Zeit zwischen 1964 und 1967 die Ausnahme, einige Zeit im Feld zu verbringen, denn der Krieg hatte keine klare Front. Der größte Teil der euroamerikanischen Presse konzentrierte sich auf die harten Fakten des täglichen Kampfes, was im Fall von Vietnam hunderte und tausende kleine Gefechte bedeutete, die über das Land verteilt waren. Die Journalisten mussten flexibel auf diese Vorkommnisse reagieren. Die großen Nachrichtenorganisationen konnten es nicht riskieren, einen Reporter für längere Zeit im Feld zu positionieren und ein Gefecht andernorts zu verpassen. Die meisten

---

gologie von Himmel und Hölle. Zum Verhältnis von textueller und bildlicher Konstruktion imaginärer Räume, S. 206–234.

480 Vgl. Hüppauf 2013 (wie Anm. 101), S. 382.

481 Begriff zitiert nach Kobre 1980 (wie Anm. 322), S. 208. In einem Leitfaden für Fotoredakteure von 1951 wird erstmals auf die Notwendigkeit, die Lesenden visuell zu stoppen, verwiesen: Kalish, Stanley E. und Edom, Clifton Cedric: Picture Editing. New York 1951, S. 89.

482 Hunt, George P.: Editors' Note. Three-Way Coverage of the Vietnam War, in: *Life*, 57 (22), 27.11.1964, S. 3.

arbeiteten von Saigon aus, insbesondere die Fernsehjournalistinnen und –journalisten.[483] Da *Life* das Tagesgeschehen nicht so stark berücksichtigen musste, waren längere und wie in diesem Fall übergreifendere Reportagen aus verschiedenen Bereichen aus dem Feld möglich. Wie auch schon in der Ankündigung des Essays „We wade deeper into jungle War“ wird auch in dieser „Editors’ Note“ über die Gefahren gesprochen, in die sich die Fotografen und Korrespondenten für den Essay begeben haben:

> „Even to get to the combat zone the writers and photographers had to risk land mines, sharpened spikes and sudden ambush. For two of the three photographers, these dangers were nothing new.“[484]

Die „Editors’ Note“ soll demnach nicht nur Neugier wecken und Spannung erzeugen, sondern erneut den Fotografien mehr Authentizität und Bedeutung verleihen, indem sie die Gefahren betont, die mit der Entstehung für die Fotografen verbunden waren. Die drei Fotografen werden mit einem kleinen Porträtbild gezeigt, die Korrespondenten nicht. Die Redaktion erachtet es somit als wichtiger, die Authentizität der Aufnahmen durch ein persönliches Bild des Fotografen und Hintergrundinformationen zu unterstreichen, als die Fakten des Textes zu belegen. Die Authentizität wird somit an die Nähe der Augenzeugen zum Geschehen und ihren Wagemut geknüpft.

Die einleitende Doppelseite des Leitessays zeigt erneut ein spektakuläres Foto von Burrows. Auf die ganze Fläche gezogen zeigt sie einen Einsatz von US-Truppen bei Nacht fotografiert. Das Foto in dunklem Blau wird durch zwei Leuchtgeschosse erhellt, die die Umrisse von vier Soldaten erkennen lassen. Einer steuert den Raketenwerfer, die anderen drei bewegen sich von links nach rechts durch das Bild. Groß ist in weißer Schrift auf der linken Seite „Alert in Vietnam“ geschrieben. Der Untertitel verkündet einen Artikel über die Arbeit und den Kampf der US-Amerikaner in Vietnam, während sich die Krise verschlimmere.[485] Die interessierten Lesenden können der Bildunterschrift entnehmen, dass es sich bei dem Foto um US-Soldaten mit einer Einheit einheimischer Spezialkräfte handele, die Leuchtraketen und -geschosse abschössen, als Warnung an die „Kommunisten“.[486]

Es folgt der vierseitige Essay über Hauptmann Gillespie. Der Artikel beschreibt, wie sich eine von Kapitän Gillespie angeführte Patrouille in „Vietcong“-kontrolliertes Gebiet vorwagt, dabei Gefangene nimmt, ein Lager ab-

483 Vgl. Wyatt 1995 (wie Anm. 4), S. 138.
484 Hunt 27.11.1964 – Editors’ Note.
485 o. A. 27.11.1964 – Alert in Vietnam, S. 30 f.
486 Vgl. o. A. 27.11.1964 – Alert in Vietnam, S. 31.

brennt und mit den Gefangenen weiterzieht. Gillespies Aufgabe wird dabei wie folgt beschrieben: „to seek out and destroy any Vietcong contacted, look for refugees, destroy crops in the area“.[487] Dies wird mit Fotografien begleitet, die die Geschehnisse visualisieren.

Der Essay zeigt links zwei farbige, große Fotografien, von denen das obere Kapitän Gillespie ins Gespräch vertieft zeigt. Er ist umringt von zahlreichen Soldaten. Rechts im Vordergrund knien zwei Personen in zivil, die die Betrachtenden nur von hinten sehen können. Der Bildunterschrift ist zu entnehmen, Gillespie vernehme zwei gefangene „Vietcong“. Der Bildaufbau ist so gestaltet, dass man dem gestikulierenden Hauptmann im Zentrum ins Gesicht sehen kann. Auch wenn er visuell leicht über den Gefangenen positioniert ist, hat er sich gesetzt und somit zu den Gefangenen herab begeben.

Das zweite Bild darunter zeigt die „Entfernung“ von „joy girls“ aus einem zuvor beschossenen „Vietcong“-Dorf, wie die Bildunterschrift die Lesenden unterrichtet.[488] Es zeigt zwei Frauen, die schwerbeladene Körbe auf dem Rücken tragen und von südvietnamesischen Soldaten und einem verhafteten „Vietcong“ gefolgt nach vorne rechts zum Bildrand gehen. Hinter ihnen sieht man dichten Wald und eine Hütte, die in Flammen aufgeht. Die rechte Seite ist in Schwarz-Weiß gehalten und wird von Text dominiert. Die Überschrift titelt „Capt. Gillespie Goes Out After the Vietcong“.[489] Oben auf der Seite sind zwei Fotografien platziert. Das obere Foto zeigt Gillespie mit zwei erhöht stehenden Soldaten im Rücken vor einer im Rechteck um ihn herum aufgestellten Patrouilleneinheit. Das untere zeigt ihn mit anderen Soldaten und einem verhafteten „Vietcong“ durch ein Dorf ziehen.[490]

Die nächste Doppelseite wird dominiert von einem großen farbigen Porträt von Gillespie auf der rechten Seite. Er hat den Blick schräg nach oben links zum Himmel erhoben. Die Stirn ist in Falten gelegt und der Blick ist leicht skeptisch. Gillespie trägt seine Uniform mit Kappe und sein Gesicht ist nass geschwitzt. Antlitz und Teile der Uniform sind erleuchtet, die übrigen Flächen liegen weitgehend im Dunkeln. Auch in dieser Fotografie erinnern die Lichtverhältnisse an starkes Chiaroscuro. Der Blick Gillespies führt den Blick der Lesenden gleichzeitig zur Überschrift oben links, diese lautet „Reply to a famous call to duty: ‚God knows we tried‘“. Anknüpfend an das Bild auf dem Cover wird mit diesem Porträt erneut auf den imaginären Raum des Himmels und eine Kommunikation

487 Hall 27.11.1964 – Captain Gillespie Goes, S. 33.

488 „[…] after firing Vietcong village, his troops remove ‚joy girls,‘ prostitutes who had served the V.C.“ Hall 27.11.1964 – Captain Gillespie Goes, S. 33.

489 Hall 27.11.1964 – Captain Gillespie Goes, S. 33.

490 Hall 27.11.1964 – Captain Gillespie Goes, S. 32 f.

mit Gott verwiesen. Verdeutlicht wird diese Verknüpfung durch die Überschrift, die nicht nur indirekt auf Gott verweist, sondern explizit diese Verbindung herstellt.[491] Die linke Seite ist fast ausschließlich mit Text gefüllt. Neben einem separat abgesetzten Absatz zu Gillespies Meinung über den Krieg ganz unten auf der Seite ist noch ein kleines schwarz-weißes Ganzkörperporträt, bei dem ein scherzender Gillespie sich eine Fahne mit Hammer und Sichel, dem Symbol des Kommunismus, als Schürze umhält.

Kapitän Gillespie wird in diesem Essay visuell als Führungskraft inszeniert. Er tritt beim Verhör als zentraler Akteur auf und in der Bildunterschrift zu dem Foto mit den „Freudenmädchen" wird von seiner Truppe gesprochen.[492] Es wird demnach deutlich gemacht, dass die Rolle der US-Amerikaner in Vietnam über eine Beratungstätigkeit hinausgeht. Sie sind nicht nur an Einsätzen beteiligt, sondern führen sie an. Der begleitende Text wird noch konkreter. Er setzt die Bezeichnung „advisors" in Anführungszeichen und sagt, dass Gillespie nicht nur die zwölf-Mann starke Spezialeinheit der US-Armee, sondern in Wirklichkeit das gesamte Battalion gut trainierter, einheimischer Bergbevölkerung an der Grenze zu Kambodscha anführe.[493] In einem kleinen separat gestalteten Text wird die persönliche Meinung von Kapitän Gillespie ausgeführt, bzw. wird dies so dargestellt. Hier wird explizit formuliert, dass es in Südvietnam zwar eine nationale Führung gäbe, diese auf der lokalen Ebene aber keinerlei Präsenz zeige. Von den Menschen vor Ort würde in erster Linie die Präsenz US-amerikanischen Berater wahrgenommen, die aber wiederum nicht genug Befugnisse für notwendige Maßnahmen hätten. Gillespie fordert, dass es hier Veränderungen und auch auf lokaler Ebene Demokratie geben müsse. Es würde nichts bringen, nur mehr Berater zu schicken, die nicht die notwendigen Befugnisse hätten.[494] Eine Meinung, die den offiziellen Truppeneinmarsch der USA mit vorbereitet. Es wird nicht nur auf die Führungskompetenz der US-Amerikaner verwiesen, sondern auch auf die mangelnde Anwesenheit der Südvietnamesen vor Ort. Durch das Spiel Gillespies mit der kommunistischen Fahne wird auch die Angst vor dem Gegner heruntergespielt, der selbst im Essay nicht präsent ist. Die visuelle Präsentation formuliert implizit einen Führungsanspruch der US-Amerikaner und legitimiert ihn symbolisch über die zum Himmel strebenden Blicke Gillespies.

491 Hall 27.11.1964 – Captain Gillespie goes, S. 34 f.

492 „his troops" Hall 27.11.1964 – Captain Gillespie Goes, S. 33.

493 Vgl. Hall 27.11.1964 – Captain Gillespie Goes, S. 32.

494 Vgl. Hall 27.11.1964 – Captain Gillespie Goes, S. 34.

Auch bei dem folgenden Fotoessay „‚Junk navy‘ has a perlious mission“[495] steht ein US-Berater im Vordergrund. Dieser ist von der US-Marine und im Golf von Siam als Berater bei 140 vietnamesischen Booten stationiert, die 1.000 Meilen der Küstenlinie vor der kambodschanischen Grenze kontrollieren. Im dritten Essay „Young civilian tries to win the fight on the people front“ [496] begleitet Rob Warne, einen jungen Amerikaner, der Teil der *United States Operation Mission* (USOM), einer Hilfsmission des *U.S. State Departments* ist. Ziel ist es, die Bevölkerung zu überzeugen, denn man war sich einig, den Krieg nur mit der Bevölkerung gewinnen zu können.[497] Insgesamt zeigen die drei Essays jedoch keine dramatischen Momente, wie es das Cover zuvor versprochen hat. Sie geben jeweils Einblick in die Arbeit eines US-Beraters in Vietnam. Hierbei wird der Eindruck von helfenden, unterstützenden und führenden US-Amerikanern in Vietnam vermittelt.

Der Teilessay über Gillespie entspricht einer bewährten *Life*-Tradition für Fotoessays. Eine als vorbildlich erachtete, agierende Person wird als Leitmotiv ausgewählt und in einem Porträt vorgestellt. In diesem Fall wird eine Operation in feindliches Gebiet mit Fokus auf Hauptmann Gillespie gezeigt, der den Einsatz führt und der einschließlich seiner persönlichen Meinung porträtiert wird. *Life* stellte in seinen Fotoessays häufig Personen in intensiven Porträts vor, die von einem Fotografen oder einer Fotografin über einen längeren Zeitraum begleitet wurden. Vorbildlich sind hier die Essays von Leonard McCombe „The Private Life of Gwyned Filling“[498] und W. Eugene Smith „Country Doctor“.[499] In dem hier analysierten Essay handelt es sich nur um ein kurzes Porträt innerhalb eines größeren Überblicksessay. Hierbei kommt der Farbeinsatz von Burrows besonders gut durch die Farbkontraste von Grün und Rot zur Geltung. Die Bilder, insbesondere das Cover, wirken so besonders dramatisch. Larry Burrows gab an, eine starke Empfindung dafür zu haben, ob er für eine Geschichte in Schwarz-Weiß oder in Farbe arbeiten solle. Seiner Ansicht nach ermöglichte Farbe „far more realism to the beauty and harshness“ des Krieges.[500] Wobei es sich bei der Farbigkeit für diesen Leitartikel um eine Anweisung durch die Redaktion han-

495 Smith 27.11.1964 – Junk Navy Has a Quietly.

496 Flynn 27.11.1964 – Young Civilian Tries to Win.

497 Vgl. Flynn 27.11.1964 – Young Civilian Tries to Win, S. 41.

498 McCombe, Leonard: The Private Life of Gwyned Filling, in: *Life*, 24 (18), 3.5.1948, S. 103–114.

499 Smith 20.9.1948 – Country Doctor. Siehe hierzu auch die Analyse von „One Ride with Yankee Papa“, in dieser Arbeit.

500 Vgl. „Hong Kong Mailer No. 648”, memorandum from Orshefsky, Hongkong to Lang for Rowan, January 11, 1964, S. 2, *Time Inc. Archives*, zitiert nach Moeller 1989 (wie Anm. 27), S. 393.

deln wird, da die beiden anderen Teilessays auch farbige Aufnahmen zeigen. Inhaltlich stellt der Essay die euroamerikanischen Werte und den christlichen Glauben besonders heraus. Somit ist das Ethos des dargestellten US-Amerikaners Gläubig- und Barmherzigkeit. Gerade die sakralisierte Darstellung auf dem Cover betont die Referenz auf das Christentum. Der Essay ist deutlich ideologisch geprägt und deshalb als Propaganda zu verstehen. Die Höllenmetaphorik, als Zitat des Mittelalters und der Archaik, dient insbesondere in Verbindung mit dem Verweis auf moderne Technik der Legitimation des Krieges.[501]

Der Essay greift außerdem Feindbildtraditionen der USA auf. Die Weltsicht der frühen amerikanischen Siedler, der Puritaner, basierte auf Gott und den Guten, die sich im ständigen Kampf mit dem Teufel und dem Bösen sahen.[502] Diese religiöse Dichotomie macht sich auch der Essay zur Verstärkung seiner Aussage zu nutze, um das Freund-Feind-Schema stärker herauszustellen. Der Feind selber tritt zwar nicht in Erscheinung, wird aber durch das Zeigen seiner „joy girls“ als niveaulos und grobschlächtig präsentiert, Gillespie wird hingegen stark heroisiert. Die Darstellung US-amerikanischer Soldaten hat sich im Gegensatz zu „We wade deeper into the Jungle“ deutlich verändert. Sie sind nicht nur Hauptgegenstand des Essays, sondern treten als aktive Führungskräfte in diesem Krieg auf. Die rein beobachtende Rolle, die anfangs vorgestellt wurde, wird hier aufgegeben. Wie Gillespie angibt, erfordert der Einsatz sogar noch mehr Entscheidungskompetenzen. Somit wird explizit, nicht wie zuvor implizit, die Leserschaft auf eine stärkere Beteiligung vorbereitet und ein Führungsanspruch formuliert. Es wird zwar Kritik an der aktuellen Kriegsführung geübt, aber nicht der Krieg an sich infrage gestellt, vielmehr eine Verstärkung der Anstrengungen gefordert. Auf die Tonkin-Krise kurz zuvor hatte *Life* mit einem kurzen Essay „Build-up on a Hot Border“ reagiert, indem die US-Amerikaner klar als Sieger und Helden präsentiert werden: „North Vietnam came out loser“.[503] Eine Doppelseite titelte „Heroes of the Gulf of Tonkin“ und zeigte dabei ein Porträt eines Lieutnants, einen Flugzeugträger und ein Foto von zahlreichen, den Betrachtenden entgegenkommenden Piloten.[504] Eine Aneignung des Krieges auch in der visuellen Dar-

501 Siehe genauer zur Metaphorik in der Kriegsführung Hüppauf 2013 (wie Anm. 101), S. 382.

502 Vgl. zum US-amerikanischen Feindbild Kleinsteuber 2003 – Terrorismus und Feindbilder, S. 214.

503 o. A.: Vietnam. Build-Up on a Hot Border, *Life*, 57 (8), 21.8.1964, S. 26–31, hier S. 26.

504 Vgl. o. A. 21.8.1964 – Vietnam, S. 30 f.

stellung erscheint auch in *Look* Ende 1965: „This is our war now. All that ‚advisor' stuff is over."[505]

Unter Präsident Johnson wurde zunächst von 1964 bis 1965 jegliche öffentliche Diskussion über den Einsatz in Südostasien vermieden. Man wollte die Bevölkerung in dem Glauben wiegen, Südvietnam würde mit eingeschränkter US-amerikanischer Hilfe erfolgreich sein. Mit den ersten Luftangriffen auf Nordvietnam im August 1964 sowie der Tonkin-Resolution im Februar 1965 ging man an die Öffentlichkeit. Es wurde eine Bedrohungskulisse geschaffen, die eine unbedingte militärische Reaktion der USA erfordere. Die entscheidende Phase der Ausweitung zwischen Februar und Juli 1965 erfolgte dann jedoch wieder in kleinen Schritten und mit möglichst geringer Aufmerksamkeit.[506] Man versuchte, das eskalierende Engagement soweit wie möglich aus der Presse herauszuhalten. Es gelang jedoch nicht mehr, wie unter Kennedy, die Presse als „Medium der Kalten-Kriegs-Doktrin zu benutzen".[507]

Die Bedingungen für die Reporter vor Ort waren insofern ideal, als dass eine enge Zusammenarbeit mit dem Militär bestand. Sie wurden mit Informationen über bevorstehende Operationen ausgestattet und hatten die Möglichkeit, die Truppen zu begleiten. Zwischen Oktober 1965 und August 1966 organisierte das MACV 4.700 Boden- und Lufttransporte für Reporter.[508] Gleichzeitig gab es einen Plan der US-Regierung, um die Berichterstattung in gewünschte Bahnen zu leiten. So wurde der sogenannte „Body Count", die tägliche Bekanntgabe gefallener und verwundeter Feinde sowie der US-Soldaten, manipuliert, um ein größeres Vorankommen zu suggerieren.[509] Man machte sich zu Beginn des Konfliktes jedoch keine Sorgen über negative Berichterstattung, da es eine breite Unterstützung für den Krieg in der US-Bevölkerung gab. Außerdem baute man auf die freiwillige Zensur der Verlage und Journalisten, weshalb man zahlreiche Journalisten ins Land ließ. Präsident Johnson sah in Luce hierbei einen Partner, der ihm helfen konnte, die Linie in Vietnam zu rechtfertigen.[510]

---

505 Castan, Sam: How Johnson Changed the War in Vietnam, in: *Look*, 29 (24), 30.11.1965, S. 32–34, hier S. 34.
506 Vgl. Wölfl 2005 (wie Anm. 332), S. 66 f.
507 Wölfl 2005, S. 77.
508 Vgl. Moeller 1989 (wie Anm. 27), S. 360.
509 Vgl. Moeller 1989, S. 335–337.
510 Vgl. Brinkley 2010 (wie Anm. 462), S. 445–447.

Fotoessay Larry Burrows (Fotograf): „One Ride with Yankee Papa 13“ (*Life* 16.4.1995)

Am 16. April 1965 wurde in *Life* ein spektakulärer und für viele Lesenden emotional aufrührender Fotoessay auf 14 Seiten über einen Hubschraubereinsatz der US-Marine in *Đà Nẵng* veröffentlicht, zu einem Zeitpunkt, als der Krieg in Vietnam in eine neue Phase trat. Bereits auf dem Cover ist ein sterbender US-amerikanischer Pilot zu sehen (Abb.-Link 13). Der Fotoessay fasst die Erlebnisse des Obergefreiten James Farley und seiner Hubschraubercrew bei ihrem Einsatz am 31. März 1965 in 23 schwarz-weißen Fotografien zusammen. Er zeigt nicht nur den Tod eines Leutnants, sondern auch die Emotionen Farleys während der Versorgung der Verletzten und nach der Rückkehr in Da Nang. Auf den Essay folgt als detailliertere Information über die Hubschrauber-Taktiken in Vietnam ein einseitiger Artikel „Good Copters, But Bum Technics“ von John Dille, dem *Life*-Redakteur für militärische Themen.

Das *Life*-Cover lässt die Lesenden in das Innere eines Hubschraubers blicken, indem links der emotional höchst aufgewühlte James Farley mit weit aufgerissenem Mund steht, unter ihm liegen zwei *Marines* am Boden, einer verletzt und einer im Sterben. Farleys Schreien ist für den Betrachtenden durch seinen geöffneten Mund zu erahnen. Seine linke Hand liegt auf einem Maschinengewehr, die rechte hat er im Zeigegestus ausgestreckt. Sie ist leicht unscharf in der Aufnahme zu sehen, was Bewegung andeutet. Der Sterbende liegt lang gestreckt vom unteren Bildrand in das Bildinnere. Seine Arme hängen leblos herab und sein Gesicht ist durch eine Kopfbedeckung verhüllt. Von hinten greift ihm ein weiterer Verwundeter, ansonsten nicht genauer zu erkennen, mit der Hand an den Oberarm. Das Innere des Hubschraubers bleibt insgesamt relativ dunkel. Licht dringt durch die offene Seitentür an der rechten Seite herein, dass nicht nur den Toten am Boden, sondern auch Farleys Gesicht erleuchtet. So entsteht ein starker Hell-Dunkel-Kontrast. Leuchtend rot sticht aus dem schwarz-weißen Foto das Logo von *Life* auf der linken Seite heraus, daneben die Überschrift „With a Brave Crew in a Deadly Fight. Vietcong Zero in on Vulnerable U.S. Copters“. Farleys Kopf, optisch zum Teil vor das Logo gestellt, wird so mit seiner schockierten Miene nochmal stärker hervorgehoben. Die Bildunterschrift informiert: „In a U.S. copter in thick of fight–a shouting crew chief, a dying pilot“.[511] Im Inhaltsverzeichnis wird außerdem erläutert:

511 *Life*, 58 (15), 16.4.1965, Cover.

> „Under fire in Vietnam, two wounded U.S. Marines–one of whom is dying–lie on the floor of the helicopter Yankee Papa 13 while the crew chief shouts ‚My gun is jammed! Cover your side–I'll help with these guys!'"[512]

Die gesamte Szene spielt sich auf engstem Raum, im Inneren eines Hubschraubers ab. Dennoch wirkt das Foto wie nach Kompositionsprinzipien komponiert. Es wird durch zwei Horizontalen dominiert, die das Hochformat unterstreichen – eine durch die geöffnete Tür rechts und die andere durch den Toten, den darüber stehenden Farley und das „f" aus dem Magazintitel „Life". Das Maschinengewehr in seiner Hand bildet eine Diagonale und somit die Verbindung von dem optisch geschützten Raum des Inneren zur Gefahr und zum Kriegsgeschehen, das außerhalb lauert. Die geöffnete Tür kann als Verweis gedeutet werden, dass der Raum nicht völlig isoliert vom weiteren Kriegsgeschehen steht. Farley befindet sich zwar nicht ganz im Zentrum, aber durch die Komposition und den Lichteinfall wird sein emotionaler Ausdruck und seine Gestik betont. Seine Gebärde, das im Schrecken und Schreien verzogenes Gesicht, ist ikonographisch in der Tradition der Medusa- und Laokoondarstellung anzusiedeln.[513] Insbesondere in der gedrehten Körperhaltung und den angewinkelten Armen erinnert Farleys Gebärde an die antike Skulptur des Laokoon[514] und ist somit als Pathosformel[515] zu deuten. Anhand der 1506 ausgegrabenen Laokoon-Gruppe formulierte Warburg die leidende, expressive Geste als „die in erhabener Tragik stilisierte Form für Grenzwerte mimischen und physiognomischen Ausdrucks".[516] Die Aneignung einer tradierten Pathosformel verleiht Farleys Emotionen universelle Gültigkeit und macht sie übertragbar. Es steigert die wahrgenommene Anspannung und Dramatik der Szene, ebenso wie die wahrgenommene Authentizität.

Die Redaktion von *Life* hat sich für das dramatischste Bild der Serie auf dem Cover entschieden, um das Interesse und die Emotionen der Lesenden zu wecken. Eine spektakuläre Szene aus dem Innern eines Hubschraubers und die starken Hell-Dunkel-Kontraste fungieren allein schon als „eye-stopper". Der er-

---

512 *Life*, 58 (15), 16.4.1965, S. 5.

513 Vgl. zum Affekt des Schreis Schmölders, Claudia: Affekte, in: Uwe Fleckner, Martin Warnke und Hendrik Ziegler (Hg.), *Handbuch der politischen Ikonographie,* 2 Bde., München 2008, S. 29–35.

514 „Laokoongruppe", zweite Hälfte 1. Jahrhunderts v. Chr. oder Anfang des 1. Jahrhunderts n. Chr., gefunden in Rom, Esquilin (1506), Museo Vaticani, Rom. Siehe für eine Abbildung: Stemmer, Klaus (Hg.): *Standorte. Kontext und Funktion antiker Skulptur*, Ausst.-Kat. Berlin, Freie Universität, 29.11.1994–4.6.1995, Berlin 1995, S. 410.

515 Siehe zur Pathosformel Teil I.6 in dieser Studie, vgl. auch Krois 2002 – Die Universalität der Pathosformeln, S. 295; Wedepohl 2012 – Von der Pathosformel zum Gebärdesprachenatlas, S. 42.

516 Warburg (wie Anm. 228), S. 181.

schreckte Ausdruck in Farleys Gesicht berührt die Lesenden. Gesteigert wird die Brisanz durch die Abbildung eines toten US-amerikanischen Soldaten. Zwar ist für die Betrachtenden nicht direkt zu erkennen, ob es sich um einen Verletzten oder Toten am Boden des Hubschraubers handelt, doch stellt das Wort „deadly“ in der Überschrift einen Bezug zum Tod her und lässt die Betrachtenden in dem am Boden Liegenden einen Toten vermuten. Die Platzierung einer Abbildung eines Toten, und dazu noch auf dem Cover, bricht das Tabu, die eigenen Toten nicht zu zeigen. Bilder des Todes gehören zwar von Anfang an zur Fotografie des Krieges dazu – tote Körper können anklagend auf die Brutalität des Kriegsgegners verweisen oder die Stärke der eigenen Truppen verdeutlichen.[517] Insbesondere die Veröffentlichung von Darstellungen der eigenen Toten in der Presse waren jedoch lange Zeit nicht erwünscht, da sie keinem positiven Kriegsbild entsprechen und nicht zur Kriegspropaganda eingesetzt werden konnten, wie Major Kendall Banning vom Kriegsdepartment während des Ersten Weltkriegs aussagte:

> „Such pictures caused needless anxiety to those whose friends and relatives were at the front, and tended to foster the anti-war spirit that was always so persistently cultived by the enemy. Accordingly the general policy was adopted of withholding such views from the public.“[518]

In einem anderen Zusammenhang äußert selbiger genauer, welche Bilder darunter fielen, wie Bilder von Tod, Leid und möglicherweise gestellte Bilder:

> „In general, a broad policy was observed in censoring photographs that were questionable only on the grounds that they might have a deleterious effect upon American people – so broad, in fact, as to cause serious concerns to the authorities of the allied governments, who had learned from experience in their own countries some of the dangerous reactions that pictures might cause. Practically all photographs, except those of the dead and suffering, pictures of suspected or known to be fakes, and pictures that served as enemy propaganda (more especially motion

517 Siehe hierzu ausführlicher Sontag 2008 (wie Anm. 1), S. 58–69. Vgl. auch Hägele, Ulrich: Das Sichtbare und das Unsichtbare. Afghanistan – Ikonographie der fotografischen Kriegsberichterstattung, in: Gottfried Korff (Hg.), *KriegsVolksKunde. Zur Erfahrungsbindung durch Symbolbildung* (= Untersuchungen des Ludwig-Uhland-Instituts der Universität Tübingen, Bd. 98), Tübingen 2005, S. 299–353, hier S. 322.

518 Kendall Banning, Military Censorship of Pictures in World War I (Washington, ca. 1919–1930) zitiert nach Moeller 1989 (wie Anm. 27), S. 136.

> pictures that tended to arouse an antiwar sentiment and thus weaken the public morale) were released.“[519]

Das erste Foto toter US-amerikanischer Soldaten in der Presse erschien in *Life* während des Zweiten Weltkriegs am 20. September 1943. Es wurde als ganzseitiges Foto gezeigt,[520] und war nicht in einen Essay eingebunden. Der Fotograf wurde nur klein im Editorial erwähnt. *Life* verwies im Inhaltsverzeichnis ganz explizit auf die Zensur des Militärs:

> „ALL PHOTOS AND TEXT CONCERNING THE ARMED FORCES HAVE BEEN REVIEWED AND PASSED BY A COMPETENT MILITARY OR NAVAL AUTHORITY“.[521]

Dass ab 1943 Bilder von verletzten und sogar toten US-Soldaten in der US-amerikanischen Presse erscheinen konnten, war erst möglich, als sich die USA gemeinsam mit den Alliierten siegessicher fühlten. Sie ließen Bilder von schwer Verwundeten und Toten durch die Zensur, wenn auch die Toten anonym blieben, ihre Gesichter verdeckt. Man befürchtete nicht mehr, die Bilder könnten der Kampfbereitschaft oder der Unterstützung von der Heimatfront schaden.[522] Wie Anton Holzer ausführt, symbolisiert dieses Foto heute den Sieg der Presse gegenüber den Vorgaben des Militärs, da hier erstmals das Tabu überwunden wird, die eignen Toten in der Presse abzubilden.[523] Aus dem Krieg der USA in Korea gelangten immer wieder Fotos toter Soldaten in die Presse, auch wenn sie phasenweise von der Zensur zurückgehalten wurden.[524] Die ersten Fotografien toter US-Soldaten aus Vietnam 1962 waren patriotisch in die US-amerikanische Flagge gehüllt, begleitet von salutierenden Uniformierten. In den nächsten Jahren häuften sich die Bilder toter US-Berater in der Presse, ebenso wie die Zahl Gefallener stieg, insbesondere nach dem Einmarsch der *Marines* im März 1965.[525] Dennoch blieb eine solche Platzierung eines toten US-amerikanischen Körpers auf dem Cover spektakulär und rüttelt die Betrachtenden auf.

Auch wenn es eher ungewöhnlich war, dass der Tod eines Soldaten so prominent in der Zeitung platziert wurde, zeigte *Life* insbesondere 1965 ähnlich

519 Kendall Banning: *The Military Censorhip of Pictures. Photographs that came under the ban during World War – and why.* 1926. U.S. Army Military History Institute Archives, S. 21 f.

520 o. A.: Editorial. Three Americans, in: *Life*, 15 (12), 20.9.1943, S. 34–35.

521 *Life*, 15 (12), 20.9.1943, S. 23

522 Vgl. Paul 2004 (wie Anm. 3), S. 253.

523 Vgl. Holzer 2003 – Das fotografische Gesicht des Krieges, S. 11.

524 Vgl. Moeller 1989 (wie Anm. 27), S. 307.

525 Vgl. Moeller 1989, S. 392 f.

drastische Bilder. So veröffentlichte es im März 1965 auf einer Doppelseite drei Fotografien, eine davon groß gezogen, vom Tode Malcolm Xs (Malcolm Little, 1925–1965),[526] auf denen der Tote nicht nur genau zu erkennen ist, sondern auch seine Schussverletzungen zentral positioniert sind. Derart drastische Bilder zu zeigen, war wohl nur möglich, da es sich um einen Farbigen und Kleinkriminellen handelte und der Tod ein öffentliches Interesse darstellte. Ohne rassistische Hintergründe wären wohl pietätvollere Darstellungen gewählt worden.[527]

Es wird deutlich, dass es am journalistischen Entscheidungsprozess hängt, was gezeigt wird und was nicht. Hierbei spielen soziokulturelle, wirtschaftliche wie politische Faktoren eine Rolle.[528] Was ist wert, gezeigt zu werden und was weniger wichtig? Was kommt auf der Frontseite und was weiter nach hinten? Wie groß wird es gezeigt? Hierbei gibt es ethische Richtlinien für die Redakteure, aber oft verlassen sich die Redakteure im Entscheidungsprozess darauf, wie es früher gehandhabt wurde.[529] 1938 veröffentlichte *Life* ein Statement, indem es darstellt, man könne die Bilder großer Ereignisse nicht ignorieren und im Krieg ginge es gewaltsam zu:

> „Once again LIFE prints grim pictures of War, well knowing that once again they will dismay and outrage thousands and thousands of readers. […] Obviously LIFE cannot ignore nor suppress these two great news events in pictures. As events, they have an authority far more potent than any editors' policy or readers' squeamishness. But LIFE could conceivably choose to show pictures of events. The important thing that happens in a prize fight is that one man hits another. Only a picture of a blow shows a fight. The important thing that happens in a war is that something or somebody gets destroyed. Victory comes to the side that destroys the greates number of somebodies and somethings. Pictures of war are therefore pictures of something or somebody getting destroyed. […] But even the best pictures cannot show war in all its horror and ugliness. They may depict some of the blood, some of the broken bodies, some of the violence and destruction but they leave unrecorded the terrible will to kill, the even more terrible will to live, the long lonely pain and the utter heartbreak of a whole people. No picture

526 o. A.: The Violent End of a Man Called Malcolm X, in: *Life*, 58 (9), 5.3.1965, S. 26–31.

527 Siehe hierzu auch die Analyse von „We Wade Deeper into Jungle War" in II.2.

528 Diese Thematik wird in einer aktuellen Ausstellung genauer beleuchtet „DELETE. Auswahl und Zensur im Bildjournalismus" vom 8.6. bis 25.11.2018, Museum für Kunst und Gewerbe Hamburg.

529 Vgl. Harris, John M.: America's Vision of War. A History of Combat Photography in the United States as Seen Through Three Images (Phil. Diss. Washington 2011) 2011, S. 43 f.

> can convey the sounds that come from a thousand dying men or the smells that come from a thousand dead men."[530]

Somit ist das *Life*-Cover einzureihen in eine Entwicklung der Soldaten- und Kriegsdarstellung. Gleichzeitig ist es als Zeichen der Aneignung zu verstehen. Der reale Tod, vergegenwärtigt durch den versehrten Körper und den leidenden Soldaten, ist auch als Zeichen dafür zu deuten, dass der Krieg in den US-amerikanischen Wohnzimmern angekommen ist. Es ist jetzt der eigene Krieg, bei dem der „einfache" US-Amerikaner zu Tode kommen kann. Die Pathosformel als gesteigerter Ausdruck eines Gefühls symbolisiert dies in Verbindung mit dem vergegenwärtigten Tod auf der Titelseite.

Auf dem Cover 1965 wird prominent auf den Fotografen verwiesen „By Larry Burrows in Vietnam". Eine derartige Platzierung des Namens des Fotografen auf dem Cover ist auch für *Life* durchaus ungewöhnlich. Es lässt vermuten, dass Burrows' Vietnamfotografien bereits so bekannt waren, dass ein gesonderter Hinweis darauf als verkaufsförderlich angesehen wurde. Man machte somit einerseits auf den bekannten und wagemutigen Fotografen aufmerksam, um die Attraktivität der Bilder zu betonen und nutzte den Namen andererseits, um die Authentizität der dramatischen Aufnahmen zu belegen, die wiederum ihre Authentizität auch dem Zeigen eines universellen Gefühlsausdruckes verdankt.

Von den sieben Doppelseiten des Fotoessays beschäftigen sich die ersten zwei Seiten mit den Vorbereitungen des Einsatzes, vier zeigen Situation während des Einsatzes und die letzte widmet sich Farleys Reaktionen nach der Rückkehr.

Die erste Doppelseite wird von zwei großen Fotografien dominiert. Eine große, querformatige Aufnahme auf der linken Seite zeigt, wie eine Staffel der US-Marine in Vorbereitung auf einen Einsatz eingewiesen wird. Im Vordergrund bilden zahlreiche Marinesoldaten stehend und sitzend einen Kreis, um aufmerksam zuzuhören. Im Hintergrund steht in einer langen Reihe ein Hubschrauber neben dem nächsten. Das Foto zieht sich im Layout über zwei Drittel der linken Seite und ist bis auf die rechte Seite herübergezogen. Daneben sieht man Farley auf einem schmaleren, hochformatigen Foto im Ganzkörperporträt, wie er gut gelaunt ein Maschinengewehr trägt. Er ist beim Laufen fotografiert worden und bewegt sich, durch die Platzierung des Fotos im Layout, in Richtung der Versammlung. Im Hintergrund landet gerade ein Hubschrauber. Das Maschinengewehr in seiner Hand bildet eine Linie mit der Unterkante des linken Fotos. Sein Blick wirkt optimistisch und zuversichtlich. Das hochformatige Foto wurde für das Layout rechts leicht und links stärker beschnitten, wodurch Farley jetzt fast

530 o. A.: The Word's Two Wars. Teruel Falls and Tsingtao Burns, in: *Life*, 4 (4), 24.1.1938, S. 9–15, hier S. 9.

die Mittelsenkrechte bildet.[531] Das Foto wirkt so etwas beengter, gewinnt durch das zentrale Achsenkreuz an Stabilität und Farley wird präsenter für die Betrachtenden. Seine Pose erinnert an Honoré Daumiers Druckerdarstellung „Legt euch mit mir nicht an", der ebenfalls im seitlichen Profil in Ganzfigur ins Bild gefasst ist und mit geballten Fäusten und leicht gebäugten Armen entschlossen dasteht. Zwar strotzt Farley nicht derart von Kraft, doch vermitteln die beiden Maschinengewehre ähnliches Durchsetzunvermögen.[532]

Die Doppelseite zeigt somit nicht nur eine starke, technische Präsenz und Waffengewalt, sondern auch die einsatzbereite Marine durch eine Vielzahl junger, kampfbereiter Soldaten, insbesondere durch den heroisierend dargestellten Farley repräsentiert. Die Überschrift „One Ride with Yankee Papa 13" ist groß unter dem querformatigen Bild platziert, darüber ist als Unterüberschrift zu lesen: „Photographer Larry Burrow's report from Da Nang, Vietnam". Links darunter ist der Fotograf porträtiert, der ausgerüstet mit zahlreichen Kameras stehend im Kniestück neben einem Hubschrauber gezeigt wird, von dem nur ein Stück der Radstütze und eine Befestigung ins Bild gefasst ist. Der Fotograf schaut die Lesenden nicht an, sondern ist mit einer Kamera beschäftigt. Unter der Überschrift ist in vier kurzen Spalten Text platziert. Ein einführender Erzähler stellt Farley, das *U.S. Marines Helicopter Squadron 163*, den Fotografen Burrows und seine Rolle in der Einheit vor. Die Lesenden erfahren, dass Burrows seit 1962 aus Vietnam berichtet und zahlreiche Hubschraubermissionen begleitet hat. Der Erzähler erklärt den Lesenden, dass man den Erlebnissen eines Einsatzes in der Berichterstattung folgen könne: „[...] as shown in his chilling photographic and word report on these pages".[533] Es wird auch erwähnt, dass Burrows nach der Rückkehr des Hubschraubers „bullet-riddled and bloodstained" vom Kapitän der Staffel mit den Worten „You've earned it" mit einem Emblem ausgezeichnet wurde.[534] Einführend wird an dieser Stelle bereits verdeutlicht, es handelt sich um einen persönlichen Bericht des Fotografen über einen gefährlichen und „blutigen" Flug. Anekdoten über die Entstehung der Fotografien und den Reporter vor Ort werden diesmal nicht in einer „Editors' Note" vorange-

---

531 Siehe für eine Abbildung Burrows 2002 (wie Anm. 52), S. 103.

532 Siehe für eine Abbildung Honoré Daumier, *Legt euch nicht mit mir an*, 1834, Privatbesitz: Abb. 118 Ausst.-Kat.: Triumph und Tod des Helden. Europäische Historienmalerei von Rubens bis Manet, Köln, Wallraf-Richartz-Museum, 30.10.1987–10.1.1988; Zürich, Kunsthaus 3.3.1988–24.4.1988; Lyon, Musée des Beaux-Arts Lyon 18.5.1988–17.7.1988. Köln, Mailand 1987, S. 149.

533 Dille, John: Good Copters, But Bum Tactics, in: *Life*, 58 (15), 16.4.1965, S. 34D, hier S. 24 f.

534 Dille 16.4.1965 – Good Copters, S. 24 f.

stellt, sondern direkt in den Text eingebunden und somit Wagemut wie Authentizität im Essay selbst herausgestellt.

Während auf der ersten Doppelseite ein horizontales neben einem vertikalen Bild gezeigt wurde, folgt nun die entgegengesetzte Strukturierung: zunächst links eine vertikal angeordnete Seite mit drei Fotos neben zwei horizontal orientierten Fotografien rechts. Die Doppelseite zeigt links zwei kleine Bilder von Farley mit seinem Richtschützen beim Einkaufen in Da Nang, und rechts eine Spalte Fließtext in stark beschnittenem Hochformat beim Vorbereiten des Hubschraubers, der in der Bildunterschrift liebevoll „their bird" genannt wird. Auf der Seite rechts daneben sind zwei querformatige Porträts der beiden in Nahe gesetzt, die sie hinter ihren Waffen und mit Helmen gerüstet in ihrer Position im Hubschrauber bereit für den Einsatz zeigen. Der begleitende Text, erneut durch einen Erzähler berichtet, stellt die beiden Porträtierten genauer vor, informiert über den Auftrag des Einsatzes, nämlich Truppen ins Kampfgebiet bringen und endet mit der unheilvollen Andeutung: „[...] on a trip from which they'd return much older."[535] Die Überschrift vermittelt, dass alles ruhig ist: „All is Shipshape, Fine Breeze Aloft".[536]

Die nächste Seite zeigt groß erneut im Querformat als kleinen Höhepunkt ein Bild von Farley beim Zielen mit einem M-60 Maschinengewehr aus dem Hubschrauber. Die Lesenden schauen ihm von außerhalb des Hubschraubers frontal ins Gesicht. Die Augen sind konzentriert zusammengekniffen. Die Waffe zielt links an den Lesenden vorbei aus dem Bild. Im Hintergrund sieht man einen weiteren Soldaten ein Maschinengewehr zur anderen Seite aus dem Hubschrauber richten. Die Überschrift lautet: „Strike–Farley Cuts Loose at the Tree Line".[537] Wie die Lesenden dem kurzen Text darunter entnehmen können, hat Burrows das Foto aufgenommen, indem er die Kamera außerhalb des Hubschraubers an einer speziellen Vorrichtung am Gewehr befestigt hat. Sie konnte sich mit dem Maschinengewehr drehen und war dabei immer direkt gegenüber von Farley platziert. Hinter Farley stehend, konnte Burrows die Kamera mit einem Kabel bedienen.[538] Das Foto zeigt den konzentriert zielenden Farley, der über dem Geschehen schwebt. So wie im Historiengemälde der Fürst mit seinem vorwärtsweisenden Säbel den Befehl zum Angriff gibt, zielt der fliegende Farley mit dem Maschinengewehr. Das Foto eignet sich traditionelle Formen der Heroisierung und bildnerischen Kriegspropaganda an, die hier aktualisiert und in die Fotogra-

535 Burrows, Larry: One Ride with Yankee Papa 13, in: *Life*, 58 (15), 16.4.1965, S. 24–34C, hier S. 26.

536 Burrows 16.4.1965 – One Ride with Yankee Papa, S. 26 f.

537 Burrows 16.4.1965 – One Ride with Yankee Papa, S. 28 f.

538 Eine Abbildung der Vorrichtung finden die Lesenden in dem Porträt Burrows auf der ersten Seite des Fotoessays S. 24.

fie übertragen wurden. Während im Originalfoto ein zentrales Achsenkreuz durch die Hubschraubertür und das Maschinengewehr die Optik bestimmt,[539] ist durch das Entfernen eines Streifen Himmels auf der linken Seite im Essay das Achsenkreuz nicht mehr zentriert im Bild. Die Doppelseite ist so gestaltet, dass das Maschinengewehr im Zentrum der gesamten Doppelseite steht, wodurch die Waffe gerade im Zusammenhang mit der Überschrift „strike" kriegsverherrlichend wirkt. Gerade die ersten beiden Doppelseiten erzeugen den Eindruck von technischer Präsenz, Manneskraft, Truppenstärke und guter Vorbereitung. So wird ein heroisches Bild der Kampfstärke der US-Amerikaner aufgebaut, die die Situation beherrschen. Eine kleine Ambivalenz entsteht nur durch den Bezug zu einer bekannten Aufnahme aus dem Zweiten Weltkrieg, die Robert Capa in seiner Autobiographie 1947 veröffentlichte.[540] Auch hier steht im Zentrum der Aufnahme ein Maschinengewehr, rechts der Soldat, der dieses bedient. Das Gewehr ist ebenfalls zur linken Seite in den luftleeren Raum ausgerichtet. Anstatt in einem Hubschrauber, steht der Soldat auf einem Balkon mit Brüstung. Capa berichtet, dass es die letzte Aufnahme des Soldaten zu Lebzeiten war, kurz danach sei dieser erschossen worden.[541] Mit dem Wissen über die Fotografie Capas und deren großer Bildunterschrift „The Last Shot"[542] erhält Burrows' Fotografie eine dramatische Komponente.

Zwei kleine Bilder rechts daneben zeigen Soldaten, die den Hubschrauber verlassen und weitere, die über ein Feld ausströmen. Das obere zeigt wieder Farley und seine M-60 im Vordergrund. Beide Maschinengewehre, aus dem großen Bild links und dem kleinen oben rechts, bilden eine Diagonale über die Doppelseite, die den Blick der Lesenden in die untere linke Ecke führt, dorthin, wo der außerhalb des Bildes zu situierende Feind zu vermuten ist. Auch der Hubschrauber im unteren rechten Bild unterstützt diese Diagonale. Dies lässt die starke Gestaltung durch die Redaktion erkennen. Das untere Foto führt den Blick der Lesenden aus dem Hubschrauber und somit in die Stellung Farleys. Eine Rückenfigur links ermöglicht den Betrachtenden sich in diese Position zu versetzten. Auch dieser Blickwinkel aus einem geschlossenen Raum mit einer seitlichen Rückenfigur ist eine Perspektive, mit der bereits Capa im Zweiten Weltkrieg arbeitete und die erneut auf die bereits erwähnte Situation anspielt. Die Fotografie Capas, direkt auf der Folgeseite in seinem Buch veröffentlicht, zeigt den Soldaten des Fotos „The Last Shot" erschossen am Boden liegend. Der Blickwinkel ist jetzt von innen heraus auf den Balkon gerichtet und die Wände rah-

539 Siehe für eine Abbildung Burrows 2002 (wie Anm. 52), S. 108.
540 Capa 1947 (wie Anm. 220), S. 237.
541 Vgl. und siehe für eine Abbildung Capa 1947, S. 236.
542 Capa 1947, S. 237.

men das Bild, ähnlich wie bei Burrows der Hubschrauber. Auch kniet ein Soldat als Rückenfigur am Türrahmen. Doch ist die Szene bei Capa nicht so fokussiert, der Raum ist größer und im Vordergrund knien zwei weitere Soldaten. Es ist davon auszugehen, dass sowohl Burrows als auch die Redaktion die Fotografien von Capa kannten, da dieser teilweise auch für *Life* arbeitete. Das Arrangement der Fotos wie auch die gewählten Perspektiven von Burrows sind somit als visuelle Anspielung auf Capas Fotografien zu deuten.

Dieser Blickwinkel kann auch als Überleitung zur nächsten Doppelseite des Fotoessays gesehen werden. Dort blicken die Betrachtenden in mehreren Bildern aus dem Hubschrauber heraus. Doch während diese Doppelseite im Layout horizontal gestaltet war, ist die folgende stark vertikal orientiert. Sie wird dominiert durch zwei schmale, hochformatige Aufnahmen von einem Hubschrauber und einem Soldaten, der sich zunächst von außen ins Cockpit beugt und im zweiten in gleicher Aufnahmeposition rennend den Bildausschnitt verlässt. Die Überschrift erläutert bereits „‚See what you can do for that pilot!‘“[543] Wie die Lesenden aus der Bildunterschrift erfahren, handelt es sich um Farley, der unter starkem Beschuss zum Hubschrauber *Yankee Papa 3* gelaufen ist, um dem Piloten zu helfen. Das Team habe zuvor weitere Truppen eingesammelt und als man sie absetzen wollte, habe man den Hubschrauber am Boden entdeckt. Farley habe eine Einschusswunde im Nacken vorgefunden, den Piloten daraufhin für tot gehalten und sei zu seinem Hubschrauber zurückgekehrt. Der größte Teil der Fotos wird durch den dunklen Hubschrauber eingenommen. Der Eindruck von Dynamik und Dramatik entsteht durch zahlreiche Diagonalen und den im Laufen festgehaltenen Farley. Burrows hat zum Fotografieren selbst den Hubschrauber verlassen – „I chased after him“[544] –, was auch aus anderen, in *Life* nicht publizierten, Aufnahmen hervorgeht.[545] Der von der Redaktion stark beschnittene Bildraum lässt den Betrachtenden keinen Überblick über die gesamte Situation, was die Bedrohlichkeit noch steigert. Selbst auf dem kleinen Foto unten links, aus welchem die Betrachtenden in größerer Distanz auf *Yankee Papa 3* blicken, bleibt das Sichtfeld stark eingeengt. Die Betrachtenden sehen aus dem Hubschrauber heraus den heranlaufenden *gunner* Sergeant Owens. Das Foto ist an zwei Seiten von dem Türrahmen des Hubschraubers gerahmt und wird gleichzeitig fast zur Hälfte von der Rückenfigur Farleys eingenommen. Im Gegensatz zu den zwei großen Fotos ist hier somit die Position der Kamera für die Lesenden präsent. Es erscheint auch von der Gestaltung als Analogie zum Foto der vorherigen Seite. Der begleitende Text schildert die Situation dramatisch, und führt auch weiter aus, wie

543 Burrows 16.4.1965 – One Ride with Yankee Papa, S. 30 f.
544 Larry Burrows zitiert nach Burrows 16.4.1965 – One Ride with Yankee Papa, S. 30.
545 Siehe für eine Abbildung Burrows 2002 (wie Anm. 52), S. 113.

Farley wieder zu *Yankee Papa 13* zurückkommt, der unter starkem Beschuss stand und mehrfach getroffen wurde. Nicht nur inhaltlich erfährt der Essay hier eine dramatische Zuspitzung, sondern auch in der textlichen Gestaltung. Bis auf den kurzen Hinweis des Erzählers „Burrows reported", wechselt der Text komplett in den Bericht von Burrows, welcher durch Anführungszeichen gekennzeichnet ist. Der Fotograf ist nicht nur Augenzeuge im Hintergrund, sondern wird fest in die Erzählung des Tages eingebunden und ist, obwohl nicht selbst in der Fotografie sichtbar, ein Teil der Geschichte:

> „‚The Vietcong, dug in along the tree line, were just waiting for us to come into the landing zone,' Burrows reported. ‚We were all like sitting ducks and their raking crossfire was murderous. Over the intercom system one pilot radioed Colonel Ewers, who was in the lead ship: ‚Colonel! We're being hit.' Back came reply: ‚We're all being hit. If your plane is flyable, press on.'"[546]

Die Spannung wird nicht nur über Burrows' Bilder, sondern auch über die direkte Rede vermittelt. Seine Position innerhalb der Einheit wird immer wieder durch „our" und „we" zum Ausdruck gebracht. Er zählt sich als Teil des Teams dazu.[547] Im Text wird die Rolle des Fotografen für die Lesenden somit immer wieder veranschaulicht. Auch seine Unsicherheiten werden zum Ausdruck gebracht:

> „I was kneeling on the ground alongside the ship for cover against the V.C. fire. Should I try to find another foothold alongside Farley and help him lift the pilot out?"[548]

Diese Form der direkten Berichterstattung in Kombination mit dem telegraphischen Stil, zugespitzt durch zahlreiche Einschübe von direkter Rede, steigert die Spannung für die Lesenden und verstärkt die Bedrohungskulisse für die Soldaten. Dies ist kein objektiver Bericht, sondern ein mitreißendes Abenteuer.

Nach diesen Blicken aus dem Hubschrauber wechseln die Betrachtenden auf der nächsten Doppelseite zu vier Szenen im Inneren von *Yankee Papa 13*. Die Überschrift rechts daneben erklärt die Situation: „Two Man rescued–They're in Bad Shape".[549] Auf der linken Seite sind oben zwei kleine hochformatige Bilder

546 [Fehlende Anführungszeichen von der Verfasserin ergänzt.] Die Anführungszeichen sind im Essay nicht einheitlich gesetzt. So wurde offenbar vergessen, bei den ersten drei Absätzen am Ende die Anführungszeichen wieder zu schließen. Der neue Absatz beginnt jeweils mit öffnenden Anführungszeichen. Dennoch ist durch die Personalpronomen erkennbar, dass es sich um den Bericht von Burrows handeln soll („our", „I", „we"). Siehe Burrows 16.4.1965 – One Ride with Yankee Papa.

547 Burrows 16.4.1965 – One Ride with Yankee Papa, S. 30.

548 Burrows 16.4.1965 – One Ride with Yankee Papa, S. 30.

549 Burrows 16.4.1965 – One Ride with Yankee Papa, S. 32 f.

platziert, von denen das erste Farley wieder an seinem Maschinengewehr zeigt. In dem Foto daneben und dem größeren querformatigen sieht man, wie er und sein Richtschütze Hoilien sich den zwei Verletzten im Inneren des Hubschraubers zuwenden, welche laut Bildunterschrift der Copilot und der Richtschütze aus *Yankee Papa 3* sind. Auf dem unteren Bild ist Leutnant Magel bereits verstorben. Rechts daneben ist ein großes hochformatiges Foto über den Seitenumbruch gezogen. Es zeigt Farley im Hubschrauber über dem toten Leutnant Magel stehend, so dass die Betrachtenden ihm in das schockierte Gesicht blicken können. Das Gesicht Magels bleibt auf sämtlichen Aufnahmen pietätvoll verborgen.

Dieser Umgang mit den eigenen Toten entspricht den Konventionen der Kriegsfotografie. Man zeigte aus Respekt vor den Opfern in der Regel nicht die Gesichter. Auf dem ersten Bild auf Seite 32 trägt Magel einen Helm, ebenso wie auf dem Coverfoto, das sich zeitlich danach einordnen lässt. Auf dem zweiten wurde sein Gesicht durch die Redaktion verdunkelt und auf dem unteren Bild ist es auch im Original durch eine Binde verdeckt, diese wurde jedoch durch eine Retusche so erweitert, dass auch das rechte Auge nicht mehr zu erkennen ist. Im großen Foto auf der rechten Seite wurde der Kragen der Jacke durch die Redaktion vergrößert und somit erneut das Gesicht durch Retusche vorborgen.[550] Larry Burrows sagte zu den Bildern:

> „I tried to find a way in which to hide the pilot's face when the boys were working on him, feeling that should a photograph be used, it would be hard on the family. Yet it would bring home to many people that this was a war and people were getting killed. It was important to show such a scene and for all to realize that despite the pretty pattern that helicopters [sic!] made when flying at 15000 feet, life can be hell."[551]

Erneut werden, abgesehen von einigen einführenden Erläuterungen zur Situation, die spannenden Passagen fast ausschließlich in wörtlicher Rede Burrows' wiedergegeben. Auch der Gefühlsausbruch von Farley wird im Folgenden in Ich-Perspektive des Fotografen erzählt, wodurch die Lesenden nicht nur mit Farley, sondern auch mit Burrows fühlen können:

> „Then he broke into tears, first trying to cover his face from the others and then not caring who saw him. I don't know what this young man may have seen of vio-

550 Gespräch mit Russel Burrows über Eingriffe der Redaktion 26.9.2013, siehe für Abbildungen der Fotografien Burrows 2002 (wie Anm. 52), S. 115–117. Über die Retuschen seitens der Redaktion gibt es in *Life* keine Angaben: Burrows 16.4.1965 – One Ride with Yankee Papa.

551 Larry Burrows zitiert nach Moeller 1989 (wie Anm. 27), S. 394. Transcript of Larry Burrows tape of Yankee Papa 13, „Da Nang April 4th, 1965".

> lent death before this day. But compounding his grief and shock, I later found out, were his frustration and feelings of guilt at being unable to extricate the pilot of Yankee Papa 3."[552]

Als absoluter Höhepunkt des Essays ist groß auf die nächste Doppelseite ein Bild aus dem Hubschrauber gezogen, auf dem Farley jetzt am Boden sitzend den Kopf in Verzweiflung gesenkt hat. Als Einstellungsgröße wurde nun eine Halbnahe oder Amerikanische Einstellung gewählt, die den Toten und den Verletzten für die Betrachtenden näher heranholt. Die Überschrift über dem Foto lautet: „Helpless Feeling As a Lieutnant's Life Slips Away".[553] Wie die Bildunterschrift informiert, ist der Hubschrauber *Yankee Papa 13* mit elf Einschusslöchern und einem defekten Funkgerät nun wieder auf dem Rückweg nach Da Nang. Auch hier ist das Gesicht des Toten geschwärzt worden. Im Vergleich zu den vorangegangenen Bildern sind die Betrachtenden viel näher an der Szene. Der Ausschnitt ist so gewählt, als säßen die Betrachtenden als Anwesende dem Geschehen bei. Der Richtschütze Owens rechts ist zur Seite gesunken, den Kopf hält er leicht gesenkt, sein Blick ist durch eine dunkle Brille nicht zu erkennen. Farley rechts hat sich vorgebeugt und es wirkt, als hielte er den Blick in Trauer gesenkt. Durch die Perspektive von oben auf den Toten und die beiden anderen Soldaten, mit gesenkten Köpfen an seiner Seite kniend, erinnert die Szene an christliche Darstellungstraditionen wie die Grablegung und Beweinung Christi, die ikonographisch nicht genau voneinander zu trennen sind.[554] Der Leutnant wird inszeniert wie ein christlicher Märtyrer und Held, wodurch ihm visuell „schuldfrei[es] Versagen"[555] unterstellt wird. Die Darstellung gibt seinem Tod rückwirkend einen Sinn und überhöht ihn. Diese Überführung eines sakralen Motivs ist eine gängige Darstellungspraxis in der Kriegsdarstellung und Propaganda. Das christliche Motiv wurde beispielsweise 1770 bereits von Benjamin Wests Historiengemälde „Tod des General Wolfe" im profanen Zusammenhang zur Darstellung und Propaganda des Krieges verwendet.[556] Auch zur Bewältigung des Krieges in

552 Burrows 16.4.1965 – One Ride with Yankee Papa, S. 33.

553 Burrows 16.4.1965 – One Ride with Yankee Papa, S. 34, 34A.

554 Vgl.Lucchesi Palli, E. und Hoffscholte, L.: Beweinung Christi, in: Engelbert Kirschbaum (Hg.), *Lexikon der christlichen Ikonographie,* 7 Bde., Bd. 1, Freiburg im Breisgau, Basel, Wien 1968, S. 278–282.

555 Vgl. Probst, Volker G.: Bilder vom Tode. Eine Studie zum deutschen Kriegerdenkmal in der Weimarer Republik am Beispiel des Pietà-Motives und seiner profanierten Varianten (Phil. Diss. Hamburg 1986). Hamburg 1986, S. 76.

556 Benjamin West, Tod des General Wolfe, 1770, Öl auf Leinwand, National gallery, Ottawa. Siehe für eine Abbildung Stefan Germer und Michael F. Zimmermann (Hg.): *Bilder der Macht. Macht der Bilder. Zeitgeschichte in Darstellungen des 19. Jahr-*

Kriegsdenkmälern wurde die Analogie zum Tode Christi und somit vom Soldaten zum Märtyrer als freiwilligem Opfer für die Nation immer wieder hergestellt[557] und ist somit ein im Bildgedächtnis der Betrachtenden verwurzeltes Motiv. Der Tod im Hubschrauber verdeutlicht den Betrachtenden das reale Leid des Krieges, der tote Körper fungiert als zentrales „Erlebnismedium“ und „Wahrheitsindikator“.[558]

Die letzte Doppelseite des Essays zeigt nochmal vier Fotografien, die Farley nach der Rückkehr in Da Nang zeigen, drei auf der linken Seite und sehr groß über den Seitenumbruch gezogen ein hochformatiges Foto rechts, welches den zusammengesunkenen Farley auf Kisten sitzend in Halbtotale zeigt. Alle vier Fotografien zeigen den emotional angeschlagenen Farley im Zentrum, die ersten drei mit anderen Marinesoldaten seiner Crew vor ihrem Hubschrauber, das letzte allein in einem Lagerraum. Die Überschrift oben auf der linke Seite verkündet: „Mission Over, but Not for a Long, Long Time Forgotten“. Wie bereits auf der vorhergehenden Doppelseite gibt es hier keinen Fließtext mehr, nur eine Bildunterschrift anhand derer die Geschichte zu Ende erzählt wird. Das große und letzte Bild des Essays zeigt Farley isoliert von seinen Mannschaftskollegen im Lagerraum. Er sitzt seitlich auf einer Kiste. Den rechten Arm hat er auf einer höheren Kiste abgelegt und den Kopf in den Händen verborgen. Der Mund ist geöffnet, wodurch anzunehmen ist, dass er weint. Der Lagerraum ist weitgehend leer, so dass Farley mit seinen Emotionen im Zentrum steht. Das Foto wurde von der Redaktion in voller Breite abgedruckt, oben wurde jedoch ein großes Stück leerer Raum abgeschnitten, so dass die ehemals hochformatige Aufnahme nun nahezu quadratisch ist.[559] Die Leere im Lagerraum wirkt so noch drückender, insbesondere nach den vielen beengten Aufnahmen aus dem Inneren des Hubschraubers.

Durch die weitgehende Isolierung des Soldaten vom Kriegsgeschehen findet eine Konzentration auf die Emotionen des Soldaten statt. Die Geste des Soldaten, der in Verzweiflung den Kopf verbirgt, ist eine tradierte Geste der Kunstgeschichte und wird immer wieder als Zeichen für Trauer und Verzweiflung eingesetzt. In der Antike war die Lehre von den Affekten eng mit den Aufgaben der Redekunst verbunden. Ausgehend von Quintilian (35–96 n. Chr.) wurde gerade der Hand als körperlicher Ausdrucksträger in der Rhetorik eine besondere Aus-

---

hunderts (= Veröffentlichungen des Zentralinstituts für Kunstgeschichte, 12). München 1997, hier Bd. 12, S. 93.

557 Siehe zur Profanisierung des Pietá-Motivs in Kriegerdenkmälern ausführlich Probst 1986 (wie Anm. 555).

558 Ursula Frohne verwendet diese Begriffe im Zusammenhang der Erfahrbarkeit körperlicher Versehrtheit in der Zeitgenössischen Kunst: Frohne 2002 – Berührung mit der Wirklichkeit, S. 405.

559 Vgl. Burrows 2002 (wie Anm. 52), S. 123.

sagekraft zugesprochen und zum Ausdruck von Schmerz eingesetzt. Die Gestensammlung von Quintilian wird in der Neuzeit aufgegriffen und erweitert. So führt John Bulwer (1606–1656) in seiner *Chirologia* 1644 die Geste, bei der die Hand auf die Stirn gelegt wird, als „Impatientiā prodo“ und bei der Bedeckung des Gesichtes mit der Hand als „pudet“, [560] d. h. die Geste ist sowohl als Ausdruck für Schwäche, Angst und Kummer, als auch als Scham zu deuten. Grundsätzlich wurde in der Rezeption der einzelnen Gesten ein umfangreicher Deutungsspielraum gesehen. Zur Darstellung von Affekten in der bildenden Kunst stand mit der Übertragung dieses rhetorischen Gestenrepertoires eine Vielzahl von Trauergesten zur Verfügung.[561] In der christlichen Ikonographie ist die Geste der Betroffenheit gerade im Zusammenhang mit der Beweinung Christi und Kreuzigungsdarstellungen zu finden, wobei oft unterschiedliche Grade bzw. Stufen der Trauer präsentiert werden.[562]

Dies zeigt sich anschaulich in der „Beweinung“, die der niederländische Maler Geertgen tot Sint Jans auf dem rechten Innenflügel des Kreuzigungsaltars darstellte. Das Personal zeigt Trauer in verschiedenen Abstufungen: der ehrerbietig trauernde Nikodemus, der die Hand zum Herz geführt hat, der weinende Johannes, der den Kopf in stillem Schmerz geneigt hat, und der demütige Joseph von Arimathäa, der in Trauer den Blick gesenkt hält und mit der rechten Hand Kopf und Mütze berührt.[563] In dieser Aufzählung zeigt sich, dass die Geste, den Kopf zu senken und sich mit der Hand an diesen zu fassen, formal tradierte Gesten im Repertoire der künstlerischen Trauerdarstellung sind. Farleys Affekt ist eine gängige Trauergebärde, die seinen Gefühlen universelle Tragweite gibt. Gesteigert wird dies durch den weitgehend leeren Raum. In der kurzen Bildunterschrift wird zwar vom Erzähler berichtet, aber erneut die wörtliche Rede eingebunden.

---

560 John Bulwer: *Chirologia*. London 1644. Zitiert nach Rehm, Ulrich: Stumme Sprache der Bilder. Gestik als Mittel neuzeitlicher Bilderzählung (= Kunstwissenschaftliche Studien, 106). München, Berlin 2002, S. 94.

561 Vgl. Rehm 2002, S. 31, 57 f. und 91–95.

562 Vgl. zur Ikonographie der Kreuzigung Palli, Elisabeth Lucchesi und Jászai, Géza: Kreuzigung Christi, in: Engelbert Kirschbaum (Hg.), *Lexikon der christlichen Ikonographie,* 7 Bde., Bd. 2, Freiburg im Breisgau, Basel, Wien 1968, S. 606–642.

563 Vgl. zu Geertegen tot Sint Jans Beweinung Panofsky, Erwin: Die altniederländische Malerei. Ihr Ursprung und Wesen. Bd. 1. Köln 1953 (1953), S. 334–336. Siehe für eine Abbildung Geertgen tot Sint Jans: Beweinung Christi (Kreuzigungsaltar, rechter Innenflügel), um 1484, Öl auf Holz, Wien, Kunsthistorisches Museum, in: Hans Belting/Christiane Kruse: Die Erfindung des Gemäldes, München 1994, Abb. Nr. 248.

Planung, Gestaltung und Layout

Larry Burrows und Milton Orshefsky planten die Geschichte bereits im Januar 1964, noch vor dem offiziellen Truppeneinmarsch der US-Armee im März 1965 und somit ein Jahr vor deren Erscheinen. Der Plan war, sich auf eine Hubschrauber-Kompanie zu konzentrieren und sie zu begleiten, um einen „dramatic, candid close-in look at the most photogenic phase of the U.S. commitment in South Vietnam"[564] zu geben. Der Essay sollte sich von allem bisher in *Life* gezeigtem unterscheiden. Burrows wollte den Lesenden zeigen, wie stark die Amerikaner inzwischen an diesem Krieg beteiligt waren und „how hopeless it would be for the Vietnamese if the U.S. withdrew their help."[565] Milton Orshefsky argumentierte:

> „All our previous stories were so general and Americans brought in so incidentally that I don't really feel they had the impact for an American public that this kind of detailed intimate treatment of a single American outfit could have."[566]

Nach der Genehmigung dieser Idee durch *Life* fotografierte Burrows im März und April 1965 allein in Vietnam.[567] Für die Crew des Hubschraubers *Yankee Papa 13* entschied sich Burrows aufgrund der symbolischen Wirkung der Zahl dreizehn. Burrows begleitete Farley bei sämtlichen Alltagstätigkeiten: „[...] spent a couple weeks with Farley, photographing everything, eating, shopping, having his hair cut [...]".[568]

Wie Russel Burrows aussagt, machte Larry Burrows insgesamt auf ungefähr 120 Rollen Film Bilder, aber die meisten der 23 Fotos des Essays (inklusive Cover) wurden aus acht Filmrollen ausgesucht. Nach den im Essay dargestellten

564 „Hong Kong Mailer No. 648", memorandum from Orshefsky, Hongkong to Lang for Rowan, 11.1.1964, *Time, Inc. Archives*, S. 2, zitiert nach Moeller 1989 (wie Anm. 27), S. 393.

565 „Hong Kong Mailer No. 648", memorandum from Orshefsky, Hongkong to Lang for Rowan, 11.1.1964, Time, Inc. Archives, S. 2, zitiert nach Moeller 1989 (wie Anm. 27), S. 393.

566 Milton Orsehfsky zitiert nach „Hong Kong Mailer No. 648", memorandum from Orshefsky, Hongkong to Lang for Rowan, 11.1.1964, *Time Inc. Archives*, S. 2, zitiert nach Moeller 1989 (wie Anm. 27), S. 393.

567 Bei diesem Essay stellt Life im Inhaltsverzeichnis heraus, dass Larry Burrows berichtet: „Life Photographer Larry Burrows reports". Hierdurch wird deutlich, dass in diesem Fall nicht nur die Fotografien, sondern auch die Informationen von Larry Burrows stammen, auch wenn der Fotograf den Essay nicht selbst verfasst hat. *Life*, 58 (15), 16.4.1965, S. 3.

568 Russel Burrows im Gespräch mit der Autorin, 26.9.2013.

Ereignissen begleitete Burrows Farley für weitere drei Wochen.[569] Dies weist darauf hin, dass der Essay vor Burrows innerem Auge nicht auf diese kurze Zeit beschränkt war und er, als erfahrener *Life*-Fotograf, zur Erstellung des Essays umfangreiches Material liefern wollte, so dass die Redaktion besser auswählen konnte. Die Redaktion entschied, dem Essay den Charakter einer Nachrichtenmeldung aus den Geschehnissen eines Tages zu geben und so wurde der Artikel hauptsächlich aus Bildern eines Tages zusammengestellt.[570] Dies verdeutlicht erneut, dass obwohl Burrows im Magazin als Autor und Fotograf angegeben ist, er wenig Einfluss auf das veröffentlichte Endprodukt hatte.

Wie Russel Burrows angibt, traf sein Vater die Entscheidung für Schwarz-Weiß. Milton Orshefsky hatte sich für farbige Fotografien ausgesprochen, aber sein Vater habe sich durchgesetzt. Die Entscheidung hatte in erster Linie fotografietechnische Gründe:[571]

> „And he did it in black and white, […] and not in color–which was considered revolutionary then. But he felt it was a black and white story, both in look, and because the greater speed of the film and the dark interior of the helicopter, and all that."[572]

Das kontrastreiche Licht im Hubschrauber betont die technischen Aspekte des Kriegs. Es macht somit das Bild härter.

Der Essay zeichnet sich besonders dadurch aus, dass er eine durchgängige Narration bildet. Am Anfang werden die gleichen zwei Personen gezeigt wie am Ende. Es gibt kein unübersichtliches Schlachtengetümmel oder viele Verletzte, sondern die erzählende Kraft des Essays liegt in der Konzentration auf eine Hauptperson. Gerade die Fokussierung auf einen mehr oder weniger normalen, jungen US-Amerikaner macht die Geschichte so dramatisch für die Lesenden. Es könnte auch der nette Nachbarsjunge sein, der dort tapfer kämpft. Der Essay gibt dem einfachen Soldaten ein Gesicht, verleiht ihm Persönlichkeit und zeigt seine Gefühle. Mit dieser Struktur greift der Essay „One Ride with Yankee Papa 13" auf ein Schema von *Life* zurück, das auf Leonard McCombes Essay „The

569 Gespräch mit Russel Burrows, 26.9.2013. Cookman verweist darauf Burrows habe die Crew über einige Tage begleitet. Siehe Cookman 2009 (wie Anm. 47), S. 173. Dies ist nicht korrekt und als weiterer Beleg für die Gleichsetzung von Fotograf und Essay in der Literatur zu deuten.

570 Vgl. Moeller 1989 (wie Anm. 27), S. S. 393. Im Gespräch mit der Autorin am 26.9.2013 differiert die Zahl der Filmrollen leicht. Russel Burrows gibt hier 100 Filmrollen an.

571 Russel Burrows im Gespräch mit der Autorin, 26.9.2013.

572 Russel Burrows im Gespräch mit der Autorin, 26.9.2013.

Private Life of Gwyned Filling“ zurückgeht,[573] und zu dem auch W. Eugene Smiths weltbekannter und gefeierter Essay „Country Doctor“ zählt.[574] Ein thematischer Essay wird dabei um das Leben einer emblematischen Person gebaut. Hierbei gewährt man tiefgreifende, persönliche Einblicke in ihr Leben. So intime Fotografien können entstehen, weil der Fotograf im Sinne der *candid camera* die Person über Tage oder Wochen begleitet und sich das fotografierte Objekt an die Anwesenheit des Fotografen und der Kamera gewöhnt. Das besondere an dieser Art Essays ist, dass es lediglich um die Darstellung einer Person in ihren verschiedenen Tätigkeiten geht. Während die Essays mit den Bildern von McCombe und Smith einzelne Einblicke in das Leben der dargestellten Personen gewähren, wird in „One Ride with Yankee Papa 13“ eine durchlaufende Geschichte erzählt, eine Narrative[575] aufgebaut. Die Aufnahmen, die Burrows in mehreren Wochen gemacht hat, werden auf einen Tag konzentriert und somit eine durchgängige Narration gebildet. Der Effekt einer solchen Berichterstattung ist eine Dramatisierung des Geschehens. Während eine Erzählung über einen längeren Zeitraum auch zahlreiche alltägliche und womöglich unspektakuläre oder für die Lesenden langweiligere Einsätze berücksichtigt hätte, wird so das Geschehen verdichtet und erscheint in der gleichzeitigen Verallgemeinerung sehr viel dramatischer. Die Lesenden erleben den Tod visuell mit und werden sogar teilweise mit einbezogen. Der Essay bezieht seine starke Aussagekraft aus dem unerbittlichen Fortgang der Bilder. Die Betrachtenden können sehen, wie ein Einsatz, Schritt für Schritt, zum Tod eines US-Soldaten führt. In anderen Fotografien wurde man bisher, wenn überhaupt, mit dem Tod als vollendeter Tatsache konfrontiert. Jedoch geht es in dem Essay nicht nur um den Tod des Leutnants James Magel, sondern um die Rückkehr von Farley und seine Gefühle, das Leid des Überlebenden.

Der Effekt wird dadurch gesteigert, dass die Redaktion in diesem Essay stärker als in den vorher vorgestellten auf die narrative Kombination der Bilder setzt. Es wird zwar auch ein Foto zu einem *double truck* auf eine Doppelseite großgezogen, doch wird bei der Gestaltung der Doppelseiten verstärkt mit mehreren

573 McCombe 3.5.1948 – The Private Life of Gwyned.

574 Smith 20.9.1948 – Country Doctor.

575 Das Verständnis von „Narrative“ orientiert sich an der Darlegung von Lars Blunck, der auf den wenig differenzierten Gebrauch des Wortes in Bezug auf Fotografien hinweist und darlegt, dass in einem einzigen Foto kaum ein Narrativ darstellen ließe, da immer nur ein Verweis auf das Vorher und Nachher gegeben werden könne. Vgl. Blunck, Lars: Fotografische Wirklichkeiten, in: ders. (Hg.), *Die fotografische Wirklichkeit. Inszenierung – Fiktion – Narration*, Bielefeld 2010, S. 9–36, hier S. 29–31. Im Fall von „One Ride with Yankee Papa 13“ wird dieses Narrativ anhand von 22 Fotos (ohne Cover) erzeugt.

kleineren Bildern gearbeitet. Zwar nicht so stark wie im „Country Doctor", doch mehr als bspw. in „Alert in Vietnam". Dies hebt den Schwerpunkt auf die Erzählung einer dramatischen Begebenheit hervor. Der erzählerische Charakter wird auch durch das Layout unterstrichen, dass den Blick der Lesenden mit Kompositionsachsen führt. Kenneth Kobre beschrieb 1980 als Ziele des Beschneidens und Setzens in der Bildredaktion das Führen der Lesenden durch das Vermeiden starker Hochformate und die Abstimmung der Richtung, die den Blick leitet. Mit beidem arbeitet der Essay. Man findet einen Wechsel zwischen horizontaler und vertikaler Gestaltung der Doppelseiten, einhergehend mit variierenden Einstellungsgrößen und Perspektiven. So werden die Lesenden von einer Seite zur nächsten geführt und wechseln vom Geschehen im Hubschrauber auf der einen Doppelseite zu dem außerhalb auf der nächsten.[576]

Authentizität und New Journalism

Anders als in den bereits analysierten Essays und den Vorbildern von McCombe und Smith ist der Fotograf in seiner Rolle als Fotograf und als Augenzeuge permanent präsent. In McCombes Essay wird die Präsenz des Fotografen fast vollständig negiert,[577] ganz im Gegensatz zu „One Ride with Yankee Papa 13" und dem großflächigen Einsatz der wörtlichen Rede. Der Fotograf wird auf der ersten Seite des Essays mit Foto abgebildet und immer wieder in die kurzen Textpassagen eingebunden. Diese Form der Reportage ist in einem Zusammenhang zusehen mit der *New Journalism*-Bewegung in den USA der 1960er und 1970er-Jahre. Unter *New Journalism* versteht man die Erzählweise und Rhetorik einer Reportage, die nicht an den fünf W-Fragen orientiert ist, sondern fiktionale Techniken des Schreibens wie Dialoge und Monologe und detaillierte Beschreibungen von Charakteren und ihrer Umwelt einsetzt. Angelehnt am Film entwickelte man die Reportage Szene für Szene mit dem Ziel, die Lesenden emotional durch das Rekonstruieren der Gefühle, Stimmung und den Ethos des Moments zu berühren.[578] Bekannte Vertreter dieser literarischen Bewegung waren Tom Wolfe, Truman Capote und Gay Talese. Im Zuge dessen wurden auch die Bedeutung von Wahrheit und die Möglichkeiten objektiver Berichterstattung diskutiert. Ein Argument der *new journalists* war, Objektivität garantiere nicht die Wahrheit und könne in die Irre führen, weshalb es klarer sei, eine Geschichte aus einer

576 Vgl. Kobre 1980 (wie Anm. 322), S. 276–281.

577 Vgl. Cookman 2009 (wie Anm. 47), S. 171 f; Edey u. Sullivan 1978 (wie Anm. 249), S. 50; Panzer 2005 – Introduction, S. 21.

578 Vgl. Sumner, David E.: The Magazine Century. American Magazines since 1900 (= Mediating American history, 9). New York 2010, S. 140 f.

deutlich subjektiven Perspektive zu erzählen. Ähnliche Überlegungen wurden in der Zeit auch in den Geisteswissenschaften diskutiert.[579] Auch der Fotograf Lee Friedlander experimentierte in den 1960er-Jahren damit, die Rolle des Fotografierenden für die Betrachtenden präsent zu machen. So zeigt er sich in seinen Fotografien für die Betrachtenden beispielsweise durch Spiegelungen in einer Fensterscheibe.

Die *Life*-Redaktion entschied sich bei diesem Essay für eine sehr subjektive Ausrichtung und orientierte sich damit an Bewegungen der Zeit. Die starke Miteinbeziehung des Fotografen zeigt eine wachsende Bedeutung der Authentizität und subjektiver Augenzeugenschaft für die Betrachtenden. Gleichzeitig ist es ein Mittel, um die Spannung zu erhöhen. Im Irakkrieg ist diese Form der Berichterstattung ein übliches Muster geworden. Viele „eingebettete" Journalisten berichten über sich selbst und ihr subjektives Kriegserlebnis.[580]

Larry Burrows ist es gelungen, durch wochenlanges Begleiten von James Farley sehr nah an den Crew-Leiter heranzukommen. So konnte er mit einer *candid camera* die Emotionen einfangen. Die Präsenz der Kamera ist in den Bildern nicht erkennbar, keiner der Fotografierten reagiert auf die Kamera, wodurch die eingefangenen Emotionen authentisch auf die Betrachtenden wirken. Dieser natürliche Eindruck von Nähe wird auch durch die Kameraeinstellungen und Perspektiven unterstützt. Zahlreiche Aufnahmen zeigen das Geschehen auf Augenhöhe, was einer natürlichen Wahrnehmung entspricht, ebenso wie die ausgewählten Kameraeinstellungen zwischen Nahe und Halbtotale. Zwar werden teilweise ungewöhnliche Perspektiven eingenommen, wie der Blick auf Farley von außerhalb des Hubschraubers auf Seite 28, dennoch bleibt hier die Kamera auf Augenhöhe Farleys. Ebenso unterstützt die Verwendung bekannter Gesten und der Pathosformel auf dem Cover die Vertrautheit und dadurch die Glaubwürdigkeit der Aufnahmen. Sowohl die Form der Reportage, als auch die Fotografien erzeugen einen Eindruck authentischer Berichterstattung bei den Lesenden. Die Authentizität der Fotografien wie der Wagemut des Fotografen werden somit im Essay immer wieder belegt. Durch seine narrative Struktur, die Nähe zum Geschehen, und die Berichterstattung am Beispiel einer Hauptfigur lässt der Essay die Betrachtenden das Geschehen miterleben und vergegenwärtigen. In seiner Rhetorik passt der Essay sich dem Bedürfnis nach einem empathischen,

---

579 Vgl. Fakazis, Liz: New Journalism, in: Christopher H. Sterling (Hg.), *Encyclopedia of Journalism*, Thousand Oaks 2009, S. 946–950, hier S. 946.

580 Vgl. Müller, Knieper 2005 – Krieg ohne Bilder, S. 15. Siehe beispielsweise mit Fotografien von Tim Hetherington Junger, Sebastian: Into the Valley of Death, in: *Vanity Fair*, 2008 (1), S. 86–95, 146–147.

kollektiven Erlebnis der Masse an, das im Laufe der 1960er Jahre immer wichtiger wird.[581]

Durch das wochenlange Begleiten der Einheit entstand auch eine Nähe des Fotografen zu den Soldaten und eine Identifizierung mit ihrer Perspektive auf den Krieg. Er ist auf den Schutz der Soldaten, die ihn begleiten, angewiesen. Susan D. Moeller weist außerdem darauf hin, dass in dem internen Report für den Artikel vermerkt war, dass durch Burrows' Anwesenheit im Hubschrauber ein Soldat weniger transportiert werden konnte,[582] was das Risiko der anderen Insassen erhöhte. Dadurch hatte der Fotograf vermutlich auch ein Verpflichtungsgefühl des gegenüber den Soldaten, was unter Umständen auch Einfluss auf die Berichterstattung nahm.

Kriegsbild in Life

Die Entscheidung für eine Konzentration auf die Einheit der US-Marine wurde im Vorhinein getroffen und bestimmte die Auswahl des Ereignisses. Ein Feind ist nicht zu sehen, auch zivile Opfer bleiben außen vor. Stattdessen geht es um einen jungen Obergefreiten und sein Kriegserlebnis. Die US-amerikanischen Soldaten stehen klar im Mittelpunkt, ihr Erleben wird im Essay als dramatisches Ereignis inszeniert. Der Bildraum bleibt bei den dramatischen Szenen auf das Innere des Hubschraubers beschränkt und daher übersichtlich für die Betrachtenden. Zwar wird in den anderen Aufnahmen weiteres Kriegsgeschehen angedeutet – Soldaten verlassen den Hubschrauber in hohes Gras oder kehren zurück, zwei weitere Hubschrauber sind zu sehen –, doch der Tod und die Emotionen werden jeweils nur im klar begrenzten Bildraum gezeigt. Das komplexe Kriegsgeschehen in undurchsichtiger Landschaft, bei dem der Feind häufig aus dem Verborgenen agiert, bleibt somit überschaubar und auf ein verstehbares Maß reduziert. Gleichzeitig dramatisiert der Essay das Kriegsgeschehen, bedenkt man, wie lange der Fotograf an der Reportage gearbeitet hat.

Der Artikel vereint in der Person von James Farley ein ambivalentes Soldatenbild. Die ersten Seiten konstruieren das Bild eines modernen Heros, der tollkühn und todesmutig in der offenen Hubschraubertür das große Maschinengewehr beherrscht. Als Heros zeigt er sich jung, attraktiv, verwegen und kampfstark. Den Dingen enthoben steht er vom Hubschrauber aus über dem Feind und

581 Vgl. Viehoff, Reinhold und Fahlenbrach, Kathrin: Ikonen der Medienkultur. Über die verschwindende Differenz von Authentizität und Inszenierung der Bilder in der Geschichte, in: Michael Beuthner (Hg.), *Bilder des Terrors – Terror der Bilder? Krisenberichterstattung am und nach dem 11. September*, Köln 2003, S. 42–59, hier S. 45.

582 Moeller 1989 (wie Anm. 27), S. 396.

bedient die Waffe, mit der er über Leben und Tod entscheiden kann.[583] Es wird die Freude am Kampf vermittelt. Damit entspricht die Darstellung Bildern des Ersten Weltkriegs, bei denen Piloten zu Helden des industrialisierten Krieges inszeniert wurden.[584] Doch verändert sich das Soldatenbild im Laufe des Essays. So wird am Ende ein Soldat gezeigt, bei dem die Emotionen wie Verwundbarkeit und Verletzlichkeit in Form einer bekannten Geste besonders herausgestellt werden, der seine Gefühle zulassen und zeigen kann und mit seiner Rolle und der Frage, ob er genug getan hat, ringt. Wie Bernd Hüppauf in seiner Kulturgeschichte des Krieges feststellte, wurde nach dem Ersten Weltkrieg ein negatives Bild des Krieges geschaffen, welches den bisher geprägten Kriegsdiskurs durchdrang. In diesem kritischen Kriegsdiskurs spiele das Motiv des Helden – in Rückbezug zur antiken Tragödie – mit der unvermeidbaren Schuld und dem Ringen um Sinn und Sinnlosigkeit eine Rolle.[585] Dieses Motiv wird im Essay in der Person von Farley aufgegriffen. Somit bleibt der Essay ambivalent zwischen einem motivisch metaphorischen Zweifel am Krieg einerseits und andererseits propagandistischen Tendenzen. Der Essay vereint demnach beides, sowohl ein kampfstarkes heroisches Soldatenbild in den ersten Fotografien, während gleichzeitig die Schwäche und Verwundbarkeit trotz dieser hochgerüsteten Technik vor Augen geführt wird. Während des Zweiten Weltkriegs dominierten in den USA, und insbesondere bei *Life*, patriotische Bilder starker, heroischer Soldaten. Man stellte den US-Soldaten als Helfer und Märtyrer dar. Ein beliebtes Motiv war außerdem der Soldat als der nette Junge aus der Nachbarschaft,[586] wie er auch in „One Ride with Yankee Papa 13" erscheint.

Das Bild des US-Soldaten in den Massenmedien hatte sich seit dem Zweiten Weltkrieg langsam verändert. Der Soldat entsprach zu der Zeit noch einem anderen Männlichkeitsideal, unter dem keine Schwäche gezeigt werden durfte.[587]

---

583 Siehe zur Konstruktion des Bild des Kampffliegers als modernen Heros Szczepaniak, Monika: „Ritter der Lüfte". Der Kampfflieger als (post)heroische Männlichkeitskonstruktion, in: Claudia Glunz und Thomas F. Schneider (Hg.), *Wahrheitsmaschinen. Der Einfluss technischer Innovationen auf die Darstellung und das Bild des Krieges in den Medien und Künsten.* Krieg und Literatur (= Schriften des Erich-Maria-Remarque-Archivs, Bd. 25), Göttingen 2010, S. 241–252.

584 Vgl. Hüppauf 2013 (wie Anm. 101), S. 383.

585 Vgl. Hüppauf 2013, S. 382. Siehe auch zum Motiv des Helden in der Kunst der Nachkriegszeit Janzing, Godehard: Thermopylai/Stalingrad. Krise des Helden und Mythos der Niederlage, in: Linda Hentschel und Caroline Schubarth (Hg.), *Bilderpolitik in Zeiten von Krieg und Terror. Medien, Macht und Geschlechterverhältnisse*, Berlin 2008, S. 139–157.

586 Vgl. Paul 2004 (wie Anm. 3), S. 249.

587 Vgl. Vettel-Becker 2005 (wie Anm. 225).

> „[D]ie US-amerikanische Fotografie [konzentrierte] sich in ihren Sujets deutlich stärker auf Personengruppen sowie auf einzelne Soldaten und weniger auf das militärische Geschehen bzw. den militärischen Apparat. In zahlreichen dieser Bilder erschien der amerikanische Soldat als Retter und Märtyrer der Humanität, vor allem aber als der nette Boy von nebenan.“[588]

Das Soldatenbild, das Paul beschreibt, weist von der Darstellungsstrategie einige Parallelen zu „One Ride with Yankee Papa 13“ auf, doch beinhaltet es nicht die konstatierte Ambivalenz. Auch in der Propaganda der Nationalsozialisten gab es Soldatenporträts. Doch wurden hier die Soldaten durchweg gut gelaunt ins Bild gefasst. Aus dem Koreakrieg wurden zahlreiche Porträts bekannt, die Soldaten in Momenten der Schwäche zeigten.[589] Fotografen wie David Douglas Duncan und Carl Mydan versuchten sich stärker auf die Soldaten zu fokussieren. Sie argumentierten, die Realität des Krieges in Korea seien nicht die Waffen, der Luftkrieg oder die verwüstete Landschaft, es seien die Gesichter der Männer. So telegraphierte Duncan im September 1950 an *Life*:

> „EYEM GOING BACK THIS TIME TRYING GIVE YOU STORY WHICH IS TIMELESS NAMELESS DATELESS WORDLESS STORY WHICH SAYS VERY SIMPLY QUIETLY ‚THIS IS WAR‘.“[590]

Die Essays mit Fotografien und Texten von Duncan „This is war“ und „There was a Christmas“,[591] die in *Life* erschienen, kombinierten Kampfszenen mit Soldatenporträts (Abb.-Links 14 und 15). Sie offenbaren eine ähnliche Ambivalenz wie „One Ride with Yankee Papa 13“ zwischen kämpfenden, starken Männern und fragenden, niedergeschlagenen Soldaten, weiter unterstützt durch begleitende, kriegsunterstützende Texte.[592] Die Ausstellung „Korea – The Impact of War“ [593] im Museum of Modern Art zeigte anhand von 100 Fotografien von insgesamt 25 Fotografen im Jahre 1951 bereits ein gewandeltes Soldatenbild. Die Bilder stammten von Fotografen wie Carl Mydans, David Douglas Duncan und Hank Walker (*Life*), Fotografen von AP, Acme (UPI) und *International News Photos*, aber auch von offiziellen Armeefotografen. Ziel der Ausstellung war es,

588 Paul 2004 (wie Anm. 3), S. 249.

589 Beispielsweise Duncan, David Douglas: „This is War“, in: *Life*, 29 (12), 18.9.1950, S. 41–47. Später veröffentlichte Duncan seine Bilder in einem Fotobuch Duncan, David Douglas: This is War! A Photo-Narrative of the Korean War. New York 1951.

590 David Douglas Duncan zitiert nach Moeller 1989 (wie Anm. 27), S. 292.

591 Duncan 18.9.1950 – This is War; Duncan, David Douglas: There Was a Christmas, in: *Life*, 29 (26), 25.12.1950, S. 8–15.

592 Vgl. Moeller 1989 (wie Anm. 27), S. 314 f.

593 „Korea – The Impact of War“, 13.2.1951–22.4.1951, Museum of Modern Art, New York.

den Einfluss des Krieges auf Soldaten und Zivilbevölkerung zu zeigen.[594] Der Titel der Ausstellung wurde aufgrund der gezeigten Nahporträts der Soldaten vergeben. Sie zeigten Soldaten in Angst, Erschöpfung, Unglück, Gleichmut und mit körperlichem Schmerz.[595] Edward Steichen, Kurator der Ausstellung, zeigte nur in wenigen Bildern ein freundlicheres Gesicht des Krieges, wie es die Ikonographie des Zweiten Weltkriegs häufig wiedergab, sondern konzentriert sich auf eine traurige Stimmung. Man sah die US-Soldaten weinen.[596] Durch seine ambivalente Darstellung zwischen Kriegsverherrlichung und „disillusionment of the American soldier"[597], zeigt der Essay „One Ride With Yankee Papa 13" ein sich langsam wandelndes Soldatenbild in den USA, dass sich auch einpasst in die Tradition der Koreakriegsdarstellung, die individuelles Leid ohne Sentimentalität darstellte.[598] Durch dieses ambilvalente Soldatenbild lässt sich auch insbesondere das letzte Bild des Essays in einen Zusammenhang mit der sozialdokumentarischen Fotografie lesen.[599] Es handelt sich um einen einfachen Soldaten, er wird leidend gezeigt und soll so auf das Leid im Krieg für den Einzelnen verweisen.

Der Kriegsraum wird in diesem Essay in die Luft verlegt, dies jedoch nicht als unbegrenzte Ausweitung sondern als Beschränkung auf einen sehr kleinen Bildraum. Er ist klar definiert und eng umrissen und schafft es so, die Schrecken des Krieges durch Tod, Verletzung und Emotionen, zu begrenzen. Gerade die immer größere Unübersichtlichkeit der Kriege führte zu einer größeren Nahsicht und zu einer Einschränkung der Komplexität des Geschehens und des Bildraums, wie es nach Rolf Sachsse bereits seit dem Ersten Weltkrieg praktiziert wurde.[600] Die Enge des Bildraums und auch die Beschränkung auf eine Hauptfigur über zahlreiche Fotos (S. 28–31 und Cover) lassen stattdessen eine größere Beteiligung der Betrachtenden und einen Sog ins Geschehen zu. Dies sind Prinzipien

---

594 Vgl. The Museum of Modern Art: *Press Release. Photography Exhibition „Korea – The Impact of War"*, unter: <https://www.moma.org/momaorg/shared//pdfs/docs/press_archives/1497/releases/MOMA_1951_0015_1951-02-08_510208-11.pdf?2010> (26.10.2019).

595 Vgl. Huebner, Andrew J.: The Warrior Image. Soldiers in American Culture from the Second World War to the Vietnam Era. Chapel Hill 2008, S. 121.

596 Vgl. Huebner 2008 (wie Anm. 595), S. 121.

597 Johnstone, Mark: The Photographs of Larry Burrows. Human Qualities in a Document, in: David Featherstone und Maria Morris Hambourg (Hg.), *Observations*, Carmel 1984, S. 93–102.

598 Vgl. zur Darstellung des Koreakriegs Huebner 2008 (wie Anm. 595), S. 97–167.

599 Siehe zur sozialdokumentarischen Fotografie auch Kapitel I.6 „Der Fotoessay" in dieser Studie.

600 Siehe eine ausführlichere Auseinandersetzung mit dem Kriegsraum in Sachsse 2003 – Polemoskop und Martial Arts, S. 267–271.

der Kriegspropaganda wie sie in großem Maße auch im Zweiten Weltkrieg praktiziert wurden.[601]

Ein zentrales Element des Kriegsbildes, das der Essay vermittelt, ist der Hubschrauber. Nur auf drei Fotografien des Essays ist kein Element eines Hubschraubers zu erkennen. Dieser spielte eine zentrale Rolle für die Strategie der US-Amerikaner während ihrer Intervention, von Beginn ihrer beratenden Funktion der Südvietnamesen 1961 bis zur Evakuierung der US-amerikanischen Botschaft in Saigon 1975. Bereits im November 1961 schickte die Armee (und später die Marine) Hubschrauber-Transport-Kompanien zur Unterstützung der südvietnamesischen Armee nach Vietnam. Nachdem die Regierung eine Einheit zum Testen nach Vietnam entsendet hatte, wurde 1965 die erste *Air Cavalry* eingesetzt. Die Militärstrategie *Search and Destroy* war ohne Hubschrauber nicht realisierbar. Der Hubschrauber machte einen sehr flexiblen Einsatz vor Ort möglich. Es war nicht nötig, sich durch den dichten Regenwald zu schlagen, sondern man konnte gezielt Soldaten einfliegen, mit Waffen versorgen und Verwundete abtransportieren. Es konnten so auch einfache und nicht nur im Guerillakampf geschulte Soldaten für den Krieg eingesetzt werden. Den Nordvietnamesen war die Bedeutung der Hubschrauber für die Kriegsführung bewusst, so dass das Abschießen von Hubschraubern besonders belohnt wurde.[602] Wie der Text deutlich macht, sind sie schon auf die Hubschrauber gefasst und haben in den vergangenen Wochen häufig mit *30-caliber-machine guns* Hubschrauber abgeschossen. Neben der Bedeutung für die Kriegsführung entsprach der Hubschrauber auch der Ideologie der US-amerikanischen Regierung. Ein Teil des US-amerikanischen Selbstbewusstseins beruhte auf Hubschraubern, mit denen man sich gegenüber den Möglichkeiten Frankreichs in Vietnam überlegen sah. Dies entsprach dem US-amerikanischen Ideal von Technologie und Mobilität im Krieg. Dieses Bild wurde durch die offizielle Politik unterstützt, indem man die Helikopter nach „indianischen" Stämmen benannte (Sioux, Choctaw, Shawnee, Chinook, Cheyenne etc.) und somit an die „Indianischen Kriege" erinnerte.[603] Neben dem technischen Nutzen, den der Hubschrauber unverkennbar für den Einsatz der US-Amerikaner hatte, war sein Bild mit der geheimnisvollen Aura der luftbeweglichen Kavalleriedivision versehen.[604] Der Hubschrauber war ein omnipräsenter Teil der Kriegslandschaft und war somit ein besonderer Teil der Kriegserfahrung und Erinnerung. Er symbolisiert später den Vietnamkrieg wie kein ande-

601 Vgl. Sachsse 2003 – Polemoskop und Martial Arts, S. 270.

602 Vgl. Spark, Alasdair: Flight Controls. The Social History of the Helicopter as a Symbol of Vietnam, in: Jeffrey Walsh und James Aulich (Hg.), *Vietnam Images. War and Representation*, London 1989, S. 36–57, hier S. 89 f.

603 Vgl. Spark 1989 – Flight Controls, S. 89 f.

604 Vgl. Spark 1989 – Flight Controls, S. 87.

res Kriegsgerät. In Kriegsfilmen ist der Hubschrauber Teil spektakulärer Inszenierungen: „Apocalypse Now“, „We Were Soldiers“, und „Black Hawk Down“.[605]

Auch wenn der zum Essay gehörende vertiefende Textbeitrag „Good Copters, But Bum Technics“ von John Dille die Verwundbarkeit der Hubschrauber durch den inzwischen aufgerüsteten „Vietcong“ benennt, wird er an sich glorifiziert und als unabdingbar bezeichnet.[606] Probleme werden darin gesehen, dass man erst schrittweise in den Konflikt eingestiegen sei und die Südvietnamesen nicht trainiert und ausgerüstet seien für die Koordination, aber darin läge der Schlüssel. Die Kompetenz sieht man bei der Marine, welche erst seit einer Woche in ihrer vollen Stärke Vietnam betreten habe. Insgesamt ist der Text eine Aufforderung, den Hubschrauber noch effektiver einzusetzen. Es ist keine Kritik am Krieg an sich und eine volle Identifikation mit der Verstärkung US-amerikanischer Truppen. Auch wird hier noch einmal herausgestellt: „This was not the fault of the copters or of their crew and pilots.“[607] Als der Artikel „One Ride with Yankee Papa 13“ am 16. April 1965 erscheint, ist die Testdivision, die den Einsatz von Hubschraubern in Vietnam erprobt hatte, noch gar nicht offiziell als *1st Air Cavalry* nach Vietnam entsendet.[608] Der Essay ist demnach erneut als Vorbereitung der Lesenden für einen verstärkten Einsatz in Vietnam zu lesen. Eine Fokussierung auf eine Hubschraubereinheit unterstreicht die propagandistische Strategie der US-Regierung und zeigt ein positives Kriegsbild. Der Essay arbeitet insofern mit einem gewandelten Soldaten- und Kriegsbild und bleibt propagandistisch.

Die Position von *Life* zum Vietnamkrieg hat sich demnach nicht verändert. Sie stehen ganz hinter dem Einmarsch der US-Marine 1965. Es ist dennoch ein sehr dramatisch und spektakulär inszeniertes Eingeständnis, dass auch US-amerikanische Soldaten den Tod finden. Wie geschickt der Essay inszeniert und platziert war, lässt sich an aktuellen Studien zum Nachrichtenwert belegen. Der Nachrichtenwert von Kriegsmeldungen steigt unter anderem je folgenreicher und wichtiger der Bezug zur Zielgruppe und je konfliktreicher und bedrohlicher er ist. Insbesonders steigt das Interesse an Nachrichten, wenn sie sich an Einzelschicksale knüpfen, überschaubar bleiben und Gefühle hervorrufen. Außerdem

---

605 Francis Ford Coppola: *Apocalypse Now*. USA 1979; Randall Wallace: *We Were Soldiers*. USA 2002; Ridley Scott: *Black Hawk Down*. USA 2001.

606 Vgl. Dille 16.4.1965 – Good Copters.

607 Dille 16.4.1965 – Good Copters.

608 Siehe ausführlicher zum Einsatz des Hubschraubers in Vietnam Spark 1989 – Flight Controls, S. S. 88 f.

wird eine Meldung interessanter, je mehr Bild- und Tonmaterial vorliegt.[609] Seitdem im März 1965 die ersten US-Kampftruppen in Vietnam stationiert wurden, war der Nachrichtenwert für Fotografien aus Vietnam stark gestiegen, da sehr viel mehr US-Amerikaner in Vietnam waren. Der Essay zeigt, wie bedrohlich der Krieg für den Einzelnen werden kann, wählt ein Einzelschicksal aus und ist so konstruiert, dass er die Gefühle der Lesenden berührt. Es handelt sich nicht um einen wichtigen Vorfall im Verlauf des Vietnamkriegs. Der Nachrichtenwert des Vorfalls an sich ist nicht sonderlich hoch. Doch ist die Brisanz der Bilder durch die Nähe des Fotografen zum dramatischen Vorfall und die Form der Teilhabe der Betrachtenden an den Gefühlen sehr hoch. Sie erscheinen nachvollziehbar.

Inhaltlich fügt sich der Artikel in den Tenor der US-amerikanischen Presse 1965, die die Kampfstärke und Tapferkeit der US-Truppe und gleichzeitig den Ärger und das Leid des Kampfes vor Ort beschreibt.[610] Das *Time-Magazin* stellt am 23. April eine Gallerie US-amerikanischer Soldaten vor und führt aus, wie professionell und fähig die Soldaten seien.[611] Visuell jedoch sticht der Essay „One Ride with Yankee Papa 13" insbesondere in der Ambivalenz des Soldatenbildes und den spannungsreichen Aufbau aus der Berichterstattung heraus. Während des Vietnamkriegs wurden in den USA zwei weitere Fotoessays mit dem Fokus auf die Hubschrauber veröffentlicht. Einmal „Helicopter War in South Viet Nam" 1962 im *National Geographic*[612] und „Choppers and the New Kind of War" 1968 in *Look* (Abb.-Link 16),[613] ersterer in Farbe und der zweite in Schwarz-Weiß. Doch erinnert der erstgenannte aus den Anfängen US-amerikanischer Beteiligung visuell stärker an den Fotoessay „We Wade Deeper into Jungle War". Er ist jedoch als früher Verweis auf die zentrale Rolle des Hubschraubers in der US-amerikanischen Kriegsführung zu sehen. Der 1968 erschienene Essay greift sowohl visuell Elemente – wie den Blick mit Rückenfigur aus dem Hubschrauber und die schwarz-weiße Farbigkeit auf – als auch stilistisch, indem der Text immer wieder in direkter Rede erzählt. Doch ist er nicht patriotisch und teilweise heroisierend, vielmehr zeigt er 1968 bereits die Schrecken des

---

609 Vgl. die Zusammefassung von Jan Steiger zum Nachrichtenwert Staiger, Jan: Selbstorganisation, Nicht-Linearität, Viabilität. Eine konstruktivistisch-sozialsystematische Perspektive auf Kriegsberichterstattung, in: Martin Löffelholz (Hg.), *Krieg als Medienereignis. Krisenkommunikation im 21. Jahrhundert*, Wiesbaden 2004, S. 145–168, hier S. 163 f.

610 Siehe hierzu ausführlich Pressezitate bei Huebner 2008 (wie Anm. 595), S. 176–179.

611 o. A.: Armed Forces. The Fighting American, in: *Time*, 85 (17), 23.4.1965, S. 22–26.

612 Chapelle Nov. 1962 – Helicopter War in South Viet.

613 Meyerson, Harvey und Leroy, Catherine: Choppers and the New Kind of War, in: *Look*, 32 (9), 30.4.1968, S. 92–100.

Krieges. In einer Aufnahme nutzt die Fotografin Catherine Leroy den Blickwinkel aus dem Hubschrauber heraus als machtdemonstrierende Vogelperspektive. Die Fotografie zeigt links zwei Hände von Soldaten mit Gewehr oben im Hubschrauber und rechts den Blick aus dem Hubschrauber heraus auf eine flehende Zivilistin am Boden, die bittend den Blick nach oben zum übermächtigen Hubschrauber richtet. Somit richtet sie sich flehend auch an die Betrachtenden. Dies kann so auch als indirekte Bitte verstanden werden, den Krieg zu beenden.[614] Der Text selber beschreibt lediglich und enthält keine Wertung.[615]

In den von *Life* publizierten Reaktionen auf den Fotoessay[616] wird die schockierende Wirkung, die der Beitrag auf die Bevölkerung hatte, zum Ausdruck gebracht:

> „I have just reread for the fifth time your „One Ride with Yankee Papa 13“ (April 16). Each time I was shocked and appalled by what I saw.“[617]
> „Your article on Vietnam left me with a horrible feeling in the pit of my stomach. I can only plead, ‚In the name of God, Mr. President, let's stop this senseless killing.‘“[618]
> „I don't enjoy the gruesome photos you show in the recent series about the war in Vietnam […].“[619]

Neben dieser Erschütterung über den Krieg in Vietnam wird auch die Bewunderung für den Fotografen zum Ausdruck gebracht:

> „I feel that your photographic coverage went beyond those limits laid down by the requierement to inform the public and transgressed laws of common decency.“[620]

Wie diese Zitate belegen, wurde der Essay durchaus als Antikriegsdarstellung gewertet. Andererseits stellt der Essay nicht den Einsatz in Vietnam in Frage. Es wird bei dem Tod eines US-Soldaten Erschütterung formuliert. Dies zeigt, wie schockierend die eigenen Verluste wirken können und welche Bedeutung es für die Bewertung eines Krieges im eigenen Land hat, wenn die Verluste so drama-

614 Siehe zur Position von *Look* und der Wende der Berichterstattung Kapitel II.4.

615 Vgl. Meyerson, Leroy 30.4.1968 – Choppers and the New Kind.

616 Inwiefern die Auswahl der publizierten Leserstimmen das allgemeine Leserbild wiedergeben ist fraglich. Kozol kritisiert die „Letters to the Editors“ allgemein als stark ausgewählt. Ihr wurde nicht gewährt, andere im Archiv einzusehen, um die Auswahl zu überprüfen. S. 48.

617 Mary Breier zitiert nach *Life*, 58 (18), 7. 5.1965, S. 27.

618 Harold Lux zitiert nach *Life*, 58 (18), 7. 5.1965, S. 27.

619 Lotte R. Peters zitiert nach *Life*, 58 (18), 7. 5.1965, S. 27.

620 James B. Gibson zitiert nach *Life*, 58 (18), 7. 5.1965, S. 27.

tisch in Szene gesetzt werden. Gleichzeitig bleibt es jedoch ein Kriegsbild, das insgesamt in die Propagandapolitik der US-Regierung passt.

Der Historiker Gerhard Paul bewertet das Deckblatt des Magazins in seinem deutschen Standardwerk zu Kriegsdarstellungen „Bilder des Krieges – Krieg der Bilder“ als offene Darstellung der Gefahren des Krieges: „Schon früh konterkarierte Life die Legende vom Vietnam-Einsatz als ungefährliches Abenteuer […].“[621] Auch von Zeitgenossen wurde es teilwiese als Antikriegsdarstellung empfunden, wie aus dem Leserbrief deutlich wurde. Gleichzeitig jedoch ist das Foto auf dem Cover der Auftakt zu dem stark rezipierten Fotoessay „One Ride With Yankee Papa 13“,[622] der tendenziell als Kriegspropaganda zu deuten ist. Ein weiteres Foto des benannten Essays wird von Paul einzeln mit der Bildunterschrift „Fotografien wie diese suggerierten einen risikoarmen Krieg aus der Luft“[623] gezeigt. Hieran wird deutlich, wie wichtig es ist, Fotografien zu kontextualisieren und innerhalb des Kontextes zu deuten, was in diesem Fall bedeutet, die Fotografien im Zusammenhang des Essays zu untersuchen und nicht nur als einzelne Fotos.

1965 wurde das US-amerikanische Fernsehen auf Farbe umgestellt und eine Mehrheit der US-Amerikaner gab in einer Umfrage an, das Fernsehen sei ihre Hauptquelle für Nachrichten.[624] Und auch wenn Farbfernseher in US-amerikanischen Haushalten in den 1960er-Jahren noch in der Minderheit waren, stellten ihre Besitzer für Werbekunden eine gehobenere Zielgruppe dar und führten auch zu einer größeren Differenzierung des Werbemarktes.[625] Viele Werbekunden wanderten zum Fernsehen ab und es wurde schwieriger für *Life* eine ausreichende Finanzierung durch Werbung sicherzustellen. Die emotionalisierte und bewegende Darstellung ist somit als Versuch des Magazins zu sehen, das US-Amerikanische Publikum zu bewegen, stärker an sich zu binden und eine größere Leserschaft zu gewinnen. Susan Moeller stellt in ihrer Studie zum US-amerikanischen Kriegsbild heraus, dass *Life* und *Look* tendenziell mit den stärkeren Fotografien arbeiteten. Sie wählten dramatische Fotografien und relativierten diese danach in informationsreichen Artikeln, Editorialen oder Nachrichtenanaly-

621 Paul 2004 (wie Anm. 3), S. 350. Auch Anton Holzer bezieht die Fotografie in seine Argumentation mit ein, entlarvt sie jedoch als „eingebettet“ und mythologisiert vgl. Holzer 2003 – Das fotografische Gesicht des Krieges, S. 11 f.

622 Burrows 16.4.1965 – One Ride with Yankee Papa.

623 Paul 2004 (wie Anm. 3), S. 349. Paul bezieht sich in dem Absatz explizit auf den Essay „One Ride with Yankee Papa 13“ aus *Life*. Siehe auch Knoll, die nur ein einzelnes Bild aus dem Essay deutet „[…] vermittelt einen für die Amerikaner ungefährlichen Krieg aus der Luft, fern vom direkten Kampfgeschehen.“ Knoll 2013 (wie Anm. 87), S. 90.

624 Vgl. Kozol 1994 (wie Anm. 65), S. 185.

625 Vgl. Stein 2007 – Mainstream-Differenzen, S. 139.

sen.[626] Dennoch oder vermutlich gerade deshalb rüstete *Time* sich für ein größeres Berichtaufkommen aus Vietnam und verbesserte die Übertragungsbedingungen. Waren vorher die Berichte aus Vietnam über das *Time*-Büro in Hongkong gesteuert worden, wurde 1966 ein *Time-Life*-Nachrichtendienstbüro in Saigon in einer freistehenden Villa eingerichtet. Es hatte eine direkte *telex line* nach New York, was eher selten war unter den Nachrichtenorganisationen und eine schnellere Kommunikation und Übermittlung erlaubte.[627]

Fotoessay Tom Flaherty und Larry Burrows (Fotograf): „The Air War" (*Life*, 9.9.1966)

Der Fotoessay „The Air War" erschien am 9. September 1966 in *Life*, zu einem Zeitpunkt, als der Luftkrieg in Vietnam in der US-amerikanischen Presse diskutiert wurde. Er zeigt einen Teil des Krieges in zahlreichen spektakulären und teilweise bunt strahlenden Farben (Abb.-Link 17). Der Fotoessay setzt sich zusammen aus einem 14-seitigen farbigen Fotoabschnitt und einem angeschlossenen, vertiefenden Textteil von Tom Flaherty von drei Seiten, der in Schwarz-Weiß zwischen Werbung verteilt ist.[628]

Der Fotoessay wird nicht auf dem Cover angekündigt, aber die „Editors' Note" beschäftigt sich ausführlich mit Burrows' Aufenthalt in Vietnam und zeigt ein Halbporträt von ihm vor Flugzeugen der US-Armee. Es wird den Betrachtenden erklärt, dass Burrows acht Monate unter Einsatz seines Lebens für diese Reportage gearbeitet habe. Sein Wagemut wird noch durch ein Zitat eines Majors unterstrichen: „It is the first time this kind of story has been done under combat conditions. Larry had his neck a long way out. He was right up there with the pilots."[629] Die „Editors' Note" gibt kurz den Lebenslauf von Burrows wieder, führt auf, in welchen Kriegen dieser schon fotografiert hat und lobt seine Position in Vietnam. Er sei bereits eine Legende im Pressecorps und unter den Truppen. Anschließend geht es konkret um den Einsatz für den Essay. Burrows wird zitiert, dass dies sein anspruchsvollster Auftrag gewesen sei und erklärt, wie einzelnene Fotografien entstanden sind. Es werden zahlreiche direkte Zitate von Burrows aufgeführt, die einen persönlichen Eindruck des Fotografen geben sollen und seine Meinung zum Vietnamkrieg darlegen – er sehe keinen Grund den

626 Vgl. Moeller 1989 (wie Anm. 27), S. 388.
627 Prendergast u. Colvin (wie Anm. 265), 245.
628 Flaherty 9.9.1966 – The Air War.
629 George Weiss zitiert nach Hunt, George P.: Editors' Note. ‚He was right up there with the pilots', in: *Life*, 61 (11), 9.9.1966, S. 3.

Vietnamkrieg aufzugeben, wünsche sich aber, beide Seiten Vietnams in friedlichen Zeiten zu fotografieren.[630]

Der Fotoessay selbst beginnt mit einem auf eineinhalb Seiten groß gezogenen Foto, das eine Explosion über einem Dorf zeigt. Der weiße Rauch ergießt sich aus einer großen Rauchglocke in zahlreiche kleine Arme, die das Bild durchziehen. Die Rauchwolke ist durch den Bildrand auf der rechten Seite stark angeschnitten, so dass auf der linken Seite der Blick auf einige Gebäude des Dorfes frei bleibt. Darüber fliegt den Betrachtenden ein Bomber entgegen, der soeben diese detonierende Phosphorbombe abgeworfen hat. Das Foto muss ebenfalls aus einem Flugzeug aufgenommen worden sein, denn der Blick schweift von oben auf die Explosion und das Dorf, trifft das Flugzeug jedoch leicht von unten. Das Bild erscheint in starkem Hell-Dunkel-Kontrast zwischen der strahlend weißen Explosionswolke und dem dunklen, grünen Wald. Links daneben ist unter der Überschrift „The Air War" eine Spalte Text platziert.[631] Eine Bildunterschrift für die Lesenden gibt es nicht, doch gleich den ersten Zeilen des Textes können die Lesenden entnehmen, dass es sich um ein „Dschungeldorf" handele, das unter den sich ausbreitenden Armen einer Phosphorbombe explodiere und verschwinde. Der einzelne Bomber, links im Bild zu sehen, fliege nun wieder zurück, seine Mission sei erfüllt. Die folgenden Zeilen informieren darüber, dass die Luftwaffe jeden Tag 700 Angriffe fliege, bei der die Industrie im Norden sowie Konvoys von Norden nach Süden bombardiert, sowie im Austausch mit den Fußsoldaten „Vietcongs" gejagt und getötet würden.[632] Was es genau mit dem explodierenden Dorf auf sich hat und ob sich dort noch Menschen und vielleicht sogar Zivilisten befanden, erfahren die Lesenden nicht. Doch wird folgend klar gemacht, dass der Luftkrieg stark diskutiert werde, da neben Kämpfern der VV hin und wieder auch Zivilisten getötet würden:

> „Lonely and remote and little understood by U.S. civilians, the air war is the most intense, difficult and hotly controversial largely because of its inevitably indicriminate nature that at times kills innocent civilians as well as Vietcong."[633]

Die Zeilen weisen zwar auf die Diskussion des Luftkriegs in den USA hin, beziehen aber durch die Verwendung von „at times" und den Hinweis, der Luftkrieg werde von US-Zivilisten nicht verstanden, keine Position dagegen. Man spricht sich sogar im Folgenden für den Luftkrieg aus: „Air power alone cannot win any war; but in Vietnam it has been the difference between a losing defen-

630 Vgl. Hunt 9.9.1966 – Editors' Note.

631 Flaherty 9.9.1966 – The Air War.

632 Vgl. Flaherty 9.9.1966 – The Air War, S. 44.

633 Flaherty 9.9.1966 – The Air War, S. 44.

sive struggle and a devasting offense."[634] Auch auf den anschließenden Seiten gibt es keine Bildunterschriften sondern immer nur einen sehr kurzen erklärenden Text.

Auf der nächsten Doppelseite sind drei Bilder von einem Düsenjet zu sehen. Der F-4C Phantom wird dabei von links nach rechts im Anflug auf ein Objekt, beim Abwerfen seiner Sprengladung und kurz danach gezeigt. Der Düsenjet ist in allen drei Positionen jeweils von hinten oben zu sehen. Was bombardiert wurde, ist im weitesten Sinne als Siedlung zu erkennen, aber durch die Entfernung nicht genauer auszumachen. Während und nach der Explosion entsteht weißer Qualm, der die Umgebung unscharf wirken lässt. Die Überschrift „Attacking Phantom lets go its rockets ..." und „... to destroy an enemy hideout"[635] informiert grob über die Geschehnisse. Im Text werden genauere Informationen zu dem Einsatz gegeben. Das Ziel des Angriffs ist ein Dorf, das als „Vietcong"-Versammlungspunkt bekannt sei. Eine Woche zuvor sei von hier aus ein weiterer F-4C Phantom beschossen worden. Daher habe man vor diesem Einsatz das Gebiet mit Napalm und anderem Beschuss „aufgeweicht". Jetzt würde der Phantom sich absenken, das Dorf explodieren und anschließend Kondensstreifen erzeugt. Der Beobachterbericht gibt zu Protokoll: neun Gebäude seien zerstört und es gäbe eine weitere Explosion, vielleicht ein Waffenlager.[636] Diese Art des sachlichen Berichts abstrahiert das Geschehen von jeglichen Opfern und beschönigt es.

Auf der nächsten Doppelseite ist ein groß gezogenes Bild von Piloten beim Pausieren zu sehen, die auf Sandsäcken unter einer Wäscheleine sitzend aus Dosen trinken und von Papptellern essen. Die Überschrift lautet „The unrelaxed look of men who fly seven days a week".[637] Links daneben werden drei Piloten mit kleinen Porträts vorgestellt. Wie der Text informiert, handelt es sich um Piloten des *12th Tactical Fighter Wing*s, die am *Cam Rahn Bay Airfield* entspannen und das Sonntagsritual von Steak und Bier genießen würden. Der Text beschreibt, einige von ihnen seien schon mehr als 500 Einsätze geflogen, einige bereits abgeschossen worden.

Die folgende Doppelseite zeigt zwei Fotografien von Hubschraubern vor leuchtenden Flammen und dunkler Nacht. Das linke ist im Querformat größer als eine Seite, das rechte ist kleiner und im Hochformat abgebildet. Die Überschrift informiert, es handele sich um eine Übung: „Training for choppers between combat mission".[638] Das linke Bild ist optisch durch eine Diagonale von links oben

634 Flaherty 9.9.1966 – The Air War, S. 44.
635 Flaherty 9.9.1966 – The Air War, S. 46 f.
636 Vgl. Flaherty 9.9.1966 – The Air War, S. 46.
637 Flaherty 9.9.1966 – The Air War, S. 48 f.
638 Flaherty 9.9.1966 – The Air War, S. 50 f.

nach rechts unten in zwei Hälften unterteilt, die eine zeigt eine brennende Feuerwolke, die rechte dunkle Nacht, dazwischen fliegt der Hubschrauber. Zwei der Rotorblätter verschwinden in den Flammen. Die rechte Fotografie lässt die Betrachtenden eine brennende Fläche am Boden erkennen, von der schwarze Rauchwolken aufsteigen. Ein Hubschrauber fliegt über dem Feuer, die Rotorblätter spiegeln orange die Flammen wieder. Beide Bilder werden von einem leuchtenden Hell-Dunkel-Kontrast dominiert. Die Hubschrauber verschwinden partiell im Dunkeln der Nacht und leuchten an anderen Stellen farbig, angestrahlt durch die Flammen, was die Szene dramatisch erscheinen lässt. Die Lesenden erfahren im kurzen informativen Text, dass die Vielfalt der Einsätze für Hubschrauber in Vietnam beständig erweitert wird. Der Text informiert auch über die genauen Umstände der Übungen.[639]

Die nächste Doppelseite ist vertikal unterteilt in drei Bildstreifen. Zwei schmale, hochformatige Fotografien links und mittig bilden zwei der Streifen, rechts daneben sind drei kleine Querformate untereinander gesetzt. Das Format gibt auch eine Steigerung oder Reihenfolge für den Einsatz vor, denn links ist eine Schaltzentrale gezeigt: „A quiet room where strikes are plottet" überschrieben. Das Bild ist weitgehend dunkel und zeigt erleuchtete Radargeräte. Wie die Bildunterschrift informiert, koordinieren in diesem Bild Luftwaffenspezialisten den Weg von Luftfahrzeugen zu ihrem Ziel. Der fotografierte *Tan Son Nhut*-Luftstützpunkt würde 1.500 Starts und Landungen am Tag koordinieren. Das etwas größere Foto rechts daneben zeigt zahlreiche Experten der Luftwaffe, die mit weißen Handschuhen und Hauben bekleidet sind, über Bildschirme gebeugt. Das Foto ist so aufgenommen, dass die Lesenden entlang der Bildschirme, die mittig in den Raum laufen, von unten in die Gesichter derjenigen blicken können, die konzentriert bei der Arbeit sind. Wie der kleine Text rechts unten informiert, überprüften die Mitarbeiter Ergebnisse eines Aufklärungsfluges.[640] Rechts dagegen zeigen drei kleine Aufnahmen Explosionen nach Bombenabwürfen: die unterschiedlichen Phasen der Zerstörung durch Napalmbomben. Das oberste zeigt eine dunkle, brennende Detonationswolke über einem Dorf vor grünen Waldpartien. Auf der Fotografie darunter sind bereits mehrere Napalmbomben explodiert. Der starke, weiße Rauch liegt so dicht, dass nur wenige Bäume darunter zu erkennen sind. Das letzte Bild ist bei Nacht aufgenommen. Von mehreren rot brennenden Hütten stehen nur noch die dunklen Holzgerüste in den Flammen. Der Text erklärt zu den drei Fotografien, eine Gruppe strohgedeckter Hütten im „Vietconggebiet" sei von Napalm getroffen worden.[641]

639 Vgl. Flaherty 9.9.1966 – The Air War, S. 51.
640 Vgl. Flaherty 9.9.1966 – The Air War, S. 52.
641 Vgl. Flaherty 9.9.1966 – The Air War, S. 52.

Die folgende Doppelseite zeigt nun relativ gegensätzliche Bilder. Das linke querformatige, fast komplett in schwarz gehaltene Bild zeigt ein gelb durch ein Leuchtgeschoss angestrahltes Flugzeug bei Nacht. Der kurze Text unten rechts informiert, es handele sich um einen A-1 Skyraider auf dem Weg um kommunistische Truppen an der kambodianischen Grenze zu „belästigen“.[642] Rechts daneben ist im Hochformat das Nahporträt eines Piloten mit Helm positioniert, der konzentriert die Augen zusammenkneift. Auf seinem Gesicht zeigen sich die farbigen Linien des Waffenvisiers auf dem Kabinendach. Über dem kleineren Bild rechts von dem Piloten steht die Überschrift „In the flare-lit night, Skyraiders head out again“.

Das letzte Bild dieses farbigen Essays ist das Highlight und wohl das spektakulärste. Neben der Überschrift „Out of the dusk–the ‚Magic Dragon‘“[643] und einer kurzen Textspalte darunter auf einem weißen Streifen links, füllt es die komplette Doppelseite. Es ist aus einem fliegenden Flugzeug heraus und in selbiges hinein fotografiert. Die linke Bildhälfte zeigt Himmel und Dunkelheit unterhalb der Horizontlinie. Das dunkle wird durchbrochen durch leuchtenden Rauch und zwei rote Lichtstreifen. Daneben können die Lesenden rechts in den Flugzeuginnenraum blicken. Das Innere des Flugzeugs ist rot ausgeleuchtet, so dass die Schusswaffen erkennbar sind. Die Fotografie wirkt nicht nur durch den starken Hell-Dunkel-Kontrast und die leuchtenden Farben effektvoll. Auch die Komposition – das schräg ins Bild geöffnete Flugzeug – ist ungewöhnlich. In der „Editors’ Note“ wurde bereits ausgiebig über die Entstehung dieses Fotos geschrieben:

> „Perhaps the most difficult picture in the story for Larry to take was of „Puff, the Magic Dragon,“ an old DC-3, spewing machine-gun fire into the jungle. Larry had to persuade the Air Force to remove the second half of the plane’s rear door. Then he lashed himself to the plane, and his camera to the doorframe. ‚The strap around my waist made me feel a bit like a Yo-Yo,‘ he says, ‚but, fighting against the tremendous wind, I was able to reach the camera and take the picture while we were circling the Vietcong position.‘“[644]

Auch der nebenstehende Text informiert darüber, dass Burrows dieses Bild aus der offenstehenden Tür heraus fotografiert hat. Er liefert gleichzeitig Informationen über den Typ des Flugzeugs. Es handele sich eigentlich um eine Passagier-

642 Vgl. Flaherty 9.9.1966 – The Air War, S. 54.

643 Flaherty 9.9.1966 – The Air War, S. 52.

644 Larry Burrows zitiert nach Hunt 9.9.1966 – Editors’ Note.

maschine, die erstmals 1936 und letztmals 1946 gebaut wurde. Sie wurde mit drei Gatling Gewehren ausgerüstet, um in diesem Krieg zu dienen.[645]

Der folgende detailliertere Artikel zählt die Argumente für einen Luftkrieg auf. Er wird auf der ersten Seite begleitet von drei Fotografien, die klein und in Schwarz-Weiß gedruckt, die Rettung eines verletzten Soldaten von einem Hubschrauber aus zeigen. Es wird die gute Zusammenarbeit zwischen Luft- und Fußsoldaten gelobt, die so effektiv kooperierten, wie nie zuvor. Wie die folgenden Zeilen zeigen, wird hierbei insbesondere der Aspekt des Schutzes durch die Luftsoldaten gelobt, der den Fußsoldaten ein Gefühl der Sicherheit gebe: „And most foot soldiers in Vietnam–whatever their griping about delays and misfires–share a warm feeling for the airman." Man schreibt, Vietnam sei kein populärer Krieg und der Luftkrieg würde sicherlich am meisten verleumdet. Hier wird explizit mit dem Wort „maglined" [646] gearbeitet, dass verdeutlicht, dass die Redaktion den Luftkrieg nicht so negativ sieht. Es folgen Sätze wie

> „The truths is that without the air war, Vietnam would have been lost by now. As always, aircraft cannot take and hold territory. But aircraft can get the men there who *can*."[647]

Es folgt eine Aufzählung zahlloser Vorteile, die die Luftwaffe in diesen Krieg bringe, auch wenn es die Schwierigkeit gebe, Freund von Feind zu unterscheiden, was insbesondere von der Luft aus, tragische Zivilopfer fordere. Es wird auch formuliert, dass General Westmoreland alle Möglichkeiten angefordert habe, um zivile Opfer zu vermeiden. Der Artikel endet mit einem Statement eines US-Offiziers, der keine andere Möglichkeit als Bombardierung sieht: „We are just going to keep sending more and more airplanes up there until they quit. I don't think there is any stopping point for us before that."[648] Dies ist als klare Rechtfertigung für die Strategie der Regierung zu sehen.

Burrows hat acht bis neun Monate für diesen Essay gearbeitet.[649] Er hatte somit viel Zeit, Piloten kennenzulernen, Einsätze zu begleiten und sich genau zu überlegen, in welchem Licht und welcher Position er eindrucksvolle Aufnahmen machen konnte. Wie Maitland Edey, ehemaliger Redakteur von *Time Inc.*, be-

---

645 Vgl. Flaherty 9.9.1966 – The Air War, S. 52.

646 Vgl. Flaherty 9.9.1966 – The Air War, S. 58A.

647 Flaherty 9.9.1966 – The Air War, S. 58B.

648 Nicht namentlich erwähnter US-Offizier zitiert nach Flaherty 9.9.1966 – The Air War, S. 59.

649 Angaben in der „Editors' Note" und in dem von Russel Burrows zusammengestellten Fotobuch differieren um einen Monat, vgl. Burrows 2002 (wie Anm. 52), S. 134; Hunt 9.9.1966 – Editors' Note.

schreibt, stellten die Fotografen von *Life* in den USA berühmte Persönlichkeiten dar:

> „[...] the *Life* photographer was constantly out front, highly visible, usually raising a cloud of dust wherever he was working. Margarete Bourke-White [...] to get her bags routinely carried by brigadier generals whose commands she was visiting in World War II–occasionally by major generals.[...] Balloons, oil tankers, football teams, factory shifts. All stood still or turned round for the *Life* photographer."[650]

Wie Edey darlegt, wurden die *Life*-Fotografen geachtete und man öffnete ihnen für die Fotografien Türen und Tore. Es gab demnach eine große Bereitschaft, mit ihnen zusammenzuarbeiten. Nur so ist es verständlich, wie diese Fotografien entstehen konnten. Sie können nur in einer engen Zusammenarbeit und in einem kameradschaftlichen Verhältnis entstehen. Die Soldaten nahmen ein großes Risiko auf sich, damit solche Bilder entstehen konnten.

Ziel von Burrows Arbeit war es, den Zuschauer in die Perspektive eines Kampfpiloten zu versetzten. Für die Reportage flog er mit nahezu jedem Maschinentyp, den das Militär in Vietnam einsetzte:

> „I waited for days to get a ride on the top of a Vietnamese armored train. From this position I hoped to show the function of a spotter plane that would be circling above. But no sooner had I completed the arrangements than the bloody V.C. blew up the train. I wished those chaps would have checked with me on the timing."[651]

Er nutzt die Möglichkeiten der Farbfotografie geschickt, um insbesondere im Dunkeln die Flugobjekte zum Strahlen zu bringen. Die leuchtende Farbigkeit in der dunklen Nacht erinnert auch an eine Fotografie, die Larry Burrows 1958 in Brüssel von einem Feuerwerk unter dem Atomium gemacht hat (Abb.-Link 18).[652] Burrows war somit geübt darin, brilliante Nachtaufnahmen zu machen. Der einzige Unterschied war, dass er kein freudiges Feuerwerk, sondern Kriegsflugzeuge in strahlendem Glanz zeigte, die, ähnlich wie das Atomium in Brüssel, als Wunder der Technik erscheinen. Im Gegensatz zu „One Ride with Yankee Papa 13" geht es in diesem Essay nicht um eine durchgängige Narration, sondern stärker um die Ästhetik einzelner Bilder. Zahlreiche Aufnahmen sind groß abgebildet. Komposition und Perspektive sind relativ ungewöhnlich und entsprechen teilweise gerade nicht der normalen Augenzeugensicht, wie die Fotografien auf

650 Edey u. Sullivan 1978 (wie Anm. 249), S. 13.

651 Larry Burrows zitiert nach Hunt 9.9.1966 – Editors' Note.

652 o. A.: Brussels Light-Up Time, in: *Life*, 44 (19), 12.5.1958, S. 47–56, hier S. 47.

Seite 57 bis 59 des Essays. Doch ist dies insbesondere in der Rezeption von Robert Capa für Kriegsfotografien eine erstrebenswerte Strategie zur Kriegsdarstellung.

Obwohl *Life* kein reines Nachrichtenmagazin war und so nicht alle aktuellen Meldungen bringen musste, fanden die Herausgeber es notwendig, aktuell zu sein.[653] Wie auch im Essay mehrfach angeführt, wurde der Luftkrieg 1966 kritisch diskutiert. Die fotografische Darstellung des Kriegsgeschehens in diesem Essay entspricht wohl in weiten Teilen den Bildern, welche die Soldaten der Luftwaffe zu sehen kriegten, die ein festes Ziel vor Augen hatten, es bombardierten und danach wieder zurück zum Stützpunkt flogen. Dennoch lassen sowohl die Auswahl der Fotografien, wie die Argumentation für den Luftkrieg eine klare propagandistische Absicht erkennen. Die Bilder des Essays erzeugen ein farbenfrohes, sauberes Bild des Luftkrieges. Obwohl im Text mehrfach darauf hingewiesen wird, dass der Luftkrieg in der Öffentlichkeit stark kritisiert wird, werden die kritisierten Aspekte nicht visuell herausgestellt, weder Gegner noch zivile Opfer des Flächenbombardements werden gezeigt, Kritiker kommen nicht zu Wort. Sondern es werden die Piloten und erfolgreiche Einsätze in effektvoller Aufmachung gezeigt, was eine starke visuelle Ästethisierung des Kriegsgeschehens und besonders des Luftkriegs darstellt. Insbesondere der Luftkrieg hatte verheerende Folgen für die Zivilbevölkerung, die hier zugunsten aufsehenerregender Fotografien ausgespart werden. Dieser Essay kann vielmehr durch die leuchtenden Bilder und die spektakulären Fotos Begeisterung für die Luftwaffe wecken. Das Flugzeug wird mit seinem Spitznamen vorgestellt, „Puff, the magic dragon“, wodurch die Nähe zum Militär und auch die liebevolle Nähe der Luftwaffe zu ihren Maschinen deutlich wird. Auch ist dies eine verniedlichende Metapher für einen Luftbomber. Somit ist dieser Essay als Propaganda zu deuten.

Im November 1965 reiste Hedley Donovan, Herausgeber von *Time Inc.* von 1963 bis 1979, das erste Mal nach Vietnam. Nach seiner Rückkehr schrieb er den Kommentar „Vietnam: The War is Worth Winning“, der am 25. Februar 1966 zu einem 31-seitigen Spezial über den Vietnamkrieg erschien.[654] Auf dem Cover ist eine Fotografie von Burrows platziert, die aus dem Cockpit eines Düsenjägers aufgenommen wurde (Abb.-Link 19).[655] Man sieht drei Düsenjäger im Sonnen-

653 Dies hat Edward K. Thompson 1986 im Interview erzählt, vgl. Willumson 1992 (wie Anm. 249), S. 52.

654 Donovan, Hedley: Vietnam. The War is Worth Winning, in: *Life*, 60 (8), 25.2.1966, S. 27–31.

655 Die Fotografie wurde von Burrows im Zusammenhang mit dem „Air War“-Essay aufgenommen und unabhängig davon veröffentlicht. Russel Burrows im Gespräch mit der Autorin am 26.9.2013.

aufgang Richtung Sonne fliegen. Farblich ist das Foto in drei Bereiche geteilt, jeweils eine große dunkle Zone in der unteren und oberen Bildhälfte, in der Mitte setzt sich ein schmaler gelber Streifen oberhalb des Horizonts stark davon ab. Die drei Flugzeuge sind halbkreisförmig so im Bild platziert, dass sie von hinten Richtung Horizont fliegen, alle auf einen Fluchtpunkt ausgerichtet. Der Hinterkopf des fliegenden Piloten und ein Teil des Cockpits sind im Vordergrund zu sehen und schließen einen Kreis mit den oberen drei Düsenfliegern. Die Düsenjäger heben sich optisch nicht so stark vor dem dunklen Untergrund ab. Die farbliche Komposition wird durch einen Feuerschweif des zentral positionierten Düsenjägers abgerundet. Es ist ein Bild, das die moderne Technik kunstvoll inszeniert und somit die Stärke der US-Amerikaner präsentiert. Genau wie in dem später veröffentlichten Essay „The Air War" werden die Folgen dieses Luftangriffs nicht gezeigt. Donovan argumentiert in dem Kommentar, es gehe nicht in erster Linie um Vietnam oder China, sondern um die Zukunft ganz Asiens. Weiter führt er aus: „In fact this ugly, maddening, big-little war may some day be remembered as historic turning point."[656] Hieran ist die Position des Magazins deutlich abzulesen. Das größere Interesse wird herausgestellt, für das kleinere Opfer gebracht werden müssten. In diesem Sinne muss auch der Essay „The Air War" verstanden werden. Wie mehrfach im Editorial ausgedrückt, war die Leitlinie des Magazins eine patriotische Position. Geschichten hatten die Tendenz, die US-amerikanische Mission und die kämpfenden Soldaten zu glorifizieren. So drückte sich Hedley Donovan zum Beispiel in „Vietnam: The War is Worth Winning" und „Vietnam: Slow, Tough. But Coming Along"[657] hoffnungsvoll für die Zukunft und den Sieg aus. Er ordnet Vietnam immer in einen größeren Zusammenhang mit der Bekämpfung des Kommunismus und China als Gegner ein:

> „South Vietnam is one of the last major positions not buttomed down, all around the rim of China. Laos is mushy, of course, though its neutralist an pro-Western factions have been doing fairly well in their exotic little war against the pro-Communist Pathet Lao."[658]

656 Donovan 25.2.1966 – Vietnam, S. 27.

657 Donovan 25.2.1966 – Vietnam; Donovan, Hedley: Vietnam: Slow, Tough. But Coming Along. An editor's report: his second look at the war after 17 month, in: *Life*, 62 (22), 2.6.1967, S. 68–76A.

658 Donovan 25.2.1966 – Vietnam, S. 30.

Fotoessay mit Fotografien von Larry Burrows und Co Rentmeester: „Marines Blunt Invasion from the North" (*Life*, 28.10.1966)

Am 28.10.1966 erschien der zehnseitige Fotoessay „Marines Blunt Invasion from the North" in *Life*, der detaillierte Informationen zu den Kämpfen um die entmilitarisierte Zone zwischen Süd- und Nordvietnam liefert und dramatische Szenen von Verwundeten nach einem Gefecht um *Hill 484* zeigt (Abb.-Link 20). Der Essay setzt sich aus einem Bilderteil von acht Seiten mit Fotografien von Larry Burrows und Co Rentmeester (*1936) und einer eingeschobenen Doppelseite mit vertiefendem Text von Maynard Parker zusammen.

Bereits das Deckblatt der Zeitschrift ziert eine Nahaufnahme, die drei Soldaten dabei zeigt, wie sie sich über einen vierten, offensichtlich verletzen Soldaten beugen und ihn versorgen. Durch das Heranzoomen an das Geschehen und die Fokussierung auf den Verletzten bleiben die Soldaten angeschnitten und ausschnitthaft. Von den Gesichtern sind jeweils nur Fragmente zu erkennen. Der Soldat im Vordergrund trägt den Helm bis tief in das Gesicht. Ein zweiter daneben wird von hinten gezeigt. Der Kopf des verletzten Afroamerikaners am Boden ist so bandagiert, dass nur Mund und Nase herausschauen und die Soldaten anonym bleiben. Die Szene steht völlig isoliert. Die Umgebung ist nur durch Schlamm und Erde im Hintergrund gekennzeichnet. Die Farben der Uniform, der Helm des Soldaten links und die Uniform des Soldaten rechts stechen hervor. Im Fokus stehen der Helm des Soldaten links und der Kopf des Verletzten. Dieser ist durch die weiße Binde mit den roten Blutstropfen farbig stark hervorgehoben, da die restliche Fotografie monochrome grau-grün-braun-Farbtöne aufweist.

Das Foto auf dem Cover wurde von der Redaktion zur besseren Fokussierung stark beschnitten.[659] Das Geäst am oberen Bildrand und das Bein am unteren, die auf dem Cover nicht zu sehen sind, tragen nicht zu einer besseren Kontextualisierung der Aufnahme bei, die Fragmentierung führt aber zu einer größeren und intimen Nähe zum Geschehen. Das Logo „Life" wurde so in das Cover integriert, dass das Bild plastischer wirkt und der Effekt der Nähe noch verstärkt wird. Indem es hinter den Helm des linken Soldaten geschnitten wurde, rückt es optisch weiter in den Hintergrund und versieht die Figur des Soldaten im Gegenzug mit einer fast dreidimensional zu nennenden Wirkung. Die Betrachtenden sind unmittelbar im Geschehen, könnten sich als weitere Helfende über den Verletzten beugen. Der Ausschnitt und die Perspektive von oben auf die Szene entsprechen keinen üblichen Darstellungsformen. Es ist in dem Sinne keine wohlkomponierte Szene, die Erhabenheit repräsentiert. Vielmehr wirkt sie dynamisch

---

659 *Life*, 61 (18), 28.10.1966, Cover und siehe hierzu die Abbildung in Burrows 2002 (wie Anm. 52), S. 158.

durch mehrere Diagonalen im Bildaufbau und zieht die Betrachtenden in das Geschehen.

Auch wenn durch die Ausschnitthaftigkeit des Motivs tradierte Bildformeln nicht so klar herausgestellt sind wie in anderen Fotografien, knüpft das Bild an christliche Darstellungstraditionen wie die Passion Christi und die Barmherzigkeit an. Nach Matthäus ist es eins der sechs Werke der Barmherzigkeit, den Kranken zu besuchen (Mt. 25, 31–46). Barmherzigkeit ist eine christliche Tugend und Norm des menschlichen Zusammenlebens. Viele Heilige in der christlichen Ikonographie sahen ihre Erfüllung in der Krankenpflege. Am Beispiel der heiligen Irene, die den heiligen Sebastian pflegt, wurde dieses Motiv häufig dargestellt.[660] Kompositorische Ähnlichkeit weist die Fotografie jedoch insbesondere zu Darstellungen des barmherzigen Samariters auf, bei der häufig der verwundete Reisende in den Armen des Helfenden liegt.[661] Durch die kompositorische Ähnlichkeit verweist das Bild somit auf Nächstenliebe, Hilfe und die Kameradschaft unter den Soldaten, die christlichen Wert- und Moralvorstellungen entspricht. Dieses Bildmuster der wohlfahrtlichen Umsorgung der Soldaten wie der Betreuung und Pflege von Verwundeten ist ein ideologieprägendes Bildmuster, das häufig in der Kriegsfotografie Anwendung findet.[662]

Weitere Ähnlichkeiten lassen sich zur Szene der Kreuzabnahme herstellen, insbesondere im Vergleich zu Rogier van der Weydens Kreuzabnahme,[663] bei der Christus auf den Schultern von Joseph von Arimathäa liegt und weitere Personen helfen.[664] Für das weiße Tuch, in das Christus bei van der Weyden gewickelt wird, kann die Kopfbinde als visuelle Entsprechung gedeutet werden. Die Adaption dieser Bildformel im profanen Bereich als symbolischer Verweis auf das Leiden Christi, wird hier erneut genutzt, um das Motiv für die Betrachtenden

660 Siehe beispielsweise Georges du Mesnil de la Tour: Die hl. Irene pflegt den hl. Sebastian, um 1634–1643, Öl auf Leinwand, 160 x 129 cm, Berlin, Staatliche Museen Preußischer Kulturbesitz, Gemäldegalerie. Siehe für eine Abbildung: Ingo Walther (Hg.): Malerei der Welt, Köln 1995, S. 243.

661 Vgl. Ferdinand Hodler, Der barmherzige Samariter, um 1883, Öl auf Leinwand, 45 x 50,5 cm, Zürich, Kunsthaus Zürich, siehe für eine Abbildung: Stiegemann, Christoph (Hg.): Caritas. Nächstenliebe von den frühen Christen bis zur Gegenwart. Ausst. Kat., Paderborn, Erzbischöfliches Diözesanmuseum, 23.7.–13.12.2015, Paderborn 2015, S. 605.

662 Vgl. Paul 2004 (wie Anm. 3), S. 472.

663 Roger van der Weyden, Kreuzabnahme, um 1432–1435, Zentrale Tafel eines Flügelaltars, 220,5 x 259,5 cm, Eichenholz, Madrid, Museo des Prado. Siehe für eine Abbildung: Dirk de Vos: Rogier van der Weyden. Das Gesamtwerk. München 1999, S. 184.

664 Vgl. Jászai, Géza: Kreuzabnahme, in: Engelbert Kirschbaum (Hg.), *Lexikon der christlichen Ikonographie,* 7 Bde., Bd. 2, Freiburg im Breisgau, Basel, Wien 1968, S. 590–595.

zugänglich und leichter begreifbar zu machen.[665] So erreicht *Life* mit diesem Deckblatt, eine emotionale Nähe der Betrachtenden zum Geschehen aufzubauen und ermöglicht den Betrachtenden eine Identifikation mit dem Dargestellten. Sie könnten selber mit herantreten und helfen. Wie ein Leserbrief zu diesem Essay spiegelt, wurde dies auch in den USA in der Zeit so verstanden: „ [...] possessed of the classicism of universal truth. It transcends the filth of war by dealing with the basic human facts at hand: misery and compassion."[666] Kontextualisiert wird das Bild durch die Überschrift „Invasion DMZ Runs into the Marines" und die erklärende Bildunterschrift „Help for a wounded Marine south of the DMZ–Demilitarized Zone".[667] Die Marine gilt als „Elite"-Einheit der US-Armee. Burrows selbst beschrieb die Situation, die er hier fotografierte folgendermaßen:

> „IN FOREGROUND IS NEGRO WOUNDED IN LEGS, HEAD AND SHATTERED LEFT HAND HE IS SUFFERING HELL; MAN ON LEFT IS CRADLING HIS HEAD WHISPERING, YOU'RE OKAY, YOU OUT OF HERE SOON.'"[668]

Die Szene findet nach einem Feuergefecht statt, bei dem die US-Armee die Kontrolle über *Hill 484* südlich der entmilitarisierten Zone gewinnen wollte. Diese Zone beschreibt ein Gebiet zwischen Nord- und Südvietnam, dass bei der Friedenskonferenz in Genf 1954 zur Teilung beider Landesteile eingerichtet wurde. Innerhalb dieses Streifens zu beiden Seiten des Flusses *Sông Bến Hải* sollten keine militärischen Aktionen vorgenommen werden. Dies wurde von einer internationalen Kommission kontrolliert. Nachdem die US-Armee beobachtet hatte, dass nordvietnamesische Truppen zahlreich die Zone überschritten hatten, entschied man sich für eine Bombardierung dieses Abschnitts.[669]

Nach dieser Ankündigung auf dem Deckblatt sind die Lesenden bereits auf einen dramatischen Essay gefasst. Dieser Essay beginnt mit zwei Aufnahmen von US-Marinesoldaten von Larry Burrows auf der Frontseite. Groß bis auf die linke Seite hinübergezogen zeigt das rechte Bild einen mit Raketenwerfern bela-

---

665 Siehe auch Kapitel I.6 „‚Patholsformel', ‚Schlagbild' und versehte Körper als Zeichen der Authentizität.

666 Peter Kilduff zitiert nach o. A.: Letters to the Editors, in: *Life*, 61 (21), 18.11.1966, S. 31.

667 *Life*, 61 (18), 28.10.1966, Cover.

668 Larry Burrows: Cable, "To Lang for Orshefsky, Rogin, Newyork, Fm Larry Burrows, Hongkong," 17.10. 1966, o. S., *Time Inc. Archives,* zitiert nach Moeller 1989 (wie Anm. 27), S. 408.

669 Vgl. Parker, Maynard: Marines Blunt Invasion from the North. (Photographed by Larry Burrows and Co Rentmeester), in: *Life*, 61 (18), 28.10.1966, S. 30–38, hier S. 34 f.

denen Soldaten, der bis zur Brust im Wasser watet. Etwas kleiner links zeigt eine Aufnahme einen mit Taschen und Ausrüstung bepackten Soldaten gefolgt von weiteren im Hintergrund im Wald. Beide Fotografien sind in einer monochromen grün-braunen Farbigkeit gestaltet. Beide zeigen jeweils einen Soldaten in Halbnahe, so dass ihr Gesichtsausdruck im Vordergrund steht, während der Hintergrund leicht unscharf bleibt. Ihnen ist die Anstrengung anzusehen. Der linke Soldat richtet den Blick zum Boden, er wirkt wie in Gedanken versunken, während der Soldat im rechten Foto zu den Betrachtenden schaut, als könnte er sagen: Siehe, wie hart ich für Euch im Einsatz bin. Die Überschrift darunter auf einem durchgehenden weißen Streifen titelt „Marines Blunt the Invasion from the North".[670] Als Fotografen werden Larry Burrows und Co Rentmeester angeführt. Im September erschien bereits ein Fotoessay über die Wahlen in Südvietnam mit Fotografien beider Fotografen.[671] Für Co Rentmeester ist es einer der ersten Aufträge für *Life*. Der kurze begleitende Text unterstützt diesen Eindruck schwerer Arbeit durch Formulierungen wie „filing warily through the thicket".[672] Die Lesenden werden darüber informiert, dass es sich bei den Kämpfen um die demilitarisierte Zone um eine der wichtigsten Kampfhandlungen des Krieges handele. Nordvietnamesische Truppen hätten die Zone „infiltriert" und die Marine wäre nun darauf vorbereitet, dies zu stoppen.[673]

Die nächste Doppelseite folgt einem ähnlichen Gestaltungsprinzip. Sie zeigt in drei Fotografien von Burrows, wie sich US-Soldaten aus verschiedenen Kameraeinstellungen zu Fuß und im Panzer durch grüne, dicht bewachsene Landschaft bewegen. Das Foto rechts ist genauso groß gezogen wie das Foto auf der vorhergehenden Doppelseite. Es zeigt einen Panzer, der sich von den Betrachtenden weg in die Landschaft bewegt. Auf dem oberen Foto links sieht man Soldaten, die ebenfalls von hinten gezeigt in der grünen Vegetation Richtung Horizont laufen. Das Foto darunter zeigt hingegen bewaffnete Soldaten, die den Lesenden durch die Landschaft entgegenkommen. Die Überschrift „Counterattack through the worst terrain in memory–all that's missing is snow" ist groß über die ganze untere Fläche gezogen, so dass das Layout dem der vorhergehenden Doppelseite entspricht. Die Überschrift ruft negative Assoziationen zur Landschaft hervor und verweist somit auf schwierige Bedingungen durch das Terrain. Im Gegensatz zu den zwei zuvor analysierten Essays, die sich mit Piloten in Flugobjekten beschäftigten, zeigt dieser Essay die Fußsoldaten, die sich

670 Parker 28.10.1966 – Marines Blunt Invasion, S. 30 f.

671 Burrows, Larry und Rentmeester, Co: Huge Vote Explodes a Vietcong Myth, in: *Life*, 61 (13), 23.9.1966, S. 34–38.

672 Parker 28.10.1966 – Marines Blunt Invasion, S. 30.

673 Vgl. Parker 28.10.1966 – Marines Blunt Invasion, S. 30.

eskortiert von Panzern und immer wieder durch Unterstützung aus der Luft durch schwergängiges Gelände voran bewegen, das durch die gegenläufigen Wege der Soldaten ähnlich einem Labyrinth illustriert wird. Der begleitende kurze Text erklärt, sie würden jederzeit mit einem Angriff aus dem Hinterhalt rechnen.

Die folgende Doppelseite führt als einzige des Essays Fließtext, der einen Großteil des Bildraumes füllt. Links zeigen zwei Aufnahmen aus der Luft von Rentmeester die vietnamesische Landschaft. Die panoramaartigen Landschaftsaufnahmen verdeutlichen, wo sich der Feind überall verstecken kann. Der Artikel führt tiefer in die Militärstrategien ein. Er informiert zunächst über die Strategie des Gegners, General Võ Nguyên Giáp, einem führenden Kommandant der VV. Dieser soll geplant haben, die US-Amerikaner mit einem Sieg in Quang Tri und einer Teilung Südvietnams entlang des Tây Nguyên, des zentralen Hochlandes, zu demoralisieren. Mit einer geographischen Karte werden „infiltierte" Gebiete aufgezeigt[674] und erklärt, mit wie vielen Soldaten die USA diesen Strategien entgegenarbeiten würden und welche Teilerfolge man bereits errungen habe. Der Text beteiligt somit die Lesenden, indem ihnen eine Kombination von Überblicksinformationen und Einblicken in einzelne Perspektiven vor Ort gegeben wird. Er zeichnet eine spannungsvolle Kriegssituation, bei der trotzdem der Eindruck entsteht, die Marine habe die Situation unter Kontrolle und sei in der Lage, weitere Siege zu erlangen.[675] Der tieferführende Artikel auf der rechten Seite von Maynard Parker informiert genauer darüber, wie die US-Armee die entmilitarisierte Zone beobachtet habe.

Nachdem der Essay bisher den Vormarsch US-amerikanischer Truppen gezeigt hat, steigert sich die Spannung auf der folgenden Doppelseite. Dem Layout der beiden ersten erneut ähnlich, wird die Seite von einer Aufnahme von Burrows rechts dominiert, in der vier Soldaten einen Kameraden durch hohes, windgepeitschtes Gras tragen. Ein Hubschrauber muss außerhalb des Bildraumes, aber in unmittelbarer Nähe vor der Gruppe landen, wie die Windrichtung anzeigt. Die Gesichter sind allesamt gut zu erkennen. Sie zeigen die Anspannung der Männer und die Kraft, die es sie kostet, sich gegen den Wind voranzukämpfen und den Kombatanten zum Hubschrauber zu bringen. Die Bildunterschrift informiert über einen Angriff auf dem *Hill 484*. Es ist ein kurzes Zitat von Burrows eingefügt, nachdem der vorangehende Soldat beim Betreten der Kuppe erschossen worden sei. Es wird nicht explizit ausgeführt, dass es sich um den von den anderen getragenen Soldaten handelt. Dies wird jedoch aus Burrows' Angaben für *Life* zu der Fotografie deutlich:

---

674 Parker 28.10.1966 – Marines Blunt Invasion, S. 35.

675 Vgl. Parker 28.10.1966 – Marines Blunt Invasion, S. 34 f.

„OBVIOUSLY THE MAN IS DEAD OR ELSE THEY WOULD NOT BE CARRYING HIM THIS WAY […] HAVING MOVED OUT INTO AN OPEN AREA AND APPROACHING A FORTY FOOT HILL WE CAME UNDER NVA FIRE THE POINTMAN RAN TO THE TOP OF THE HILL AN WAS SHOT DEAD (HE IS THE ONE BEING CARRIED IN PIC.) SHORTLY AFTER THIS HAVING RECEIVED THE SOS FROM THE TANKS WE EVACUATED THE ONE DEAD AND THREE WOUNDED.“[676]

Das Thema der Abbildung, die Rettung oder Bergung von Kombattanten und Gefallenen, ist ein kanonisiertes Motiv in der Kriegsfotografie, das sich zahlreich nachweisen lässt. Robert Capa fotografierte während des Zweiten Weltkriegs, wie Soldaten einen Verletzten auf einer Trage bringen.[677] Bei Capa bleiben die Fotografierten anonym, während bei Burrows die Soldaten gut erkennbar sind. Er holt sie sehr nah vor die Kamera. Die Aufnahme wurde an der rechten Seite stark beschnitten, so dass aus einem ehemaligen Querformat ein quadratisches Bild wurde.[678] Dies ist insofern interessant, denn rechts auf der ursprünglichen Aufnahme ist die Fotografin Catherine Leroy mit einer Kamera in der Hand zu sehen. *Life* hatte ein Interesse daran, dass die Anwesenheit von mehr Journalisten vor Ort nicht deutlich wurde. Dies hätte den Fotografien im *Life*-Magazin die Einzigartigkeit genommen. Neben dieser großen Fotografie sind links zwei weitere Bilder von Soldaten gezeigt, oben beim Markieren eines Platzes, unten beim Verlassen eines Erdlochs. Beide Fotografien sind von Rentmeester und betonen die physische Komponente des Krieges durch schweres Tragen oder die nackten Oberkörper der Soldaten am Kriegsschauplatz.

Als Höhepunkt und Ende des Essays sind zwei Fotografien platziert, die jeweils verwundete Soldaten in kahler Waldlandschaft zeigen, die von ihren Kameraden geleitet oder verarztet werden. Die Fotos sind jeweils groß auf die gesamte Seite gezogen, ohne Weißrand oder Bildunterschrift, sodass die Seite wie ein *double truck* wirkt. Auf dem rechten Foto ist ein Marine-Unteroffizier mit Kopfbinde zentral positioniert. Laut der Bildunterschrift der vorangegangen Seite wird er von seinen Kameraden zu einem Hubschrauber geleitet.[679] Ein Soldat im Vordergrund reicht dem Verletzten von vorne die Hand, so dass er eine Unebenheit im Boden besser überschreiten kann. Im Hintergrund wird er von einem weiteren Soldaten gestützt und zwei weitere folgen. Bis auf den verletzten Afro-

---

676 Larry Burrows Cable, „To Lang for Orshefsky, Rogin, Newyork, Fm Larry Burrows, Hongkong," 17.10. 1966, o. S., *Time Inc. Archives*, zitiert nach Moeller 1989 (wie Anm. 27), S. 395.

677 Robert Capa: An der Straße nach Neapel, Italien 30.9.1943, aus: Wehlan, Richard: Robert Capa. Die Sammlung, Berlin 2001, S. 340, Abb. 564.

678 Vgl. die Abbildung in Burrows 2002 (wie Anm. 52), S. 153.

679 Vgl. Parker 28.10.1966 – Marines Blunt Invasion, S. 37.

amerikaner mit der weißen, teilweise blutigen Kopfbinde, tragen alle Helme und sind so kaum zu erkennen.

Das Bild rechts daneben zeigt zwei Gruppen übereinander. Oben tragen zwei Soldaten einen Verwundeten zwischen sich. Der Verletzte hat die Arme um die anderen beiden Soldaten gelegt. Sein Bein ist weiß bandagiert, doch ist die Binde bereits blutdurchtränkt. Darunter beugen sich zwei Soldaten tief über einen am Boden liegenden Verwundeten. Die untere Szene ist fast in Vogelperspektive, zumindest aber mit einer deutlichen Aufsicht von oben aufgenommen, so dass anzunehmen ist, Burrows hat dicht davor gestanden. Bei genauerem Hinsehen wird deutlich, dass es sich um die gleichen Soldaten handelt, die auch schon auf dem Cover zu sehen sind, nur aus einer anderen Perspektive. Beide Fotografien zeigen dieselbe kahle, apokalyptische Baumlandschaft und die Horizontlinie ist auf eine Höhe gesetzt, so dass es auf den ersten Blick wie ein großes Foto wirkt. Die kahlen Baumstümpfe und Äste lassen erkennen, dass die Landschaft durch die Luftwaffe mit Chemikalien für den Kampf „vorbereitet“ wurde. In einer Bildunterschrift am Anfang erfährt man, dass die Marinesoldaten im Kampf von „[...] airstrikes that sear the jungle just ahead“[680] unterstützt werden.

Die westliche Darstellungstradition von Leid und Gewalt ist eng mit der Illustration christlicher Märtyrer verknüpft, wie bereits genauer ausgeführt.[681] Auch die Bildrhetorik der abgebildeten Fotografie auf der rechten Seite liefert visuelle Anknüpfungspunkte. Die obere Soldatengruppe in der Fotografie erinnert formal an Gemälde von Kreuzabnahmen, bei der Christus auf den Schultern von Joseph von Arimathäa liegt und weitere Personen dabei helfen, den Körper zu tragen.[682] Die Gruppe darunter weist Ähnlichkeiten mit der Darstellungstradition der Grablegung auf, bei der der Körper Christi von einer Gruppe gemeinsam abgelegt wird.[683] Die Gesichter der beiden Verletzten sind nicht zu erkennen, insbesondere der Verwundete in der oberen Gruppe hält den Kopf gesenkt. Durch die Kombination der zwei Soldatengruppen übereinander, erinnert die Fotografie kompositorisch an Darstellungen der Passion Christi. Ähnlich dieser Fotografie werden in mittelalterlichen Gemälden mehrere Szenen parallel gezeigt.

680 Parker 28.10.1966 – Marines Blunt Invasion, S. 32.

681 Siehe beispielsweise Dittmeyer, Daria: Gewalt und Heil. Bildliche Inszenierungen von Passion und Martyrium im späten Mittelalter (Phil. Diss. Hamburg 2012) (= Sensus. Studien zur mittelalterlichen Kunst, 5). Köln 2014.

682 Vgl. Jászai 1994 – Kreuzabnahme.

683 Siehe für die christlichen Darstellungstraditionen: Schweicher, Curt: Grablegung Christi, in: Engelbert Kirschbaum (Hg.), *Lexikon der christlichen Ikonographie,* 7 Bde., Freiburg im Breisgau, Basel, Wien 1968, S. 192–196.

Noch deutlicher wird diese bildrhetorische Ähnlichkeit, wenn man ein weiteres Bild mit in die Betrachtung einbezieht, dass Burrows im Zusammenhang dieser Bildserie am gleichen Tag machte. Es wurde nicht in diesem Fotoessay veröffentlicht, da es als Querformat nicht in das Layout des Essays passte.[684] Doch erschien die Aufnahme 1971, nach seinem plötzlichen Tod, in einem Essay zu Burrows' Ehren und wird seither unter dem Namen „Reaching Out" stark rezipiert.[685] Da das Foto im weiteren Verlauf eine wichtige Rolle spielt, wird es im Kontext der Analyse des Essays mit vorgestellt (Abb.-Link 21). Es zeigt erneut den afroamerikanischen Marine-Unteroffizier mit der Kopfbinde, der gerade von seinen Kameraden zu einem Hubschrauber geleitet wird. Diesmal zentral positioniert, hat er sich einem verletzten Kollegen am Boden zugewandt. Der Bildausschnitt wurde so gewählt, dass zwar eine Handlung im Zentrum der Aufnahme positioniert ist, die Szene aber gleichzeitig durch Anschnitte auf der linken und auf der rechten Seite wie zufällig ins Objektiv gefasst wirkt. Zahlreiche Diagonalen bewirken eine starke Dynamisierung der Bildkomposition, was es den Betrachtenden erschwert, den Mittelpunkt auszumachen. Gleichzeitig wird ihr Blick durch die Bewegung der Soldaten und diverse Zeigegesten von der linken zur rechten Seite auf den Verletzen am Boden gelenkt. Der wird durch den Schlamm am Boden gerahmt, der ihn durch seine stark verschmutzte Uniform farblich nicht so stark vom Untergrund abhebt. Alles in dieser unteren Hälfte ist braunverschmiert, so dass hier eine fast monochrome Farbigkeit entsteht. Die obere Hälfte in einem tiefen blau, gibt den Blick auf einen bewachsenen Hügel links und einen weiteren auf der rechten Seite frei, darüber liegen Dunstschleier. Die US-Marinesoldaten passen sich mit den dunklen Uniformen, die größtenteils lehmverschmiert sind, genau in die Farben der Landschaft ein. Heraussticht lediglich die weiße Kopfbinde des US Marines, die am unteren Ende rot vor Blut leuchtet. Die Lichtverhältnisse sind durch die Dunstschleier eher mäßig, doch der beige Lehm strahlt und glänzt im Kontrast zum Blau-Grün der Bäume und sticht so besonders hervor. Die Betrachtenden befinden sich unmittelbar im Geschehen, als würden sie davor stehen.

Der Verletzte am Boden erinnert in seiner sitzenden Haltung, an einen Baumstumpf gelehnt, mit dem linken abgespreizten Arm, den ausgestreckten, leicht angewinkelten Beinen und seinem leicht gesenkten Blick an den leidenden Christus in der letzen Rast. Hierfür hat sich unter anderem ein ikonographischer Darstellungstyp herausgebildet, bei dem Christus allein auf dem Kreuz, Erdhau-

684 Gespräch mit Russel Burrows am 26.9.2013.

685 o. A.: Vietnam. A Compassionate Vision, in: *Life*, 70 (7), 26.2.1971, S. 34–45, hier S. 40 f. Siehe zur Rezeption Kapitel III.2 „Larry Burrows – Der mitfühlenden ‚Bilderkrieger'"in dieser Arbeit.

fen oder Baumstumpf sitzt. Dieser wurde meist in der Plastik dargestellt.[686] Die ikonographische Ähnlichkeit entsteht insbesondere durch den gesenkten, fast melancholischen Blick. Es gibt eine Darstellung in Hans Holbeins „Grauer Passion", bei der Christus auch von zahlreichen Personen, unter anderem von bewaffneten Soldaten, umringt ist, die sich ihm teilweise zuwenden. Auch hier sitzt Christus auf einer Anhöhe und ist aus dem Zentrum leicht nach rechts verschoben.[687]

Kontextualisierung und Authentizität

Die *Operation Prairie,* im Zuge dessen diese Kämpfe stattfanden, dauerte nahezu sechs Monate. Auf ihrem Höhepunkt waren sechs Marineinfanteriebattalione, unterstützt durch Luft- und Artillerieeinheiten, ARVN-Kräfte an der Küste und die Marine auf See im Einsatz. Im September 1966 konzentrierten sich die Kämpfe auf den *Nui Cay Tri Ridge* und die Berge 400 und 484. Am Nachmittag des 5. Oktober nahm das dritte Bataillon nach dem Radiorufzeichen des Bataillons den Berg 484 ein, folglich von den US-Amerikanern „Mutter Ridge" genannt.[688]

Mehrere bildrhetorische Ausdrucksmittel suggerieren den Rezipierenden die Authentizität der Fotografien. Die dynamische Komposition der einzelnen Bilder lässt auf den ersten Blick einen Anschein von Chaos und Unüberschaubarkeit entstehen, was allgemein mit Krieg verknüpft wird. Bei mehreren Fotografen sind die Betrachtenden gewissermaßen „mitten im Geschehen", auf Augenhöhe der Beteiligten, was dem sogenannten „natürlichen Blick" gleichkommt. Damit liegt eine Aufnahmesituation vor, die vom Publikum als natürliche Wahrnehmung empfunden wird.[689] Die Entscheidung des Fotografen für einen Ausschnitt zwischen Großaufnahme und Halbtotale bei den Fotografien am Ende des Essays[690] unterstreicht diesen Eindruck. Die bereits beschriebenen Anschitte auf der rechten und linken Seite sind weitere Merkmale für eine möglichst natürliche

686 Seib, Gerhard: Rast Christi, letzte, in: Engelbert Kirschbaum (Hg.), *Lexikon der christlichen Ikonographie,* 7 Bde., Bd. 3, Freiburg im Breisgau, Basel, Wien 1968, S. 496–498, hier S. 497.

687 Hans Holbein: Graue Passion, Christus in der Ruhe, zwischen 1494 und 1500, ölhaltige Mischtechnik auf Fichtenholz, 89,2 x 87,7 cm, Staatsgalerie Stuttgart, siehe für eine Abbildung: Conzen, Ina: Staatsgalerie Stuttgart, die Sammlung. Meisterwerke vom 14. bis zum 21. Jahrhundert, München 2008, S. 46.

688 Vgl. Burrows 2002 (wie Anm. 52), S. 140.

689 Siehe genauer das Unterkapitel „Augenzeugenprinzip als Kennzeichen der Authentizität" in Kapitel I.6 in dieser Arbeit.

690 „Reaching Out" und Parker 28.10.1966 – Marines Blunt Invasion, S. 36–38.

Wahrnehmungssituation. Die impliziten Betrachtenden können den Raum selbst vervollständigen und die Leerstelle ergänzen.[691] Der Fotograf ist Teil der dargestellten Gruppe, erlebt die Momente mit und macht so auch die Betrachtenden indirekt zu visuell Beteiligten, indem sie die Position der Kamera einnehmen und nachvollziehen können. Nur der linke Soldat in der oberen Gruppe auf Seite 38 reagiert auf den Fotografen. Er blickt in die Kamera. Auf einer rein formalgestalterischen Ebene entstehen so erste authentifizierende Anhaltspunkte.

Dies wird durch die dargestellte Nähe zum Geschehen unterstützt, die in der Dynamik der Fotografien verdeutlicht wird. Der Fotograf ist mitten im Kampf und zieht durch die gewählte Perspektive auch die Betrachtenden heran. Nähe wurde bereits als ein Diktum der Kriegsfotografie zur authentischen Berichterstattung vorgestellt. In einer Bildunterschrift wird Burrows zitiert: „Our point man ran to the top of the hill and was shot dead."[692] Das Zitat lässt eine klare Identifizierung des Fotografen mit den US-Truppen und dieser Einheit erkennen. Wie lange Burrows die Einheit bei der *Operation Prairie* genau begleitete ist nicht bekannt. Insgesamt füllte er 36 Filmrollen in der Zeit.[693] Außerdem gibt es Aufzeichnungen seiner Telegramme an *Life*, die die Gefahr, in die er sich begeben hat beschreiben und auch, wie er sich durch die Marines schützen ließ:

> „SORRY IF MY CAPTIONING IS NOT UP TO STANDARD BUT WITH ALL THAT SNIPER FIRE AROUND I DIDNT DARE WAFE A WHITE NOTEBOOK (EXCLAM)"[694].

Die dramatischen Ereignisse, formal bereits nachvollziehbar, gewinnen durch die Anspielung auf christliche Ikonographie und die somit für das Leiden bekannte Bildsprache weitere authentifizierende Merkmale. Insbesondere die rot aus den sonst eher farblich monochromen Fotografien herausstechenden Binden verweisen als Spuren auf den stattgefunden Kampf und somit auf die Gefahr, in die sich Soldaten wie die Fotografen und die Fotografin begeben haben. In die verletzten Körper hat sich die Zeugenschaft der vorangegangen Ereignisse eingeschrieben,

691 Vgl. Grittmann, Elke: Die Konstruktion von Authentizität. Was ist echt an Pressefotos im Inforamtionsjournalismus, in: Knieper, Thomas (Hg.), *Authentizität und Inszenierung von Bilderwelten*, Köln 2003, S. 123–149, hier S. 143.

692 Parker 28.10.1966 – Marines Blunt Invasion, S. 37.

693 Vgl. Burrows 2002 (wie Anm. 52), S. 140. Nach Angaben von Russel Burrows sind die Notizen zu diesem Material weniger ausführlich, als es sonst bei Larry Burrows der Fall ist.

694 Larry Burrows Cable, „To Lang for Orshefsky, Rogin, Newyork, Fm Larry Burrows, Hongkong," 17.10.1966, o. S., *Time Inc. Archives*, zitiert nach Moeller 1989 (wie Anm. 27), S. 408.

die in der Fotografie farblich exponiert herausgestellt werden.[695] Sie helfen so, den Betrachtenden, die selbst keinen Krieg erlebt haben, dass Geschehen nachvollziehbar zu machen. Der gesamte Essay greift verschiedene Szenen der Passion Christi auf. Wie auch in der eingangs beschriebenen Fotografie auf dem Cover erhöht die Anknüpfung an die Motive der Passion das Leid der Soldaten symbolisch und gibt ihm einen übergeordneten Sinn. Es wird übertragbar und erhält universellen Charakter.[696] Auch dies steigert die Glaubwürdigkeit der Fotografien. Der christliche Märtyrer und entbehrungsbereite Heilige ist ein Held im Christentum,[697] die Anspielung auf das Martyrium glorifiziert die Soldaten somit als Helden. Auch in der Ausstellung „Corpus Christi", die sich mit der Verwendung christlicher Motive in der Fotografie beschäftigte, wurde die Fotografie von Burrows gezeigt.[698]

Kriegsbild in den Fotografien und in Life

Der Essay fokussiert den US-amerikanischen Soldaten im Einsatz. Kameradschaft unter den Soldaten ist das herausstechende Thema des Essays sowie der Serie. Zwei Verletzte reichen sich die Hand oder gehen aufeinander zu. Verletzte werden versorgt und aus dem Kampfgebiet transportiert. Es sind Fotografien aus der Mitte der Soldaten. Der Essay zeigt Individuen, die in Extremsituationen versetzt zu Kameraden und insbesondere Teamplayern werden. Das Motiv der Kameradschaft und Fürsorge geht zurück auf die Barmherzigkeit und Nächstenliebe im Christentum, wie bereits am Deckblatt herausgestellt wurde. In Bezug auf diesen Essay ist es besonders relevant, da es in der Zeit, als der Essay erschien, insbesondere als Verweis der Negation des Rassismusproblems der USA in der Zeit gedeutet werden kann. Als der Fotoessay 1966 erschien, war die Menschenrechtsbewegung in den USA unter der Führung von Martin Luther King (1929–1968) in vollem Gange. Als 1971 „Reaching Out" erschien, war King bereits tot. Die Fotografien können in diesem Diskurs als Thematisierung der Ka-

695 Siehe hierzu auch Kapitel I.6 zum versehrten Körper als Zeichen der Authentizität in dieser Arbeit.

696 1965 erschien in *Life* eine Fotografie des Toten Malcolm X, die ihn ebenfalls ähnlich der Kreuzabnahme umringt von Helfenden zeigt. Es scheint sich somit um eine insbesondere in *Life* bekannte Darstellungs- und Vermittlungsstrategie zu handeln. o. A. 5.3.1965 – The Violent End.

697 Brassat, Wolfgang: Heroismus, in: Uwe Fleckner, Martin Warnke und Hendrik Ziegler (Hg.), *Handbuch der politischen Ikonographie,* 2 Bde., München 2008, S. 473–480, hier S. 475.

698 Ausst. Kat.: Corpus Christi. Christusdarstellungen in der Fotografie, Hamburg, Deichtorhallen, 19.12.2003–12.4.2004. Heidelberg 2003, S. 171.

meradschaft zwischen weißen und schwarzen US-Soldaten gedeutet werden. Wie die zeitgenössischen Reaktionen erkennen lassen, war dies neben der Universalität der Fotografien eine der Hauptbotschaften, die die Lesenden wahrnahmen:

> „Quite obviously the only U.S. citizens that are not bothered with our great racial problems are the boys in Vietnam."[699]
> „‚Black Power,' ‚White Power' […] human brotherhood"[700]
> „That horrible, beautiful picture [Coverbild] can only prove to me and others like me that we must all be brothers."[701]

Die Geste des Handreichens, wie sie sowohl in „Reaching Out", aber insbesondere in der Fotografie aus Seite 37 gezeigt wird, erinnert visuell an ein Friedensangebot. Der Hand wurde in der antiken Rhetorik eine wichtige Rolle beigemessen. So waren Gesten laut Quintilian als universelle Sprache der Menschheit besonders geeignet, um den Vortrag des Redners zu unterstützen.[702] John Bulwer führt in seiner „Chirologia" 1644 die Geste des Händereichens/-schütteln als „Reconcileo", das heißt als Geste der Versöhnung auf.[703] Das Handreichen im Krieg kann somit als symbolische Geste der Versöhnung eines rassistischen Konfliktes der Heimat gedeutet werden. Dies erscheint insbesondere in Anbetracht des Problems der häufigen Diskriminierung afrikastämmiger Soldaten durch weiße Offiziere und rassistischer Spannungen auch in der Armee ambivalent.[704] Obwohl afroamerikanische Aktivisten wie Dick Gregory, Malcolm X, John Lewis und Martin Luther King Jr. zu Beginn des Krieges die hohe Zahl toter schwarzer G.I.s in Vietnam kritisierten, zeigten viele Berichte in der Zeit zwischen 1965 und 1967 die Gleichbehandlung im US-Militär. Es erschienen zahlreiche Fernsehreportagen wie Bildreportagen in denen schwarze und weiße Soldaten nebeneinander kämpften, ohne dass dies besonders kommentiert wurde.[705] Wie Sally Stein herausarbeitete, spielte *Life* zur Zeit des Zweiten Weltkriegs die Entbehrungen von Angehörigen einer Minderheit tendenziell herunter, im Ge-

699 William G. Horn zitiert nach o. A. 18.11.1966 – Letters to the Editors.

700 Adolf G. H. Kreiss zitiert nach o. A. 18.11.1966 – Letters to the Editors.

701 Betty Lou Kelly zitiert nach o. A. 18.11.1966 – Letters to the Editors.

702 Vgl. Hommers, Jaennet: Gestik, in: Uwe Fleckner, Martin Warnke und Hendrik Ziegler (Hg.), *Handbuch der politischen Ikonographie,* 2 Bde., München 2008, S. 418–425, hier S. 420.

703 John Bulwer, Chirologia. London 1644 zitiert nach Rehm 2002 (wie Anm. 560), S. 94.

704 Moeller 1989 (wie Anm. 27), S. 338 f.

705 Vgl. Huebner 2008 (wie Anm. 595), S. 184.

gensatz zur Bemühungen von *Look*, afroamerikanische Kriegsteilnehmer anzuerkennen.[706]

Durch diese visuelle Glorifizierung der Kameradschaft treten die dramatischen Aspekte des Essays in den Hintergrund. Es ermöglichte der Redaktion das Zeigen eines toten und von verletzten US-Soldaten, insbesondere durch die visuelle Anspielung auf christliche Ikonographie und Traditionen der Historienmalerei. Susan D. Moeller sieht die große Wirkung des Fotos „Reaching Out" in der Transzendierung der großen rassistischen Probleme der US-amerikanischen Gesellschaft.[707]

Wie Uwe Westfehling in anderem Zusammenhang feststellte:

> „Die Übertragung der Märtyrerverehrung aus dem sakralen in den politischen Bereich mit allen an sie geknüpften Emotionen und Assoziationen hat sich überhaupt als eine der wirksamsten Formeln der Bildpropaganda erwiesen. Zugleich führt sie ein Grundmotiv, das im Thema des Heldentodes angelegt ist, zur klarsten und wirksamsten Steigerung. Im Tode vollendet sich das Tugendbeispiel, von dem der Aufruf zur Nachfolge ausgeht."[708]

Man kann somit auch im Sinne des bereits definieren weiteren Propagandabegriffs für den Fotoessay von Propaganda sprechen, die die Massen für die Kameradschaft und den Einsatz der US-Truppen gewinnen sollte. Es wird nicht „einfach" das Leiden gezeigt, sondern es wird in höhere Zusammenhänge überführt.

Dennoch verweist der Fotoessay auf die Schwierigkeiten, die der Bodenkrieg für die US-Amerikaner bereithielt. Der Krieg in Vietnam hatte keine klaren Fronten, der Feind aus Perspektive der US-Amerikaner war überall und nirgendwo. Die Armee konnte ein Dorf einnehmen, verdächtige oder vermutete Kämpfer töten und das Gebiet als sicher melden. Aber nachdem sie es wieder verließen, würde der Feind dort wieder Position beziehen. Auch schien lange Zeit das Tun der US-Amerikaner – gewonnene Kämpfe und Scharmützel, eroberte Dörfer und Hügel, addierte tote „Vietcong" – keinen Einfluss auf den Kriegsverlauf zu haben. Dies führte dazu, dass die US-Regierung verstärkt auf Luftkrieg setzte, um nicht die Leben der eigenen Soldaten zu gefährden. Konfrontiert mit der Schwierigkeit, Freunde und Feinde zu unterscheiden, begannen die US-Armee schon sehr früh im Krieg Dörfer zu bombardieren, die verdächtigt wurden, Guerilla-

706 Vgl. Stein 2007 – Mainstream-Differenzen, S. 161.

707 Moeller 1989 (wie Anm. 27), S. 409.

708 Westfehling, Uwe: Helden, Anti-Helden, anonyme Helden, Westfehling, Uwe (Hg.), *Triumph und Tod des Helden. Europäische Historienmalerei von Rubens bis Manet.* Ausst.-Kat. Köln, Wallraf-Richartz-Museum, 30.10.1987–10.1.1988; Zürich, Kunsthaus 3.3.1988–24.4.1988; Lyon, Musée des Beaux-Arts Lyon 18.5.1988–17.7.1988, Köln, Mailand 1987, S. 139–150, hier S. 143.

Kämpfern Unterschlupf zu gewähren, ohne diese zuvor betreten zu haben. Oder, wenn Bodentruppen auf Waffen stießen, wurde die Artillerie oder ein B-52-Bomber gerufen. [709] Dies war eine Strategie, unter der besonders die Zivilbevölkerung zu leiden hatte. Wie ein Pilot der Marinereserve formulierte: „If you go in there worrying about women and children you can't do your job."[710] Und der Job war es, den „body count" hochzuhalten, während die Verluste in den eigenen Reihen nach Möglichkeit zu vermeiden waren. Das Prinzip des „body counts" war hierbei relativ simpel:

> „You know the system, if they're dead, they're confirmed VC [Victor Charly, Abkürzung unter den Soldaten für Vietcong], and if they're still breathing they're suspects."[711]

Gefangene zu nehmen barg das Risiko, dass sich der Gefangene als Zivilist herausstellen konnte.

Mit dem flächendeckenden Einsatz von Bodentruppen im Jahre 1965 fand man auch zunehmend Bilder leidender US-Soldaten und der Zivilbevölkerung in den Magazinen.[712] Das *Life*-Magazin stellte mit einem Verletzten Marinesoldaten im Zentrum im Juli 1965 ein Bild von Bill Eppridge auf das Cover.[713] Am 11. Februar 1966 zeigte *Life* auf dem Cover ein Bild von Henri Huet, auf dem zwei Verwundete Soldaten in Nahaufnahme gezeigt werden.[714] In dem zugehörigen Essay gibt es eine Doppelseite, auf der in drei Bildern gezeigt wird, wie ein verletzter Soldat mit Kopfverband einen anderen verletzten mit Kopfbinde liebevoll mit Nahrung versorgt.[715] Das Coverbild erschien auch im April nochmal auf dem *Time*-Cover und wurde 1966 mit der Robert-Capa-Gold-Medal ausgezeichnet.[716] Dieser Essay könnte Burrows zu seinen Aufnahmen inspiriert haben, doch steigert Burrows die Drastik noch durch die sakralisierende Überhöhung.

Solche Fotografien sind nicht unbedingt als Antikriegsbilder zu verstehen. Journalisten sahen Wunden und Tote durchaus als Teil eines Krieges. 1966 unterstützten die meisten Korrespondenten noch immer die Linie der US-Re-

709 Vgl. die Zusammenfassung von Moeller 1989 (wie Anm. 27), S. 331.

710 Zitiert nach Moeller 1989 (wie Anm. 27), S. 331.

711 Mok, Michael: In They Go. To the Reality of this War (Photographs by Paul Schutzer), in: *Life*, 59 (29), 26.11.1965, S. 50–63, hier S. 59 f.

712 Vgl. Mok 26.11.1965 – In They Go; Faas 2.7.1965 – New Fury in Vietnam.

713 *Life*, 59 (1), 2.7.1965.

714 *Life*, 60 (6), 11.2.1966.

715 Huet, Henri: On with the War and ‚Operation Masher', in: *Life*, 60 (6), 11.2.1966, S. 20–25, hier S. 24D, 25.

716 Vgl. Huet u. a. 2006 (wie Anm. 77), S. 79.

gierung. Sie machten den einzelnen Soldaten verwundbar, ohne dass der gesamte Krieg in Frage gestellt wurde.[717] Dieser Essay zeichnet früh ein dunkles Bild der Kämpfe in der entmitlitarisierten Zone. Insbesondere 1967 ist dies ein weitverbreitetes Bild in der Presse, wie Andre Huebner anhand zahlreicher Beispiele analysiert:

> „Despite official protests, reporters at the DMZ painted a bleak picture. Americans there were demoralized, dirty, tired, scared, hungry, thirsty, and, wounded or killed. Occasionally they seemed skeptical of their superiors, though other doubts of that sort surely remained concealed.“[718]

Huebner hat auch herausgearbeitet, dass Bilder von Soldaten mit Kopfbandage in der Folge der Tet-Offensive häufiger in Zeitschriften erschienen. Er vermutet, dass diese Bilder auch ausgewählt wurden, um die Identitäten der Soldaten nicht zu verraten. Dennoch erschienen die Soldaten so noch hilfloser als andere Verletzte.[719]

Am 19. Mai 1967 veröffentlicht *Life* einen sechsseitigen Fotoessay mit Fotografien aus der entmitlitarisierten Zone von Catherine Leroy (Abb.-Link 22).[720] Mehr als ein halbes Jahr später haben sich die Kämpfe in der entmilitarisierten Zone noch verschärft und der Essay zeigt Fotografien von verletzten Soldaten während eines Kampfes. Die ersten zwei Doppelseiten zeigen anhand von mehreren Fotografien jeweils eine Szene auf dem Schlachtfeld. Mehrere Bilder folgen im minimalen zeitlichen Abstand direkt aufeinander, so dass die Betrachtenden die Abläufe nachvollziehen können. Auf der ersten Doppelseite sind die Soldatenfotografien im Kreis um eine kleine Fotografie einer Explosion im Zentrum platziert. Die Fotografien wirken wie Zitate von Bildern aus dem Zweiten Weltkrieg. Die Explosion erinnert an W. Eugene Smiths Aufnahme einer Detonation, die am 9. April 1945 auf dem Deckblatt von *Life* publiziert wurde (Abb.-Link 23).[721] Der Explosionspilz ist ebenfalls zentral positioniert und die Aufnahmen gleichen sich auch insbesondere, da eine vergleichbar karge Kriegslandschaft mit kahlem Geäst gezeigt wird. Die Fotografien darum vermitteln einen

717 Vgl. Huebner 2008 (wie Anm. 595), S. 188.

718 Huebner 2008, S. 196.

719 Vgl. Huebner 2008, S. 200. Huebner verweist auf *Newsweek*, 5.2.1968, S. 39; *Time*, 9.2.1968, S. 22 f.; *Newsweek* 12.2.1968, S. 31; *Newsweek* 19.2.1968, S. 36; *Look*, 19.2.1968, S. 24.

720 Leroy, Catherine: Up Hill 881 with the Marines, in: *Life*, 62 (20), 19.5.1967, S. 40–44A. Auf der ersten Seite wird in der Einführung explizit auf die Rolle als weibliche Fotografin hingewiesen „French girl photographer“, wobei sie als Mädchen und nicht als Frau bezeichnet wird, S. 40.

721 *Life*, 18 (15), 9.4.1945, Cover.

ähnlich dynamischen und dramatischen Eindruck der Kämpfe wie Robert Capas Fotografien aus dem Zweiten Weltkrieg. Der Soldat und Sanitäter im Zentrum der Aufnahmen auf der zweiten Doppelseite wirkt ähnlich verloren im Kampfgeschehen wie der Soldat in Capas Aufnahmen der Landung in *Omaha Beach.*[722] Mit diesem Essay verweist *Life* einerseits auf seine qualitative und authentische Kriegsfotografie mitten aus dem Kriegsgeschehen und zeigt andererseits, wie fortgeschritten der Krieg ist. Fotografien aus dieser Serie wurden auch in verschiedenen europäischen Magazinen veröffentlicht.[723]

Fotoessay Larry Burrows (Fotograf): „The Delta" (*Life*, 13.1.1967)

Die am 13. Januar 1967 veröffentlichte Coverstory „The Delta" ist ein zehnseitiger Fotoessay mit Bildern von Larry Burrows, indem es um die Erschließung eines neuen Kampfgebietes für die USA, dem Mekong Delta (vietn. *Đồng Bằng Sông Cửu Long* oder *Vùng đồng bằng Nam Bộ*), geht.[724] Der Essay zeigt Fotografien aus bewaffneten Militärfahrzeugen, aus denen heraus das Gebiet beobachtet und kontrolliert wird, sowie Begegnungen des US-Militärs mit der Zivilbevölkerung (Abb.-Link 24).

Das Cover des Magazins zeigt eine Fotografie von Burrows, die von einem Schiff aus aufgenommen wurde. Sie lässt die Betrachtenden leicht von oben auf einen Soldaten blicken, der ein großes Maschinengewehr am Heck des Schiffes bedient. Dahinter sieht man das Wasser und die Wellen, die das fahrende Schiff hinterlässt. Im Hintergrund fährt ein weiteres US-Schiff. Prominent rechts neben dem *Life*-Logo platziert ist ein Ausschnitt einer US-Fahne zu sehen, die ebenso wie das Logo rot hervorsticht. Mit dieser Präsentation der Waffengewalt, Kontrolle des Wassergebiets und der US-amerikanischen Fahne zeichnet das Deckblatt ein patriotisches Bild. Die Entscheidung für diese nationalistische Fotografie mag auch damit zusammenhängen, dass es sich erneut um ein Klappcover handelt. Der größte Teil ist hierbei jedoch der Werbung einer Fluggesellschaft, die ein großes Flugzeug zeigt, vorbehalten. In Anbetracht dieser Werbung war vermutlich ein patriotisches Cover nötig, um das beworbene Objekt nicht mit einem negativen Kriegsbild zu verknüpfen. Larry Burrows persönlich war mit der

722 Vgl. in Kapitel I.6 den Abschnitt „Schlaglichter auf die Geschichte der euroamerikanischen Kriegsdarstellung".

723 Catherine Leroy: La bataille de la cote 881 au Vietnam, in: *Paris Match* (944), 13.5.1967, S. 54–67 und ein Essay in der Epoca am 21.5.1967.

724 Burrows, Larry: The Delta. New U.S. Front in a Widening War, in: *Life*, 62 (2), 13.1.1967, S. 22–31.

Entscheidung der Redaktion, diese Fotografie so prominent zu platzieren, nicht glücklich, wie sein Sohn Russel Burrows beschreibt:

> „It was a great thing to have a cover of Life, but there were a couple of pictures that he had on the cover that were embarrassing to him. There was one of a patrol boat in the Delta which is essentially a picture of a flag draped across the stern with the wake of the boat behind it. It's more like a recruitment picture. It was a picture that he obviously took knowingly [...] but the story as it appeared was too patriotic, jingoistic for his liking.“[725]

Der Essay beginnt mit zwei größeren Bildern auf einer Doppelseite. Beide zeigen mit einer für Burrows typischen angeschnittenen Rückenfigur in einem Fahrzeug im Vordergrund den Blick in die vietnamesische Landschaft dahinter. In dem kleineren hochformatigen Bild auf der linken Seite sieht man aus einem Boot heraus auf den Delta-Fluss, auf dem auch vietnamesische Boote fahren. Daneben auf der rechten Seite wird in dem etwas größeren, querformatigen Bild der Blick aus einem Bell UH-1-Hubschrauber über das Mekong Delta mit dem geschwungenen Flußlauf freigegeben. In beiden Bildern leitet nicht nur die Rückenfigur ins Bild, sondern auch ausgerichtete Waffen, die ins Bild hineinragen. Wie die Bildunterschrift informiert, sind beide auf Patrouilleneinsatz. Die erzielte Aussage ist somit sehr klar: wir ziehen schwer bewaffnet und somit gut gerüstet in ein schwieriges Gebiet und kontrollieren genau. In dem begleitenden Text wird das Terrain eingeführt als „Flat and green as a billiard table, the Delta is toxic with reptile, leech and Vietcong [...]“[726] Diese Wortwahl macht deutlich, wie der Feind betrachtet wird. Er wird auf eine Ebene mit Krokodilen und Blutegeln gestellt, die als lästige Geißel der Menschheit betrachtet werden. Allein die Formulierung „Vergiftung“ in der Reportage zeigt keinerlei Respekt vor den „Vietcong“ als Menschen und denkenden Individuen. Weiter wird im Text berichtet, dass das Gebiet bisher mit Beistand von rund 5.000 US-Beratern unter südvietnamesischer Führung gestanden hat, und dass in den letzten neun Monaten die USA immer mehr Bereiche übernommen hätten und zuletzt auch die Marine in diesem Gebiet tätig geworden sei. Zuletzt wird ein Offizieller in Saigon zitiert: „If we can't win this war in the Delta, we can't win the war.“[727]

Die nächste Doppelseite zeigt in fünf kleinen, horizontal angeordneten Bildern in erster Linie das Leben von Einheimischen und die Einschränkungen für sie. Die Überschrift lautet: „War, wire–things to live with, not to like“[728] und

725 Russel Burrows zitiert nach Moeller 1989 (wie Anm. 27), S. 389.

726 Burrows 13.1.1967 – The Delta, S. 23.

727 Burrows 13.1.1967 – The Delta, S. 23.

728 Burrows 13.1.1967 – The Delta, S. 25.

drei der Bilder zeigen die Zivilbevölkerung, die durch die Soldaten kontrolliert wird: im Bild oben links ein kleines Kind hinter einem Stacheldraht, der – wie die Bildunterschrift informiert – nachts die „Vietcong“ fernhalten solle und darunter ein Bild, auf dem Soldaten einen verletzen Kameraden auf einer Trage herantragen. Der Text informiert, dass in dem Gebiet ein Großteil der Lebensmittel des Landes entstehe und produziert werde und hier 5,5 Millionen Menschen lebten. Deshalb hätten sich die US-Amerikaner bisher aus dem Gebiet herausgehalten, denn in dicht besiedelten Gebieten sei Krieg „hell under any circumstances“.[729] Aber die Bevölkerung wie die Produktion von Nahrungsmitteln würden leiden. Der „Vietcong“ würde das Gebiet ausnehmen und die junge Bevölkerung als Guerillas ausbilden. Eine so große Bevölkerung berge große Schwierigkeiten für die Soldaten und der einzige Weg damit umzugehen, sei jeden als verdächtig anzusehen bis das Gegenteil bewiesen sei.[730]

Es folgt eine vertikal gestaltete Doppelseite mit zwei großen Fotografien im Nebeneinander, auf denen jeweils ein US-Soldat groß im Bild auf einen alten Zivilisten auf dem ersten und eine stillende Frau auf dem zweiten Bild herunterschaut. Die Kamera hat jeweils aus Augenhöhe der Soldaten nach unten auf die Zivilisten fotografiert. Diese starke Vogelperspektive lässt die Soldaten sehr groß erscheinen, und den alten Mann und die stillende Frau klein und wehrlos. Die Soldaten in Uniform mit Helm halten beide Gewehre in der Hand, auch wenn sie diese gesenkt halten. Ein Schutz ist hier nicht nötig, aber die Mienen der Soldaten zeigen Argwohn, insbesondere der Soldat neben der stillenden Frau, der der Kamera gegenüber steht, schaut mit geringschätzigem Blick auf sie herab. Die Frau hat den Blick zu ihrem Kind herabgesenkt. Die Anwesenheit der Kamera und der indiskrete Blick des Soldaten wirken wie Störfaktoren in der Intimität zwischen Mutter und Kind. Alltag und Krieg prallen aufeinander und der persönliche und innige Moment wird aufgebrochen. Das Bild spricht vom Misstrauen der Soldaten gegenüber der Zivilbevölkerung, selbst gegenüber einem alten Mann und einer Mutter mit Kind. Der Text erklärt, jeder sei verdächtig. Die Frau habe sich als die Tochter eines „Vietcong“-Steuereinsammlers herausgestellt, den sie bei dieser Tätigkeit oft begleitet habe. Sie sei unter bewaffneten Schutz gestellt und zur Befragung festgehalten worden.[731]

Philip Jones Griffiths hat mit „Mother and Child“ ein ähnliches Foto in seinem Fotobuch „Vietnam Inc.“ veröffentlicht.[732] Es zeigt eine Mutter, die ein schlafendes Kind im Arm hält. Dahinter steht ein bewaffneter US-amerikani-

729 Burrows 13.1.1967 – The Delta, S. 25.
730 Burrows 13.1.1967 – The Delta, S. 25.
731 Vgl. Burrows 13.1.1967 – The Delta, S. 27.
732 Griffiths 1971 (wie Anm. 49), S. 58 f.

scher Soldat, der sie beobachtet. Die beiden Fotografien haben viel Ähnlichkeit miteinander, insbesondere da jeweils hinter den Frauen ein geflochtener Korb oder Raumtrenner steht und das Tageslicht von hinten scheint. Anders als bei Burrows ist das Foto von Griffiths von weiter unten aufgenommen, so dass die Betrachtenden der Frau leicht von unten in das Gesicht sehen können. Sie hat die Augen geschlossen und den Kopf leicht gesenkt. Der Soldat dahinter steht den Betrachtenden gegenüber. Er hat ein Bein auf der Mauer, auf der die Frau sitzt, abgestellt und sich leicht vorgebeugt. Durch seine zum Kinn geführte linke Hand wirkt er nachdenklich und somit weniger wie ein Eindringling in die Intimität als der Soldat in der Fotografie bei Burrows.

Die archetypische Darstellung spielt auf die christliche Bildform der Pietá an, bei der Maria ihren verstorbenen Sohn in den Armen hält und in deren Tradition es vor allem um die Betonung des Gemüts ging.[733] In profanisierter Form wurde das Vesperbild im 19. und 20. Jahrhundert auch in nicht sakrale Zusammenhänge überführt[734] und repräsentierte in Kriegerdenkmälern des Ersten Weltkriegs, bei denen Soldaten ihre gefallenen Kameraden in den Armen halten, bereits zur Zeit der Weimarer Republik das Opfer für die Gesellschaft.[735] Anders als bei Burrows wird die Anspielung auf das Andachtsbild der Pietá durch die leichte Blickrichtung von unten verstärkt. Die Betrachtenden schauen zur Mutter auf, die in diesem Moment nicht um ihr Kind, sondern um ihren Mann trauert. Griffiths infomiert die Lesenden mit einem kurzen seitlichen Infotext darüber, dass die Soldaten einer US-amerikanischen Division in der *Quảng Ngãi*-Provinz kurz zuvor den Ehemann töteten, da dieser einen Tunnel versteckt habe. Sie hätten danach die Tunnel gesprengt und kurz nach dieser Aufnahme auch die Mutter und das Kind getötet.[736] Durch diese Information wird der fotografierte US-Soldaten zu einem Eindringling und Kriegsverbrecher.[737] Der Vergleich der beiden Fotografien verdeutlicht die Ambivalenz in Burrows' Aufnahme zwischen Eindringling und Unterstützer.

Auf der folgenden Doppelseite wird rechts erneut ein bewaffnetes Boot in den Vordergrund gerückt, das seine großen Waffen präsentierend den Lesenden

733 Vgl. Emminghaus, Johannes: Vesperbild, in: Engelbert Kirschbaum (Hg.), *Lexikon der christlichen Ikonographie,* 7 Bde., Freiburg im Breisgau, Basel, Wien 1968, S. 450–456.

734 Vgl. o. A. 1996 – Vesperbild.

735 Vgl. zu den Kriegerdenkmälern der Weimarer Republik Janzing 2008 – Thermopylai/Stalingrad, S. 152.

736 Vgl. Griffiths 1971 (wie Anm. 49), S. 59.

737 Laut Genfer Abkommen (IV) sollen Zivilpersonen nach dem humanitären Völkerrecht geschützt werden, was die USA am 12.8.1949 unterzeichneten, vgl. o. A.: Genfer Abkommen über den Schutz von Zivilpersonen in Kriegszeiten. Vom 12. August 1949. Tübingen 1950, S. 454, 490.

entgegenfährt. Der Text auf der linken Seite informiert über die Probleme, die die unbändige Sumpflandschaft mit sich bringe, in der man sich am besten in Patrouillebooten bewege. Um in diesem schwierigen und dicht besiedelten Land zurechtzukommen, bräuchte man jetzt im Gegenzug die Hilfe der Vietnamesen. Der Essay endet mit einem fast auf die ganze Doppelseite groß gezogenen Foto, auf dem drei Soldaten unter Palmen Wasser- und Sumpfgebiet kontrollieren, „In tense, wet stillness the search for ‚Charlie'".[738] Wie die Bildunterschrift erklärt, würde der Kampf im Delta-Gebiet in erster Linie durch viele kleine Einheiten wie diese stattfinden. Schwere Waffen seien nicht transportabel und selbst Fußsoldaten hier „sitting ducks".[739]

Der Essay kontrastiert erneut, wie insbesondere in „We Wade Deeper into Jungle War" einfache, „primitive" Verhältnisse der Bevölkerung gegenüber starker, technisierter Bewaffnung. Das Feindbild wird klar formuliert und der Feind beleidigt. Die Inszenierung des Covers mit der US-amerikanischen Flagge ist klar patriotisch. Der Essay ist somit erneut als US-amerikanische Propaganda für den Krieg zu sehen. Auch wenn Schwierigkeiten des Einsatzes beschrieben werden und die Fotografien auf Seite 26 und 27 ein ambivalentes Bild ausdrücken, bleiben es Bilder von US-amerikanischer Dominanz. Burrows zeigte zudem keinen direkten Feindkontakt und nur Situationen, in denen die US-amerikanischen Soldaten Herren der Lage sind. Stilistisch entspricht die Darstellung insbesondere der Zivilbevölkerung und der Komposition humanistischen Fotografietraditionen. So ist beispielsweise der kleine Junge vor dem Absperrzaun nach dem goldenen Schnitt positioniert. Auch die anderen Fotografien erfüllen weitgehend Cartier-Bressons Idee eines „entscheidenden Augenblicks".[740]

Diese Erkenntnisse passen in die allgemeine US-amerikanische Darstellung des Krieges in der Presse, die Wölfl herausarbeitet: Die Presse trug die Zustimmung zur Aktivität in Vietnam im Rahmen des Kalten Krieges. Kritik wurde nicht an Konzeption oder der allgemeinen Perspektive geäußert, sondern wenn überhaupt an einzelnen Manövern und deren Effektivität und den Kosten. Das Ziel des Kalten Krieges stand nicht infrage.[741] In *Life* werden, anders als in den bisher vorgestellten Essays dieser Phase, die Leiden der Zivilbevölkerung stärker herausgestellt, dies jedoch nur unter der Betonung, der „Vietcong" sei hierfür

738 Burrows 13.1.1967 – The Delta, S. 31. „Charlie" ist die Kurzform von Victor Charlie. Das ist die Entsprechung von VC („Viet Cong") im phonetischen Alphabet der Nato (International Radiotelephony Spelling Alphabet).

739 Burrows 13.1.1967 – The Delta, S. 31.

740 Siehe hierzu genauer Kapitel I.6 zum Fotoessay in dieser Arbeit.

741 Vgl. Wölfl 2005 (wie Anm. 332), S. 50; Stein 2007 – Mainstream-Differenzen, S. 167.

verantwortlich. Diese Darstellung dient demnach nicht als Aufforderung den Krieg zu beenden, sondern der Diffamierung und Entmenschlichung des Feindes.

Kriegsbild in *Life – Combat Photography*

Abschließend soll der in *Life* gewählte Zugriff auf den Vietnamkrieg als propagandistische Strategie beleuchtet werden. Es lässt sich insgesamt über das im *Life*-Magazin gezeigte Kriegsbild in der Zeit von 1964 bis 1967, in der die USA offiziell mit einem Mandat der Regierung Truppen nach Vietnam entsendeten und sich der Krieg verschärfte, zusammenfassen, dass es sehr einseitig über das Kriegsgeschehen berichtet. Es findet eine starke Konzentration auf die Soldaten und ihre Perspektive statt, wie in der Analyse gezeigt werden konnte.

In allen in diesem Abschnitt analysierten Essays steht der US-Soldat oder dessen Kampfausrüstung im Vordergrund. In „Alert in Vietnam“ und in „One Ride with Yankee Papa 13“ wurden jeweils einzelne Soldaten und ihre Perspektiven auf einzelne Ereignisse vorgestellt. In „The Air War“ war der Fokus auf den Luftkrieg und die Möglichkeiten der hierbei eingesetzten Kampfflugzeuge und Hubschrauber gelegt. „Marines Blunt Invasion from the North“ zeigte die Erschließung unbekannten Terrains und die Konsequenzen blutiger Auseinandersetzungen für die US-amerikanischen Soldaten und in „The Delta“ wurde ebenfalls die Sicherung und Kontrolle eines großen Gebietes mit bewaffneten Militärfahrzeugen und durch Fußsoldaten thematisiert. Der Essay „Alert in Vietnam“ sticht etwas heraus, da sowohl ein Kriegsgefangener, als auch brennende Hütten des Gegners gezeigt werden. Ansonsten werden in sämtlichen Essays keine Feinde oder direkte Konfrontationen gezeigt. Die Zivilbevölkerung taucht zwar in „The Delta“ erstmals auf, doch erweckt der Essay den Anschein, als könne sie weitgehend unbehelligt vom Kriegsgeschehen – abgesehen von Kontrollen – ihr Leben weiterführen.

Eine Begleitung einer Einheit des Militärs und des Festhaltens ihrer Handlungen entspricht der Tradition der „combat photograpy“: der Fotografie der offiziell von der Armee zur Dokumentation eingestellten Fotografen. Hierfür ist im anglo-amerikanischen Raum der Begriff „combat photography“ geläufig.[742] Zahlreiche Autoren verwenden jedoch „combat photography“ und Kriegsfoto-

742 Vgl. Moeller 1989 (wie Anm. 27), S. 366. Neben Fotografen stellte die Armee auch U.S. army combat artists ein, vgl. Moore, Julia: Die U.S. Army Combat Artists Teams in der Zeit des Vietnamkriegs, Moore, Julia (Hg.), *M_ARS. Kunst und Krieg.* Ausst. Kat. Graz, Neue Galerie am Landesmuseum Joanneum. 10.1.–26.3.2003, Ostfildern-Ruit 2003, S. 278–281.

grafie parallel, ohne zu differenzieren:[743] eine Differenzierung ist demnach offenbar nicht so trennscharf. Beispielsweise arbeitete Beaumont Newhall in seiner „History of Photography" mit dem Begriff „combat photograpy" und „war photography" synonym.[744] Susan D. Moeller definierte „combat photography" in ihrer Studie über die US-amerikanische Kriegsfotografie 1989: „[…] those photographs taken before, during, and after a ‚battle' that describe the American frontline soldiers' experience of war."[745] Moeller nutzt den Begriff, um die Auswahl der Kriegsfotografie auf Kampfbilder und Fotografien von Soldaten an der Front zu beschränken. Andere Autoren definieren „combat photography" als eigenes „Genre" und Capa als dessen Vorreiter,[746] wobei hier die dynamische Kriegsfotografie im Allgemeinen gemeint ist. In dieser Weise soll der Begriff in dieser Arbeit nicht verwendet werden, doch soll mit dem Verweis auf die Tradition der Armeefotografie die *combat photography* als gezielt eingesetzte Perspektive und Bildstrategie aufgezeigt werden. Insbesondere die ideologiegeprägten und propagandistischen Fotoessays im *Life*-Magazin beschränken sich in der Zeit zwischen 1964 und 1967 vorrangig auf eine bestimmte Perspektive auf den Krieg, die Perspektive der US-amerikanischen Soldaten. Larry Burrows, David Douglas Duncan, Catherine Leroy und Henri Huet haben für ihre Fotografien jeweils eine Einheit der US-Soldaten begleitet, in den meisten Fällen der Marine. Hierbei wurden die US-Soldaten teilweise in heroischen,[747] in dynamischen und auch verwundeten Momenten gezeigt. So zeigen sich die USA als kampfgerüstete Kriegsmacht, die in der Lage ist, den Krieg zu gewinnen. Vettel-Becker stellt in ihrer Analyse der Männlichkeit in der US-Fotografie heraus, dass die Darstellung heroischer Männlichkeit eines der wichtigsten ikonographischen Motive der *combat photography* sei.[748] Insbesondere in „The Air War", „Marines Blunt Invasion from the North" und „One Ride with Yankee Papa 13" konnte ein heroisches Soldatenbild gezeigt werden, auch wenn es sich im Vergleich zum Zweiten Weltkrieg bereits verschoben hat und ambivalente Züge aufweist.

1967 veröffentlicht *Life* einen Fotoessay von David Douglas Duncan über 18 Seiten, der ein Marinecorp in Con Thien (*Côn Tiên*) begleitet hatte (Abb.-Link

743 Vgl. bspw. Wyatt, Clarence R.: Capa, Robert, in: Clarence R. Wyatt und Martin J. Manning (Hg.), *Encyclopedia of Media and Propaganda in Wartime America*, Santa Barbara 2011, S. 627–629.

744 Vgl. Newhall 1949 (wie Anm. 33), S. 85, 91.

745 Moeller 1989 (wie Anm. 27), S. xiii.

746 Vgl. Steel 2006 (wie Anm. 219), S. 22; Wyatt 2011 – Capa, Robert, S. 628. Wyatt 2011 – Capa, Robert, S. 628.

747 Ein weiteres Beispiel für die heroische und sogar glorifizierende Darstellung ist Angeloff, Sam: Pete Dawkins Take the Field, in: *Life*, 60 (14), 8.4.1966, S. 91–100.

748 Vettel-Becker 2005 (wie Anm. 225), S. 55.

25). Die Fotografien sind sehr dynamisch und zeigen die Marinesoldaten bei Kampfeinsätzen zwischen Qualm und Explosionen,[749] und erinnern dabei an Traditionen von Robert Capa. Sie zeigen durchgehend kameradschaftliche, freudige Soldaten ähnlich der Bildrhetorik während dem Zweiten Weltkrieg. Wie heroisierend die Bilder funktionierten, macht der Leserbrief eines Generals deutlich:

> „Duncan has shown what the young Americans in Vietnam really are–poised, mature, courageous and resolute. That they will certainly win the war may be less important in the long run than the fact that, when it is over, they will come home to run this country–and they can do it.“[750]

Es gibt Ausnahmen von dem dynamischen Soldatenbild, von denen passen aber die meisten in das propagandistische Kriegsbild, das vermittelt wird. Am 17. Februar 1967 bringt *Life* beispielsweise einen Fotoessay über einen Arzt und seine freiwilllige Tätigkeit in einem Krankenhaus im Mekong Delta in Vietnam. Zwar geht es hier indirekt auch um die Verletzten des Krieges, doch steht im Vordergrund die helfende Tätigkeit des Arztes, der die Patienten nicht nur heilt, sondern auch mit vietnamesischen Kindern fangen spielt.[751]

Die Nähe zum Geschehen, gleich dem von Robert Capa formulierten Diktum des Fotojournalismus: „If your pictures aren't good enough, you're not close enough“,[752] wird hierbei zum Prinzip erklärt und geschickt genutzt, um ein einseitiges Bild des Krieges zu erzeugen. Bestimmte authentifizierende Strategien unterstreichen den Realitätsanspruch der Fotografien. Der realitätsnahe Eindruck, durch das Medium der Fotografie schon an sich von den Betrachtenden erwartet, wird auch durch die Gestaltung der Bilder weiter unterstützt. Burrows ist nah am Geschehen, man zeigt viele Porträts in Nahsicht, Aufnahmen aus dem Flugzeug und Hubschrauber aufgenommen, Truppen in Bewegung, beim Schießen. Mit seinen Aufnahmen aus dem Hubschrauber betritt Burrows sogar gestalterisches Neuland. Wie anhand der Essays ebenfalls aufgezeigt werden konnte, setzt das Magazin immer wieder darauf, den Lesenden vor Augen zu halten, in welche gefährlichen Situationen sich die Fotografen und Fotografinnen begeben haben, um solche Bilder zeigen zu können. Das Prinzip der Augenzeugenschaft, visuell und textlich immer wieder betont, wird so genutzt, um den Lesenden das

---

749 Duncan, David Douglas: Inside the Cone of Fire. Con Thien, in: *Life*, 63 (17), 27.10.1967, S. 28D–42C.

750 Lt. Genral V.H. Kruluk, USMC, Commanding General, Fleet Marine Force, Pacific in: Letters to the Editors, *Life*, 63 (20), 17.11.1967, S. 24A.

751 o. A.: The ‚bac si‘ from Iowa, in: *Life*, 62 (7), 17.2.1967, S. 76A–82.

752 Robert Capa zitiert nach Whelan 1993 (wie Anm. 223), S. 288.

Geschehen aus einer bestimmten Perspektive verständlich zu machen und zu vermitteln. Mithilfe von Pathosformeln und tradierter christlicher Ikonographie werden die Betrachtenden emotional berührt und affektiert. Sie fühlen mit den Soldaten mit. Dies wird formal durch die ins Bild führende Rückenfiguren, den gerahmten Blick aus Militärfahrzeugen und die Perspektive auf Augenhöhe der Soldaten unterstützt. Die Betrachtenden erhalten so nicht nur den Eindruck von Augenzeugenschaft, sondern auch dem Geschehen wie Beteiligte beizuwohnen. Sie werden außerdem durch die intensive und bewegende Schilderung zu emotional Beteiligten und können sich so mit dem Kriegsgeschehen besser identifizieren. Es konnte demnach aufgezeigt werden, wie mit der Strategie der *combat photography* verschiedene Bildrhetoriken und -strategien aus der Tradition der Kriegsfotografie zur Produktion eines bestimmten Kriegsbildes eingesetzt werden. Dies sind dieselben Strategien, die von der US-Regierung während des Irak- und Afghanistankrieges fortgesetzt wurden, wie noch zu zeigen ist.

Nähe zum Geschehen ist im Gegenzug aber auch nur durch Kooperation mit dem Militär möglich, was eine unabhängige, kritische Berichterstattung in Frage stellt. Aus einem Telegramm Burrows wird die enge Zusammenarbeit deutlich: Der Pilot ist extra nah an den Napalm-Abwurf herangeflogen und hat sich so selbst in Gefahr begeben. Auch wird aus anderen Zitaten sein kameradschaftliches Verhältnis zu US-Soldaten deutlich. Anhand Larry Burrows' Essays wurde das kameradschaftliche Verhältnis sowie sein besonderer Status aufgezeigt, den er als Fotograf von *Life* genoss. In „One Ride with Yankee Papa 13“ wird sogar beschrieben, dass er wie ein Soldat eine Tapferkeitsauszeichnung erhielt.[753] Die Zusammenarbeit mit dem Militär war somit sehr eng. Viele Einsätze waren ohne die Kooperation mit dem Militär gar nicht möglich oder sehr viel gefährlicher, wie die Aussage von Lee Hall zu einer Zusammenarbeit zwischen ihm und Larry Burrows 1964 verdeutlicht:

> „This time, when the Army refused to fly him and Lee Hall in to their assignment at Buon Brieng […] Larry, says Lee ‚nonchalantly hired a cab driver with more greed than sense and prepared to taxi down a road where convoys have been being ambushed for the past three years. Horrified, the Army finally gave us a helicopter lift to the job.'“[754]

Diese Aussage verdeutlicht einerseits die praktische Bedeutung der Hubschrauber für die US-Amerikaner. Andererseits verweist es auf den Schutz, den die US-Armee den Korrespondenten vor Ort zukommen ließ, denn trotz anfänglicher Ablehnung transportierte man die Journalisten, um sie nicht einem größeren Ri-

753 Vgl. Burrows 16.4.1965 – One Ride with Yankee Papa, S. 25.
754 Hunt 27.11.1964 – Editors' Note.

siko auszusetzen. David Douglas Duncan äußerte sich zu seiner Entscheidung, erneut *Marines* in *Côn Tiên* in Vietnam zu fotografieren:

> „I'm one at heart. I know their character from the past. There's something kind of marvelous about them; it's their simplicity, their generosity, their casual sharing of everything they have.“[755]

Trotz der politischen Leitlinie von *Time Inc.* und der ideologisch geprägten Berichterstattung ist zu sagen, dass *Life* insbesondere mit Fotoessays wie „Yankee Papa 13“ und „Marines Blunt the Invasion of the North“ einen kleinen Teil der Schrecken des Krieges ins Bild fasste. Wie der Historiker Gerhard Paul beschreibt, bekam die US-amerikanische Bevölkerung solche Bilder im Fernsehen nicht zu sehen.[756] Hierin hatten die Magazine ein Alleinstellungsmerkmal. Diesen Vorteil galt es zu nutzen, um ihre Position am Markt zu stärken.

Auch bildet der Essay „In they go“ von Michael Mok mit Fotografien von Paul Schutzer, der im November 1965 veröffentlich wurde, eine Ausnahme.[757] Er beginnt einführend:

> „The war in Vietnam cannot be fully told in accounts of heroic battles against the enemy. The war is like none ever fought by Americans in a foreign land because of an inescapable paradox. We cannot defeat this armed enemy unless we win the people; […]“[758]

Es wird angedeutet, dass man hier versucht, das ansonsten eher einseitige Kriegsbild zu komplettieren. Der Essay zeigt ein paar große Einschnitte in das Leben der Zivilbevölkerung und zeigt Opfer, so ist auf Seite 56 ein verletztes Baby in den Armen seiner Mutter zu sehen. Zwar wird es neben einem US-Soldaten gezeigt, der ebenfalls ein Baby rettet, doch bleibt es eine drastische Darstellung zivilen Leidens, insbesondere durch die kompositorische Anknüpfung an das Pietámotiv. Der Text dazu erläutert, vor dem Beschuss habe es Informationen für die Zivilbevölkerung als Warnung aus Lautsprechern gegeben, aber sie seien zu panisch gewesen, um den Instruktionen zu folgen. So wird das zivile Drama zumindest als Versehen hingestellt und die Kriegsdarstellung nimmt die Konsequenzen in den Blick. Hier zeigt sich eine veränderte Perspektive der US-Amerikaner auf den Krieg und seine Opfer. Insgesamt ist für diese Phase eine Konzentration auf den US-amerikanischen Soldaten zu konstatieren, die Wyatt

---

755 Zitiert nach Hunt, George P.: Editor's Note. Recording Man at War Again, in: *Life*, 63 (17), 27.10.1967, S. 3.

756 Vgl. Paul 2004 (wie Anm. 3), S. 350.

757 Mok 26.11.1965 – In They Go.

758 Mok 26.11.1965 – In They Go, S. 53.

auch in der Fernsehberichterstattung festmacht. Die Zuschauerinnen und Zuschauer hätten, so Wyatt, häufig US-Soldaten im Gefecht mit einem unsichtbaren Feind, wartend oder auf dem Weg durch den Regenwald gesehen.[759]

759 Vgl. Wyatt 1995 (wie Anm. 4), S. 148.

4. Neues Interesse an Vietnam? – Sozialdokumentation der Opfer 1968 bis 1971

Im folgenden Kapitel wird die fortschreitende Veränderung des Kriegsbildes in der euroamerikanischen Perspektive beschrieben, um insbesondere das Zusammenspiel vom Wandel der öffentlichen Meinung mit der Veränderung des medial gezeigten Kriegsbildes zu verdeutlichen. Hierfür werden ein Essay von Burrows und ein Essay mit Fotografien von Catherine Leroy diskutiert, der in *Look* erschien. Als Kontrast wird außerdem das Fotobuch „Vietnam Inc." von Philip Jones Griffiths herangezogen, der als freier Fotograf der Agentur *Magnum* in Vietnam fotografierte. In diesem Kapitel werden die Essayanalysen noch stärker in einen historischen Ablauf eingebunden, um einen langsamen Wandel des Kriegsbildes aufzuzeigen.

Langsamer Umbruch in der medialen Präsentation in den USA

Ende des Jahres 1967 waren 486.000 US-amerikanische Soldaten in Vietnam, und obwohl die VV empfindliche Verluste verbuchen musste, gab es für die US-Amerikanische Öffentlichkeit keine erkennbaren Anzeichen, dass sie an Stärke verloren.[760] Während der Regierungszeit von Präsident Johnson bis ins Jahre 1968 wurde der politische Kurs der Berichterstattung grundsätzlich beibehalten. Johnson setzte einerseits auf die Kooperation mit den Medien, um sie von der Regierung abhängig zu machen. Gleichzeitig versuchte er, das Bild in der Presse zu beeinflussen, durch andauernde Fehlinformationen, die ein positiveres Bild zeichneten und somit ein stetiges Fortkommen suggerierte.[761] Auf diese Weise wurde in Presse und Öffentlichkeit Misstrauen gegenüber den Statistiken und Angaben der Regierung gesät. Einzelne Kritik setzte ein, die sich anfangs noch nicht auf den Krieg grundsätzlich, sondern auf einzelne strategische Manöver oder auf die Informationspolitik der Johnson-Regierung bezog, der man im Allgemeinen nicht mehr traute.[762] Ab 1967 veränderte sich die öffentliche Meinung gegenüber dem Vietnamkrieg. Man verlor die Zuversicht, den Krieg gewinnen zu können und die Kosten stiegen. Der langsame Meinungswechsel war ein langer und schwieriger Prozess, insbesondere für Konservative und Patrioten, wie am Beispiel von *Life* deutlich wird.

---

760 Huebner 2008 (wie Anm. 595), S. 198.
761 Siehe für eine detailreiche Darstellung Klein 2011 (wie Anm. 4), S. 191–194.
762 Vgl. Wölfl 2005 (wie Anm. 332), S. 77–90; Wyatt 1995 (wie Anm. 4), S. 168.

Hedley Donovan, der leitende *Life*-Redakteur seit 1964, führte die konservative Haltung von Luce fort. Doch hatte er auch ein offeneres Ohr für die wenig optimistischen Berichten seiner Mitarbeiter aus Vietnam. Während seiner zweiten Reise durch Südvietnam – im Mai 1967 – fanden bereits Antikriegsdemonstrationen in New York und San Francisco statt.[763] Er schrieb in der Folge in *Life*:

> „Some over-optimistic Americans (this writer included [...]) had expected to see by now the beginnings of a real momentum in Vietnam, the multiplier point when success in one theater or aspect of a war starts to breed success in many others. It certainly hasn't happened yet."[764]

Zwischen die Textblöcke war ein Fotoessay mit Bildern von Co Rentmeester eingeschoben. Er zeigte US-Soldaten im Einsatz beim Beobachten, Planen, Ausrücken und Schießen gegen einen unsichtbaren Feind. Die visuelle Gestaltung schloss sich somit dem Stil der letzten Jahre an, indem eine Fokussierung auf das Soldatenleben und einseitige Kampfszenen dargestellt wurden.

Als Donovan später im Jahr die Vertretung für Otto Fuerbringer, den Leiter des *Time Inc.*-Büros in Saigon übernahm, wurde ein schleichender Meinungswechsel deutlicher und mit ihm das Bild in *Life*.[765] David Halberstam beschreibt die Position des Magazins als gefangen zwischen Befürwortern und Gegnern.[766] Im Editorial in *Life* erscheint 1967 eine eigene Positionierung der Zeitschrift, die etwas verhaltener dem Krieg gegenüber ausfällt:

> „*Life* believes the U.S. is in Vietnam for honorable and sensible reasons. What the U.S. has undertaken there is obviously harder, longer, more complicated than the U.S. foresaw. And in 1967 we have another hard, complicated year out there. [...] We are trying to defend not a fully born nation but a situation and people from which an independent nation might emerge. We are also trying to maintain a highly important–strategic interest of the U.S. and the free world. This is a tough combination to ask young Americans to die for. Home-front support for the war is eroding." [767]

Dennoch endet sie mit den Worten: „America has the strength to do it".[768] Dies änderte sich mit der Tet-Offensive. Am 31. Januar 1968 begann die VV der

---

763 Vgl. Prendergast u. Colvin 1986 (wie Anm. 300), S. 248.

764 Donovan 2.6.1967 – Vietnam: Slow, S. 68.

765 Vgl. Halberstam, David: The Powers That Be. New York 1979, S. 481; Wyatt 1995 (wie Anm. 4), S. 177.

766 Halberstam 1979 (wie Anm. 765), S. 483.

767 o. A.: Editorial. The Case for Bombing Pause Number 7, *Life*, 63 (16), 20.10.1967, S. 4.

768 o. A. 20.10.1967 – Editorial.

Nordvietnamesen mit einer Großoffensive gegen Südvietnam. Man drang in die US-amerikanische Botschaft ein, besetzte die Stadt Hué für 25 Tage und nahezu jede Stadt wurde beschossen. Zwar weiß man heute, dass sich die nordvietnamesischen Kräfte von dieser Angriffswelle nicht mehr erholten und sie stark schwächte, doch war die massive Kraft, die sie für diese Angriffe aufbrachten, ein Schock für die US-amerikanische Öffentlichkeit. Über das Eindringen in die US-Botschaft wurde besonders im Fernsehen intensiv berichtet. Am zweiten Tag der Tet-Offensive erschien in der *New York Times* eine Fotografie von Eddie Adams (AP), die die Hinrichtung eines als Kämpfer der VV verdächtigten durch einen südvietnamesischen Polizeigeneral vor offener Kamera in Saigon zeigte und das in der Folge weltweit veröffentlicht wurde.[769] Es fasste, im Gegensatz zu vielen anderen Fotografien die Täter-Opfer-Beziehung ins Bild und zeigte die gnadenlose Hinrichtung vor offener Kamera im Moment als die abgeschossene Kugel den Kopf des Mannes trifft.

Life zeigte das Foto am 1. März 1968 winzig klein in einem einseitigen Beitrag „What is the Truth of this Picture" von Shana Alexander, die die Wirkung des Fotos und seine Bedeutung diskutierte.[770] Diese eindrückliche Fotografie wurde in einer Zeit veröffentlicht, in der mehr und mehr US-Amerikaner begannen, die Richtigkeit dieses Krieges anzuzweifeln.[771] Die enorme Zahl ziviler Opfer sowie große Verluste in den eigenen Reihen führten dazu, dass nicht mehr nur die Art der Kriegsführung, sondern auch der Krieg an sich in Frage gestellt wurde.[772] Es setzte also auch ein Wandel bei den Herausgebern und Chefredakteuren ein. Diese Wende in den Medien führte zu einem starken Vertrauensverlust, der nicht nur Zweifel an der Ideologie des Krieges säte, sondern auch an der „Dominotheorie", der man bis dato kommentarlos gefolgt war.[773] Die Journalistin Shana Alexander schrieb für *Life* zur Zeit der Tet-Offensive:

> „The new bad news from Vietnam has shaken us all. The entire tree of American opinion about the war, its branches drooping and weeping with doves, hawks, eagles, owls, now shudders in the lash of the new fire storm."[774]

769 *New York Times*, 2.2. 1968, *Stern* Nr. 7, 1968. Siehe zur Geschichte des Fotos und der Veröffentlichung genauer Schwingeler, Weber 2005 – Das wahre Gesicht des Krieges; Harris 2011 (wie Anm. 529); Howe, Peter R.: Shooting Under Fire. Images and Stories from Combat Photographers on the Front Line. New York 2002, S. 26 f.

770 Alexander, Shana: What is the Truth of this Picture, in: *Life*, 64 (9), 1.3.1968, S. 19.

771 Vgl. Knightley 2004 (wie Anm. 3), S. 436 f.

772 Vgl. Wölfl 2005 (wie Anm. 332), S. 101.

773 Vgl. Wölfl 2005, S. 104.

774 Alexander 1.3.1968 – What is the Truth.

Doch dies bedeutet nicht, dass ein abrupter Kurswechsel in den Essays feststellbar wurde. Die erste Präsentation der Tet-Offensive in „The Battle that Regained and Ruined Hué“, die am am 8. März 1968 in *Life* erschien, weist noch immer Ähnlichkeiten mit der Berichterstattung von 1966 und 1967 auf.[775] Es ist ein sechsseitiger Fotoessay mit Bildern von John Olson (*1947).[776] Die Stadt Hué wurde während der Tet-Offensive durch Bombardement und Beschuss zu 80 Prozent zerstört. Um wieder Herr über die von der VV eingenommenen Städte zu werden, setzte das US-Militär ein besonders hohes Maß an Feuerkraft ein. Über 4000 Zivilisten kamen dabei insgesamt ums Leben, die meisten davon durch US-amerikanisches Bombardement. Man barg über 2000 tote Zivilisten aus Ruinen.[777] Die Bilder des Essays zeigen US-Marinesoldaten in den Trümmern der Stadt, mehrere verwundete US-Soldaten werden ins Bild gefasst. Das letzte Bild, groß auf eine Doppelseite gezogen, zeigt, wie diese auf einem Fahrzeug gesammelt werden. Der Fotoessay konzentriert sich auf die Marinesoldaten im Kampf und die Verletzten. Kein Bild zeigt die Zivilbevölkerung. Es lässt sich argumentieren, dass es im Fotoessay darum ging, einen Aspekt besonders herauszustellen und eine Narration zu erzeugen. Es ist nicht Aufgabe des Fotoessays, einen Sachverhalt in seiner Breite darzustellen, sondern eine Facette herauszustellen. Dennoch entsteht ein stark einseitig verzerrtes Bild der Realität, welches die Perspektive der Redaktion auf den Krieg deutlich erkennen lässt. Dies wird umso deutlicher im Vergleich zu dem Kriegsbild, das Philipp Jones Griffith in seinem Buch „Vietnam Inc.“ von der Bombardierung Hués zeichnet,[778] sowie in dem am 2. August 1968 im *Daily Telegraph Magazine* erschienenen Artikel mit Bildern von Griffith. Seine Fotografien zeigen neben Hué die zerstörte Stadt Saigon und die Konsequenzen für die Zivilbevölkerung.[779]

Ein Beispiel für ein sich langsam wandelndes Kriegsbild ist die Cover-Story von Catherine Leroy „Soldiers of North Vietnam strike a pose for her camera“, indem Leroy in Kontakt mit nordvietnamesischen Soldaten kommt.[780] Die „Edi-

775 Ein weiteres Beispiel für einen langsamen Umbruch ist der Essay Rowan, Roy: Stormy Thrust toward the Talk of Peace. Photographed by Co Rentmeester, Larry Burrows and Tim Page, in: *Life*, 64 (20), 17.5.1968, S. 24–36.

776 Olson, John: The Battle that Regained and Ruined Hué, in: *Life*, 64 (10), 8.3.1968, S. 24–28.

777 Vgl. Pentecost 2004 (wie Anm. 7), S. 146 f.

778 Griffiths, Philip Jones: Vietnam Inc. London 2001, S. 125–137.

779 Siehe für Abbildungen Mary Panzer und Christian Caujolle (Hg.): *Things as They Are. Photojournalism in Context since 1955.* New York 2005, S. 172–175.

780 Leroy, Catherine: Soldiers of North Vietnam Strike a Pose for her Camera, in: *Life*, 64 (7), 16.2.1968, S. 22–29. Ein erster Essay mit Fotografien aus Nordvietnam war 1967 mit Fotografien von Lee Lockwood, einem freien US-amerikanischen Fotogra-

tors' Note" führt die Fotografin genauer mit ihrem Lebenslauf ein. Gegenüber ihren männlichen Kollegen wird sie als Frau hier auch mit ihren äußeren Erscheinungsmerkmalen und ihrem Gewicht vorgestellt.[781] Ähnlich wie bei Burrows wird ihr Wagemut betont und beschrieben, wie es zu den Fotografien kam. Auch in diesem Essay ist der Text von Leroy selbst. Sie beschreibt, wie sie sich mit anderen Geflüchteten in einem von den nordvietnamesischen Kämpfern gehaltenen Stadtteil von Hué befand. Wie als Beweis für ihre Zeugenschaft ist sie selbst auf einem Foto mit einem von Soldaten der VV gewonnen Panzer zu sehen.[782] Der Essay zeigt Fotografien von nordvietnamesischen Soldaten, die bisher in *Life* nicht gezeigt wurden. Der Kriegsgegner bekommt somit erstmals ein Gesicht. Leroy spricht in dem Essay nicht ausschließlich von „Vietcong", sondern häufig von „North Vietnamese soldiers".[783] Der Essay zeigt sie als Menschen, nicht als stereotypisierte Feinde. Außerdem beschreibt er die schwierige Situation für Zivilisten zwischen den Fronten.

Zu Beginn des Jahres 1968 plädierte man bei *Time Inc.* für einen Wandel der US-Politik.[784] Präsident Johnson soll sich alarmiert bei Donovan gemeldet haben und ihn überzeugen wollen, es sei nicht der Moment für ein Ende des Einsatzes.[785] In einem Gespräch mit Hedley Donovon im Weißen Haus im März 1968 soll Präsident Johnson sein Bedauern zum Ausdruck gebracht haben, dass sich *Time Inc.* letztendlich gegen ihn gestellt habe, welches seine Politik in Vietnam so lange unterstützt habe. Dieser Positionswechsel mache es unmöglich, den Krieg weiterzuführen. Unter der Führung von Luce wäre dies nicht passiert.[786] Diese Gesprächswiedergabe ist ohne Angabe einer Quelle in der offiziellen *Time Inc.*-Geschichte abgedruckt, was es in der Bewertung schwierig macht. Es war im Interesse von *Time Inc.*, den eigenen Einfluss auf das Ende des Krieges herauszustellen.[787] In der Zeit nach Tet intensivierte *Life* die Berichterstattung aus Vietnam nochmal.[788] Wie Oscar Patterson 1984 in einer Studie über Vietnamberichterstattung in Nachrichtenmagazinen darlegt, nahm die Berichterstattung

fen in *Life* erschienen Lockwood, Lee: North Vietnam Under Siege, in: *Life*, 62 (14), 7.4.1967, S. 33–44D.

781 Vgl. Hunt, George P.: Editors' Note. A Tiny Girl with Paratroopers' Wings, in: *Life*, 64 (7), 16.2.1968, S. 3.

782 Leroy 16.2.1968 – Soldiers of North Vietnam Strike, S. 24 f.

783 Leroy 16.2.1968 – Soldiers of North Vietnam Strike, S. 24.

784 Sumner 2010 (wie Anm. 578), S. 153.

785 Vgl. Halberstam 1979 (wie Anm. 765), S. 483 f.

786 Vgl. zu dem Gespräch Prendergast u. Colvin 1986 (wie Anm. 300), S. 236.

787 Vgl. Prendergast u. Colvin 1986 (wie Anm. 300), S. 236.

788 *Life*, 64 (6), 9.2.1968, Cover, S. 22–29; *Life*, 64 (7), 16.2.1968, Cover, S. 22–29; *Life*, 64 (8), 23.2.1968, S. 20–28C; *Life*, 64 (10), 8.3.1968, S. 24–28; *Life*, 64 (11), 15.3.1968, S. 4.

über Vietnam nach 1968 nicht weiter zu, im Gegensatz zu der Zahl der Fernsehreportagen. In *Life* waren drei andere Themenbereiche stärker besetzt, die Vietnamberichterstattung machte lediglich 6,4 Prozent aus. Patterson konstatiert, wöchentliche Nachrichtenmagazine hätten in der Zeit von 1968 bis 1973 keine fotografischen Belege über die Grausamkeiten des Krieges geliefert. Es gab somit in der Zeitspanne, in der am kritischsten über den Krieg berichtet wurde, wenig visuelle Zeugnisse der Atrozität. Wobei *Life* mit einer Quote von rund 18 Prozent Bilder mit Toten oder Verletzten in der Vietnamberichterstattung ziemlich hoch im Vergleich zur weiteren Presse dasteht. Insgesamt ist aber keine Eskalierung dieser Bilder festzustellen, wie in der späteren Rezeption gerne dargestellt wird.[789] Während im Fernsehen 25 Prozent der Berichterstattung sich mit Vietnam auseinandersetzte, waren es in den Nachrichtenmagazinen nur sieben Prozent.[790]

In der Zeit nach der Tet-Offensive wandelte sich auch der Krieg in Vietnam. Der Luftkrieg wurde auf die Nachbarländer ausgedehnt und die Regierung Nixon zog durch innenpolitischen Druck im Namen der sogenannten „Vietnamisierung“ nach und nach Soldaten ab, die letzten 1973.[791] Es lässt sich somit feststellen, dass sich langsam die öffentliche Meinung veränderte und mit ihr auch die Berichterstattung ein anderes Bild zeigte.

Fotoessay Catherine Leroy: „This is that war“ (*Look*, 14.5.1968)

Look veröffentlichte im Mai 1968 einen Essay mit Fotografien und Text von Catherine Leroy, der als deutliches Antikriegsstatement des Magazins zu verstehen ist. Bereits der Titel „This is that war“ drückt eine Distanz zu dem Krieg aus (Abb.-Link 26).[792] Er beginnt mit einer Doppelseite, von der die linke abgesehen von der großen Überschrift „This is that war“ und einem kurzen Text weiß bleibt und die rechte im Gegensatz ein Soldatenporträt abbildet. Das Foto ist auf die gesamte rechte Seite gezogen und fasst den erschöpft an einer weißen Wand lehnenden Soldaten mehr zufällig ins Bild. An drei Seiten sind Anschnitte weiterer Soldaten zu sehen: ein Soldat im dunklen Profil auf der rechten Seite, links ein Helm und oben ein Schatten. Der an der Wand lehnende Soldat wirkt wie abwesend, sein Gesicht ist dreckverschmiert. Der kurze Text erklärt, die Soldaten

789 Vgl. unter anderem die Einleitung in dieser Arbeit, oder Fabian u. Adam 1983 (wie Anm. 15).

790 Vgl. Patterson, Oscar: Television's Living Room War in Print. Vietnam in the News Magazines, in: *Journalism Quarterly*, 61 (spring), 1984, S. 35–39, hier S. 37–39.

791 Vgl. Klein 2006 – Größter Erfolg und schwerstes Trauma, S. 209.

792 Leroy 14.5.1968 – This is that war.

würden einen Krieg ohne Glorie kämpfen und die Vietnamesen wären nicht vereint. Leroy nennt in Zahlen, wieviele auf welcher Seite kämpfen würden und beschreibt ein Beispiel von einem Vater, dessen zwei Söhne und er selbst seit 25 Jahren im Krieg kämpfen würden.

Die nächste Doppelseite steigert diese Antikriegsaussage nochmal. Als *double truck* ist ein Foto von einem Verwundeten in Nahe gezeigt. Er liegt bäuchlings auf dem Boden, stützt sich leicht hoch und blutet stark. Am Rand der Fotografie sind eine Hand und weitere Anschnitte eines Soldaten zu erkennen. Die Szene ist so nah an die Kamera geholt, dass die Situation nicht genau zu erkennen ist. Im unteren Zentrum der Fotografie leuchtet hell das Blut. Die Bildüberschrift ist kurz und aussagekräftig: „THE WOUNDED They were waiting to be sent to the rear. ‚I loose men,' the commander said. ‚I lose so many men.'"[793]

Es folgt ein *double truck* mit einem toten vietnamesischen Soldaten. Er liegt langestreckt am Boden, die Betrachtenden schauen von oben auf ihn herab: „THE DEAD In dirt and debris, the battle was over for this North Vietnamese soldier."

Erneut als *double truck* gestaltet zeigt die folgende Doppelseite eine verschwommene Szene in Großaufnahme. Eine Mutter und ein Kind mit blutigem Gesicht und Kopfverband sind so nah an den Betrachtenden, dass keine Distanz mehr möglich ist. Der Kopf des Jungen füllt fast die komplette linke Seite, der Kopf der Mutter auf der rechten ist angeschnitten. Beide wirken verzweifelt. Der Junge stumm, die Mutter mit geöffnetem Mund. Durch die Unschärfe der Aufnahme und den Anschnitt ist die Gebärde nicht genau zu erkennen. Die Bildunterschrift lautet: „THE RAVAGED The town was destroyed. I saw thousands of new refugees with no food, no home, hate in their hearts." Die letzte Seite des Essays ist ein kommentarloses Bild zweier laufender US-amerikanischer Soldaten in Nahe von der Seite gezeigt. Der Soldat auf der rechten Seite trägt einen Kopfverband und legt seinen Arm um den anderen. Er guckt die Betrachtenden direkt an. Der Essay endet an dieser Stelle, es folgt ein „Editorial" der Herausgeber.

Als Ganzes betrachtet zeigt der Essay die verschiedenen Opfer des Krieges auf, vietnamesische und US-amerikanische. Der Essay beginnt mit erschöpften US-Soldaten. Es findet eine Steigerung statt von der Erschöpfung über die Verletzung zum Tod eines Soldaten und zu Flüchtenden, insbesondere einem verwundeten Kind, um erneut mit erschöpften US-Soldaten zu enden. Die kameradschaftliche Geste zwischen einem weißen und einem afroamerikanischen Soldaten ist in diesem Zusammenhang kaum als symbolische Versöhnungsgeste zu deuten, vielmehr als Zeichen für die Erschöpfung der Soldaten im Allgemeinen.

793 Leroy 14.5.1968 – This is that war, S. 26 f.

Die Bildrhetorik der Aufnahmen unterstützt die verstörende Wirkung der Fotografien. Es wird nicht auf piktorialistische und humanistische Traditionen zurückgegriffen. Die Ausschnitte scheinen zufällig und gerade nicht nach kompositorischen Richtlinien gewählt. Zwar wird eine Mutter mit Kind gezeigt, doch greift die Darstellung keine gängigen Darstellungsmuster wie die Tradition der Pietá-Darstellung auf. Die Fotografien erscheinen so nicht nach bestehenden ästhetischen Kategorien erstellt zu sein. Sie fallen so aus den bildrhetorischen Prinzipien des Bildjournalismus heraus.

Der Essay ist vom Layout her sehr unterschiedlich gestaltet gegenüber denen, die bisher aus dem *Life*-Magazin diskutiert wurden. Sämtliche Fotografien wurden groß auf die ganze Seite gezogen. Es gibt keinen Weißrand. Auf gestalterische Elemente wurde mit Ausnahm der ersten Textseite und den Bildüberschriften verzichtet. Die Fotografien sind sehr groß und stehen für sich. Im folgenden „Editorial" bekräftigen die Herausgeber die Position gegen den Krieg:

> „The photographs on the preceeding pages are not published by LOOK to shock you into realizing that war is hell. We've all been shocked before, in our living rooms, watching violent death on 24-inch screens. We should know, by now, that war is hell. [...] LOOK publishes these photographs to remind you of some things many Americans seem to have forgotten: that people and nations make mistakes; that people and nations can learn from their mistakes; and that in the process of rectifying a mistake, a person or a nation can grow in wisdom and strength."[794]

Der Text fährt fort mit einer Aufforderung zur Debatte der Geschehnisse und aus dem Geschehen zu lernen. Im Zusammenhang mit der Gestaltung des Essays, den Überschriften und dem „Editorial" sind die Fotografien als Antikriegsbilder zu verstehen. Gestalterisch wird nicht viel Wert auf die bildrhetorische Konstruktion einer authentischen Wirkung gelegt wie in den bisher diskutierten Essays. Zwar finden sich die Perspektiven teilweise auf Augenhöhe, doch sind die Ausschnitte so klein, dass dies keinem „natürlichen Blick" entspricht. Authentisch wirken die Fotografien jedoch durch die dargestellte Erschütterung und die verwundeten Körper. Diese sind als Einschreibung der Zeugenschaft des Krieges zu deuten.[795] Wie in der Einleitung hergeleitet, können Nähe zum Geschehen und körperliche Versehrtheit als Zeichen für Authentizität gedeutet werden. In diesem Essay fungiert insbesondere die Fokussierung auf das Blut und Leid als visualisierte, eingeschriebene Zeugenschaft der Gewalt.

---

794 The Editors: An Editorial, in: *Look*, 32 (10), 14.5.1968, S. 33.

795 Siehe Kapitel I.6 zum versehrten Körper als Zeichen für Authentizität in dieser Arbeit.

Die Bildrhetorik der scheinbar zufälligen Komposition kann im Kontext der künstlerischen Fotografie der Zeit gedeutet werden, der sogenannten *new street photography* auf Basis Robert Franks Fotobuch „The Americans“[796] und den „New Documents“. Die Ausstellung „New Documents“ wurde im Frühjahr 1967 im *Museum of Modern Art* in New York gezeigt. Der Kurator John Szarkowsky versammelte darin Fotografien von Diane Arbus, Lee Friedlander und Garry Winogrand.[797] Frank arbeitete in seinen Fotografien mit einem sehr spontanen Stil, der die Regeln der Fotografie zu brechen schien. Seine Fotografien wiesen oft ein verschobenes Zentrum, eine wie zufällige Komposition, dunkle Schatten, reflektierendes Licht auf und waren teilweise verschwommen.[798] Viele dieser stilistischen Merkmale finden sich auch in Leroys Fotografien. So ist der Soldat auf dem ersten Foto rechts im Schatten gar nicht zu erkennen. Die Komposition des Fotos wirkt zufällig. Das Foto der Mutter mit ihrem Sohn ist so unscharf, dass man die Gebärde der Mutter nicht genau ausmachen kann, obwohl es sich nicht um eine bewegte Kampfsituation handelt. Und der verletzete US-amerikanische Soldat am Boden ist im gleißenden Licht fotografiert worden. Alles zusammen sind dies Bildprinzipien der *new street photography*, wodurch sie sich vom bisherigen Fotojournalismus absetzen.

Im Zusammenhang mit der starken Position des Essays in Kombination mit dem „Editorial“ ist die Verwendung dieses subjektiven Realismus nach Frank als politisches Statement zu deuten.[799] Der Stil wird als Mittel eingesetzt, um gegen die propagandistische Darstellung des Vietnamkriegs, wie für das *Life*-Magazin aufgezeigt, zu protestieren. Die Darstellung des Vietnamkriegs in *Look* war insgesamt nicht so ideologisch geprägt wie die des *Life*-Magazins. Dieses wurde bereits an den unterschiedlichen Hubschrauber-Essays, die vorgestellt wurden, deutlich.[800] Doch dieser Essay ist ein direktes Statement für eine Wende in der US-Politik.

---

796 Frank, Robert: The Americans. New York 1958 (1958). Ausgestellung: „Photographs by Callahan and Frank”, 30.1.1962–1.4.1962, Museum of Modern Art, New York.

797 The Museum of Modern Art 1967 – Press Release.

798 Vgl. Warner Marien 2010 (wie Anm. 51), S. 344; Orvell, Miles: American Photography. Oxford 2003, S. 120.

799 Vgl. Moeller 1989 (wie Anm. 27), S. 411 f.

800 Vgl. Kapitel II.3 „Fotoessay Larry Burrows (Fotograf): ‚One Ride with Yankee Papa 13‘ in dieser Arbeit.

Fotoessay Larry Burrows: „Vietnam: A Degree of Disillusion" (*Life*, 19.9.1969)

Der Fotoessay „Vietnam: A Degree of Disillusion" erschien am 19. September 1969 in *Life* (Abb.-Link 27). Burrows, der zu dem Zeitpunkt schon sieben Jahre immer wieder über den Vietnamkrieg berichtete, hatte lange die Ansicht vertreten, der Einsatz der USA sei notwendig und richtig. Sein Artikel „Vietnam: A Degree of Disillusion" ist als Wendepunkt seiner Arbeit zu bezeichnen.[801] Sein Meinungsumschwung fällt in die Zeit nach der Tet-Offensive, in der sich die öffentliche Meinung bezüglich Vietnam veränderte. Er erscheint in *Life* zu einem Zeitpunkt, zu dem bereits die ersten US-amerikanischen Truppen im Zuge der „Vietnamisierung" aus Vietnam zurückgezogen wurden.[802]

Der Fotoessay erstreckt sich über zehn Seiten und auf jeder dieser fünf Doppelseiten wird eine kleine Geschichte, bestehend aus Bildern und Text, erzählt. Der Essay beginnt mit einem großen Foto über zwei Drittel der Doppelseite, in dem die Lesenden in die Gesichter zahlreicher Vietnamesen blicken, die um einen Schalter gedrängt warten und Geld entgegennehmen. Der Fotograf muss für die Aufnahme hinter dem Schalterbeamten postiert gewesen sein, dessen Hinterkopf und Arm rechts unten im Bild zu sehen ist. Der ausgestreckte Arm der Rückenfigur, die Geld an Wartende überreicht, führt somit den Blick der Lesenden diagonal in das Bild und bildet gleichzeitig das Zentrum des Bildes. Die Augen der Wartenden, die sich um den Schalter drängen, ruhen auf diesem Geld. Ihre vielfältigen Mienen sind so für die Lesenden genau erkennbar.

Über dem großen Bild steht dick die Überschrift „Vietnam: ‚A Degree of Disillusion'". Rechts daneben ist ein Foto von Larry Burrows mit einem kurzen Text darunter platziert. Text und Fotografien stammen von Burrows. Der Text informiert außerdem, Burrows sei seit 1962 im Land und habe zunächst südvietnamesische, später US-amerikanische Truppen beobachtet. Er sei nun zurückgekehrt, um die Menschen zu beobachten. Dies sei sein persönlicher Bericht. Die kleine Bildunterschrift informiert, dass es sich in der Fotografie um Dorfbewohner aus Phú Hữu im Mekong Delta handelt, die nach viermonatigem Warten Geld für den Wiederaufbau erhalten.[803]

Das Bild wurde auf Augenhöhe dieser Menschen fotografiert. Gleichzeitig ist der Fotograf dicht am Geschehen, die Anwesenheit des Fotografen ist aber nicht in den Gesichtern der Menschen zu erkennen, die mit der Geldübergabe beschäftigt sind. Dies erweckt einen authentischen Eindruck. Stilistisch verweist die Fo-

801 Burrows 19.9.1969 – Vietnam.
802 Vgl. Burrows 19.9.1969 – Vietnam, S. 67.
803 Burrows 19.9.1969 – Vietnam, S. 66 f.

tografie auf den „entscheidenden Augenblick" Cartier-Bressons und die humanistische Fotografie im Sinne der in der „Family of Man"-Ausstellung von Edward Steichen gezeigten Bilder und dem Konzept des allgemein Menschlichen:

> „It was conceived as a mirror of the universal elements and emotions in the everydayness of life–as a mirror of the essential oneness of mankind throughout the world."[804]

Burrows erzählt in dem begleitenden Text auf der rechten Seite, wie müde die Menschen in Vietnam seien, die jetzt schon 30 Jahre Krieg erdulden müssten. Es folgt der inzwischen häufig zitierte Satz: „I have been rather a hawk",[805] den man im Kontext der Vietnam-Rhetorik verstehen muss. Mit *hawks* and *doves* bezeichnete man die Befürworter und Gegner des Vietnamkriegs. Die Begriffe wurden erstmals während der Kubakrise benutzt, um zwischen Politikern und ihren Einstellungen zu unterscheiden und wurden im Verlauf des Vietnamkriegs dann auch für die breite Öffentlichkeit gebraucht. Eine „Taube" war im Allgemeinen für eine Beendigung des US-amerikanischen Engagements in Vietnam, während die „Adler" die USA unter allen Umständen gewinnen sehen wollten. Sie waren Verfechter der „Dominotheorie" und der Meinung, ihr Land könnte es sich nicht leisten, diesen Krieg zu verlieren.[806] Die Bezeichnungen gingen im Verlauf in die Populärkultur über. 1968 und 1969 wurde eine Comicserie, „The Hawk and the Dove", in den USA veröffentlicht, in der Hawk und Dove zwei Superhelden sind, die das Verbrechen bekämpfen. Hawk repräsentiert hier den aggressiven Part im Gegensatz zu Dove mit einer eher pazifistischen Haltung.[807] Burrows erläutert im Folgenden genauer, dass er als Brite zwar neutraler zu dem Krieg hätte stehen können als US-Amerikaner, aber der Linie der USA und Saigon gefolgt sei. Motiviert durch die Statistik von der Regierung sei er nun unterwegs gewesen, um diese Wende zum Besseren zu dokumentieren. Er habe zwar ein verbessertes Training und leistungsfähigere Ausrüstung bei der südvietnamesischen Armee gefunden, aber auch eine Kriegsmüdigkeit und Demoralisierung bei den Soldaten und den Menschen gesehen, die ihn überrascht und schockiert

804 Steichen 1955 – Introduction. Siehe auch Kapitel I.6 zum Fotoessay in dieser Arbeit.

805 Burrows 19.9.1969 – Vietnam; der Satz wird in Bezug auf Burrows gern zitiert wie Walter Wade: *„I have rather been a hawk". Image Vernacular and Visual Narrative in the Vietnam War Photojournalism of Larry Burrows*, unter: <http://citation.allacademic.com/meta/p_mla_apa_research_citation/2/9/8/9/1/pages298914/p298914-1.php> (12.9.2016).

806 Evans-Pfeiffer, Kelly: Hawkes and Doves, in: Stanley I. Kutler (Hg.), *Encyclopedia of the Vietnam War*, New York 1996, S. 221–222, hier S. 221.

807 Der erste der Comics erschien 1968 im DC Comics Verlag: Steve Ditko, Steve Skeates: Showcase. Nr. 75. New York 1968.

habe. Diese Geschichte solle nun dieses Gefühl zeigen. Er geht kurz auf die alte Frau im Zentrum des Bildes ein, die gerade das lang erwartete Geld zum Wiederaufbau in einem befriedeten Gebiet erhalte. Sie empfange dies mit Zynismus, viele würden nach den langen Jahren des Kampfes nur noch an das Land glauben, auf dem sie lebten.[808]

Die folgende Doppelseite ist unterteilt in drei Fotografien, ein größeres auf der rechten Seite und zwei kleinere mit Text auf der linken. Die Überschrift links lautet: „The only loyality–to field and family". Das Bild auf der rechten Seite zeigt eine kniende, betende Frau von hinten vor einem Tisch mit Fotos, neben ihr ein kleines Kind im Profil, das einen verzweifelten Gesichtsausdruck zeigt. Es hat den Mund wie zum Weinen oder Schreien geöffnet. Auf der anderen Seite der Mutter sitzt ein weiteres Kind mit dem Rücken zu den Betrachtenden. So wirkt die Fotografie symmetrisch komponiert. Die Frau hat die Hände betend erhoben und bildet die Mittelsenkrechte, flankiert von ihren Kindern links und rechts. Die Bildunterschrift informiert die Lesenden, dass es sich um Ho Thi Van handele, eine 32-jährige Frau, die um ihren Mann trauere, der durch „V.C." getötet worden sei. Auch die beiden anderen Bilder zeigen Familien, die vom Krieg betroffen sind. Der beistehende Text ist aus der Ich-Perspektive geschrieben. Burrows beschreibt, wie er die Menschen getroffen habe und was sie ihm über ihr Schicksal erzählt hätten, wie der Krieg ihr Leben verändert habe und was für sie zähle. Sie hätten keine Hilfe mehr zu erwarten, von niemandem. Im Erzählstil wird deutlich, wie berührt der Ich-Erzähler von den Schicksalen ist.

Die nächste Doppelseite wird von dem Bild einer trauernden Frau im Querformat eingenommen, die vor einem in Planen verhüllten Leichnam sitzt. Ihren Hut hat sie vom Kopf genommen und hält ihn in der Hand, ihr Gesicht ist von Schmerz verzerrt. Die Überschrift „Morale and mass graves" weist auf den größeren Zusammenhang hin. Diese Doppelseite ist nicht in mehreren kleinen, sondern als eine zusammenhängende Geschichte über die Auffindung von Massengräbern in der Nähe von Hué im April erzählt. Wie die Ausgrabungen durchgeführt wurden, können die Lesenden rechts in zwei kleinen Abbildungen sehen.

Die Betrachtenden schauen leicht von oben auf die Wehklagende, die sich über den Toten beugt. Sie hat ihren Hut leicht vom Kopf genommen und hält ihn noch in der linken Hand. Mit der rechten fühlt sie über den Kopf des Toten, wie um sich zu vergewissern, dass es sich wirklich um ihren Mann handelt. Die Fotografie fasst die Emotionen der trauernden Frau am Leichnam direkt ins Bild

808 Vgl. Burrows 19.9.1969 – Vietnam, S. 67.

und greift so erneut eine Pathosformel auf,[809] wodurch die Trauer als universale Geste deutbar und übertragbar wird. Sie wird vom weiteren Geschehen isoliert gezeigt, so dass ihre affektierende Gebärde fokussiert wird. Durch das Layout wurde die Fotografie rechts und links etwas mehr beschnitten. In der ursprünglichen Fotografie bildete die wehklagende Frau genau das Zentrum.[810] Durch die Dreieckskomposition der Frau mit dem toten Körper erinnert das Foto an das Historiengemälde der „Pietá“ von Annibale Carracci (1560–1609), der auch diesen pyramidalen Aufbau wählte, um die Trauer zum Ausdruck zu bringen.[811] Wie der Vergleich mit anderen Fotografien von Burrows verdeutlicht, hat sich die Redaktion bewusst für die Aufnahme der Frau mit viel Pathos in der Darstellung entschieden. Horst Faas hat diesen bewegenden Moment auch fotografiert.[812] Burrows Bild wirkt affektierender, da die Frau zwar nicht mit den Betrachtenden kommuniziert, diesen aber zugewandt ist. Bei Faas wirft sie den Kopf nach hinten. Auch wirkt die Geste der Frau bei Burrows intimer und liebevoller, da sie das Planenbündel im Gesicht berührt. Durch den Hut, der bei Faas auf dem Kopf der Plane liegt, entsteht eine größere Distanz.

Es folgen zwei weitere Doppelseiten. Die erste erzählt verschieden Einzelschicksale anhand von drei Fotografien aus Saigon und die letzte Doppelseite zeigt in insgesamt fünf Aufnahmen einen unglücklichen Einsatz von südvietnamesischen und US-amerikanischen Soldaten, als dessen Ergebnis zwei Amerikaner und ein Südvietnamese tot sind. Die Fotografien zeigen das Geschehen in Totale und somit im Vergleich mit bisher analysierten Fotografien von Burrows stärker in Distanz. Diese Soldatenfotografien ziehen die Betrachtenden nicht wie bisher ins Geschehen, sie wirken weniger dynamisch. Der Text endet mit den Worten:

> „But in the eyes of the American troops standing silently around the tailgate of the truck which brought the broken, bleeding bodies of their buddies back to Dakto, you could see what *they* felt. At that moment I was ready to agree.“[813]

---

809 Vgl. zu den Trauergesten der Beweinung Kapitel II.3 zu „One Ride With Yankee Papa 13“ und zur Tradition der Piéta Kapitel II.3 zu „Marines Blunt Invasion from the North“ in dieser Arbeit.

810 Siehe für eine Abbildung Burrows 2002 (wie Anm. 52), S. 196 f.

811 Siehe für eine Abbildung Annibale Carracci: Pietà, Öl auf Leinwand, ca. 1598–1600, 156 x 149 cm, Neapel, Gallerie Nazionale die Capodimonte, Inv. Nr. 363. Abb. in Mai, Repp-Eckert, Triumph und Tod 1987, S. 167, Abb. Nr. 1.

812 Horst Faas, Hué, April 1969, <https://www.faz.net/aktuell/gesellschaft/fotograf-horst-faas-den-krieg-so-brutal-zeigen-wie-er-ist-11747682/auf-diesem-foto-vom-april-1969-11747693.html>(26.10.2019).

813 Burrows 19.9.1969 – Vietnam, S. 74.

Die Perspektive auf den Krieg hat sich im Vergleich zu den bisher analysierten Essays mit Fotografien von Burrows stark verändert. Mit der gewandelten Meinung verschob sich auch die Bildrhetorik. Zum ersten Mal wurden Vietnamesinnen und Vietnamesen zum Thema gemacht und stärker in der humanistischen Tradition mit dem Hinweis auf Missstände dargestellt. Dies wird besonders an den Fotografien der leidenden Frauen und Kinder aus der Mitte des Artikels deutlich, die in wohlgeordneter und symmetrischer Komposition das Leid ins Bild fassen. Diese Fotos zeigen keine dynamischen Kompositionen, willkürliche Anschnitte oder Rückenfiguren am Rand, wie in zahlreichen Fotografien von Burrows. Sie knüpfen stärker an eine fotografische Bildtradition des „entscheidenden Augenblicks“ an, die für ihre humanistisch-kritische Haltung bekannt ist. Die Aufnahme der Röhrenhäuser von Geflüchteten in Saigon auf Seite 72 verweist mehr auf die Rhetorik der *street photography*.[814]

Stärker noch als in „One Ride with Yankee Papa 13“, wo nur große Teile in der direkten Rede des Fotografen dargestellt werden, wird in „Vietnam: ‚A Degree of Disillusion‘“ der gesamte Essay aus dessen Sicht erzählt. Es ist nicht nur ein Ereignis, welches er den Lesern als Zeuge schildert, sondern es ist seine persönliche Sicht auf den Krieg, als jemand der über einen Zeitraum von sieben Jahren immer wieder viele Monate vor Ort war. Für diese Aufnahmen sind somit offenbar auch die bisher verwendeten authentifizierenden Strategien nicht so relevant.

Russel Burrows beschrieb, sein Vater sei zu Beginn der Recherche für diese Geschichte noch immer überzeugt gewesen, der Krieg sei richtig.[815]

> „Where my father was different was in his beliefs that the South Vietnamese people wanted and supported the American effort, and that they would be willing and able to shoulder that burden as the United States withdrew. “[816]

Er hatte eine Geschichte im Sinn, bei der er einen südvietnamesischen Soldaten begleiten und fotografieren wollte. Dies sollte im Zusammenhang mit der geplanten Vietnamisierung des Krieges und dem Abzug von US-amerikanischen Soldaten durch Präsident Richard Nixon (Amtszeit 1969–1974) und Henry Kissinger stehen. Er wollte Material für einen Essay liefern, der sich ähnlich „One Ride with Yankee Papa 13“ auf einen Soldaten und sein Leben konzentrierte. Bei der Suche nach einem Kandidaten stellte er bei allen, mit denen er arbeiten wollte, eine große Kriegserschöpfung fest. Sein Sohn Russel Burrows beschrieb, wie

814 Siehe zur *street photography* genauer das Unterkapitel zum Fotoessay in Kapitel I.6.
815 Russel Burrows im Gespräch mit der Autorin am 26.9.2013.
816 Russel Burrows zitiert nach: Moeller 1989 (wie Anm. 27), S. 354.

dies langsam die Sicht seines Vaters auf den Krieg veränderte, sodass aus der geplanten Geschichte über einen Soldaten, „„A Degree of Disillusion‘“ wurde.[817]

Auch in anderen Essays mit Fotografien von Burrows aus dieser späten Kriegsphase werden verstärkt Vietnamesinnen und Vietnamesen zum Thema gemacht. Bereits Ende 1968 war ein Essay aus der Zusammenarbeit von Burrows und Don Moser entstanden.[818] Hier begleitete Burrows – ähnlich dem *Life*-Prinzip – das zwölfjährige Mädchen Nguyễn Thị Tròn, deren rechtes Bein im Krieg zerstört wurde. Der Essay zeigt, wie sie eine Prothese erhält, wieder Laufen lernt, Fahrrad fährt und spielt. Vom Stil erinnern die Fotos, insbesondere wie die einfachen Verhältnisse gezeigt werden, aus denen Tròn stammt, aber dennoch in Würde, an humanistische Traditionen.[819] In der „Editors' Note“ wird Burrows erneut vorgestellt. Es wird beschrieben, wie er das Mädchen kennenlernte und dass er für sie eine Art Vater wurde.[820] Ein ähnlicher Essay ist die Geschichte über den siebenjährigen Nguyen Lau,[821] der verletzt zur Operation in die USA kam und nun nach drei Jahren wieder zurückkehrte. Der Essay beschreibt die Schwierigkeiten der Rückkehr und thematisiert somit auch die interkulturelle Differenz. Vom Stil her erneut an humanistische Tendenzen anknüpfend, unterstützt durch die schwarz-weiße Farbigkeit, wird hier ein Kind dargestellt. Burrows thematisiert nun stärker die Zivilbevölkerung in seinen Fotografien. Es werden in diesen Essays zwar die Probleme US-amerikanischer Einmischung und kultureller Differenz beschrieben, doch geht es hier um die Konsequenzen gut gemeinter Hilfe. Im Gegensatz dazu beschreibt der Essay von 1969 eine tiefe Kriegsmüdigkeit. Sowohl das Bemühen um Hilfe, wie die Darstellung von Burrows als väterlicher Figur in der „Editor's Note“ sind erneut koloniale und somit ideologische Muster, die in der Darstellung auftauchen.

Russel Burrows erklärte, es sei nicht einfach für seinen Vater gewesen, die Redaktion von *Life* von seiner Geschichte zu überzeugen. Da der Chefredakteur von *Life* im Sommerurlaub war und seine Vertretung darüber nicht entscheiden wollte, habe er sich an den leitenden Herausgeber von *Time Inc.* gewandt, der gerade für das *Fortune*-Magazine noch einen Text geschrieben hatte, in dem er für die Fortführung des Krieges plädiert hatte. Doch sei es ihm als langjähriger Experte für Vietnam gelungen, Hedley Donovan zu überzeugen. So habe sein Vater, der wirklich kein Schreiber gewesen sei, den Text geschrieben, den er im Juli zusammen mit den Bildern an die Redaktion gesandt habe. Diese habe den

817 Russel Burrows im Gespräch mit der Autorin am 26.9.2013.

818 Moser, Don: The Edge of Peace. Photographed by Larry Burrows, in: *Life*, 65 (19), 8.11.1968, S. 26.

819 Vgl. zu dem Stil Lethen 2012 – Migrant Mother im Zeitalter, S. 116.

820 Vgl. Hunt 27.11.1964 – Editors' Note.

821 Burrows, Larry: Lau Goes Home to Vietnam, in: *Life*, 70 (8), 29.1.1971, S. 18B–27.

Text noch mal stark gemäßigt: „[...] they watered the story up a lot.“[822], womit sein Vater sehr unglücklich gewesen sei.[823]

Der Essay erschien in *Life* erst, nachdem auch dort ein Umbruch in der politischen Ausrichtung stattgefunden hatte, der nicht nur mit dem Meinungsumschwung in der Bevölkerung, sondern auch mit einem neuen leitenden Redakteur Ralph Graves (Antritt 16. Juni 1969) zu tun hatte. Loudon Wainwright beschreibt, dass die Redaktion unzufrieden damit war, patriotische Kampfbilder und zuversichtliche Reportagen aus Vietnam zu bringen. Man wollte mehr über den Krieg sagen, doch Chefredakteur George P. Hunt sei zu „vorsichtig“ gewesen.[824] Am 28. Juni 1969 druckte *Life* 242 Porträts über sechs Doppelseiten von den US-Soldaten, die in einer Woche in Vietnam ums Leben kamen.[825] Diese Geschichte war zunächst von Hunt abgelehnt worden und sei erst durch den neuen Chefredakteur Graves möglich geworden.[826] Wie Wainwright beschreibt, benötigte es auch Fingerspitzengefühl, den Herausgeber davon zu überzeugen. Die Fotografien hatte man bei den Familien der Verstorbenen erfragt und sie waren daher sehr unterschiedlich. Einige zeigten die Verstorbenen uniformiert, andere im Anzug. Alle wurden mit den Namen der Verstorbenen und ihrer Einheit veröffentlicht.[827] Die Geschichte wurde als historisches Antikriegsstatement und Wendepunkt in der Presse gefeiert und erregte zahlreiche Reaktionen unter den Lesenden.[828]

Und obwohl nun selbst *Life* den Kurs langsam wechselte, wurden noch immer nicht alle drastischen Fotografien gedruckt. Weder *Life* noch *Look*, wie viele andere US-amerikanische Medien, wollten die Geschichte über das Massaker von *Mỹ Lai* 1968, bei dem zwischen 90 und 130 Zivilisten, darunter auch Kinder, durch Soldaten der elften Infanteriebrigade erschossen wurden, zunächst nicht drucken. Seargant Ronald Haeberle hatte als Armeefotograf die Bilder der elften Infanteriebrigade am 16. März gemacht. Die Fotografien wurden ungefähr ein Jahr nach dem Massaker bekannt.[829] Seymour Hersh, Korrespondent von AP, recherchierte die Geschichte, doch zunächst war nur *Dispatch News Service* bereit, sie zu verbreiten. Erst nach der Veröffentlichung zogen andere Medien im No-

822 Russel Burrows im Gespräch mit der Autorin am 26.9.2013.

823 Russel Burrows im Gespräch mit der Autorin am 26.9.2013.

824 Vgl. Wainwright 1986 (wie Anm. 300), S. 356.

825 o. A.: Vietnam. One Week's Dead, in: *Life*, 66 (25), 27.6.1969, S. 20–32.

826 Wainwright 1986 (wie Anm. 300), S. 355.

827 o. A. 27.6.1969 – Vietnam.

828 Vgl. Wainwright 1986 (wie Anm. 300), S. 356–362.

829 Die Armee begann im April 1969 mit einer Untersuchung. Im September wurde Leutnant Calley der Ermordung von 109 Zivilisten beschuldigt. Vgl. Knightley 2004 (wie Anm. 3), S. 429.

vember nach.[830] *Life* veröffentlichte die Fotografien in einem Fotoessay im Dezember 1969.[831] Wie Knightley herausarbeitete, waren den Journalisten in Vietnam auch vorher Beispiele getöteter Zivilisten bekannt, die US-amerikanische Presse hatte aber kein Interesse daran, solche Geschichten zu veröffentlichen.[832]

Unter der Vietnamisierungspolitik von Nixon ließ das Interesse der US-amerikanischen Medien an Vietnam merklich nach. Die Zahl der Journalisten in Saigon nahm parallel zur Verkleinerung der Truppenzahl ab und es wurde schwieriger für die Korrespondenten, ihre Geschichten zu platzieren.[833] Die Redakteure und Herausgeber hatten entschieden, der Krieg sei so gut wie vorbei und die Truppen würden peu á peu abgezogen. Dass sich gerade gegen Ende der Krieg auf Kambodia und Laos ausweitete und im Jahre 1971 mehr Zivilisten ums Leben kamen als zuvor, interessierte nur noch wenig. Die Berichterstattung war auf ihrem Tiefpunkt. Man hatte außerdem entschieden, die US-amerikanische Öffentlichkeit sei nicht mehr an Gräueltaten interessiert.[834] Auch die Art der Berichterstattung hatte sich verändert, sprach man vor Tet von „our war", war es in der Folgezeit „the war". Auch wurde er nicht mehr in die Tradition mit den vorangegangenen Kriegen eingereiht. Das heroische Männlichkeitsbild veränderte sich zu einer realistischeren Einschätzung der Kriegsgräuel. Nach der Tet-Offensive wurden neben den Zahlen der Opfer immer häufiger Bilder von verletzten oder toten Soldaten gezeigt.[835]

Larry Burrows' Engagement in Vietnam wurde durch seinen Tod 1971 bei einem Hubschrauberabsturz in Laos beendet. Er kam ums Leben zusammen mit drei anderen westlichen Journalisten: Henri Huet (AP), Kent Potter (UPI), Keizaboura Shimamoto (*Newsweek*). Sie waren gemeinsam in einem Hubschrauber unterwegs, um die Operation Lam Son 719 zu beobachten, eine massive Invasion der südvietnamesischen Armee in Laos, um das Netzwerk der Nordvietnamesen zu zerschneiden. Es war das erste Mal, dass der Presse der Zugang zur Front verwehrt wurde. Nachdem die Journalisten einige Tage gewartet hatten, erhielten sie doch eine Erlaubnis, den Kommandeur bei einer Operation zu begleiten. Doch ging ihr Hubschrauber auf dem Flug in nördliche Richtung von der nordvietname-

830 Wyatt 1995 (wie Anm. 4), S. 207 f.

831 Wingo, Hal: The Massacre at Mylai. Photographed by Ronald Haeberle, in: *Life*, 67 (23), 5.12.19969, S. 36–45.

832 Knightley 2004 (wie Anm. 3), S. 429–431.

833 Vgl. Knightley 2004, S. 436 f.

834 Vgl. Knightley 2004, S. 437 f.

835 Vgl. Wölfl 2005 (wie Anm. 332), S. 127–130.

sischen Antiflugsicherung abgeschossen.[836] *Life* veröffentlichte direkt nach Burrows' Tod noch einen Essay mit seinen letzten Bildern aus Laos.[837]

Fotobuch Philip Jones Griffiths: „Vietnam Inc." (1971)

Das Buch „Vietnam Inc." von Philip Jones Griffiths erschien 1971 mit einer Auflage von 40.000 Exemplaren und war nach drei Wochen ausverkauft.[838] 30 Jahre später wurde es noch einmal als Nachdruck mit einem Vorwort von Noam Chomsky veröffentlicht.[839] Griffiths wählte die Form des Fotobuchs als Publikationsorgan.[840] David Douglas Duncan hatte 1968 bereits das Fotobuch „I protest" auf den Markt gebracht.[841]

In einer Einführung kontextualisiert Griffiths seine Fotografien in einer größeren, politischen Situation. Hierbei formuliert er seine politische Position:

> „America is trying to sell a doctrine to the Vietnamese. [...] For ten years, from 1954 to 1964, America tried the ‚soft sell.' Over the years, in the face of increasing failure, the selling became harder. The salesmen grew impatient and any resistance was attributed to a communist plot [...]. And it became all right to kill off anyone sick enough to prefer the other brand, communism. [...] Vietnam had to be ‚restructured' to allow better ‚sales penetration' and more people had to be killed, until finally the ultimate absurdity was reached: the people were being killed to be ‚saved' from the different flavor of the other brand."[842]

Hierin formulierte er explizit und überspitzt seine Position als Kriegsgegner. Das Buch ist in folgende Kapitel strukturiert: „The Vietnamese Village", „Why We're There", „The Communicatin Gap", „Search and Destroy", „Relocation",

836 Vgl. Richard Pyle: Helicopter Shot Down, in: Faas, Arnett (Hg.) 1997 – Requiem, S. 269 f.

837 Saar, John: A Frantic Night at the Edge of Laos. Photographed by Larry Burrows, in: Life, 70 (6), 19.2.1971, S. 26–31.

838 Griffiths 1971 (wie Anm. 49).

839 Griffiths 2001 (wie Anm. 778).

840 Als einführende Definition geben Martin Parr und Gerry Badger in ihrer systematischen Sichtung für das Fotobuch an: „A photobook is a book – with or without text – where the work's primary message is carried by photographs. It is a book authored by a photographer or by someone editing and sequencing the work of a photographer, or even a number of photographers. It has a specific character, distinct from the photographic print, bei t the simply funktional ‚work' print, or the fine-art tion' print." Dies erfolgt zu einem bestimmten Thema. Parr, Martin und Badger, Gerry: The Photobook. A History. Bd. 1. 2. Bde. London 2007, S. 6.

841 Duncan 1968 (wie Anm. 49).

842 Griffiths 1971 (wie Anm. 49), S. 4.

„Our Vietnamese Friends“, „The Battle for the Cities“ and „Pacification“.[843] Zu Beginn jedes Kapitels gibt es eine mehrseitige Einführung, die einzelnen Bilder sind jedoch häufig nicht genauer kontextualisiert. Es gibt keine Datumsbezeichnung an den Bildern. Wie bereits an den Kapitelüberschriften deutlich wird, ist ein anderer Zugriff als in den meisten *Life*-Essays gewählt. Insgesamt ist zu erkennen, dass er der Zivilbevölkerung den größten Raum in dem Buch einräumt. Griffiths zeichnet mit seinen Fotografien somit eine andere Perspektive auf den Krieg als in den bisher analysierten Essays aus den Print-Medien. Er hielt sich zwischen 1966 und 1968 in Vietnam auf und kehrte 1971 nochmal zum Fotografieren zurück. Er selbst sagte, er sei ohne festen Plan und Absichten nach Vietnam gereist und begann damit, jede der fünf Provinzen in Südvietnam zu besuchen. Er bereiste Gebiete, die nicht von den Kämpfen betroffen waren genauso wie Kampfgebiete.[844] Hierin unterscheidet sich die Herangehensweise deutlich von der der *news*-Fotografen und -Fotografinnen ebenso wie von Burrows, der als Beispiel für die *feature photography* vorgestellt wurde.

Der Waliser Philip Jones Griffiths dokumentierte den Krieg nicht für die US-Amerikanischen Medien und war somit weniger patriotisch als viele seiner Kollegen. Er war bei der Agentur *Magnum* assoziiert, die 1947 von fünf Fotografen gegründet wurde, unter anderem Robert Capa und Henri Cartier-Bresson. Sie war als Kooperative für Fotografen erdacht, die die Verteilung und den Verkauf ihrer Bilder übernehmen und die Negative, Fotografien und das Copyright verwalten sollte. Der Sinn dabei war, dass die Rechte am Bild beim Fotografen bleiben sollten und nicht bei einer Agentur oder Zeitschrift.[845] *Magnum* wollte vor allem den individuellen Gestaltungsfreiraum des Fotografen stärken. Die Fotografen konnten sich auf Langzeitprojekte konzentrieren und die Agentur verwertete die Fotografien teilweise mehrfach.[846] Mitglieder der Agentur sahen sich in der Regel als Fotojournalistinnen und -journalisten ebenso wie als Künstlerinnen und Künstler. Sie entwickelten Fotoessays, die ihren persönlichen Blick auf die Welt zeigten. Gerade diese künstlerische Wahrnehmung von Fotojournalismus wird durch *Magnum* bis heute gezielt gefördert und eröffnete den Fotografinnen und Fotografen im Laufe der Zeit andere Vermarktungswege. *Magnum* steuert gezielt die Wahrnehmung ihrer Fotografen in der Öffentlichkeit, indem

843 Griffiths 1971 (wie Anm. 49).

844 Vgl. Simon Bainbridge, Vietnam reivisted, in: *British Journal of Photography*, 148, Heft 7359, 2001, 20–22, hier 22.

845 Vgl. Abbott 2010 – Engaged Observers (wie Anm. 118), S. 12–15.

846 Vgl. Boot, Chris: Introduction, in: ders. (Hg.), *Magnum Stories*, London 2004, S. 4–9.

sie bis heute eigene Sammelbände herausgeben und Ausstellungen initiieren.[847] Griffiths war demnach frei in der Entscheidung, was er aufnehmen und wie er sein Buch konzipieren wollte. Weder war er durch den Nachrichtenwert des Tagesgeschehens, noch durch Vorgaben der Redakteure eingeschränkt. Dies entspricht somit der Idealvoraussetzung eines Fotografen als Autor.[848]

Er beginnt das Buch mit einer kulturellen Auseinandersetzung mit der vietnamesischen Bevölkerung. Hier fällt er jedoch teilweise auf koloniale Betrachtungsmuster zurück, indem er auf das innige Verhältnis mit der Natur verweist:[849] „For two thousand years their adeptness at pursuing this perennial task has been sustained by their belief in a harmony between man and nature."[850] Dennoch findet hier eine Auseinandersetzung mit der Bevölkerung und der Situation der Menschen, den unterschiedlichen Religionen und ihren Organisationsstrukturen statt,[851] für die sich die US-amerikanische Presse nicht interessiert hat. Thema der Zusammenstellung ist immer wieder die interkulturelle Differenz und das Aufeinanderprallen verschiedener Kulturen im Krieg. Ein Kapitel widmet er den Sprachschwierigkeiten. Hierbei schließt er die Problematik ein, dass es für die US-amerikanischen Soldaten quasi unmöglich war, zwischen Freund und Feind – zwischen Zivilist und Gueriallakämpfer – zu differenzieren und deshalb in der Praxis oft nicht unterschieden wurde.[852] Griffiths hält die Probleme, die daraus entstanden, in seinen Fotografien fest. Hierzu gehört auch das bereits thematisierte Foto der stillenden Mutter.[853]

Griffiths zeigt auf, dass die US-Amerikaner sich nicht mit der Kultur der Vietnamesen befasst haben und versuchten, ihnen ihre Lebensform und Lebensstandards aufzuzwingen. In dem Kapitel „Relocation" thematisiert Griffiths die Umsiedlung vieler Vietnamesinnen und Vietnamesen aus taktischen Gründen und problematisiert, dass dabei Kultur und Glauben nicht beachtet wurden.[854] Für einen Großteil der vietnamesischen Bevölkerung spielen die Ahnen und ihre Gräber eine unschätzbar wichtige Rolle. Das Haus sollte beispielsweise in der

---

847 Beispielsweise Chris Boot (Hg.): *Magnum Stories.* London 2004; Miller 1999 (wie Anm. 466); Dannin, Robert: Arms against Fury. Magnum Photographers in Afghanistan. London 2002.

848 Siehe das Kapitel I.3 in dieser Studie; Honnef 1979 – Thesen zur Autorenfotografie.

849 Als Konstruktion des Anderen wurden im westlichen Sprachgebrauch häufig Gesellschaften als Naturvölker degradiert und nivelliert, die im Gegensatz zur technisierten westlichen Gesellschaft abhägiger von der Natur seien, siehe genauer Kaiser 2009 – Naturvölker, S. 181.

850 Griffiths 1971 (wie Anm. 49), S. 12.

851 Vgl. Griffiths 1971, S. 12 f.

852 Vgl. Griffiths 1971, S. 46–63.

853 Siehe hierzu die Analyse zu „The Delta", Kapitel II.3 in dieser Studie.

854 Vgl. Griffiths 1971, S. 76 f.

Nähe der Gräber stehen, um das Leben der Nachfahren positiv zu beeinflussen und eine gute Orientierung zu geben.[855] Griffiths thematisiert den gut gemeinten Versuch, der vietnamesischen Bevölkerung „Hygiene beizubringen". Er zeigt eine Fotografie, bei der im Vordergrund ein Marinesoldat ein kleines Kind einseift und wäscht. Dahinter stehen Vietnamesen, die die Szene beobachten. Die US-Soldaten dahinter lassen vermuten, dass die Menschen zum Beobachten und Lernen zusammengeholt oder -getrieben wurden, dieser Waschung demnach nicht freiwillig beigewohnt wurde. Griffiths kommentiert dies in einer Bildunterschrift:

> „PERSONAL HYGIENE – particularly that of Vietnamese – was always a matter of great concern to Americans. Every American seemed quite convinced the people were somehow ‚unhygienic.' On the other hand, the Vietnamese, who found it necessary to bathe three times a day, could never understand why Americans restricted themselves to only daily washing. The Marine (above) was demonstrating to bored mothers how to bath a child."[856]

Im *Life*-Magazin wird der Aspekt der Hygiene auch im Zusammenhang mit Ärzten dargestellt, die die Bevölkerung untersuchen. Hierbei wird zum Beispiel ein Baby gebadet, allerdings wird hier nicht die interkulturelle Differenz und das Unverständnis thematisiert, sondern der *Navy-Hospital-Corpsman* wird als Helfer mit seinen medizinischen Kenntnissen inszeniert.[857]

Griffiths greift in seinen Fotografien eine tradierte Bildrhetorik und zahlreiche bekannte Bildmuster auf. Er nutzt für sein Fotobuch eine schwarz-weiße Farbigkeit, die auf humanistische Bildtraditionen rekurriert. Er arbeitet ganz im Sinne von Cartier-Bressons „entscheidendem Augenblick" und der Straßenfotografie, indem er bewegende Momente herausgreift und das Hauptmotiv in der Bildmitte fokussiert. Die Situationen wirken natürlich und ungestellt, da die Fotografierten nicht mit der Kamera kommunizieren und die Perspektive dem „natürlichen Blick" entspricht. Er arbeitet mit Tiefenschärfe, wie beispielhaft an den Fotografien von Geflüchteten zu erkennen ist. Er greift mehrfach die christliche Bildformel der Pietá auf.[858] Gerade das archetypische Motiv der Mutter mit Kind, immer wieder ein Motiv der dokumentarischen Fotografie, wird in den Fotografien des Vietnamkriegs besonders häufig zur Darstellung ziviler Opfer

---

855 Siehe genauer für die Konstruktion und Rolle der Vorfahren Ngô Viñh Long: Vietnamese Perspective, in: Stanley I. Kutler (Hg.), *Encyclopedia of the Vietnam War*, New York 1996, S. 591–611, hier S. 593–596.

856 Griffiths 1971 (wie Anm. 49), S. 162.

857 Vgl. Moser, Don: Their Mission. Defend, Befriend (Photographed by Co Rentmeester), in: *Life*, 63 (8), 25.8.1967, S. 24–28, 58A–62, hier S. 28 f.

858 Siehe Griffiths 1971 (wie Anm. 49), S. 58, 59, 67, 109, 150.

genutzt. Dies lässt sich für vorhergegangene Kriege nicht feststellen,[859] macht aber im Zusammenhang mit der Rezeption der „Family of Man"-Ausstellung durchaus Sinn im Diskurs.[860] Griffiths arbeitet somit mit Bildformeln, die das Leiden ästhetisch begreifbar machen und die „Aura" steigern.[861] Doch durchbricht Griffiths das Pathos solcher Darstellungen teilweise ambivalent, wenn er einen Vater zeigt, der sein verletztes Kind im Arm trägt, und so ins Bild fasst, dass der vorwurfsvolle Blick die Betrachtenden trifft. Im Vordergrund kommt der Vater den Betrachtenden auf einer Brücke entgegen, während im Hintergrund ein Panzer steht, auf dem Soldaten sitzen. Der Panzer und die Soldaten als Symbole für den Krieg und das Kind als Opfer, zeigt die Fotografie die sinnlose Gewalt des Kriegs. Der Vater richtet seinen Blick vorwurfsvoll an die voyeuristischen Betrachtenden aus der Distanz. Griffiths betont diese Ambivalenz noch durch die Bildunterschrift:

> „FATHER carries his wounded son (opposite) past those American troops who fired the shots. (They mistaken a horse for a Vietcong, and had sprayed the area with gunfire.)"[862]

Das Leiden des Jungen erscheint noch sinnloser in Anbetracht einer Verwechslung.

Ein weiteres Glied in der Kette humanistischer Fotografie ist die 1967 von Cornell Capa organisierte Ausstellung „The Concerned Photographer". In der Ausstellung werden unter anderem Robert Capa, David Seymour und Werner Bischof – drei *Magnum*-Mitglieder – gezeigt. Die Ausstellung vermittelte somit ein Bild der *Magnum*-Tradition und integrierte gleichzeitig Kriegsfotografien in einen humanistischen Kontext. Insbesondere die Fotografen der Agentur *Magnum* vertraten lange diese humanistische Ausrichtung der Fotografie.[863] „Vietnam Inc." orientierte sich daran. Die gesamte Konzeption des Buches ist als Antikriegsaussage zu lesen, die Kritik an der US-amerikanischen Beteiligung wird offen im Text formuliert und durch die Fotografien unterstrichen. Somit ist das Buch in sozialdokumentarischer Tradition kritisch und passioniert zu lesen. Doch geht es durch die drastische Gewaltdarstellung in Form von sichtbarer Verlet-

859 Vgl. Moeller (wie Anm. 9), S. 401.
860 Siehe hierzu Kapitel I.6 zum Fotoessay in dieser Arbeit und Lethen 2012 – Migrant Mother im Zeitalter.
861 Susan Sontag verweist in Bezug auf Kriegsfotografien und Schönheit auf die „Aura" Sontag 2008 (wie Anm. 1), S. 94.
862 Griffiths 1971 (wie Anm. 49), S. 151.
863 Vgl. Miller 1999 (wie Anm. 466).

zung darüber hinaus. Solomon-Godeau stellt in Bezug auf die Ausstellung fest, dass dies im Kriegsbild nicht gezeigt wurde.[864]

Die Traditionen humanistischer Fotografie als Kritik sozialer Zustände führt Griffiths in Bezug auf Krieg und die Schwierigkeiten dieser kulturellen Begegnung mit Verständigungsschwierigkeiten und Vorurteilen fort. Immer wieder verweisen seine Fotografien auf Ambivalenzen. Auch zeigt er schonungslos Tote und Verwundete als Opfer des Krieges. Sein Buch wird in einem Artikel, der 2001 im *British Journal of Photography* erschien, nicht nur als eine der besten Arbeiten der Fotoreportage überhaupt, sondern auch als aktiver Beitrag zur Beendigung des Vietnamkriegs gefeiert, obwohl das US-Militär 1971 schon mit dem Truppenrückzug begonnen hatte.

Kriegsbild in *Life* – Neues Interesse an der Zivilbevölkerung

Zusammenfassend lässt sich feststellen, dass sich die Darstellung des Vietnamkriegs im *Life*-Magazin veränderte. Das Bild, das vom Krieg in Vietnam gezeichnet wurde, schwankte zwischen der bewährten Fragmentierung und Fokussierung auf US-amerikanische Soldaten und dem Versuch, das Blickfeld zu erweitern, bis hin zu einem klaren Verweis auf die dramatischen Folgen des Krieges. Ab 1968 fand auch die vietnamesische Zivilbevölkerung einen größeren Platz in den Fotografien, wie im Essay „The Edge of Peace“, der sich der Heilungsgeschichte eines vietnamesischen Mädchens widmet. Larry Burrows’ Essay „‚A Degree of Disillusion‘“ beschäftigt sich an verschiedenen Beispielen mit der Kriegsmüdigkeit der Vietnamesinnen und Vietnamesen. Dennoch lässt sich festhalten, dass die Darstellung immer noch ideologisch geprägt ist und der Fokus auf der US-amerikanischen Perspektive bestehen bleibt. Larry Burrows nimmt vietnamesische Kinder als Thema für den Essay, doch zeigt er sie innerhalb kolonialer Bildmuster, die ihn insbesondere in der Inszenierung in der „Editors’ Note“ als Vaterersatz und starken, liebevollen US-Amerikaner wirken lassen. Stilistisch knüpfen diese Fotografien stärker an humanistische Bildtraditionen im propagierten Stil der Ausstellung „The Family of Man“ an. Auch *Life* zeigte Schrecken des Krieges in brutaler Nähe auf, auch wenn die Redaktion die Fotografien des Massakers in Mỹ Lai erst veröffentlichte, nachdem sie bereits in zahlreichen anderen Medien publiziert worden waren. Das als Kriegskritik gefei-

864 Vgl. Solomon-Godeau, Abigail: ‚The Family of Man‘. Den Humanismus für eine postmoderne Zeit aufpolieren, in: Jean Back und Viktoria Schmidt-Linsenhoff (Hg.), *The Family of Man 1955–2001. Humanismus und Postmoderne: eine Revision von Edward Steichens Fotoausstellung*, Marburg 2004, S. 28–55, hier S. 46.

erte „One Week's Dead" ist ein Statement gegen die Kosten des Krieges aus euroamerikanischer Perspektive, dass die US-Amerikaner stärker erreichte als die drastischen Nahaufnahmen von Kriegsverletzungen.[865] Anders als beispielsweise bei Griffiths wird diese Kritik jedoch einseitig anhand der US-amerikanischen Soldaten formuliert.

Look war in seiner Aussage deutlicher. Der Essay mit Fotografien und Text von Catherine Leroy ist ein deutliches Statement gegen den Krieg in Vietnam, das die unterschiedlichen Aspekte und Bereiche des Krieges hervorhebt. Der Stil der Fotografien setzt sich bewusst von humanistischen Traditionen und einer ästhetisierenden oder heroisierenden Bildrhetorik ab. *Look* war im Gegensatz zu *Life* in seiner Politik liberaler. Es veröffentlichte Geschichten und Editorials, die den Vietnamkrieg wesentlich früher als *Life* hinterfragten.[866]

Griffiths ging für sein Fotobuch „Vietnam Inc." mit einem kritischen und skeptischen Blick in den Krieg, im Gegensatz zu Burrows, der lange von dem Sinn US-amerikanischer Beteiligung überzeugt war. Griffiths spiegelt in den Fotografien die Ambivalenzen dieser kulturellen Begegnung im Krieg wieder. Er zeigt Schwierigkeiten der Auseinandersetzung und deren Konsequenzen für die Zivilbevölkerung auf. Insbesondere seine Fotografie der stillenden Frau, die von einem US-Soldaten beobachtet wird, thematisiert das unbarmherzige Eindringen US-amerikanischer Soldaten in das Leben vieler Vietnamesen, das in der Verübung von Massakern, unter anderem in *Mỹ Lai*, endete.[867] Griffiths' Fotografien wurden erst 1971 in einem Fotobuch veröffentlicht, so dass sie weitgehend außerhalb des politischen Kontextes standen. Griffiths musste keine Werbekunden überzeugen.[868] Er ist einer der wenigen Journalisten, dem eine erneute Einreise nach Vietnam verweigert wurde. Nachdem sein Buch 1971 erschienen war, erteilte ihm die südvietnamesische Regierung kein Einreisevisum mehr. Er sagte außerdem aus, dass seine Fotos nicht an Zeitungen oder Agenturen verkauft werden konnten, da sie als zu kritisch abgelehnt worden seien.[869]

Anhand von Griffiths' Fotobuch konnte kontrastierend aufgezeigt werden, dass selbst aus euroamerikanischer Perspektive eine andere Herangehensweise an den Konflikt in Vietnam möglich war. Griffiths wählte einen Zugriff über die Zivilbevölkerung. Zwar begleitete er auch immer wieder Einheiten der US-Armee und sagte aus, es war kaum möglich, 1968 ohne Unterstützung des Mili-

865 Vgl. Sachsse 2003 – Polemoskop und Martial Arts, S. 271.

866 Vgl. Cookman 2009 (wie Anm. 47), S. 183.

867 Siehe zu den Kriegsverbrechen Greiner, Bernd: Krieg ohne Fronten. Die USA in Vietnam. Hamburg ²2013.

868 Vgl. Brainbridge, Simon: Vietnam Revisited, in: *British Journal of Photography*, 148 (7359), 2001, S. 20–22.

869 Vgl. Knightley 2004 (wie Anm. 3), S. 434 f.

tärs von einem Ort zum anderen zu kommen.[870] Dennoch erklärte er deren Perspektive nicht zum Prinzip, er identifizierte sich nicht mit den einzelnen Einheiten und ermöglichte den Betrachtenden eine wechselseitige und somit kritischere Sicht auf das Geschehen. Seine Fotografien zeigen pathetisch und nach ästhetischen Kriterien der dokumentarischen Fotografie die Leiden der Zivilbevölkerung und legen die Ambivalenzen des US-amerikanischen Verhaltens offen. Auch diese Herangehensweise an die Dokumentation wurde in der Folge als problematisch diskutiert. Martha Rosler stellte in ihrem relevanten Essay über die diskursive Rahmung der Fotografie heraus:

> „In liberalen Dokumentationen erscheinen Armut und Unterdrückung fast ausschließlich wie Unglücksfälle, die durch Naturkatastrophen ausgelöst wurden: Ihre Ursache bleibt unklar; niemanden trifft die Schuld, gegen das Schicksal kann man nichts ausrichten.“[871]

Doch verweist Griffiths nicht nur auf den größeren politischen Kontext und einzelne Probleme, sondern auch auf die unmittelbaren Geschehnisse. In ihrer kritischen Hinterfragung der Kategorie der dokumentarischen Fotografie schreibt Abigail Solomon-Godeau skeptisch:

> „Der Wunsch des Fotografen, Pathos und Mitgefühl in das Bild zu legen, das Sujet mit einer emblematischen oder archetypischen Bedeutung auszustatten, Arbeit und Armut visuell mit Würde auszustatten, ist insofern ein Problem, als solche Strategien das Politische, dessen Determinanten, Handlungen und Instrumentalisierungen selbst nicht-visueller Natur sind, ausblenden und verschleiern.“[872]

Dies lässt sich in Bezug auf die Fotoessays des *Life*-Magazins festmachen. Im Falle von Griffiths lässt sich eine solche Verschleierung im Kontext der gesamten Publikation des Fotobuchs relativieren.

Anton Holzer formulierte zur Darstellung des Vietnamkriegs in den Medien:

> „Das Neue an der fotografischen Kriegsberichterstattung des Vietnamkrieges in der illustrierten Presse ist weniger die absolute Annäherung an den Schauplatz des Kampfes, sondern vielmehr die Emotionalisierung dieser Nähe. Die Augen der leidenden Zivilbevölkerung bilden von nun an die andere Seite des Krieges. Sie begleiten – gewissermaßen als Subtext der ‚Humanität‘ – die brutale Neugier der Berichterstattung. ‚Humanitärer Appell, dokumentarische Sachlichkeit und Sensa-

---

870 Siehe Kapitel II.2 in der Analyse des Essays „We wade deeper into Jungle War in dieser Arbeit.

871 Rosler – Drinnen, Drumherum und nachträgliche Gedanken (wie Anm. 85), S. 110.

872 Solomon-Godeau 2003 – Wer spricht so, S. 67 f.

> tionsbedingungen' gehen in der auflagenstarken Presse eine neue mediale Allianz ein."[873]

Eine starke Zunahme von Fotografien der leidenden Bevölkerung lässt sich ab 1967 auch in den diskutierten Beispielen feststellen. Insbesondere während der Tet-Offensive wurden in der US-amerikanischen Presse zahlreiche Kampfbilder sowie Fotografien von Verletzten und Toten veröffentlicht.[874] Es ließ sich außerdem eine Nutzung von Pathosformeln und tradierten Bildmustern an den Fotografien festmachen, die es den Betrachtenden ermöglichen, das Leid und Geschehen besser einzuordnen. Ebenfalls ließen sich trotz dieser sich im Kriegsverlauf wandelnden Perspektive koloniale Bildmuster feststellen, die eine starke westliche Übermacht gegenüber „einfachen", oft „wehrlosen" Vietnamesen präsentierte. Griffiths Darstellung fällt dem gegenüber aus dem Rahmen, geht seine Kritik doch weit über die Emotionalisierung ziviler Opfer hinaus.

873 Holzer 2003 – Das fotografische Gesicht des Krieges, S. 12.

874 Vgl. die empirische Studie von Sherer, Michael: Comparing Magazine Photos of Vietnam and Korean Wars, in: *Journalism & Mass Communication Quarterly*, 65 (3), 1988, S. 752–756, hier S. 753.

III. Fazit, Rezeption und Ausblick – Larry Burrows zwischen Propaganda und kritischer Kriegsfotografie

1. Der Vietnamkrieg anhand von Larry Burrows' Fotografien in *Life*

Die Berichterstattung über den Vietnamkrieg wuchs merklich mit zunehmender Entsendung US-amerikanischer Berater nach Vietnam 1962, erlebte einen Höhepunkt 1965 und 1966 und hielt das Niveau bis zur Einstellung des Magazins 1972. Während dieser elf Jahre publizierte *Life* die Fotografien von zahlreichen festangestellten Fotografen. Einige wurden mit Zeitverträgen beauftragt und *Life* kaufte Fotografien von freien Fotografen wie von Foto- und Nachrichtenagenturen, wie beispielsweise einige Bilder von Horst Faas und Tim Page,[875] und veröffentlichte über 1200 Bilder aus der Kriegszone.[876] Die meisten angestellten Fotografen berichteten nur für kurze Zeit für *Life* aus Vietnam wie John Dominis, Paul Schutzer,[877] Terry Spencer, John Loengard,[878] Co Rentmeester,[879] Richard

875 Wie beispielsweise von Faas: Faas 2.7.1965 – New Fury in Vietnam. Und von Page: Rowan 17.5.1968 – Stormy Thrust toward the Talk; Tim Page: The Battle of Chu Lai. The Instant a Marine is Shot (Photographed by Tim Page), in: *Life*, 59 (10), 3.9.1965, S. 22–33, 68–76.

876 Vgl. Flowers 1997 (wie Anm. 331), S. 12. Die Zahl der Kriegsbilder stammt von Jackie Flowers und beinhaltet alle Fotos von der Kriegsfront zwischen 1962 und 1972, Duplikate, die in speziellen Jahresendzusammenstellungen erschienen, nicht mit eingeschlossen. Vgl. Flowers 1997 (wie Anm. 331), S. 12. Beispielhaft für nicht angestellte Fotografen wären hier Catherine Leroy, Akihiko Okamura, Henri Huet und Tim Page zu nennen: Okamura 12.6.1964 – A Little War; Rowan 17.5.1968 – Stormy Thrust toward the Talk; Huet 11.2.1966 – On with the War; Leroy, Catherine: A Tense Interlude with the Enemy in Hué, in: *Life*, 64 (7), 16.2.1968, S. 22–29.

877 Bspw. das Cover Bild und der zugehörige Essay Mok 26.11.1965 – In They Go.

878 Bspw. Smith 27.11.1964 – Junk Navy Has a Quietly.

879 Bspw. Burrows, Rentmeester 23.9.1966 – Huge Vote Explodes a Vietcong; Moser 25.8.1967 – Their Mission; Parker 28.10.1966 – Marines Blunt Invasion; Rowan 17.5.1968 – Stormy Thrust toward the Talk; Don Moser: Battle Jump in Vietnam.

Swanson,[880] Carl Mydans, Le Minh und David Douglas Duncan.[881] Larry Burrows stellt mit seinen zahlreichen Aufenthalten über einen Zeitraum von neun Jahren eine große Ausnahme dar.

Autorschaft der Fotoessays

Wie im Folgenden genauer dargestellt wird, ist die Außendarstellung der Autorschaft der Essays durchaus widersprüchlich. Während im Magazin selbst und insbesondere in der Rezeption meist der Fotograf als Autor präsentiert wird, werden in Publikationen über *Life* aus dem Hause *Time-Life* sowie teilweise in der Forschung die Rolle der Redakteure für das Produkt des Fotoessays betont. Dies wirft ein Licht auf das Konkurrenzverhältnis zwischen Redakteuren und Fotografen und auch auf eine gewisse Unzufriedenheit der Redakteure, dass ihr Anteil an den Essays in der Öffentlichkeit nicht wahrgenommen wird, wie Loudon Wainwright, ein ehemaliger *Life*-Mitarbeiter, in seiner persönlichen *Life*-Geschichte formulierte:

> „Most picture stories at Life, it is fair to say, were discovered or somehow dreamed up by non-photographers. And once the photographer had made his or her absolutely crucial (and often deeply personal) contribution to the job, the editors took over. Generally speaking, photographers did not select the pictures that were used in the stories (they usually played little or no part even in deciding which pictures the editors would see), and they had little or no say about the emphasis pictures were given or the space their stories got in the magazine. Likewise photographers were not consulted about the writing or the headlines in the stories, even those stories that had originated with them."[882]

Bereits vor ihm beschrieb Maitland Edey, von 1945 bis 1956 als *Assistant Managing Editor* bei *Life* tätig, die Abläufe in der Redaktion und betonte dabei den geringen Einfluss des Fotografen auf den fertigen Essay. Auch Glenn Gardner Willumson, der 1992 Fotoessays von W. Eugene Smith wissenschaftlich aufarbeitete, stellte heraus, dass der Fotoessay ein Produkt gemeinschaftlicher Zusam-

U.S. Paratrooper in a Stepped-up War (Photographed by Co Rentmeester), in: *Life*, 62 (19), 10.3.1967, S. 72–77.

880 Bspw. mit Fotografien von Swamson o. A.: The Six-Hour War for the Embassy Saigon and Khe San, in: *Life*, 64 (6), 9.2.1968, S. 22–29.

881 Vgl. Prendergast u. Colvin 1986 (wie Anm. 300), S. 245. Siehe für Fotoessays mit Fotografien von Duncan Duncan 3.8.1953 – The Year of the Snake; Duncan, David Douglas: Khe Sanh, in: *Life*, 64 (8), 23.2.1968, S. 20–28C; Duncan 27.10.1967 – Inside the Cone of Fire.

882 Wainwright 1986 (wie Anm. 300), S. 150.

menarbeit in der Redaktion sei und nicht das alleinige Werk des Fotografen,[883] wie es in zahlreichen Veröffentlichungen immer noch wie selbstverständlich vorausgesetzt wird.[884] Willumson arbeitete den Widerspruch zwischen der Außendarstellung von *Life* und der Rolle seiner Fotografen in der Praxis heraus. Er schrieb sogar, der Fotograf hätte bei *Life* seinen technischen Status behalten, der das Rohmaterial liefert, die Redakteure im Gegensatz die intellektuelle Interpretation.[885] Wie das Beispiel von Larry Burrows zeigt, lässt sich diese Aussage in ihrer pauschalen Zusammenfassung nicht bestätigen. Burrows galt ab ungefähr 1965 als Experte für den Vietnamkrieg, und hatte – immer im Rahmen der Politik und des Darstellungswillens von *Life* und dessen aktuellem Chefredakteur – einen relativ großen Gestaltungsspielraum, auch was die Themenauswahl betrifft, selbst wenn er keinen Einfluss auf das Endergebnis hatte. Wie aus Korrespondenzen von Larry Burrows mit dem Korrespondenten Milton Orshefsky hervorgeht, planten sie zum Beispiel gemeinsam den Fotoessay „One Ride with Yankee Papa 13“.[886]

Wie Kenneth Kobre ausführt, hatten die Magazine *Life* und *Look* bei der Art und Weise, wie die Fotografen an der an der Zusammenstellung der Essays beteiligt wurden, sehr unterschiedliche Methoden. Will Hopkins, von 1966 bis 1971 künstlerischer Leiter (*senior art director*) bei *Look*, verstand den Essay als Ergebnis enger Zusammenarbeit von Fotograf, Bildredakteur, Autor und künstlerischem Leiter. Die Fotojournalistinnen und Fotojournalisten begleiteten den gesamten Prozess von der Konzeption, über das Bildermachen, das Editieren und Zusammenstellen.[887] Wilson Hicks dagegen, von 1937 bis 1950 Bildredakteur bei *Life*, soll hingegen die Position vertreten haben, Fotografen seien durch das Machen der Fotos zu emotional berührt, um sie objektiv auszuwählen.[888] Er schrieb 1952 über die Entstehung der Fotoessays im Allgemeinen:

---

883 Siehe ausführlich Willumson 1992 (wie Anm. 249), S. 21–24.

884 Beispielsweise spricht Mark Johnstone in Bezug auf den Essay „One Ride with Yankee Papa 13“ davon, Burrows habe entschieden, den Essay auf einen Flug zu konzentrieren, dabei war dies eine Entscheidung der Redaktion. Vgl. Johnstone 1984 – The Photographs of Larry Burrows, S. 98. Für genauere Informationen zu dem Essay siehe Kapiel II.3 in dieser Arbeit. Auch Liam Kennedy erwähnt in seiner detaillierteren Analyse den Einfluss und die Aufträge der Redaktion mit keinem Wort, sondern geht stets vom Fotografen als Akteur aus, bspw. „Burrows constructed a photo-essay that centered on this mission“: Kennedy 2011 – A Compassionate Vision (wie Anm. 28), S. 185.

885 Vgl. Willumson 1992 (wie Anm. 249), S. 21.

886 Dille 16.4.1965 – Good Copters.

887 Vgl. Kobre 1980 (wie Anm. 322), S. 207.

888 Vgl. Kobre 1980 (wie Anm. 322), S. 207.

> „An idea for a story grows out of reading the news diligently and letting the mind play on it in a commentorial, perhaps a critical, and certainly an imaginative way. […] The procedure of turning an event or an idea into a picture story begins at Life with a writer. […] Beneficial though it would be, the photographer cannot, because of the unusual demands of his work, expose himself over an extended period to the organized confusion of the officer where plans, layouts and decisions are made, and the magazine is given its character. His enforced absence most of the time is counterbalanced by a highly refined and, happily, informal technique of communicating fine points and nuances orally and in writing.“[889]

Gerade diese Praxis der *Life*-Redaktion führte dazu, dass Fotografen wie W. Eugene Smith dagegen aufbegehrten. Smith gelang es, sich ein für *Life* außergewöhnliches Mitspracherecht an seinen Essays zu erkämpfen. Er unterschied zwischen Bildgeschichte und Fotoessay. Ersteres sah er als ein Produkt, das ein Redakteur zusammengepuzzelt hatte, zweiteres setzte für ihn die enge Mitarbeit eines Fotografen voraus.[890] Auch die Gründer der Agentur *Magnum* wünschten sich Mitsprache: so wurde die Agentur gerade als Gegenpol zu *Life* gegründet,[891] was bereits selbst zum Gründungsmythos wurde und so das Bild des Fotojournalisten als Autor beförderte.

Insgesamt lässt sich festhalten, dass der Einfluss der Fotografinnen und Fotografen auf das Endprodukt bei *Life* in der Regel sehr gering war. Nachdem sie den Film an die Redaktion ausgehändigt hatten, konnten sie über die Interpretation der Bilder nicht mehr mitbestimmen. Ein Redakteur suchte die Bilder aus, arrangierte und setzte sie zu einem kohärenten Essay zusammen. In einzelnen Fällen war es möglich, den *art director* durch ein Gespräch bei der Zusammenstellung der Sequenz und dem Layout zu beeinflussen, aber über das Endprodukt hatten Fotografinnen und Fotografen keine Kontrolle.[892]

Wie das Beispiel Burrows zeigt, war die Zusammenarbeit zwischen Fotograf und Redaktion nicht immer befriedigend für den Fotografen. Larry Burrows sei häufig nicht damit einverstanden gewesen, wie die Bilder gesetzt wurden oder habe bemängelt, dass zu wenige Bilder publiziert wurden:

> „There were many occassions where he would ran and rave and pace back and forth, because he was quite unhappy with the layouts. […] He would sit down and write a letter of complaints to the editor or art director. And my mother would say ‚Why don't you leave it until tomorrow?' The next day it might get written again

889 Hicks 1973 (wie Anm. 316), S. 49, 50 und 54.
890 Vgl. Fulton 1988 – Changing Focus, S. 181.
891 Vgl. Boot 2004 – Introduction, S. 5 f.
892 Vgl. Willumson 1992 (wie Anm. 249), S. 23 f.

> but in a toned-down version, and by the third day it was ‚I wish we had a couple more pages.'"[893]

Hierbei handelt es sich um einen bei *Life* offenbar üblichen Konflikt zwischen Redaktion und Fotografinnen und Fotografen. Maitland Edey beschreibt das Verhältnis zwischen Fotograf und Redakteur als spannungsreich, da ersterer mehr Wert auf das einzelne Foto und zweiterer auf das Endergebnis gelegt habe:

> „This set up a great tension between editor and photographer—the one calmoring for better, more exciting, more „sequential" and meaningful pictures, the other moaning that his best creations were being discarded or subjected to a constricting layout. In a sense, both were right: the layout of the pictures had become nearly as important as the pictures themselves."[894]

Burrows zeigte sich jedoch auch mit der inhaltlichen Nutzung der Bilder nicht immer einverstanden, wie bei „The Delta" beschrieben.[895] Wie aus dem folgenden Telegramm deutlich wird, wurden die Fotografien teilweise auch anders eingesetzt, als abgesprochen. In diesem Beispiel wusste Burrows nicht, dass die Fotografien für einen Leitartikel eingesetzt werden würden:

> „BURROWS WANTED MENTIONED THAT HE WOULD HAVE SHOT MORE ROLLS IF HE HAD KNOWN ABOUT THE LEDE: HE WAS LOOKING FOR EXPRESSION OF MEN IN COMBAT; BUT HOPES THE TAKE IS SUITABLE FOR LEDE US."[896]

Insgesamt lässt sich demnach über die Zusammenarbeit zwischen der *Life*-Redaktion und Burrows feststellen: Burrows konnte verhältnismäßig frei für das Magazin arbeiten, er hatte keine festen Deadlines.[897] Er konnte im Vorhinein gemeinsam mit dem Magazin die Geschichten planen und dementsprechend seine Objekte aussuchen, an einzelnen Reportagen arbeitete er bis zu acht Monaten. Da er als Experte für den Vietnamkrieg galt, konnte er die Themen auch selbst vorschlagen oder entscheiden, wie er Vorschläge am besten umsetzte. Milton Orshefsky, Redakteur bei *Life*, sagte über seine Arbeitsweise:

> „He saw not only in single pictures, but also how a set of single pictures could be developed logically into a story line. Before he took a single picture on the air war

893 Russel Burrows zitiert nach Moeller 1989 (wie Anm. 27), S. 388.

894 Edey 1971 – The Photo Essay, S. 55.

895 Russel Burrows zitiert nach Moeller 1989 (wie Anm. 27), S. 389.

896 Cable „To: Lang for Rowan, Newsfronts; Fm: Parker, Saigon," Oct. 10, 1966, o. S., zitiert nach Moeller 1989, S. 408.

897 Vgl. Wade 2011 – I have rather been, S. 4.

> story, he drew on paper every photograph he hoped to get, its composition, whether it was a vertical or a horizontal, and how, roughly, the 12 pages he had slotted to himself could be laid out. And during the month he spent shooting, he used those drawings as a kind of guide."[898]

Tim Page, ein befreundeter Fotojournalist, der Burrows bei der Arbeit in Vietnam kennengelernt hat, gibt an, dass Burrows sich im Vorfeld genaue Vorstellungen davon machte, wie die späteren Aufnahmen werden sollten und seine Missionen so oft wiederholte, bis die Fotografien diesen entsprachen.[899] Burrows arbeitete in der Praxis meistens allein und lieferte detaillierte und präzise Bildunterschriften, wie sie von den Redakteuren erwartet wurden. Er war bekannt dafür, dass er immer auf dem neuesten Stand der Technik war und diese perfekt beherrschte:[900]

> „He was truly an expert [...] at the very delicate work of copying paintings für reproduction, a job magazine photographers dismiss as inglorious drudgery. But for Burrows the business of duplicating on film the exact shadings and color values of the original artists was appealing, and he learned a lot, too, from their painterly uses of composition, texture and light."[901]

Wie Susan D. Moeller in Interviews mit Russel Burrows, Carl Mydans und David Douglas Duncan klären konnte, hatten die Fotografen bei *Life*, im Gegensatz zu vielen Fotografen der Nachrichtendienste, nicht das Gefühl, ihre Bilder würden missbraucht, auch wenn sie mit der Umsetzung des Layouts oder der Auswahl nicht immer ganz zufrieden waren. Dennoch bleibt das Endergebnis, der Fotoessay, ein Produkt der Zusammenarbeit einiger Beteiligter, bei dem der Herausgeber die letzte Entscheidungsgewalt innehatte. Die Rhetorik der Zeitschrift legt sich somit über die Bildrhetorik des Fotografen. Das Ergebnis kann schwerlich voneinander getrennt werden und muss zusammengedacht werden, was bei der Mythologisierung des Fotografen häufig zu wenig beachtet wird.

Wie im bisherigen Verlauf deutlich wurde, kann die Beteiligung des Fotografen an den Essays und somit die Autorschaft an den einzelnen Essays unterschiedlich gewertet werden. Je nach Art des Auftrags und des Essays sowie der Absicht des Redakteurs wurde dem Fotografen mehr oder weniger Raum gegeben, wurde seine Arbeit vielleicht sogar in einer „Editors' Note" gesondert herausgehoben. Am Beispiel von Burrows lassen sich bei *Life* verschiedene Darstellungsformen mit unterschiedlichen Konzepten von Autorschaft ausmachen:

898 Larry Burrows 1972 (wie Anm. 58), o. S.
899 Vgl. Page 2010 – Vietnam Through the Lens, S. 75.
900 Vgl. Wainwright 1986 (wie Anm. 300), S. 368.
901 Wainwright 1986 (wie Anm. 300), S. 368.

1. Fotograf als Autor: Eher die Ausnahme bilden Fotoessays wie „Vietnam: A Degree of Disillusion“ bei dem Burrows nicht nur mit seinen Bildern, sondern auch in Textform zur Sprache kommt, was auch gesondert vermerkt wird: „Text and pictures by Larry Burrows“[902]. Er hat nicht nur fotografiert, sondern auch den Text verfasst. Er tritt im Magazin als Autor des kompletten Essays auf. Der Text ist in Ich-Perspektive verfasst und unterstreicht somit die persönliche und subjektive Perspektive des Fotografen auf das Kriegsgeschehen. Dies verleiht seiner Rolle als Augenzeuge ein besonderes Gewicht und dem Essay eine subjektive Ausrichtung. Auf das Endprodukt hat der Fotograf jedoch keinen Einfluss, auch über die Auswahl und das Layout bestimmt weiterhin die Redaktion in New York.[903]
2. Fotoessay: Bei anderen Essays wird der Namen des Fotografen im Inhaltsverzeichnis vermerkt, ein weiterer Korrespondent tritt nicht als Autor auf. Der Essay besteht vor allem aus Bildern über mehrere Seiten mit wenig Text von teilweise nur einer halben Seite. Es wird der Eindruck vermittelt, der Essay setzt sich nur aus Material des Fotografen zusammen, kein Journalist hat ihn begleitet. Diese Form des Essays unterstreicht die persönliche Sicht des Fotografen auf das Geschehen und stärkt das öffentliche Bild als Persönlichkeit. Häufig wird er in der „Editors’ Note“ gesondert vorgestellt und Entstehungsdetails der Fotografien genannt, was seinen Fotografien wie im vorangegangenen Typus eine größere Authentizität verleiht, die von der Institution der Zeitschrift bekräftigt wird.[904]
3. Korrespondent und Fotografen treten zusammen auf: Deutlich häufiger ist der Fotoessay, bei dem sowohl ein Korrespondent, als auch ein Fotograf namentlich erwähnt werden: „Photographs by Larry Burrows […] Report by Milton Orshefsky“.[905] Bei dieser Form des Fotoessays haben die Bilder eine eigenständige Narration, die durch einen anschließenden Text, der weitere Informationen bietet, vertieft wird. Die Bildgeschichte nimmt hier immer noch mehr Raum ein als der Text. Ein seperater Textteil, nur mit wenigen

902 Burrows 19.9.1969 – Vietnam, S. 67.

903 Dass diese Kombination bei Burrows nur einmal vorkam, mag auch damit zusammen hängen, dass dieser sich selber nicht als Texter sah. Seine Talente lagen in anderen Gebieten wie sein Sohn in einem Gespräch am 26.9.2013 angab. David Douglas Duncan tritt häufiger auch als Autor in seinen Essays auf. Siehe Duncan 23.2.1968 – Khe Sanh; Duncan 27.10.1967 – Inside the Cone of Fire. Auch von Catherine Leroy gibt es solche Essays Leroy 14.5.1968 – This is that war; Leroy 16.2.1968 – A Tense Interlude.

904 Beispielhaft sind hier für Burrows zu nennen: Dille 16.4.1965 – Good Copters; Burrows 25.1.1963 – We Wade Deeper into Jungle War.

905 *Life*, 54, Heft 4, 25.1.1963, S. 5.

Bildern ausgestattet, folgt im Anschluss. Fotograf und Korrespondent waren zum Sammeln des Materials gemeinsam auf Recherche vor Ort.[906] Beide treten für einen Teil des Essays als Autoren auf. Die verstärkte Nutzung dieser kombinierten Essays war eine Reaktion Hunts auf die oberflächliche Berichterstattung des Fernsehens und die zunehmende Tendenz in den Medien, Bilder als reine Illustration zu nutzen.[907] Von dieser Form des Fotoessays gibt es auch Beispiele, bei denen mehrere Fotografen die Bilder geliefert haben. Hier tauchen in Kombination mit Burrows Co Rentmeester und Tim Page auf, die beide für *Life* mehrfach in Vietnam gearbeitet haben.[908] Wie Russel Burrows angibt, bevorzugte es Larry Burrows, allein zu arbeiten und nicht zusammen mit einem Korrespondenten. Als Grund vermutet er: „there would be too many words that might take up space that might be occupied by pictures."[909]

4. Bebilderter Feature: Die wenigste Beteiligung des Fotografen lässt sich bei *Features* feststellen, bei denen lediglich der Text bebildert wird. Autor und Text stehen im Vordergrund, werden größer angekündigt, ein Fotograf wird nicht erwähnt. Bilder und Text nehmen hier ungefähr gleich viel Raum ein und dienen der Untermauerung des Textes. Hierbei sind oft Bilder verschiedener Fotografen kombiniert, die dann lediglich im Abbildungsverzeichnis erwähnt werden. Das sind die Essays, bei denen dem Fotografen am wenigsten Beteiligung zugesprochen werden kann und bei denen eine eigenständige Narration der Fotografien keine Rolle spielt.[910]

Wie die Analyse ergeben hat, ist es unmöglich im Nachhinein den Stil des Fotografen von dem des Magazins zu trennen, denn beides bedingt sich und ist untrennbar miteinander verknüpft. Burrows hat die Fotos immer für die Redaktion gemacht und diese hat mit seinem Material gearbeitet. Viele Entscheidungen oder Vorgaben wurden von Redakteuren im Vorhinein getroffen und mussten von Burrows mit einem gewissen Gestaltungsspielraum umgesetzt werden. So traf zum Beispiel die Redaktion die Entscheidung für farbige Fotografien im Essay „We Wade Deeper into Jungle War".[911] Dennoch kann man sagen, dass er

906 Siehe bspw. Flaherty 9.9.1966 – The Air War.

907 Vgl. zu Hunts Veränderungen Willumson 1992 (wie Anm. 249), S. 262.

908 Rowan 17.5.1968 – Stormy Thrust toward the Talk; Parker 28.10.1966 – Marines Blunt Invasion.

909 Russel Burrows zitiert nach: Moeller 1989 (wie Anm. 27), S. 356.

910 Beispielhaft wäre ein Text von Clark Clifford mit Bildern von Burrows, Rentmeester zu nennen Clifford, Clark: Set a Date in Vietnam. Stick to It. Get Out, in: *Life*, 68 (19), 22.5.1970, S. 34–38.

911 Es ist demnach bei der Beurteilung der Fotos im Nachhinein Vorsicht geboten. Mark Johnstone spricht in seiner Analyse davon, Burrows habe die Farbe für seinen Fotografien gewählt, nicht weil sie die Aura der Modernität habe, sondern weil sie

seinen Gestaltungsspielraum breit ausgenutzt, eigene Ideen eingebracht und umgesetzt hat. So hat er auch entschieden, die Fotografien für „One Ride With Yankee Papa 13“ in Schwarz-Weiß zu machen. Auch kann man seine Vorliebe für Rückenfiguren zur Bildeinführung als erkennbares Stilmittel ausmachen, gleichzeitig hat jedoch die Redaktion diese Fotos ausgewählt und im Essay platziert. Da „A Compassionate Vision“[912] aus Fotos zusammengestellt ist, die er selber für einen Vortrag ausgewählt hatte, entspricht dies wohl ungefilterter seinem Geschmack.

Authentizität

Dass Authentizität eine große Rolle für *Life*-Fotografen gespielt hat, verdeutlicht eine Notiz von Dick Wilcox an Wilson Hicks zu Aufnahmen, die dieser während des Zweiten Weltkriegs im Pazifik gemacht hat:

> „All of them were taken under the most trying conditions, some as well lay in the surf pinned before a pillbox, all of them under the heaviest fire. They may be fragmentary but they are more authentic of Pacific warfare than I have ever seen before. Everyone in the force agrees with that.“[913]

Dieser kurze Ausschnitt zeigt, dass Nähe zum Geschehen bereits während dem Zweiten Weltkrieg als ultimatives Kriterium für die Authentizität von Kriegsfotografien angesehen wurde. Gleichzeitig verdeutlicht es die Bedeutung von Authentizität für die Anerkennung von Kriegsfotografien, da der einführende Text für die Bildbeschriftungen nur sehr kurz ist, die Authentizität der Aufnahmen aber nochmal besonders betont wird, ebenso wie die Gefahr, unter der sie erstellt wurden. Es verdeutlicht ebenso, dass Authentizität und Nähe bereits während des Zweiten Weltkriegs Teil des Diskurses waren, und nicht erst später durch die verstärkte Rezeption von Robert Capa.[914] Eine Durchsicht der veröffentlichten

---

Schönheit und Schrecken besser zeigen könnte. Die Analyse hat gezeigt, die Redaktion entschied sich für die Farbe aus Gründen der Modernität. Siehe Johnstone 1984 – The Photographs of Larry Burrows, S. 101.

912 Siehe genauer zu diesem Essay Kapitel III.2 „Larry Burrows – Der mitfühlenden ‚Bilderkrieger‘“.

913 „From Dick Wilcox to Wilson Hicks“: „Captions on Strock’s Engebi Island“, Februar 1944, Archiv-Nr. 14387, *Time Inc. Archives*, S. 1, <http://life.time.com/history/world-war-ii-rare-and-classic-photos-from-eniwetok-atoll/?xid=newsletter-life-weekly#7> (19.2.2014).

914 Siehe zur Augenzeugenschaft und Robert Capa genauer Kapitel I.6 zu „Schlaglichter auf die Geschichte der euroamerikanischen Kriegsdarstellung“ in dieser Arbeit.

Aufnahmen von Dick Wilcox zeigt, dass es sich einerseits um Aufnahmen handelt, die viele Tote (sowohl einen US-Soldaten wie japanische) zeigen andererseits Soldaten im Kampf und in Bewegung. Aufgenommen wurden die Fotografien immer wieder aus der Mitte der Soldaten. Eine aktive Teilnahme am Krieg oder eine Zeugenschaft unter den Soldaten ist demnach auch ein Kriterium für Authentizität oder wird zumindest in diesem Kontext so wahrgenommen.

Wie die Analysen gezeigt haben, wird ein großer Teil der authentischen Wirkung der Fotografien durch die Inszenierung der Fotografen im Magazin angestrebt, die ihre Augenzeugenschaft durch die Institution der Zeitschrift beglaubigt. Das Magazin stellt den Fotografen vor, berichtet über das Entstehen von Bildern und beteuert den Wagemut. Zur Darstellung eines Kriegsfotografen gehört es obligatorisch dazu, seinen Wagemut zu betonen, wie Vettel-Becker herausstellt:

> „[…] typical of the narratives describing combat photographers, whose first priority is invaritably said to be to shoot the most intense images of combat, no matter the risk to their own safety."[915]

Insbesondere für *Life* ist die Nähe zum Geschehen wichtig. Ein Konstruktionsprinzip für die Essays ist die Begleitung einer Person in verschiedenen Situationen und Momenten. Viele der Fotografien entstanden, während Burrows eine Einheit für längere Zeit begleitete. Er wurde hierbei zu einem Teil der Einheit und identifizierte sich mit den Soldaten. Dies verdeutlichte *Life* insbesondere im Essay „One Ride with Yankee Papa 13" anhand der Berichterstattung in direkter Rede und der subjektiven Erzählperspektive. Professionelle Distanz weicht teilweise Kameradschaft und dem Gemeinschaftsgefühl. Die Analysen haben aber auch gezeigt, dass nur eine Nähe zur „richtigen" Seite als Kennzeichen von Authentizität dienen kann. Stand Catherine Leroy mit ihren Fotografien aus Nordvietnam tendenziell unter dem Verdacht, Propaganda für den Feind zu machen, konnte auch der Stil der Fotografien nicht mehr zur Glaubwürdigkeit beisteuern. Begleitete Burrows jedoch US-Amerikanische Soldaten dann lässt sich auch die Nähe als besonders authentisch ausweisen.

Es konnte nachgewiesen werden, dass mit einer Authentizitätsrhetorik gearbeitet wurde. Neben der Rhetorik des „natürlichen Blicks" und der Mimesis lassen sich thematische Strategien aufzeigen. Für Kampfszenen lässt sich diese Rhetorik am dynamischen Bildaufbau, einer teilweise willkürlichen und auf jeden Fall angeschnittenen Perspektive ausmachen. Auch die Rahmung durch ein Gefährt oder Flugobjekt trägt dazu bei, den Entstehungskontext zu vergegen-

915 Vettel-Becker 2005 (wie Anm. 225), S. 36.

wärtigen und somit nachvollziehbar zu machen. Es konnte am Beispiel Burrows' aufgezeigt werden, dass gerade durch eine Subjektivierung der Perspektive versucht wurde, größere Authentizität und Dramatik zu erreichen. In der Darstellung der Konsequenzen anhand von Affekten und Gebärden wird stärker auf die Adaption christlicher Bildmuster und Pathosformeln gesetzt. Diese sind den euroamerikanischen Betrachtenden als Darstellungsmuster des Leids bekannt und somit eingänglicher und leichter veständlich. Auch dies kann zu größerer Glaubwürdigkeit führen, insbesondere zu einem Zeitpunkt, bevor Fotografen wie Sebastião Salgado (*1944) diese Rhetorik auf die Spitze trieben. Die christliche Bildrhetorik unterstreicht vielmehr die Zeugenschaft der Fotografierten und macht somit auch die Fotografien als Zeugnisse des Krieges glaubhafter. Bernd Hüppauf stellte in seiner Kulturgeschichte des Krieges fest, dass in den Medien gerne zeitgenössische Sprache mit älterer Metaphorik verbunden werde.[916] Anhand von Burrows' Fotografien lässt sich bestätigen, dass durch die Verwendung von Pathosformeln und tradierten Bildmustern bei eine größere Authentizität erreicht wird, da sich die bekannte und vielmals berührende Bildformel in Form eines Wiedererkennungseffektes mit dem Index der Fotografie und dem „Es ist so gewesen"[917] verbindet.[918]

Inwiefern nun Gewalt und deren Konsequenzen in Form von gezeichneten Körpern, emotionaler Ergriffenheit oder Trauer in der Fotografie des Vietnamkriegs als besonders authentisch wahrgenommen werden, oder nur in der Annahme eines impliziten Betrachters liegen, müsste im Einzelnen überprüft werden. Die Glaubwürdigkeit der Fotografie wird jedoch gesteigert durch die Nähe des Fotografin und der Fotografen zum versehrten Körper. Die Kriegsfotografin und der Kriegsfotograf stehen selber mit ihrem Leben für die authentische Aufnahme ein. Zahlreiche Fotografinnen und Fotografen, die während der Arbeit ums Leben kamen, stehen heute selber als „Blutzeugen" für ihre Fotografien.[919]

916 Vgl. Hüppauf 2013 (wie Anm. 101), S. 382.

917 Barthes 2008 (wie Anm. 233), S. 89.

918 Ikonographische Bildmuster sollen an dieser Stelle nicht auf eine Verstärkung einer vermeintlich authentischen Wirkung reduziert werden, dies kann nur ein Effekt ihrer Verwendung sein. Siehe zur Ikonographie bspw. Fleckner, Warnke et al. (Hg.) 2008 – Handbuch der politischen Ikonographie.

919 Werckmeister verweist bspw. auf Robert Capa: Werckmeister 2005 (wie Anm. 111), S. 34. Zu nennen sind an dieser Stelle aber auch Anja Niedringhaus, Tim Hetherington und zahlreiche andere.

Fotografischer Stil

Die stilistische Darstellung der hier vorgestellten Fotografen und der Fotografin sind sehr unterschiedlich. Griffiths' schwarz-weiße Fotografien orientierten sich an den dokumentarischen Traditionen der *street photography* und dem „entscheidenden Augenblick". Die von Catherine Leroy diskutierten Fotografien weisen eine deutliche Richtungsänderung auf. So setzte sie sich in dem Essay „This is that war" von klaren, an der Malerei orientierten Kompositionen ab. Die gewählten Ausschnitte wirken vielmehr beliebig und zufällig. Das Foto der Mutter mit dem Kind weist eine deutliche Unschärfe auf, die zwar in dramatischen *action-shots* Traditionen in der Kriegsfotografie haben, aber nicht für die Darstellung ziviler Opfer üblich waren. Hiermit griff Leroy experimentierfreudige Praktiken der zeitgenössischen Fotografie, der *new street photography,* Robert Frank und den *new documents* auf, und überführt sie in die Kriegsfotografie.

Larry Burrows arbeitete über die Jahre in Vietnam mit verschiedenen stilistischen Tendenzen. Er sagte aus, der Krieg fasziniere ihn:

> „Be it exotic meetings with Madame Nhu, […] or sleeping on a stretcher on a Vietnamese patrol or sharing a sock of rice with the Special Forces, this strange war fascinates me. My deepest wish is to be around to photograph both South and North Vietnam in peaceful times."[920]

Obwohl es sich bei diesem Zitat um gezielte Werbung des *Life*-Magazins in der „Editors' Note" handelt, zeichnet sich diese Faszination auch in den Bildern ab. Er weckte damit, insbesondere in der leuchtenden Farbigkeit, bei den Lesenden eine Faszination für den Krieg und das Andere, wie aus den zahlreichen Leserbriefen hervorgeht. Seine Umsetzung war sehr malerisch. Er arbeitete mit kräftigen und strahlenden Farben und steuerte so die Emotionen mit. Er stellte den Sumpf heraus, indem er den lehmig-schlammigen Untergrund betont und zeigte, wie die Soldaten schier darin versinken. Burrows hob die Farben des vietnamesischen Urwalds – Grün und Braun – hervor und schaffte so einen gewissen Gleichklang der Farben, den er immer wieder durch farbige Akzente, vornehmlich rot, aufbrach.

Seine Napalm-Bilder brennen vor roter Farbe. Die Luftkriegsbilder zeigen die Unübersichtlichkeit und das Strahlen der Raketen im Kontrast zur dunklen Nacht, was eine sehr ästhetische Wahrnehmung von Krieg ermöglicht: Dunkelheit und strahlende Geschosse. Seine Farben setzen Akzente und betonen. Je nachdem, um welche Aussage es ihm geht, nutzt er die Farben unterschiedlich.

920 Hunt 9.9.1966 – Editors' Note.

Gerade in den Essays, wo Pathos und Emotionen einer Hauptfigur besonders betont wurden, arbeitete er mit Schwarz-Weiß, was die Emotionen stärker unterstreicht.

Die Farbigkeit seiner Bilder stellt einen Bruch mit diesen Traditionen dar. Kriegsbilder waren bis dahin vielfach in Schwarz-Weiß veröffentlicht worden. So gilt für die allgemeine Sichtweise von Farbaufnahmen in der Zeit, dass die Farbe die Wahrnehmung eher behindere, auch obwohl sie stärker der eigenen Wahrnehmung entspreche. Schwarz-Weiß galt als seriöser und war besonders mit der Nachrichtenvermittlung verknüpft, so dass man den Fotografen ein größeres handwerkliches Geschick zusprach. Farbigkeit war mit Werbung und künstlerischer Fotografie verknüpft und somit vielmehr mit Fantasie und Selbstausdruck verbunden.[921]

Als charakteristisch für seine Fotografien wurde die Rückenfigur herausgearbeitet. Auch die Rahmung der Fotografien, beispielsweise durch eine Hubschraubertür oder ein Flugzeugcockpit, ist ein häufig gewähltes Stilmittel bei Burrows, wodurch er die Perspektive des Fotografen auf den Krieg im Bild verdeutlichte. Dies ist einerseits ein Rückgriff auf eine von Capa gewählte Perspektive, doch sind auch diese fotografischen Praktiken als Adaption zeitgenössischer Fotografietendenzen zu verstehen. Wie analysiert wurde, knüpft diese journalistische Praxis einerseits an eine Strömung des *new journalism* an und gleichzeitig an Fotografien der *new street photography.* Typisch für seinen Stil ist die Verschiebung der fotografierten Hauptfigur aus dem Zentrum der Fotografie. Hierin macht sich eine subjektivere Gestaltung der Komposition gegenüber dem „entscheidenden Augenblick" fest. Er fasste beispielsweise in der Fotografie toter Vietnamesen in „We wade deeper into Jungle War" den US-Soldaten im Vordergrund sehr nah und scharf ins Bild, jedoch angeschnitten am Bildrand. Dieses gestalterische Prinzip wendete er häufig in seinen Fotografien an. Beispielhaft wäre auch eine Fotografie zu nennen, die nicht in *Life* veröffentlicht wurde. Sie wurde 2002 in einem Fotobuch zu seinen Vietnam-Bildern veröffentlicht. Sie zeigt eine schwer verletzte Frau auf einer Trage liegend. Dahinter kniet ein vietnamesischer Soldat, der den Blick zur Seite wendet. Weiter hinten laufen zwei zivile Vietnamesen, eine schwer beladene Frau und eine weitere Person mit Hut von links nach rechts vorbei. Links im Vordergrund sind groß die Beine eines Soldaten von hinten, und die Füße eines weiteren zu sehen. An der rechten unteren Seite ragt eine Kamera ins Bild. Der Himmel im Hintergrund wird durch dunkle Rauchwolken einer Explosion dominiert. Das Foto wirkt charakteristisch für Burrows' Stil wie ein Schnappschuss. Es zeigt eine wie zufällige Perspektive, bei der eine Rückenfigur im Vordergrund scharf dargestellt wird, und die zentra-

921 Vgl. Warner Marien 2010, S. 422

len Figuren leicht aus der Mitte verschoben sind. Die strahlende Farbigkeit betont die blutige Verletzung der Frau. Der Verweis auf die subjektive Perspektive des Fotografen wird durch die mit ins Bild gefasste Kamera, in Anlehnung an Friedlander, deutlich.

Dies wird besonders deutlich im Gegensatz zu einer Fotografie, die Griffiths von der gleichen Situation 1969 in Cholon machte. Griffiths holte die Szene näher heran und sparte so die beiden Soldaten links aus. Seine Komposition ist durch drei zentrale Senkrechten durch den Soldaten und die Zivilisten im Hintergrund gestaltet, sowie eine horizontale Linie durch die Straßenführung. Bei Griffiths wirkt die Szene wie ein Innehalten, während sie bei Burrows belebter und dynamischer ist. Bei Griffiths ist die Frau im Hintergrund in dem Moment gezeigt, indem sie zur Kamera blickt. Sämtliche Gesichtsausdrücke sind durch die Fokussierung besser zu erkennen. Die Szene wirkt bei Burrows insgesamt zufälliger und lebhafter und knüpft damit an Capas Kriegsfotografien und die Authentizitätsrhetorik der Kriegsfotografie an. Sie ermöglicht den Betrachtenden so stärker das Gefühl, als Beteiligte herantreten zu können und teilzuhaben. Bei Griffiths wirkt das Geschehen artifizieller und stärker durch die Nahsicht und größere Delokalisierung enthoben.[922]

Dass es sich bei Burrows um bewusste Entscheidungen für die Komposition handelt, verdeutlicht eine Aussage von William Prochnau über dessen Arbeitsweise:

> „Burrows was such a perfectionist he might shoot six rolls to get one photo just right, carrying so much film into the field the canisters bulged out of the top of his socks."[923]

Reinhold Viehoff und Kathrin Fahlenbrach konstatieren für das Ende der 1960er-Jahre veränderte Standards der Repräsentationsästhetik und -ethik. Durch die Form der Live-Übertragung im Fernsehen verändern sich die Partizipation des Publikums und die Erwartung an die Form der Wirklichkeitswiedergabe in der Dokumentation. Es gehe nicht mehr um Belehrung und Führung des Betrachters, sondern vielmehr um das subjektive Erleben, um empathische und emotionale Erfahrungen. Zusammen mit den medial inszenierten Protestbewegungen, Tabubrüchen, Schockinszenierungen, der Happening- und Fluxuskultur veränderte sich eine vormals starrere Repräsentationskultur. Die ästhetischen Grenzen wür-

922 Vgl. zu dieser Bildrhetorik auch die Analyse von W. Eugene Smiths Fotografien Sachsse 2003 – Polemoskop und Martial Arts, S. 268.

923 Prochnau, William W.: Once Upon a Distant War. David Halberstam, Neil Sheehan, Peter Arnett–Young War Correspondents and Their Early Vietnam Battles. New York 1995, S. 248.

den erweitert. Historische Ereignisse würden personalisiert und somit emotionalisiert.[924] Der Vietnamkrieg hatte für die US-Amerikaner eine ganz neue Präsenz an der Heimatfront, er wird auch als „Living-Room War" bezeichnet.[925] Für die Bildmagazine, die in Konkurrenz zum Fernsehen standen, wurde es wichtig, alternative Strategien zu entwickeln, um sich weiterhin auf dem Markt zu behaupten. Der Stil Burrows' ist in dieser Tendenz zu verorten. Nähe zum Film ist in Burrows' Fotografien durch die Kameraeinstellungen wie die „Amerikanische Einstellung", einen offenen Bildraum und die Rückenfigur festzustellen.

Somit passte Burrows seinen Stil den unterschiedlichen Essays und Themen an. Die Fotografien der vietnamesischen Kinder und der Zivilbevölkerung in „Vietnam: ‚A Degree of Disillusion'" hielt er stärker im Sinne des „entscheidenden Augenblicks" fest. Dies lässt erkennen, dass es nicht nur eine unterschiedliche Rhetorik für verschiedene Themen im Fotojournalismus gab, sondern dass auch die Glaubhaftigkeit der Fotografien mit den unterschiedlichen Themen differiert.

Larry Burrows hat christliche Ikonographie und Pathosformeln mit zeitgenössischer fotografischer Praxis wie Farbigkeit und dynamischem Bildaufbau verbunden. Die Nutzung von Bildmustern dient in diesem Fall einerseits der Rechtfertigung verstärkter Kriegseinsätze, aber andererseits auch der Zugänglichkeit und Verständlichkeit für die Betrachtenden. Das Anknüpfen an bekannte Motive und Sehgewohnheiten macht die Aufnahmen außerdem glaubhafter. Im Vergleich zur Fotografie des Zweiten Weltkriegs wirken die Fotografien insgesamt dynamischer komponiert. Bernd Hüppauf stellt heraus, dass

> „[...] anders als Bilder der reinen Fiktion, haben Kriegsbilder Folgen für die Konstruktion von gesellschaftlicher Wirklichkeit. Als der Krieg so komplex wurde, dass er nicht mehr visualisiert werden konnte, dienten einzelne Zeichen und Symbole dazu, ihn in der Vorstellung präsent zu machen."[926]

In den Fotoessay mit Fotografien von Larry Burrows dienen Pathosformel als Symbol für das Leid und die Gewalt des Krieges.

924 Vgl. Viehoff, Fahlenbrach 2003 – Ikonen der Medienkultur, S. 45.

925 Siehe Arlen 1997 (wie Anm. 3). Die visuelle Präsenz thematisierte auch Martha Rosler in ihren Arbeiten „Der Krieg kommt ins Haus: Schöner Wohnen". Für eine Abbildung siehe Weibel, M_ARS 2003, S. 390 f.

926 Hüppauf 2015 (wie Anm. 67), S. 187.

Das Kriegsbild in *Life*

Bei der Betrachtung der Bilder fällt auf, dass die erzeugten Bilder des Vietnamkriegs in den meisten Fällen eine sehr ästhetische Form von Krieg zeigen. Zwar wurden einige Schattenseiten herausgestellt, wie die psychische Belastung für die US-amerikanischen Soldaten, die Kinder, die aus der Familie gerissen wurden, Verwundete und Tote. Aber es ist doch offensichtlich, dass in den Aufnahmen von Burrows Gewalt und Konsequenzen stark voneinander getrennt wurden. Es gab entweder das eine oder das andere, die Berichterstattung blieb anekdotenhaft. Es wurde nicht der Akt der Gewalt selbst gezeigt. Gleichzeitig zeigten die Fotografien den Radius auf, den Reporterinnen und Reporter in Vietnam in der Regel abdeckten. Sie begleiteten US-amerikanische und südvietnamesische Truppen, zeigten Zivilbevölkerung und tote Soldaten der VV und Gefangene. Eine offene Konfrontation wurde, außer in der Fotografie von Edward T. Adams, nicht sichtbar. Mit seinen Luftkriegsbildern eröffnete Burrows neue technische Möglichkeiten und eine neue, ästhetisierende Perspektive auf Krieg, die die USA im Golfkrieg mit den Aufnahmen aus Drohnen noch weiter auf die Spitze trieben.[927]

Das Bild des Vietnamkriegs, das in *Life* mit Burrows' Bildern gezeichnet wurde, zeigte nur einen Bruchteil dessen, was der Krieg beinhaltete und bedeutete. Zunächst wurde der Krieg aus der Distanz beobachtet und als Anderes konstruiert. Die Perspektive war stark ideologisch eingefärbt und reduzierte den Feind und vielmals sämtliche dargestellten Vietnamesen mithilfe von Stereotypen. Anschließend wechselte die dargestellte Perspektive zu der von US-amerikanischen Soldaten. Die Fotoessays setzten sich intensiv mit den US-amerikanischen Soldaten auseinander und zeigten sie in unterschiedlichen Zusammenhängen und Kampfsituationen. Doch wurden insbesondere in *Life* lange Zeit viele Dimensionen des Krieges ausgeblendet.[928] Kaum ein Reporter beschäftigte sich mit der vietnamesischen Kultur und den Konsequenzen für die vietnamesische Bevölkerung. Auch wurde die Bombardierung der Landschaft mit Chemikalien nur ganz am Rande thematisiert.[929] Somit ist die Darstellung in *Life* über lange Zeit als US-amerikanische Kriegspropaganda zu bezeichnen.

927 Vgl. zum Golfkrieg Frohne 2006 – Media Wars.

928 Als Ausnahmen für diese Darstellungsmuster und auch für grausamere Darstellungen in *Life* sind insbesondere verschiedene Essays zu benennen: Leroy 16.2.1968 – A Tense Interlude; Lockwood 7.4.1967 – North Vietnam Under Siege; o. A. 9.2.1968 – The Six-Hour War. Alle diese Essays werden jedoch in der Umbruchzeit 1967 und 1968 publiziert.

929 Konsequenzen dieser Bombardierung zeigt Griffith später in seinem Fotobuch auf Griffiths 2003 (wie Anm. 22).

Nach dem Umbruch 1968 änderte sich dies langsam, doch wird insbesondere im Vergleich mit Griffiths' Fotografien deutlich, wie oberflächlich der Blick auf den Vietnamkrieg dargestellt wurde. Anhand von Burrows' Fotografien konnte man beobachten, wie sich die Wahrnehmung des Vietnamkriegs in der euroamerikanischen Öffentlichkeit veränderte und damit auch das Bild der Vietnamesen selbst. Erst in den letzten vorgestellten Essays wurden Vietnamesinnen und Vietnamesen als Individuen in den Vordergrund gestellt, auch wenn erneut koloniale Stereotype bedient wurden, und in der Soldatendarstellung wurden heroische Bildmuster aufgegriffen. Es ist dennoch ein Zeichen dafür, dass sich Kriegs- und Menschenbild in der Öffentlichkeit verändert hatten.

Es dauerte lange, bis die Redakteure zu Hause zu den gleichen Ansichten kamen wie die Journalisten vor Ort. Wie Susan D. Moeller beschreibt, fällt dies im Vergleich der Bildmagazine *Life* und *Look* zu Nachrichtendiensten und Zeitungen wie *Time* und *Newsweek* auf, denn die Magazine waren stärker an die Bilder gebunden. Es war im Gegensatz zu Texten nicht möglich, in einem Fotoessay das genaue Gegenteil von dem zu behaupten, was die Bilder zeigten. So änderte der Redakteur Otto Fuerbringer in zwei Artikeln vom 20. September 1963 den Wortlaut der Journalisten in das Gegenteil.[930] Aber gerade subversive Bilder blieben in der Redaktion oder wurden erst später veröffentlicht.[931] Moeller arbeitet ebenso heraus, dass es bei *Life* und *Look* die Tendenz gab, die stärksten Bilder zu zeigen und die Aussage der Fotoessays dann durch zahlreiche andere Artikel wieder zu relativieren. Gleichzeitig bleibt die Aussage eines Fotoessays immer das Produkt der Entscheidungen der Redakteure.[932] An dieser Stelle sollte auch noch mal betont werden, dass *Life* seine Artikel in erster Linie mit Bildern von eigenen Mitarbeitern bestückte.

Im Vergleich zu anderen US-amerikanischen Magazinen wie *Times* oder *Newsweek*, druckte *Life* nicht Bilder von allen Ereignissen mit Nachrichtenwert weltweit, sondern konzentrierte sich auf interpretierende Reportagen. Somit konnte bei der Auswahl der Bilder viel mehr Wert auf die Ästhetik der Bilder gelegt werden, genauso wie auf die persönliche Sicht eines Fotografen auf das Geschehen. Deshalb legten sie auch großen Wert darauf, die Augenzeugenschaft ihrer Fotografen und Korrespondenten noch einmal zu betonen und ihnen damit zugleich einen gewissen Kultstatus zu verleihen. Insbesondere bei den Kriegsfotografen wird das Engagement, der Mut und der Ideenreichtum betont, der von

930 Vgl. Moeller 1989 (wie Anm. 27), S. 388.

931 Susan D. Moeller verweist in diesem Zusammenhang auf ein Bild von Dick Chapelle, das ähnlich dem von Eddie Adams eine Hinrichtung zeigt, das aber nur in einem Periodikum erschien.

932 Vgl. Moeller 1989 (wie Anm. 27), S. 388.

Nöten war, um solch spektakuläre Bilder entstehen zu lassen. Die Praxis, den Namen des Fotografen bereits im Inhaltsverzeichnis anzukündigen, ist in der Zeit nicht allgemein üblich. Es zeigt ein gesteigertes Interesse an der subjektiven Wahrnehmung des Fotografen und des persönlichen Stils. *Life* band die Lesenden in die Kriegserlebnisse ein, wie dies insbesondere an „One Ride with Yankee Papa" herausgearbeitet wurde. Der Fotograf war im Geschehen und Teil davon, mehr als nah dran. Der ganze Essay wurde als visuelle Erfahrung gestaltet,[933] die dann neben dem Betrachten der farbigen Werbung für Alltagsgegenstände gemacht werden konnte.

Der *Stern*, das deutsche Bildmagazin, führt allgemein – bis auf wenige Ausnahmen – keine Fotografen im Inhaltsverzeichnis auf. Allerdings nimmt im Stern der Fotoessay, bei dem die Bilder die narrative Struktur bestimmen, auch nur einen kleinen Teil ein.

933 Siehe zur Einbindung der Lesenden in *Life* auch Kozol 1994 (wie Anm. 65).

2. Larry Burrows – Der mitfühlende „Bilderkrieger“[934]

Mit der Kriegsfotografie entstand auch der Mythos des Kriegsreporters. Wie in ihren Berichten selber häufig der Kampf dargestellt ist, wird auch in der Darstellung über Kriegskorrespondenten der Krieg und deren Wagemut betont.[935] Im Folgenden wird anhand der Darstellung in *Life* und einiger zentraler Fotobücher, Journalismuspreise und einer zunehmenden Musealisierung die Rezeption von Burrows' Fotografien und die Darstellung seiner Person als Kriegsfotograf herausgearbeitet, um anhand dessen auch Schlüsse über das Bild des Vietnamkriegs im Diskurs des Krieges ziehen zu können.

Fotoessay Larry Burrows (Fotograf): „Vietnam: A Compassionate Vision“ (*Life*, 26.2.1971)

Kurz nach Burrows' Tod veröffentlichte *Life* eine „Editor's Note“, in der sie ihre Leserschaft über diesen informierte. Das Magazin ehrte seinen Fotografen und langjährigen Mitarbeiter, der bei der Arbeit ums Leben kam. Burrows wird als mutiger Fotograf beschrieben, der kein Risiko scheute und mit Leib und Seele bei der Sache war:

> „We kept thinking up other, safer stories for him to do, but he would do them and go back to the war. As he said, the war was his story, and he would see it through. His dream was to stay until he could photograph a Vietnam at peace.“[936]

Er wird als „concerned“ und „compassionate“ beschrieben. Mit der von Lewis Hine inspirierten Phrase „concerned photographer“ hatte Cornell Capa eine Ausstellung von sechs Fotografen organisiert, die als Leitbild der Kriegsfotografie und des Fotojournalismus bezeichnet werden kann.[937] Durch die Verbindung mit diesen Begriffen wird er in Traditionen der sozialdokumentarischen und humanistischen Fotografie eingeordnet. Außerdem wird hier bereits ein wagemutiger Mythos um Burrows angedeutet:

934 Kamber u. Grimm 2013 (wie Anm. 154).

935 Vgl. Klein 2011 (wie Anm. 4), S. 54.

936 Graves, Ralph: Editors' Note. Larry Burrows, Photographer, in: *Life*, 70 (6), 19.2.1971, S. 3.

937 Cornell Capa (Hg.): *The Concerned Photographer*. 2. Bde. New York 1968.

2. Larry Burrows – Der mitfühlende „Bilderkrieger"

> „He had been through so much, always coming out of magically unscathed, that a myth of invulnerability grew up about him. Friends came to believe he was protected by some invisible armor."[938]

Der sechs Doppelseiten lange Essay „Vietnam: A Compassionate Vision" bildet nur Fotografien ab, die während des Vietnamkriegs entstanden, obwohl Burrows für das *Life*-Magazin insgesamt sehr viel mehr Ereignisse und Stätten des Weltkulturerbes fotografierte (Abb.-Link 28). Er ist nach den verschiedenen Phasen des Vietnamkriegs strukturiert. Die erste Doppelseite zeigt neben einem kleineren Porträt von Burrows – bewaffnet mit mehreren Kameras – eine größere Fotografie aus dem Essay „We Wade Deeper into Jungle War". Es folgt eine Doppelseite mit fünf Fotografien aus „One Ride with Yankee Papa 13". Der kurze Text fasst die Situation nochmal für die Lesenden zusammen. Die folgende Doppelseite zeigt Fotografien der *Operation Prairie*, davon 3 Soldatenfotografien, die nicht im Essay publiziert worden waren, inklusive der folgenden Doppelseite, die als *double truck* die später stark rezipierte Fotografie „Reaching Out" zeigt. Insbesondere das obere Soldatenporträt erinnert durch die Isolation vom Kriegsgeschehen, die blutigen Kopfbinden und den unbekleideten, muskulösen Oberkörpern in seiner ästhetisierenden Farbigkeit an das klassizistische und idealisierende Historiengemälde „Der Tod des Marat" von Jaques-Louis David, dem in der Interpretation eine Ähnlichkeit mit Christusdarstellungen nachgesagt wird.[939] In Kombination mit der Fotografie auf der folgenden Seite werden dieser ikonographische Vergleich und die Überhöhung des soldatischen Leides noch deutlicher. Die folgende Doppelseite zeigt in Schwarz-Weiß zwei Fotografien von den vietnamesischen Kindern, über die Burrows Fotografien für jeweils einen Essay erstellte. Gerade durch die Nutzung von Schwarz-Weiß und die Auswahl der Fotografien in Kombination mit dem Text greifen sie die Bildrhetorik des „entscheidenden Augenblicks"[940] auf:

---

938 Graves 19.2.1971 – Editors' Note.

939 Siehe zu dem Gemälde genauer Gaethgens, Thomas W.: Davids Marat (1793) oder die Dialektik des Opfers, in: Alexander Demandt (Hg.), *Das Attentat in der Geschichte*, Erftstadt 2004, S. 187–213. Siehe für eine Abbildung: Jaques-Louis David, Der Tod des Marat, 1793, Öl auf Leinwand, 162 x 128 cm, Königliche Museen der Künste, Brüssel, nach: Bordes, Philippe, Jacques-Louis David. Empire to Exile, New Haven, London 2005, S. 149.

940 Der „entscheidenden Augenblicks" geht zurück auf Cartier-Bresson (siehe genauer auch Kapitel I.6 „Der Fotoessay"). Unter dem „entscheidenden Moment" ist ein Bild zu verstehen, dass spontan entstanden ist, aber gleichzeitig künstlerisch ist, da der Fotograf „intuitiv" die Beziehung zwischen Ereignis und dessen idealen formalen Ausdruck verstanden und ins Bild gefasst hat, bspw. nach Goldenem Schnitt u. a. Cartier-Bresson 2010 – Der entscheidende Augenblick 1952, S. 204.

> „Above all else, Burrows wanted ‚to show the suffering, the sadness that war brings.‘ […] Two years later, he told the story of 10-year-old Nguyen Lau, paralyzed from the waist down by a mortar fragment and treated in the U.S.“[941]

Diese Darstellung als kritischer Fotograf soll insbesondere an humanistische Ideale anknüpfen und somit die Rezeption von Burrows' Fotografien in eine bestimmte Richtung lenken. Die letzte Doppelseite zeigt das Foto einer wehklagenden Ehefrau am Leichnam ihres Mannes, das bereits genauer besprochen wurde. Auch diese Fotografie steht durch die Entkontextualisierung und Zentrierung der Frau in dieser Fotografietradition. Für die Rezeption wurden insbesondere die an Historiengemälden orientierten Fotografien ausgewählt, deren Rhetorik durch Bildmuster geprägt ist, wie bereits analysiert. Da es in dieser Zusammenstellung um Bilder des Fotografen ging, und der Bezug zu einzelnen historischen Ereignissen im Vietnamkrieg nicht mehr relevant war, wurde hier offenbar stärker nach ästhetischen Kriterien ausgewählt. Wie Russel Burrows erzählte, war das eine Auswahl von Fotografien, die Burrows selber für einen Vortrag zusammengestellt hatte.[942]

Kurz danach, noch im Jahre 1972, erschien das erste Fotobuch mit Larry Burrows' Fotografien, das die *Life*-Redakteure herausgaben.[943] Nach einer kurzen Einführung von Don Moser zeigt es zahlreiche, nach Themen kategorisierte Fotografien, die teilweise aus Essays entnommen oder bisher nicht veröffentlichte waren. Viele Zitate aus der Einführung steuern die Rezeption Burrows' bis heute.

Für seine Fotoreportagen erhielt Burrows bereits zu Lebzeiten zahlreiche Fotojournalismuspreise. Er wurde für seine Fotografien 1963, 1965 und 1971 mit der *Robert Capa Gold Medaille* ausgezeichnet. Bereits bei der Verleihung dieses Preises geht es neben der sehr guten Reportage auch um Mut. Der Preis wurde vom *Overseas Press Club* verliehen, an „best published photographic reporting from abroad requiring exceptional courage and enterprise."[944] Burrows erhielt ihn beispielsweise für den Essay „One Ride With Yankee Papa 13“ aufgrund seiner „courage and ability“.[945] Die Jury gab an:

> „His photographs, taken on board a helicopter over Vietnam, are excellent, […] his followup of the story on the ground is skillful and journalistically superior and his ‚exceptional courage‘ is amply evident.“[946]

941 o. A. 26.2.1971 – Vietnam, S. 42.
942 Russel Burrows im Gespräch mit der Autorin 26.9.2013.
943 Larry Burrows 1972 (wie Anm. 58).
944 Siehe für mehr Informationen https://www.opcofamerica.org/ (17.10.2013).
945 Bourdier, James A. zitiert nach *Dateline* 1966 (27), Overseas Press Club.
946 Bourdier, James A. zitiert nach *Dateline* 1966 (27), Overseas Press Club.

Die *Missouri School of Journalism* wählte Larry Burrows zum „Photographer of the Year 1967“, vor ihm waren dies bereits häufiger George Silk (1916–2004) und Leonard McCombe für *Life*, später gewann ihn mehrfach James Nachtwey. *Life* schreibt dazu:

> „Larry has spent most of the last four years in Vietnam, where his courage is as much a legend as is his remarkable coverage of the war. What earned him his present title was not the latter alone but his all-around performance and photographic versatility? The 1966 pictures he submitted to Missouri included his story ‚The Air War‘ (Sept. 9), pictures from ‚Shastri's Funeral‘ (Jan. 21) and a nature essay on ‚The Birds of Paradise‘ (April 15). In addition to his over-all award as Photographer of the Year, his work in Vietnam won him first prize in the Magazine and Documentary category, and Shastri's Funeral and Air War won second prize.“[947]

Musealisierung und Neukontextualisierung

Eine Musealisierung von Burrows' Bildern begann schon zu seinen Lebzeiten durch eine Ausstellung *Photo-Essay* im MoMA 1965 von John Szarkowsky. In der Ausstellung wurden 45 Fotoessays gezeigt, in der Mehrzahl aus *Life*, *Look* und *Paris-Match*, aber auch anderen europäischen und US-amerikanischen Magazinen. Neben zahlreichen Essays mit Fotografien von W. Eugene Smith wurde ein Fotoessay mit Fotografien von Larry Burrows gezeigt: „We wade deeper into war“, hier unter dem Titel „Vietnam War – In Color“ ausgestellt. Bei jedem Essay wurde neben dem Fotograf auch der *art director* und der leitende Redakteur genannt, in diesem Fall Bernard Quint und George P. Hunt.[948] Szarkowski legte demnach in seiner Ausstellung Wert darauf, den Fotografen nicht als alleinigen Autor, sondern den Fotoessay als redaktionelles Ergebnis zu zeigen, anders als er häufig rezipiert wird. Diese Musealisierung zeigt eine neue Kontextualisierung und Nobilitierung der Fotografien innerhalb eines ästhetischen Diskurses und verweist gleichzeitig auf die neue Rolle des Fotografen, die Szarkowsky explizit formuliert:

> „During the decade after World War II the photographer became an individual observor, and emphasis shifted to the quality of his personal vision. The subject of

947 Hunt, George P.: Editor's Note. Photographer of the Year and other winners, in: Life, 62 (11), 17.3.1967, S. 3.

948 The Museum of Modern Art: *Press Release. The Photo Essay*, unter: <http://www.moma.org/learn/resources/press_archives/1960s/1965> (25.10.2012).

these essays was often not the exterior event but the photgrapher's more reaction to it."[949]

Die *Laurence Miller Gallery* in New York vertritt den Fotografen bis heute und zeigte Ausstellungen mit seinen Fotografien wie „Larry Burrows: Vietnam–The American Intervention" im Jahr 1985.[950] Russel Burrows gab an, es wurden hier erstmals 18 Fotografien gezeigt, die in *Life* publiziert waren, unter anderem auch „Reaching Out".[951] So sei unter anderem auch das Getty Museum auf die Fotografien aufmerksam geworden.[952]

Adam Weinberg feierte Burrows 1986 in der Ausstellung „The New Color Photojournalism" als Vorgänger einer neuen Generation von Fotojournalisten, die in Farbe arbeiteten.[953] Er schreibt: „Burrows was in fact among the first photojournalists to exploit the new subjectivity in color."[954] 1988 stellte das Georg-Eastman-House Fotografien von Burrows in der Ausstellung „Eyes of Time. Photojournalism in America" aus.[955] Im Katalog heißt es: „He was an early master of the medium, setting a standard still hard to match."[956] Burrows Fotografien wurden in zahlreichen Ausstellungen ausgestellt und von Museen gesammelt. Heute besitzt das International Center of Photography in New York zahlreiche seiner Bilder.[957] Das J. Paul Getty Museum in Los Angeles ist in Besitz eines Abzugs von „Reaching Out".[958] Larry Burrows wird in diesem Zusammenhang

949 The Museum of Modern Art 1965 – Press Release (wie Anm. 948)

950 Laurence Miller stellte immer wieder Burrows' Fotografien aus, wie beispielsweise „Larry Burrows at War: Vietnam 1962–1971", März, April 1998; „Larry Burrows: War & Peace" 10.3. bis 30.4.2005; „Larry Burrows: A Tribute" 7.11. bis 21.12.2013: www.laurencemillergallery.com (22.6.2015); Loke, Margarett: Photography Review. The Vietnam War's Costs, Shown Fearlessly by a Gentle Casualty, in: *The New York Times*, 13.3.1998, unter: <http://www.nytimes.com/1998/03/13/arts/photography-review-the-vietnam-war-s-costs-shown-fearlessly-by-a-gentle-casualty.html?pagewanted=all&src=pm> (1.5.2012).

951 Russel Burrows im Gespräch mit der Autorin 26.9.2013.

952 Russel Burrows im Gespräch mit der Autorin 26.9.2013.

953 Vgl. Weinberg 1986 – On the Line, S. 38.

954 Weinberg 1986 – On the Line, S. 39.

955 Fulton, Jussim, Eyes of time 1988 (wie Anm. 117).

956 Fulton 1988 – Changing Focus (wie Anm. 246), S. 209.

957 International Center of Photography: Artist Larry Burrows, <https://www.icp.org/browse/archive/constituents/larry-burrows?all/all/all/all/0>(29.9.2016).

958 Reliefdruck in Farbe 1987, 45,9 x 70 cm, Inventarnr. 2004.154, vgl. J. Paul Getty Museum: *Mutter Ridge, Nui Cay Tri, South Vietnam*, unter: <http://www.getty.edu/art/gettyguide/artObjectDetails?artobj=257430> (28.1.2014). Es war auch Teil der Ausstellung „Pictures for the Press" im J. Paul Getty Museum

in der Liste der Künstler des Museums geführt. Ebenso zeigen das Georg Eastman House[959], eines der wichtigsten Museen für Fotografie weltweit, und das Worcester Art Museum großes Interesse an seinen Fotografien.[960] Das Currier Museum of Art in Manchester besitzt ebenfalls zwei Fotografien aus der Serie zur „Operation Prairie“ und eins vom Kampf um Khe San.[961] An der Fotografie „Reaching Out“, oder „Mutter Ridge“ genannt, wird deutlich, dass sie, da es sich ursprünglich um Reportagefotografie handelt, einige Bedingungen der Kunstwelt – wie einen Titel – nicht erfüllt. Häufig wird dies in der Praxis unterschiedlich gehandhabt, entweder man führt die Fotografien unter Datum und Entstehungsort, wie das J. Paul Getty Museum oder man vergibt einen Titel oder führt die Bildunterschrift bzw. kurze Beschreibung der Situation wie einen Titel an, wie es das Georg Eastman House handhabt.[962]

Die Ausstellungen sind häufig unter das Thema Kriegsfotografie, wie „War/Photograph. Images of Armed Conflict and its Aftermath“[963] oder Fotojournalismus gestellt.[964] Doch auch zu thematischen Zusammenstellungen, die ästhetischen Kategorien entsprechen, wie „Dark Side II“ werden Burrows’ Foto-

---

in Los Angeles vom 20.9.2005–22.1.2006 und Abbott, Engaged observers 2010 (wie Anm. 118). Daneben besitzt das Museum weitere seiner Fotografien.

959 Titel: „Reaching Out, The DMZ (During the aftermath of the taking of Hill 484, South Vietnam)“, Reliefdruck in Farbe 1987, 40.1 x 59.8 cm, Inventarnr. 87:0390:0001. Vgl. Georg Eastman House: *The World Beat. Still Photograph Archive*, unter: <http://www.geh.org/taschen/htmlsrc13/m198703900001_ful.html> (28.1.2014). Der Druck war u. a. zu sehen in der Ausstellung: Fulton, Jussim, Eyes of time 1988 (wie Anm. 117).

960 „Reaching Out (First Aid Station, Below the DMZ)“, 5.10.1966, Gelatine Silber Druck <http://www.worcesterart.org/Exhibitions/kennedy-to-kent-state/2011-136.html> (29.9.2016). Auch zusehen in der Ausstellung „Kennedy to State. Images of a Generation“ 29.9.2012 –9.6.2013.

961 Das Currier Museum of Art besitzt zwei Reliefdrucke, entstanden 1985, der eine wird betitelt „First Aid Station, Mutter Ridge, Nui Cay Tri, South Vietnam, during Operation Prairie“, der andere „Hill 484, South Victnam , near the DMZ, Operation Prairie, October 1966“, 19,5 x 15 Zoll. Außerdem einen Reliefdruck von 1986 „Ammunition Airlift, Operation Pegasus, Battle of The Battle of Khe Sanh, April 1968“ 20,5 x 29,75 Zoll. Die Bilder waren, neben anderen von Burrows in einer Ausstellung zu sehen: „Visual dispatches from the War in Vietnam“, 3.8–11.11.2013 im Currier Museum of Art, Manchester, <http://lgdata.s3-website-us-east-1.amazonaws.com/docs/2169/874598/PPT_Vietnam_final.pdf> (29.1.2014).

962 „At a First-Aid Center during Operation Prairie“ Georg Eastman House 2000 – The World Beat.

963 Die Ausstellung zeigte „Reaching Out“, Plate 285, und „One Ride with Yankee Papa 13“, Plate 39 Tucker, Michels, Zelt, War/photography 2012.

964 Abbott, Engaged observers 2010 (wie Anm. 118).

grafien gezeigt.[965] Wie sich der Zugriff auf das Bild „Reaching Out“ durch die Rezeption im Museum verändert, zeigt insbesondere die Ausstellung „Corpus Christi. Christusdarstellungen in der Fotografie“.[966] Der Zugriff erfolgt hierin nicht mehr über den Zusammenhang des historischen Ereignisses, sondern thematisch zur christlichen Ikonographie, die in „Reaching Out“ lediglich durch bildrhetorische Ähnlichkeit gegeben ist. Die Ästhetik der Aufnahme bestimmt somit über den Ausstellungskontext. Reportagefotografien von realem Tod und Verletzungen wandern in das Museum zwischen Arbeiten, die als Kunst erstellt wurden oder aber, wie mittelalterliche Arbeiten, aus einer christlich gläubigen Praxis auf das Leben Heiliger rekurrieren. Dieses kann im Fall von Burrows zwar auch implizite Absicht des Fotografen gewesen sein, aber erzielt durch den Index und den Bezug zum Referenten – das reale Ereignis – medial eine andere Wirkung.

Wie Kurt Sundstrom, der Kurator der Ausstellung „Dispatches“ im Currier Museum of Art im Interview aussagte, sei es einerseits schwierig gewesen, Drucke der Bilder in Museumsqualität zu erhalten. Auch gäbe es keinen Markt für solche Bilder (Reportagefotografien): „There aren't collectors out there who want images of dead people on their wall – for good reason.“[967] Er erklärt auch, dass sich in erster Linie Museen für solche Bilder interessierten, und diese würden gerade erst anfangen, Reportagefotografien zu sammeln.[968] Das Currier Art Museum zeigte einige Fotografien von Larry Burrows mit Fotografien von Horst Faas, Henri Huet, Edward T. Adams, Huynh Cong Út und Don McCullin in der Ausstellung „Visual Dispatches from the Vietnam War“ und schreibt dazu in der Ausstellungsankündigung „This exhibition presents 35 iconic photographs that brought the Vietnam War to the dinner table of every American household.“[969] Dies ist zum einen nicht korrekt, da nicht alle diese Bilder zeitnah in der US-amerikanischen Presse erschienen,[970] zum anderen werden alle diese 35 Fotografien zu „Ikonen“ erklärt. Hieran wird deutlich, wie den Fotografien rückwirkend

965 Ausst. Kat.: Darkside II. Fotografische Macht und fotografierte Gewalt, Krankheit und Tod, Winterthur, Fotomuseum, 5.9.–15.11.2009. Göttingen, Niedersachsen 2009, S. 195.

966 Seymour-Ure, Perez, Corpus Christi 2003.

967 George Pelletier: Currier Museum Confronts War as Hell in New ‚Dispatches‘ Exhibit, in: Bedford Journal 30.8.2013, unter: <http://www.cabinet.com/bedfordjournal/bedfordreadersubmitted/1014554-308/currier-museum-confronts-war-as-hell-in.html> (29.1.2014).

968 Vgl. George Pelletier 30.8.2013 – Currier Museum Confronts War.

969 Currier Museum of Art, <http://www.currier.org/exhibitions/previous/> (29.1.2014).

970 Die Aufnahmen von beispielsweise Don McCullin wurden im Sunday Times Magazine veröffentlicht und einige der Fotografien von Larry Burrows erschienen erst posthum in der Öffentlichkeit.

mehr Überzeugungskraft zugesprochen wurde, als ihnen tatsächlich durch ihre Platzierung in der Erstveröffentlichung zukam. Gerade an Larry Burrows Fotografien konnte deutlich gemacht werden, dass sie im Kontext der Erstveröffentlichung in vielen Fällen für US-amerikansiche Kriegspropaganda eingesetzt wurden.

Welche Umdeutungen Symbolbilder erfahren können, führt Gerhard Paul am Beispiel von Hunyh Cong Úts (*1951) Fotografie aus, die am 8. Juni 1972 in Trảng Bàng in Vietnam entstand. Sie wird häufig als „Napalm girl“ bezeichnet.[971] Nachdem sie erstmals in der *New York Times* und über längere Zeit meistens völlig ohne Kontext auf die zentrale Gebärdefigur reduziert gezeigt wurde, erlebte die Fotografie eine Umdeutungsgeschichte, bei der sie als Symbol amerikanischer Kriegsverbrechen dargestellt wurde, wie Paul ausführt. Und dies, obwohl der Napalmabwurf von Südvietnamesen durchgeführt worden war und die US-Amerikaner zu dem Zeitpunkt bereits auf dem Rückzug waren.[972] Zuletzt machte das Foto Schlagzeilen, weil es von Facebook als „Nacktbild“ zusammen mit jeglicher Kritik zu dieser Entscheidung gelöscht wurde. Es wurde hier erneut zum Sinnbild einer Diskussion, die nicht im Entferntesten mit dem Vietnamkrieg zu tun hatte.[973]

Dass die lebensgefährliche und aufklärerische Arbeit von Kriegsfotografinnen und Kriegsfotografen gerade posthum durch ein Ausstellen im musealen Kontext aufgewertet wird und die Erinnerung an die Ereignisse aktiv gehalten wird, soll nicht abgewertet werden. Doch ist gerade bei der rückwirkenden Glorifizierung auch der Erstveröffentlichungskontext zu berücksichtigen.

971 Siehe die Beschreibung in der Einleitung und Paul – Die Geschichte hinter dem Foto.

972 Vgl. Paul – Die Geschichte hinter dem Foto.

973 Siehe o. A.: Berühmtes Vietnam-Foto gelöscht. Aftenposten greift Facebook an, in: Süddeutsche Zeitung 9.9.2016, unter: <http://www.sueddeutsche.de/digital/napalm-girl-beruehmtes-vietnam-foto-geloescht-aftenposten-greift-facebook-an-1.3154517> (10.9.2016).

Postume Fotobücher als Erinnerung

Auch in verschiedenen Fotobüchern werden Burrows' Fotografien gedruckt und erinnert.

Horst Faas und Peter Arnett: „Requiem" (1997)

1997 erschien der Bildband „Requiem. By the photographers who died in Vietnam and Indochina",[974] mit Bildern und Dokumenten zahlreicher im Vietnamkrieg verstorbener Fotografen. Der Band wurde herausgegeben von zwei Fotografen, die selbst aus Vietnam über den Vietnamkrieg berichteten. Die Einführung verfasste ein Journalist und Autor, der für die *New York Times* als Korrespondent lange selbst in Vietnam recherchierte: David Halberstam. Es gliedert den Vietnamkrieg in die Kapitel „A Distant War", „Escalation", „The Quagmire", „Last Flight" und „Final Days". Hierzu werden jeweils kurze thematische Einführungen gegeben. Innerhalb der Kapitel werden einzelne Fotografen, die in Vietnam ums Leben kamen, vorgestellt und Fotografien gezeigt. Von Larry Burrows wird der Essay „We Wade Deeper into Jungle War" als Essay sowie einzelne Fotografien daraus vergrößert dargestellt. Auch zahlreiche Bilder aus „One Ride with Yankee Papa 13" können betrachtet werden. Der Text von Ted Bartimus feiert Burrows' Fotografien insbesondere für die Farbigkeit, seine Professionalität und seinen Mut.[975]

Bei der Zusammenstellung in diesem Bildband wird auch die vietnamesische Perspektive berücksichtigt. Es werden Fotografien von vietnamesischen Fotografen der Nachrichtenagentur *Vietnam News Agency* und der *Liberation News Agency* unter der Überschrift „The Other Side" vorgestellt, so dass eine Erweiterung des Kriegsbildes über die euroamerikanische Perspektive hinaus stattfindet.[976] Insgesamt lässt sich jedoch festhalten, dass es auch darum geht, den Verstorbenen ein postumes Denkmal zu setzen und der Nachwelt die Möglichkeit gegeben wird, sich ihrer Arbeiten zu erinnern. Eine kritische Auseinandersetzung mit der Darstellung des Krieges oder eine Identifizierung als Propaganda findet nicht statt.

974 Faas, Arnett (Hg.) 1997 – Requiem.
975 Bartimus 1997 – Larry Burrows, S. 96.
976 Vgl. Faas, Arnett (Hg.) 1997 – Requiem, S. 100–112.

Larry Burrows: „Vietnam“ (2002)

Das Fotobuch „Vietnam“ zeigt eine Zusammenstellung zahlreicher Vietnam-Fotografien von Burrows.[977] Die Auswahl und Veröffentlichung übernahm Russel Burrows. David Halberstam verfasste eine Einführung, auch hierin wird eine bestimmte Sichtweise propagiert: „Larry was not a very political man—his work is always beyond ideology of any kind. It is distinguished by its humanity.“[978] Es ist eine von *Life* unabhängige Veröffentlichung, die bis dahin unveröffentlichtes Bildmaterial zur Verfügung stellt und gegenüber den Essay-Publikationen die Fotografien unbeschnitten zeigt und in ihrem Entstehungskontext situiert. Es war insofern für die Analysen ein hilfreiches Werkzeug.

Catherine Leroy: „Under Fire“ (2005)

Der Titel „Under Fire“ spielt bereits auf den Wagemut und das Risiko an, in das sich Kriegsfotografinnen und –fotografen begeben, um das Geschehen zu dokumentieren.[979] Catherine Leroy versammelt in ihrer Zusammenstellung Fotografien aus dem Vietnamkrieg. Sie paart immer einige Fotografien von einem Fotografen oder einer Fotografin mit einem kurzen Text von einem Autor. Beide stellt sie jeweils mit kurzem Lebenslauf vor. Gezeigt werden unter andem Fotografien von Daniel Camus, Henri Huet, Dana Stone, Gilles Caron, Dick Swanson, Tim Page, Robert Ellison, Kyoichi Sawada, Catherine Leroy, Don McCullin, David Hume Kennerly, David Burnett und Hunyh Cong Út. David Halberstam, der einen kurzen Text zu Larry Burrows geschrieben hat, betont hierin auf sehr pathetische Art und Weise insbesondere den humanistischen Aspekt seiner Fotografien:

> „The humanity of the photo is transcending, and yet it is important to remember when we look at it that there is no human being in this photo, no wounded soldier, no dead body sprawled in front of us. The humanity–it is really quite stunning–is in what is not there.“[980]

Die ausgewählten Fotografien von Burrows sind aus der Zeit von 1964 bis 1969 und zeigen bis auf wenige Ausnahmen Fotografien, die auch in dem Fotoessay „Vietnam: Compassionate Vision“ gezeigt wurden. Die Auswahl zeigt unter-

---

977 Burrows 2002 (wie Anm. 52).

978 Halberstam: Einleitung in: Burrows 2002, S. 12.

979 Leroy (Hg.) 2005 – Under Fire.

980 Halberstam, David: Stillness in the Highlands, in: Catherine Leroy (Hg.), *Under Fire. Great Photographers and Writers in Vietnam*, New York 2005, S. 24.

schiedliche Aspekte des Krieges, aber vorzugsweise expressive Fotografien wie „Reaching Out“ und Bilder von James Farley aus „One Ride with Yankee Papa 13“. Insgesamt lässt sich feststellen, dass das Fotobuch zahlreich ausdrucksstarke Fotografien versammelt. Es werden viele Schlüssel- und Schlagbilder des Krieges gezeigt, die gewaltvolle und dramatische Momente zeigen.

Neukontextualisierung, Mythos und Erinnerung

Wie herausgearbeitet wurde, geht es im Diskurs der Kriegsfotografie immer wieder um die Frage, ob es sich bei den Fotografinnen und Fotografen um Künstlerinnen und Künstler oder Fotojournalistinnen und Fotojournalisten handelt. Es wurde aufgezeigt, dass in den 1960er-Jahren zwischen den Kategorien *news photography, feature photography* und *freelance* differenziert wurde. Für verschiedene Nutzungsbereiche wurden unterschiedliche Fotografien erstellt. Anders als im Nachrichtengeschäft konnte Burrows sich viel Zeit für die Fotografien und Serien nehmen. Seine Bilder lassen erkennen, dass er auf verschiedene Stile rekurrierte und den Fotojournalismus somit weiterentwickelte. Dennoch wurden sie nicht für einen Kunstmarkt erstellt. Diese Nutzung erfolgt erst posthum, wie gezeigt wurde. Insbesondere die Kennzeichnung als „compassionate“ sollte in eine derartige Richtung weisen und somit die Rezeption lenken.

Wie Allan Sekula in seinen theoretischen Überlegungen zur Sortierung von Fotografien im Archiv herausstellt, geht durch die neue Kontextualisierung etwas verloren, und es findet eine Abstraktion statt:

> „In an archive, the possibility of meaning is ‚liberated‘ from the actual contingencies of use. But this liberation is also a loss, an *abstraction* from the complexity and richness of use, a loss of context. Thus the specification of ‚original‘ uses and meanings can be avoided and even made invisible, when photographs are selected from an archive and reproduced in a book.[…] In this sense, archives establish a relation of *abstract visual equivalence* between pictures.“ [981]

Sekula führt aus, dass die Bilder nach sehr unterschiedlichen Kategorien sortiert werden können. Es könne nur rudimentäre Ordnungsschemata geben, bei denen zwischen unterschiedlichen Kategorien gewichtet werden müssen. Durch diese Kategorisierung beispielweise nach einer Chronologie würde das Archiv als neutrale Autorität wirken.[982] Auch für Burrows’ Fotografien ließ sich in der Re-

981 Sekula, Allan: Reading an Archive [1986], in: Liz Wells (Hg.), *The Photography Reader*, London 2003, hier S. 444 f.

982 Vgl. Sekula 2007 – Reading an Archive, S. 446.

zeption eine veränderte Wahrnehmung nachweisen. So lassen sich die Fotobücher auch als Archive deuten, die eine Rezeption lenken. Bereits die Titel vieler posthum erschienener Fotobücher verweisen auf den Fotografen als Thema, weniger auf die konkrete Berichterstattung aus Vietnam oder eine Vermittlung eines bestimmten Kriegsbildes.[983] Martha Rosler schreibt allgemein zur Rezeption solcher Fotografien:

> „Man begreift leicht, warum Bilder, die keinen Neuigkeitswert mehr haben, dem Überbringer der Neuigkeiten zur Ehre gereichen. Dokumentaraufnahmen belegen den Mut oder (darf man es aussprechen?) die Manipulationsgabe und die Schlauheit des Fotografen, der sich in eine physische Gefahrensituation oder ein gesellschaftliches Sperrgebiet begab, der sich dem menschlichen Elend unmittelbar aussetzte und uns dafür den Ärger ersparte. Oder der, wie die Astronauten, zu unserer Unterhaltung beiträgt, indem er uns Schauplätze, die wir nie betreten werden, vor Augen führt. "[984]

Larry Burrows wird in der Rezeption immer wieder als mutig und sehr bewusst planender Fotograf dargestellt:

> "As a photographer he began where most others stopped–exposure, speed, focus were always reflexively correct, but he worried constantly about composition and most of all, meaning. He ran terrible risks because he was a perfectionist and he had to take the risk to get perfect pictures–the only kind he found satisfactory."[985]

Tim Page beschreibt seine Leidenschaft für die Opfer des Krieges. Auch rätselt er über die Strapazen, die Burrows „for his art" auf sich genommen hat. Er vergleicht seine Farbgebung mit Goya.[986] Burrows wird somit in der Rezeption zum Künstler und Autorenfotografen stilisiert:

> „Burrows, […], was the most celebrated photographer of the war, a man considered an artist by both his colleagues and his employers."[987]
> „Because of […] his talent, his courage, and his particular feel for the Vietnamese people, [Burrows] became the signature photographer of that war, a man whose

983 Siehe hierzu auch Martha Rosler, die darauf verweist, dass bereits der Titel des Magazins „American Photographer", der schon impliziere, dass es weniger um den Inhalt der Fotografien als um die Fotografen gehe. Rosler – Drinnen, Drumherum und nachträgliche Gedanken (wie Anm. 85), S. 119.

984 Rosler – Drinnen, Drumherum und nachträgliche Gedanken, S. 111 f.

985 John Saar zitiert nach Graves 19.2.1971 – Editors' Note.

986 Page 2010 – Vietnam Through the Lens, S. 75 f.

987 Pyle, Richard und Faas, Horst: Lost over Laos. A True Story of Tragedy, Mystery, and Friendship. Cambridge 2003, S. vii.

> journalism, in the opinion of his colleagues and editors, reached the level of art.“[988]
> “He understood what it could do the way a great artist understands it and he used it like an artist—as if he were one of the Impressionists. The results of that rare talent are evident in this book, in some ways hauntingly so. “[989]

Im Internet sind zahlreiche Fotografien von Larry Burrows als Poster in unterschiedlicher Größe zu erwerben. Je nachdem nach welchen Kriterien man sucht, erscheinen die Kriegsaufnahmen aus Vietnam zwischen Fotografien von Blumen und Stillleben.[990]

Neue Sichtweisen, wie die Autorenfotografie ermöglichen eine solche Rezeption, bei der der Stil des Fotografen als einheitliche Linie seines Schaffens im Vordergrund steht.[991] 1972 rief Tim N. Gidal, selbst Fotograf, in seiner Darstellung des deutschen Fotojournalismus der 1920er-Jahre die Fotografen als Begründer des Fotojournalismus aus und trägt somit zu dem Mythos des Fotografen als Autor bei, der die Arbeit der Redaktion außer Acht lässt: „The modern photoreporter was the creator of the modern illustrated magazine and modern photojournalism – not the other way round.“[992] So sieht Brett Abbott in der Zeit nach dem Zweiten Weltkrieg zahlreiche Fotografen, die ihre Fähigkeiten als Reporter und Künstler kombinierten. Sie hätten ausgedehnte Fotoessays entwickelt, die zwischen humanistischen Themen und eigenen persönlichen Blicken auf die Welt changierten:

> „Embracing the grey area between objectivity and subjectivity, information and interpretation, journalism and art, they create powerful visual reports that transcend the realm of traditional photojournalism.”[993]

Gleichzeitig zeichnet insbesondere die Veröffentlichung von anderen Journalistinnen und Journalisten, wie die Fotobücher „Requiem“ und „Under Fire“ zeigen, Kriegsfotografen als Helden des Krieges aus, als „heldenhaften Schatten der Soldaten“.[994] Vettel-Becker sieht für Soldaten die Männlichkeit in ihrer Kampfleistung und dessen Würdigung belegt und deutet die Fotografien als Sieg der Kriegsfotografen, die unbestritten ihre vollbrachte Männlichkeit belegen wür-

988 David Halberstam in, Burrows 2002 (wie Anm. 52), S. 9.
989 Halberstam, Einleitung in: Burrows 2002, S. 11.
990 <http://www.allposters.com/-st/Larry-Burrows-Posters_c108231_.htm> (12.9.2016).
991 Siehe hierzu den Punkt I.2.b in dieser Arbeit.
992 Gidal 1972 (wie Anm. 257), S. 14. Vgl. auch Grittmann 2007 (wie Anm. 187), S. 30.
993 Abbott 2010 – Engaged Observers (wie Anm. 118), S. 1.
994 Holzer 2003 – Das fotografische Gesicht des Krieges, S. 10.

den.[995] Die stetige Wiederholung von Burrows' „courage" in seiner Rezeption legt eine solche Deutung nahe, ebenso wie die Bedeutung des Wagemuts von Kriegsfotografen für die wahrgenommene Authentizität ihrer Aufnahmen. Sie wird durch die Bürgschaft des Fotografen unterstrichen. Larry Burrows hat seinen langjährigen Einsatz in Vietnam nicht überlebt. Dies steigert rückwirkend die Glaubwürdigkeit der Aufnahmen und ist Ziel zahlreicher Idealisierungen und Heldeninszenierungen. Die Mythologisierung des Fotografen und seines Mutes werden rückblickend Teil der veränderten Aura der Bilder.

Die Mythologisierung von Burrows wurde teilweise durch *Life* schon zu seinen Lebzeiten vorgenommen und in der Folgezeit von unterschiedlichen Akteuren, in erster Linie durch Journalistinnen und Journalisten, vorangetrieben, die ebenfalls in Vietnam waren und damit ihren Mitstreitern ein Denkmal setzen, gleichzeitig aber der eigenen Arbeit größere Authentizität verleihen wollten. Einen Höhepunkt der Mythologisierung sieht Liam Kennedy bei der Eröffnung des Newseums 2008 in Washington. Hier wurden verschiedene Hinterlassenschaften des Hubschrauberabsturzes in einen Schrein hinterlegt.[996]

Lars Klein wies anhand der Kriegsberichterstattung durch Korrespondenten nach, dass die Mythologisierung der Verdienste und Erlebnisse der Journalisten im Vietnamkrieg über die Zeit zunahm. Der Vietnamkrieg werde rückblickend als faszinierend und beispiellos eingeschätzt und dieser Status immer wiederholt.[997] Der Diskurs zur Berichterstattung in Vietnam wird bis heute entscheidend von Journalisten und den Medien selbst geprägt, er dient nicht zuletzt der Aufrechterhaltung der eigenen Glaubwürdigkeit und Bedeutung. Zugleich liefert er jedoch den Vorwand für Maßnahmen zur Einschränkung journalistischer Bewegungsfreiheit in Kriegszeiten, die sich bis heute auf die mediale Kriegsrepräsentation auswirken.[998]

Wie Sally Stein in ihrer vergleichenden Analyse von *Life* und *Look* kritisch feststellt, ist *Life* in der aktuellen Mediengeschichtsschreibung als die Illustrierte bekannt, die die Maßstäbe für alle anderen Illustrierten und insbesondere für guten Fotojournalismus setzte, auch wenn es vergleichbare Konkurrenz gab. Sie dominiert die Rezeption und ist als Kultursymbol zu betrachten. Doch, wie sie ebenso feststellt, war das Verlagshaus *Time Inc.* daran wesentlich beteiligt, da es frühzeitig eigene Chroniken veröffentlichte, Wissenschaftlern den Zugang zu den eigenen Archiven verwehrte und somit geschickt die Rezeption lenkte.[999]

995 Vettel-Becker 2005 (wie Anm. 225), S. 37.
996 Kennedy 2011 – A Compassionate Vision, S. 182.
997 Vgl. Klein 2006 – Größter Erfolg und schwerstes Trauma, S. 211.
998 Vgl. Klein 2006, S. 212
999 Siehe hierzu ausführlich Stein 2007 – Mainstream-Differenzen.

Wie *Life* die Rezeption mit den posthumen Veröffentlichungen steuerte wird unter anderem daran deutlich, dass das bekannteste Bild von Burrows „Reaching Out“ ist, welches immer wieder gezeigt und ausgestellt wird, aber nicht in der zeitgenössischen Berichterstattung auftauchte. Dass das *Life*-Magazin jahrelang Kriegspropaganda mit Burrows Bildern gemacht hat, bleibt in dieser rückwirkenden Mythologisierung außer acht. Auch die weitgehende Ignorierung der Vietnamsen als Beteiligte an diesem Krieg und die vielfachen Rückgriffe auf koloniale Bildmuster werden in diesen Darstellungen ignoriert.

Das Verlagshaus steuert auch aktuell gezielt die Rezeption über eine eigene Internetseite, über die ausgewählte Fotografien und Essays publiziert werden, was man von einer eingestellten Zeitschrift nicht erwarten würde.[1000] Die Magazine werden so zum Kultobjekt stilisiert. Außerdem werden sämtliche Ausgaben des Magazins als Retrodigitalisate über Google Books zur freien Einsicht bereitgestellt, was die Rezeptionsfrequenz stark erhöht.

1000 *Time*, <http://time.com/life/> (überprüft 10.9.2016); Es werden sogar aktuelle Reportagen erstellt, wie über das Mädchen Nguyễn Thị Tròn, bei der die Porträtierte aktuell aufgesucht wurde und zu Larry Burrows und ihrer Beziehung und Erinnerung befragt wurde, Gary Jones und Suối Đá: *This Girl Tròn. The Forgotten Subject of Vietnam War Photographer Larry Burrows* 13.9.2017, unter: <https://time.com/4918753/larry-burrows-vietnam-war-tron-life/> (17.10.2019).

3. Das euroamerikanische Kriegsbild als Konstruktion

Auf die These der als besonders kritisch und authentisch diskutierten Berichterstattung über den Vietnamkrieg im Diskurs der Kriegsfotografie zurückkommend lässt sich feststellen, dass das euroamerikanische Kriegsbild und insbesondere das US-amerikanische, dass in der Berichterstattung vermittelt wurde, lange Zeit nicht kritisch, sondern in vielen Teilen ideologisch und propagandistisch geprägt war. Kritische Essays, wie „One Week's Dead“ oder „This is that war“ tauchten erst ab Mitte 1968 in den Magazinen auf. Zwar haben die einzelnen Reporter vor Ort viel gesehen und teilweise auch dokumentiert, aber die Herausgeber und Redakteure diktierten lange einen anderen regierungstreuen, kriegsbefürwortenden Kurs. Die US-Regierung sowie das südvietnamesische Regime taten ihren Teil, um die Berichterstattung in gewisse Richtungen zu lenken.

Verschiedene Studien, die Bilder des Vietnamkriegs untersuchten, kamen zu ähnlichen Ergebnissen. Susan D. Moeller kommt nach ihrer Analyse der Kriegsfotografie im Vietnamkrieg zu dem Ergebnis, die Presse sei nicht vorrangig für die öffentliche Wende gegen den Vietnamkrieg verantwortlich, aber sie habe dabei geholfen.[1001] Die „Dolchstoßlegende“, die Fotografien hätten den Vietnamkrieg beendet, wurde bereits von verschiedenen Wissenschaftlern widerlegt.[1002] Wölfl subsummierte zum Verhältnis von Öffentlichkeit und Niederlage in der Presse, dass der Einfluss kritischer Berichterstattung auf die öffentliche Wahrnehmung und Meinung zum Vietnamkrieg in den USA als insgesamt gering zu konstatieren sei. Auch er konnte feststellen, dass vielmehr die optimistischen Meldungen in der Presse bis zur Tet-Offensive „den Realitätsverlust vieler Bürger“[1003] in Bezug auf die Situation in Vietnam befördert habe. Erst hohe Opferzahlen, von der die Bevölkerung direkt betroffen gewesen sei, hätten für eine veränderte Stimmung gesorgt. Nur kurze Zeit, während der Tet-Offensive hätten „teils übertriebene Meldungen“[1004] aus Saigon und Hué ein progressives Bild erzeugt. Deshalb könne kein Zusammenhang zwischen einer wandelnden Anti-Kriegshaltung und der Berichterstattung konstatiert werden. „Zwischen diesen beiden Begebenheiten herrschte höchstenfalls eine Parallelität, doch keinesfalls eine direkte Kausalität.“[1005] Philip Knightley analysierte, dass den Korrespondenten in Vietnam Kriegsverbrechen durchaus bekannt waren, dass sie aber ent-

1001 Vgl. Moeller 1989 (wie Anm. 27), S. 412.
1002 Siehe Knightley 2004 (wie Anm. 3); Hallin 1986 (wie Anm. 3); Wyatt 1995 (wie Anm. 4).
1003 Wölfl 2005 (wie Anm. 332), S. 153.
1004 Wölfl 2005, S. 153.
1005 Wölfl 2005, S. 153.

weder nicht kommuniziert wurden oder nur am Rande erschienen und so öffentlich nicht wahrgenommen wurden. Er sieht die Wende mit der breiten Publikation der Mỹ Lai-Bilder von Ronald Haeberle. In der Folge hätten auch andere Journalisten über Kriegsverbrechen berichtet.[1006] Die Veröffentlichung solcher Bilder war, seiner Meinung nach, erst nach der Tet-Offensive möglich, die die Meinung vieler US-Amerikaner zu Vietnam veränderte. Bis dahin hatte man die US-amerikanische Bevölkerung glauben lassen, der Sieg läge greifbar nahe.[1007]

Die Berichterstattung im Fernsehen unterschied sich deutlich von der in Zeitungen und Magazinen. Einerseits bedingt durch die Konstitution des Mediums,[1008] andererseits vermittelten auch die Bilder die über das Fernsehen gesendet wurden, ein anderes Kriegsbild als die Fotografien in den Magazinen. Die Aufnahmetechnik unterschied sich in ihren Möglichkeiten stark von den Kleinbildkameras der Fotojournalisten. Ein Fernsehtrupp bestand in der Regel aus drei Mitarbeitern, die um die 50 Kilogramm Ausrüstung transportieren mussten. Allein diese Umstände bedingten, dass es nicht möglich war, in unwegsameren Geländen zu filmen. Noch stärker als die Fotojournalisten waren Kamerateams vom militärischen Transport abhängig und konnten kaum aus unwegsamem Terrain berichten, wo sich 1968 die Mehrzahl der Kämpfe abspielte. Die Bilder mussten zeitnah übermittelt werden, um den Durst nach Bildern zu stillen. Aufgrund dessen war es nicht möglich, tiefgreifender zu recherchieren. Auch die Übermittlungstechnik war komplexer. Man flog die Filme nach Tokio und von dort wurden die Bilder per Satellit nach New York übertragen – drei Minuten Übertragung kosteten ungefähr 4.000 US-Dollar. Die andere Möglichkeit der Vermittlung war, die Filme direkt von Saigon nach New York zu fliegen. Sie erreichten das Publikum so mit mindestens einem Tag Verzögerung. Verschiedene Studien belegen, dass von 2.300 Berichten zwischen 1965 und 1970 nur 76 reales Kampfgeschehen zeigten, die anderen Berichte wurden von militärischen Pressestellen übernommen. Somit verlief der Großteil der Fernsehberichterstattung ähnlich unkritisch, wie in den Zeitungen. Schwerpunkt der Reportagen war der Heldenmut US-amerikanischer Soldaten im Kampf gegen den Kommunismus. Man verglich die Kämpfe in Vietnam mit erfolgreichen Kriegen der Vergangenheit. Man benutzte die Sprache der Sportberichterstattung und nutzte verklärte Männlichkeitsbilder, die man in erster Linie auf Piloten übertrug.[1009]

Für die Untersuchung der Berichterstattung in *Life* konnte konstatiert werden, dass sie über weite Strecken propagandistisch ausgerichtet war. Sie wurde ideo-

---

1006 Vgl. Knightley 2004 (wie Anm. 3), S. 432–435.
1007 Vgl. Knightley 2004, S. 435 f.
1008 Zur Bedeutung des Fernsehens in Vietnam siehe genauer Arlen 1997 (wie Anm. 3).
1009 Vgl. Wölfl 2005 (wie Anm. 332), S. 92–95.

logisch beeinflusst und konzentrierte sich über lange Zeit auf den US-amerikanischen Soldaten. Das kritische Bild wurde besonders durch die spätere Rezeption erzeugt, in der nur noch einzelne, ausgewählte Bilder außerhalb des Entstehungszusammenhangs gezeigt wurden.

Das kritische Bild der Vietnamberichterstattung hängt mit dem Mythos des Journalisten als Aufklärer und Wächter der Demokratie zusammen. Der Presse wird in westlich-liberaler Tradition die Funktion der „vierten Gewalt" im Staat zugewiesen.[1010] Insbesondere in den USA hat das Verhältnis von Medien und Staat eine lange Geschichte, bei der einmal die Rechte der Medien im Verfassungsrecht stehen und es gleichzeitig ihre Aufgabe ist, nationale Sicherheit zu gewährleisten, wozu auch die Unterstützung des Präsidenten in Krisenzeiten gehört.[1011] Auch die Einführung des Prinzips der Objektivität veränderte kaum etwas an dieser staatstragenden Funktion der Presse.[1012] Wie Lars Klein herausstellt, gehörte es lange zum Ideal des Journalismus, einen ersten Entwurf von Geschichte zu schreiben und abzubilden.[1013] Wie insbesondere an der Rezeption der Vietnamfotografien nachgewiesen werden konnte, trugen insbesondere Fotojournalisten und die Fotojournalistin Catherine Leroy selber zu ihrem kritischen Ruf bei, indem sie viele der rezipierenden Fotobücher selbst erstellten, wie „Under Fire" und „Requiem".[1014]

Wie zu beobachten ist, wurden sämtliche Fotografien, die als Schlüsselbilder oder „Ikonen der Kriegsfotografie"[1015] bekannt wurden, von Fotografen der Nachrichtenorganisation AP erstellt. In diesem Kontext der Nachrichtenfotografie entstanden die meisten Fotografien aus Vietnam, das Material ist sehr unterschiedlich und vielfältig, an viele Bilder erinnert man sich heute nicht mehr. Die

1010 Vgl. Hanitzsch, Thomas: Kriegskorrespondenten entmystifizieren. Eine integrative Heuristik zur Beschreibung der journalistischen Inaugenscheinnahme von Kriegen, in: Barbara Korte und Horst Tonn (Hg.), *Kriegskorrespondenten. Deutungsinstanzen in der Mediengesellschaft*, Wiesbaden 2007, S. 39–58, hier S. 42.

1011 Siehe hierzu detailliert Klein 2011 (wie Anm. 4), S. 40–46.

1012 Klein 2011, S. 45.

1013 Klein 2011, S. 47.

1014 Faas, Arnett (Hg.) 1997 – Requiem; Leroy (Hg.) 2005 – Under Fire.

1015 Grittmann, Ammann 2008 – Ikonen der Kriegs- und Krisenfotografie. Der Begriff der Ikone, als Kultbild der Ostkirche definiert, wurde in zahlreichen Publikationen über den religiösen Kontext als ikonische Zeichen erweitert. Vgl. Schwingeler, Weber 2005 – Das wahre Gesicht des Krieges, S. 24. Bestimmte, immer wieder auftauchende Fotografien, werden nach Kriterien als Ikonen definiert. Hariman, Robert und Lucaites, John Louis: Public Identity and Collective Memory in U.S. Iconic Photography. The Image of „Accidental Napalm", in: Lester C. Olson, Cara A. Finnegan und Diane S. Hope (Hg.), *Visual Rhetoric. A Reader in Communication and American Culture*, Thousand Oaks, Calif 2008, S. 175–198; Schwingeler, Weber 2005 – Das wahre Gesicht des Krieges.

bekanntesten sind: das Bild des brennenden Mönchs von Malcome Brown vor dem US-amerikanischen Einstieg am 11. Juni 1963, das Foto „Hinrichtung in Saigon“ von Eddie Adams während der Tet-Offensive am 1. Februar 1968, auf dem Höhepunkt des US-amerikanischen Einsatzes und die Fotografie aus Trang Bang von Hunyh Cong Út vom 8. Juni 1972 während der fortgeschrittenen Vietnamisierung.[1016] Insbesondere die Fotografie von Adams und Út waren nach US-amerikanischen moralischen Wertvorstellungen nicht zu rechtfertigen,[1017] auch wenn Adams Fotografie im Prinzip das Stereotyp der brutalen Vietnamesen reproduzierte, wurde es in den USA als kriegskritisch ausgelegt, da man mit Südvietnam kooperierte. Beide Bilder werden heute eingesetzt um kriegsübergreifend die Schrecken des Krieges zu symbolisieren.[1018] Sie stammen so aus der ereignisnahen Berichterstattung (*news photography*), der man die wenigsten „künstlerischen“ Ambitionen im Bereich des Fotojournalismus nachsagt. Annette Vowinckel vermutet in ihrer Analyse fotografischer Netzwerke und Akteure des 20. Jahrhunderts in den Bildern von Út und Adams möglicherweise eine „retrospektive Selbstlegitimierung einer Gesellschaft, die sich aus dem Krieg erst zurückzog, als klar war, dass er nicht zu gewinnen war.“[1019] Und benennt außerdem als Faktoren zur „Ikonisierung“ neben den benannten ästhetischen Merkmalen unter andem das Phänomen der „Wiederholung“,[1020] das auch an der Rezeption der Burrows-Bilder festgemacht werden konnte.

Wie Gerhard Paul feststellte, wurde der Vietnamkrieg nicht gewonnen und konnte somit keine Symbolbilder des Sieges hervorbringen. Es hatten viel mehr Zivilisten zu leiden als in den vorangegangenen Kriegen und eine große Antikriegsbewegung wurde hervorgerufen. Somit sei es nicht verwunderlich, dass der Krieg durch Bilder des Schreckens im kollektiven Gedächtnis repräsentiert wird.[1021] Dass gerade diese Bilder heute als stärkste Aussagen gegen den Krieg betrachtet und rezipiert werden, erklärt teilweise den Diskurs einer kritischen und authentischen Berichterstattung in Vietnam. Waren in den vorangegangen Kriegen die Symbolbilder heroische Szenen, abgesehen der Holocaustbilder, zeigten die erinnerten Bilder Vietnams die Opfer. Diese Bilder waren nicht im Vorhinein nach ästhetischen Kriterien geplant, sondern entstanden vielfach spon-

1016 Beide erschienen unmittelbar danach in der *New York Times*, und wurden international publiziert. *New York Times*, 2.2. 1968, *Stern* Nr. 7, *New York Times* 1968, 9.6.1972.

1017 Vgl. Moeller 1989 (wie Anm. 27), S. 402 f. Siehe zur Analyse der Fotografien als „historische Ereignisbilder“ Hellmold – Warum gerade diese Bilder.

1018 Vgl. Paul – Die Geschichte hinter dem Foto.

1019 Vowinckel 2016 (wie Anm. 109), S. 18.

1020 Siehe hierzu genauer Vowinckel 2016, S. 53.

1021 Vgl. Paul 2004 (wie Anm. 3), S. 264.

tan. Sie wurden von Fotografen ohne künstlerische Ausbildung, teilweise mit mehr oder weniger Erfahrung im Geschäft gemacht. Doch wurden zwei der Bilder durch die Agentur stark beschnitten[1022] und somit in ihrer Aussagekraft verändert.

Dieser Diskurs, der die Bilder als besonders authentisch und kritisch beschreibt, durch Journalisten bestimmt die für eine Nachrichtenagentur gearbeitet haben. Sie veröffentlichen ihre Sicht der Geschehnisse in Interviews oder Biographien. Häufiges Ziel der Veröffentlichung ist auch die Erinnerung an gefallene Journalisten und Fotografen, deren Tod somit rückwirkend ein Sinn gegeben wird und deren Einsatz heroisiert und glorifiziert wird. Die Kriterien, die als besonders authentisch in der Kriegsberichterstattung herausgearbeitet wurden, wurden insbesondere für propagandistische Zwecke eingesetzt, wie an den Fotoessays mit Fotografien von Larry Burrows der *combat photography* ausgeführt wurde. Eine authentische Wirkung spricht somit nicht unbedingt für kritische Fotografie als vielmehr eine bestimmte Bildrhetorik. Die „kritischsten" Fotografien des Vietnamkriegs wie die Dokumentation des Massakers in Mỹ Lai erstellte ein Armeefotograf, Ronald Haeberle.[1023]

Das rückwirkende Bild der Berichterstattung insgesamt ist sehr viel kritischer als es sich belegen lässt. Insgesamt wird deutlich, dass im Laufe der Zeit sehr heterogene Kriegsbilder vermittelt wurden. Es lassen sich insbesondere für den Fotoessay gewisse Trends für die euroamerikanische und besonders US-amerikanische Berichterstattung ausmachen: zunächst wurde der Krieg aus distanzierter Perspektive gezeigt. Um 1965 und 1966 überwogen die Berichte, in denen die US-Soldaten propagandistisch professionell und mitfühlend im Sinne der *combat photography* dargestellt wurden. Später ab 1967 und besonders 1968 tauchten auch vermehrt zivile Opfer des Krieges auf und es findet zumindest teilweise eine Auseinandersetzung mit vietnamesischen Bräuchen und Kultur statt, wie beispielsweise bei Griffiths.

Dennoch gab es immer auch andere Darstellungen. Andre Huebner beschreibt auch, dass das US-Militär einige gefährliche Fehler machte, über die die US-amerikanische Presse offen berichtete.[1024] Wie Hüppauf über den Ersten Weltkrieg schreibt, wurden die Kriegsbilder in verschiedenen Situationen unterschiedlich bewertet: „Das Werturteil wurde gefällt und war offensichtlich abhängig von wechselhaften Situationen und nicht von stabilen Nationen."[1025] Diese

---

1022 Siehe Paul – Die Geschichte hinter dem Foto; Schwingeler, Weber 2005 – Das wahre Gesicht des Krieges.

1023 Vgl. Knightley 2004 (wie Anm. 3).

1024 Vgl. hierzu auch Huebner 2008 (wie Anm. 595), S. 185.

1025 Hüppauf 2015 (wie Anm. 67), S. 102.

Einschätzung lässt sich auch in Bezug auf die Fotografie des Vietnamkriegs bestätigen. So konnte aufgezeigt werden, dass die Bilder im Essay „One Ride with Yankee Papa“ sowohl kriegskritisch gedeutet worden, als auch zusammen als Kriegspropaganda fungierten.[1026] Vietnam als authentisch und kritisch entspricht dem Ideal des engagierten, sozialkritischen Fotojournalismus. Deshalb konnten die Fotografien eine Vorbildfunktion übernehmen. Es gibt nicht per se Antikriegsfotografien, sondern die Fotografien werden erst durch den Gebrauch und die Rezeption zu Antikriegsbildern.

1026 Siehe genauer die Analyse als Unterkapitel von Kapitel II.3 in dieser Arbeit.

4. Ausblick

Können aus den Darstellungsmustern des Vietnamkriegs Rückschlüsse auf die Darstellungskonventionen des globalen Fotojournalismus, wie er bis heute praktiziert wird, gezogen werden? Inwieweit bilden die untersuchten Fotografien wichtige Anknüpfungspunkte für Bildproduktionen während des Irak- und Afghanistankrieges?

Die Fotografie als Medium hat im letzten Jahrhundert das Bild des Krieges mit verändert. Sie hat Themen und „Fragen wie die nach Emotionen, Lebensbedingungen, Herrschaft oder Grausamkeit“[1027] ebenso als Gebiete der Auseinandersetzung mit eigener Bildsprache entwickelt. Motive wie Kampf, Detonation und Zerstörung wurden auch unter Fragen wie der Ästhetik der Gewalt und der Erhabenheit und Hässlichkeit erörtert. Im Angesicht von Terrorismus und Fundamentalismus verändern sich momentan auch die Kriegsbilder, da die Bilder selber oft Ziel von Hinrichtungen, Anschlägen und Kampfhandlungen sind. Ebenso verändert sich die Bildkultur durch die fortschreitende Digitalisierung, die es Amateuren ermöglicht, sekundenschnell Aufnahmen mit Smartphones zu machen und im Internet zu publizieren.[1028] In diesen sogenannten *Low-Intensity-Conflicts* sind Zivilisten oft schneller und vor allem näher am Geschehen als professionelle Bildjournalisten.

Für viele Fotografen, die in Afghanistan oder im Irak fotografieren oder fotografierten, spielen die Fotos von Larry Burrows eine wichtige Rolle. Peter van Agtmael erzählte im Interview, der Bildband „Requiem“ habe neben anderen Faktoren eine zentrale Rolle für seine Entscheidung, Krieg zu fotografieren gespielt. Er spricht von der Relevanz, die Capas und Burrows' Bilder noch heute hätten.[1029] Burrows' Fotografien liefern, wie im Folgenden nochmal herausgestellt werden soll, zahlreiche Vorbilder und Anknüpfungspunkte, was auch der französische Fotojournalist Luc Delahaye in einem Interview bestätigte. Luc Delahaye hat nach eigener Aussage bei seiner Arbeit vielfach Bilder aus Vietnam vor Augen:

> „[…] so behalte ich im Gedächtnis eher die Bilder von Don MacCullin [sic!] und Larry Burrows, der über den Vietnam Krieg berichtete und 1971 starb. Gelegentlich ist es schwierig, nicht daran zu denken, wenn man fotografiert, und schwer,

1027 Hüppauf 2013 (wie Anm. 101), S. 462.

1028 Siehe zum Einsatz von Selfies und Social Media bei Protesten Schankweiler, Kerstin: Bildproteste. Digitale Bildkulturen, Berlin 2019.

1029 Peter van Agtmael zitiert nach Kamber u. Grimm 2013 (wie Anm. 154), S. 59, 62.

> sich zu sagen: ‚Achtung, du reproduzierst etwas, was du und alle Welt schon gesehen haben!‘“[1030]

In seinem Katalog begleitend zur Ausstellung „On the Line. The New Color Photojournalism“ bezeichnet Adam Weinberg Larry Burrows als Vorgänger einer Generation von Fotojournalisten, die in Farbe arbeiten (unter anderem David Burnett, Susan Meiselas, Yan Morvan, Gilles Peress):

> „Burrows understanding of color took a radically new form when in Vietnam. Combat was not picturesque. The color of the Vietnamese countryside was predominantly green as were the uniforms and equipment of the soldiers. The sky, the smoke of battle, the mud and the thatched huts were muted tones of gray, blue and brown.“[1031]

Weinberg spricht in diesem Zusammenhang von einer neuen Subjektivität in Farbe. Auch würden seine Fotografien durch „dramatic cropping“, die zahlreichen Anschnitte, die in der Analyse aufgezeigt wurden, eine besondere Nähe zum Geschehen erzeugen. Insbesondere der verschobene Fokus in seinen Fotografien sei inspirierend gewesen.[1032] Burrows' Bilder haben somit in der Rezeption viel Anerkennung für ihre ästhetische Aussagekraft erhalten. Hat diese Ästhetik Einklang gefunden in aktuelle Reportagefotografie?

Die Strategie des *embedded journalism* wurde von der US-Regierung zur Steuerung der Berichterstattung erstmals im Irakkrieg 2003 eingesetzt.[1033] Dabei wurden ausgewählte Journalisten vom Militär trainiert und anschließend im Rang eines Majors einer Einheit zugeteilt. Der Handlungsspielraum des jeweiligen Journalisten wurde in den sogenannten „ground rules“ festgelegt. Darin hieß es, eine formelle Zensur werde es nicht geben, doch die Veröffentlichung von „sensiblem“ Material könne zu einem Ausschluss aus dem Programm führen.[1034] Dies ist ein Rückgriff auf eine Strategie, die im Vietnamkrieg zur Propaganda eingesetzt wurde, wie die Analysen gezeigt haben. Lange Zeit sah man in der Berichterstattung in erster Linie US-Soldaten, was als visuelles Mittel der Propaganda identifiziert werden konnte. Die Berichterstattung der sogenannten *em-*

1030 Delahaye 2003 – Der Adel der Kriegsfotografie, S. 195.
1031 Weinberg 1986 – On the Line, S. 38.
1032 Vgl. Weinberg 1986 – On the Line, S. 39.
1033 Der Aufenthalt von Journalisten beim Militär an sich war nicht neu, jedoch der gezielte Einsatz in diesem Umfang, der mit der Bezeichnung „embedded“ verknüpft wurde. Dies wurde vor dem Irakkrieg bereits 2001 in Afghanistan in kleinem Umfang von der US-Regierung getestet. Vgl. Holzer 2003 – Das fotografische Gesicht des Krieges, S. 9; Schwarte 2007 (wie Anm. 9), S. 79 f.
1034 Vgl. Schwarte 2007 (wie Anm. 9), S. 86–89.

bedded journalists oder *embedded correspondents* wird heute in der öffentlichen Diskussion von Wissenschaftlerinnen und Wissenschaftlern wie von Journalistinnen und Journalisten selbst stark reflektiert und kritisiert.[1035]

Für *embedded journalists* stellen insbesondere die Soldatenfotografien von Burrows ein wichtiges visuelles Repertoire dar. Was die Fotoessays bei *Life* und auch die fotografische Arbeit von Larry Burrows besonders kennzeichnet, ist das Herausstellen der individuellen Kampferfahrung einzelner Soldaten, wie in den Essays „Alert in Vietnam" und „One Ride with Yankee Papa 13". Hier wird der persönliche Umgang mit den Schrecken des Krieges ins Bild gefasst und durch eine Narration, die sich über mehrere Seiten zieht, nochmal besonders betont. Die Lesenden können sich so besser in die Geschichte einfühlen und sich in den Soldaten hineinversetzen. Diese Herausstellung individueller Kampferfahrung ist ein wichtiger Bestandteil zeitgenössischen Fotojournalismus' und prägt das Soldatenbild des 21. Jahrhunderts. Beispielhaft wäre hier die Bildserie „Infidel" von Tim Hetherington (1970–2011) zu nennen, die intime Porträts US-amerikanischer Soldaten in Afghanistan 2007 und 2008 zeigt.[1036] Hetherington war zwei Monate bei einer US-Einheit eingebettet. Sein ambivalentes Porträt eines Soldaten wurde als „World Press Photo of the Year" 2007 ausgezeichnet.[1037] Die Fotografie zeigt einen erschöpften Soldaten, der auf einem erdhöhten Erdwall in einem Außenposten, *Restrepo Bunker*, der US-Armee im Korengal-Tal in Afghanistan zusammengesunken ist (Abb.-Link 29). Er hat seinen Helm ausgezogen und fasst sich mit der rechten Hand an die Stirn. Den Mund und sein linkes Auge hat er aufgerissen, wodurch er abgekämpft und verzweifelt wirkt. Die Dunkelheit der Fotografie erzeugt eine bedrohliche Wirkung, gleichzeitig isoliert sie den Soldaten vom weiteren Kriegsgeschehen. So findet eine Konzentration auf die Gebärde des Soldaten statt, die erneut als Pathosformel gedeutet werden

---

1035 Siehe beispielsweise Werner, Elke Anna: Embedded Artists. Augenzeugenschaft als visuelle Strategie in Kriegsdarstellungen des 16. Jahrhunderts, in: Thomas Knieper und Marion G. Müller (Hg.), *War Visions. Bildkommunikation und Krieg*, Köln 2005, S. 57–79, hier S. 57–60; Frohne 2006 – Media Wars, S. 163; Schwarte 2007 (wie Anm. 9). Auch Lars Klein kommt nach einer Begutachtung verschiedener Selbstaussagen von Journalisten zu dem Ergebnis, dass die Schaffung eines Vertrauensverhältnisses zwischen Journalisten und Militär aus Sicht des Militärs immer schon und auch in Vietnam das wirkungsvollste Propagandamittel war, Vgl. Klein 2011 (wie Anm. 4), S. 55.

1036 Hetherington, Tim: Infidel. London 2010.

1037 Siehe für den genaueren Entstehungskontext Schulte, Judith: Strategien impliziter Gewalt in den Kriegsfotografien von Tim Hetherington, in: Anna Pawlak und Kerstin Schankweiler (Hg.), *Ästhetik der Gewalt. Gewalt der Ästhetik* (= Schriften der Guernica-Gesellschaft, Bd. 19), Weimar 2013, S. 197–211, hier S. 199.

kann.[1038] Der aus dem Zentrum verschobene Soldat erinnert an Burrows' Stil. Die Adaption einer Pathosformel als Ausdruck der Gefühle bewirkt erneut eine leichtere Einfühlung der Betrachtenden und gleichzeitig macht es die Erschöpfung glaubhafter. Die leichte Unschärfe der Fotografie erinnert zudem an Catherine Leroys Fotografien im Essay „This ist that war", wie eine Verweigerung von idealisierenden Heroismus und humanistischer Ästhetik. Parallel dazu ist jedoch der dunkle Umraum als Zeichen einer Sakralisierung zu verstehen, wie sie unter anderem W. Eugene Smith verwendete.[1039] Hierin zeigt sich die Ambivalenz der Aufnahme. Hetherington zeigt in seiner Serie aus dem *Korengal Valley*, die bei *World Press Photo* ausgezeichnet wurde, mehrere Szenen im dunklen Umraum.[1040] Auch bei anderen dieser Fotografien greift er auf Bildstrategien zurück, mit denen auch Burrows Soldaten fotografierte. Hetherington tat dies, indem er sehr nah an das dynamische Geschehen heranging und hierbei mit willkürlichen Anschnitten arbeitete (Abb.-Link 30). Die Betrachtenden haben das Gefühl, dem Geschehen beizuwohnen. Hetherington arbeitet in dieser Serie auch mit einer angeschnittenen Rückenfigur, die als typisches Merkmal in Burrows' Fotografien identifiziert wurde. Solche Gestaltungsprinzipien finden sich auch in Fotografien anderer *embedded journalists*, wie Geert van Kesteren.[1041]

Als *embedded journalist* machte der US-amerikanische Fotograf Benjamin Lowy (*1979) während dem Irakkrieg zwischen 2003 und 2008 Aufnahmen in seiner Serie „Nightvision" mit einem Nachtsichtgerät, in welchem die Rolle des subjektiven Beobachters bereits in der Fotografie durch die Ästhetik eines Nachtsichtgerätes thematisiert wird (Abb.-Link 31). Gleichzeitig wird der Aspekt des technischen Bildes durch die grünmonochrome Nachtsichtästhetik verdeutlicht, denn es erinnert so auch an die technischen Aufnahmen aus Drohnen, wie sie bereits im Golfkrieg der 1990er-Jahre verwendet wurden.

Er thematisiert in seiner 2005 entstandenen Serie „Windows" die Unmöglichkeit, ohne den Schutz der US-amerikanischen Soldaten Aufnahmen im Irak zu machen, indem er das große panzerglasgesicherte Fenster des US-Militärfahrzeuges (*High Mobility Multipurpose Wheeled Vehicle)* als Rahmen in das Foto mit eingeschlossen hat (Abb.-Link S. 32).[1042] Er macht somit die eingeschränkte Perspektive, die auch der Perspektive des US-Soldaten entspricht, zum Thema seiner Fotografien. Die Betrachtenden werden ähnlich wie in Brechts epischem

1038 Vgl. Schulte 2013 – Strategien impliziter Gewalt, S. 206.

1039 Vgl. zum dunklen Umraum bei Smith Sachsse, Rolf: Bildjournalismus, in: Leon R. Tsvasman (Hg.), *Das grosse Lexikon Medien und Kommunikation*, Würzburg 2006, S. 56–57, hier S. 267 f.

1040 Vgl. Schulte 2013 – Strategien impliziter Gewalt.

1041 Siehe van Kesteren, Geert: Why Mister, Why? Iraq, 2003–2004. Amsterdam 2004.

1042 Vgl. Benjamin Lowy, *Iraq Perspectives*, Abb.-Link 32. h

Theater in jeder Aufnahme an die eingeschränkte Kriegswahrnehmung erinnert. Lowy treibt hier ein Prinzip weiter voran, das auch Burrows schon für seine Fotografien aus dem Hubschrauber heraus nutzte. Auch bei Burrows wird die Position des Fotografen im Bild thematisiert. Doch bei Lowy bietet der Bildrahmen als permanenter und evidenter Hinweis für die Betrachtenden noch einmal eine andere Funktion und Möglichkeit der Reflektion.

Das Prinzip der Nähe treibt Lowy mit seinen Bildern der Ölkatastrophe im Golf von Mexiko auf die Spitze, indem er so nah an das Öl im Wasser heranzoomt, dass die Fotografien an Bilder aus wissenschaftlichen Zusammenhängen erinnern (Abb.-Link 33 und 34). Sie sehen aus wie Flüssigkeit unter dem Mikroskop. Ohne genauere Informationen wird den Betrachtenden ein Zusammenhang zur Ölkatastrophe nicht deutlich. Vielmehr sprechen sie mit der Ästhetik marmorierter Bilder und entsprechen somit nicht unserer visuellen Vorstellung einer Katastrophe wie der Explosion der BP-Bohrinsel *Deep Water Horizon* im April 2010. Es wird somit eine Umweltkatastrophe visuell ästhetisiert, indem sie in Nahsicht auf das visuelle Erscheinungsbild reduziert wird und die Konsequenzen ausgeblendet werden. Ähnlich wurde die Explosion von Bomben im *Life*-Magazin gezeigt, nur dort als Propaganda eingesetzt. Seit den 1970er-Jahren wird insbesondere von amerikanischen Theoretikern Kritik an der dokumentarischen Fotografie geübt. Sie könne nicht neutral und unschuldig sein, sondern drücke vielmehr die Beziehungen von Macht und Kontrolle aus:

> "Wir müssen uns mit anderen Worten, fragen, ob der dokumentarische Akt nicht einen doppelten Akt der Unterjochung impliziert: erstens in der sozialen Welt, die die Opfer hervorgebracht hat; und zweitens im Regime des Bildes, das innerhalb desselben Systems und für dasselbe System produziert wird, welches die Bedingungen, die es re-präsentiert schafft."[1043]

Diese kritische Aufarbeitung dieses Stils des „Humanen“ führte dazu, dass sich zeitgenössische Dokumentaristen häufig davon absetzen und eine distanzierende Bildsprache oder Strategien des Nicht-Zeigens und Verweisens durch Spuren wählen,[1044] ähnlich wie Lowy in seiner *Deep Water Horizon*-Serie.

Es lässt sich außerdem konstatieren, dass in der Folge des Vietnamkriegs verstärkt christliche Ikonographie wie das Motiv der Pietá im Repertoire des Fotojournalismus auftauchte. Dies ist nicht direkt an Burrows gekoppelt, wurde es

---

1043 Solomon-Godeau: Solomon-Godeau 2003 – Wer spricht so, S. 64. Siehe u. a. auch Rosler, Martha: In, Around, and Afterthoughts (on Documentary Photography) [1989], in: Liz Wells (Hg.), *The Photography Reader*, London 2003, S. 261–273.

1044 Zum Beispiel Paul Seawright. Siehe hierzu Matthias 2004 – Die Fotografie (wie Anm. 74); Matthias 2005 (wie Anm. 74).

auch von anderen Fotografen vielfach eingesetzt. Doch könnte es mit der enorm gestiegenen Zahl der zivilen Opfer im Vietnamkrieg und den folgenden Kriegen zusammenhängen. Eine Rekurrierung auf diese Motive und diesen Stil der Fotografie verweist einerseits auf den gezielten Einsatz dieser im kulturellen Gedächtnis verankerten Motive wie auf die Absicht der Verortung des Fotografen in einem ästhetischen und humanistischen Diskurs.

In der fotojournalistischen Fotografie spielt die sozialdokumentarische Bildrhetorik weiterhin eine zentrale Rolle, wie sich auch an zahlreichen von *World Press Photo* prämierten Fotografien im 21. Jahrhundert immer wieder erkennen lässt (siehe beispielsweise Abb.-Link 35).[1045] Cornell Capa prägte für diesen Stil des „engagierten" Fotojournalismus den Begriff des „concerned photographers".[1046] Für viele Fotojournalistinnen und Fotojournalisten ist die Vorstellung mit den Fotografien etwas bewegen zu können, bis heute Antrieb in Krisengebiete zu reisen. Obwohl im Bereich der künstlerischen Dokumentarfotografie dieser Stil kritisch reflektiert wird und Gegenstrategien gesucht werden, ist diese Form der Fotografie im Bereich des Fotojournalismus noch immer üblich, wie auch die Auszeichnung für Samuel Aranda von *World Press Photo* als Foto des Jahres 2011 deutlich zeigt (Abb.-Link 36).[1047]

Diese Studie hat im Zuge der Analysen der Fotoessays zum einen aufzeigen können, dass der Fotoessay ein redaktionelles Produkt ist und insofern Schwierigkeiten bestehen, sie im Sinne der heutigen Auslegung der Autorenfotografie zu deuten. Zum anderen konnte sie die Fotoessays in einen Gesamtkontext des Vietnamkriegs einordnen und die visuelle Rhetorik als Anpassung auf die unterschiedlichen politischen Gegebenheiten konstatieren. Sie konnte unter anderem die Strategie der Fokussierung auf die Perspektive der Soldaten, die *combat photography*, als Mittel der Propaganda aufzeigen, ebenso wie Probleme bei der Lösung von kolonialen Bildmustern. Es konnte ein Übergang von kolonialen in imperiale Stereotype in den Fotoessays aufgezeigt werden. Außerdem konnte gezeigt werden, wie gezielt der Eindruck von Authentizität in den Fotografien in der Gesamtdarstellung des *Life*-Magazins konstruiert wurde. So lässt sich abschließend konstatieren, dass die euroamerikanischen Bilder des Vietnamkriegs sehr viel heterogener waren als ihr Ruf im Diskurs. Dieser kritische Ruf macht sich in sozialdokumentarischer Tradition an einer Fokussierung auf die Opfer

---

1045 Beispielsweise ausgezeichnet als *first prize story*, *Genaral news*: Sergey Ponomarev: Refugee arrive by boat on the Greek island of Lesbos, 16.11.2015, Abb.-Link 35.

1046 Capa (Hg.) 1968 – The Concerned Photographer. Siehe ausführlich Chapnick 1994 (wie Anm. 154), S. 20–28.

1047 Siehe das *World Press Photo* des Jahres 2011 von Samuel Aranda,15.10.2011, Yemen, und den Bezug zum Motiv der Piéta, Abb.-Link 36.

fest, die jedoch für den Vietnamkrieg nur für eine kurze Zeit aufzeigbar war. Gleichzeitig ist kritische Berichterstattung das Ideal des Journalismus im Sinne der „vierten Gewalt“, gerade Journalisten prägten somit das Bild kritischer Berichterstattung als Legitimation ihrer Tätigkeit. In Zeiten wachsender Konkurrenz für Fotojournalisten durch automatische Aufnahmen aus Drohnen und die spontane Fotografie mit Smartphones wird eine Vergewisserung dieser Traditionen und der Berechtigung des Fotojournalismus immer wichtiger. Es ist somit eine stärkere Fixierung auf Nähe und den Körper im zeitgenössischen Fotojournalismus festzustellen,[1048] was, wie nachgewiesen wurde, als größeres Zeichen der Zeugenschaft gedeutet werden kann. Außerdem ermöglicht eine Rezeption des Fotojournalisten als Autor und Künstler andere Absatzmärkte für die Fotografien. Gerade die Bedeutung der Authentizität und Beglaubigung der Fotografien wächst mit der Nachfrage im Zusammenhang einer Sichtweise des Fotojournalisten als Autor, doch konnte sie gleichzeitig als gezielt eingesetztes Mittel der Propaganda entlarvt werden.

Damit möchte diese Arbeit die Grundlage für weitere vertiefende Studien zur Kriegsfotografie liefern. Zum einen im Bereich der als gezielten Strategie eingesetzten Konstruktion von Authentizität, zum anderen in der Rückbindung visueller Bildmuster an historische Traditionen. Es konnte dargelegt werden, dass viele Fotografien, die im Rückbezug auf den Referenten als Dokument einer Situation gelten, kompositorische Entsprechungen historisch wandelnder Bildtraditionen sind. Insbesondere in der Forschung zur Kriegsfotografie und zum Fotojournalismus ist eine stärkere Rückkopplung an künstlerische Bildtraditionen unumgänglich. Diese Arbeit ist ein Plädoyer für eine Rückbindung an den Entstehungs- und Veröffentlichungskontext zum besseren Verständnis der Bildrhetorik sowie an künstlerische und journalistische Bildtraditionen über die Kriegsfotografie hinaus.

Die Rolle des Fotografen innerhalb der Redaktion kann unterschiedlich sein und es muss für die Benennung als Autor eines Essays differenziert werden. Die Vorstellungen des Fotografen einerseits und der Redaktion andererseits können durchaus differieren. Diese Arbeit hat sich auf die euroamerikanische und insbesondere die US-amerikanische Perspektive auf den Krieg konzentriert. Eine stärkere Beleuchtung vietnamesischer Sichtweisen auf den Krieg, im Besonderen in Bildern und Fotografien, ist eine weitere Aufgabe für die Forschung.

1048 Vgl. auch Sachsse, Rolf: Der Körper des Kriegs im Akt des Fotografen. Bildjournalismus und Kunst nach der Fotografie, in: *Kunstforum International*, 165, 2003, S. 99–105.

IV. Verzeichnis der Abbildungs-Links

Alle Links wurden zuletzt im Oktober 2019 überprüft. Über die folgende Seite kann man auf sämtliche *Life*-Magazine zugreifen: <https://books.google.de/books/about/LIFE.html?id=N0EEAAAAMBAJ&redir_esc=y>.

1. Ruben Salvadori: *Photojournalism Behind the Scenes*, 2013, <http://www.rubensalvadori.com/index.php/project/photojournalism-behind-the-scenes/>

2. Dorothea Lange: *Migrant Mother/Destitute pea pickers in California*. Mother of seven children. 1936, Nipomo, Kalifornien, <http://www.loc.gov/pictures/resource/fsa.8b29516/>

3. Robert Capa: *Omaha Beach*, 6.6.1944, Frankreich, <https://www.magnumphotos.com/newsroom/conflict/robert-capa-d-day-omaha-beach/>

4. Frank Hurley: *An episode after the Battle of Zonnebeke*, 1918, Fotografie, Sepia, ca. 28 x 37 cm, State Library of New South Wales, <https://www.ngv.vic.gov.au/explore/collection/work/86167/>

5. Howard Sochurek: *Bold French get the jump on Vietminh*, in: Life, 35 (24), 14.12.1953, S. 32–36, <https://books.google.de/books?id=PkkEAAAAMBAJ&printsec=frontcover&hl=de&source=gbs_ge_summary_r&cad=0#v=onepage&q&f=false>

6. Howard Sochurek, John Mecklin und Francois Sully: *Battle in Saigon. An Eyewitness Report of Vietnam's Civil War*, in: Life, 38 (19), 9.5.1955, S. 26–33, <https://books.google.de/books?id=llYEAAAAMBAJ&printsec=frontcover&hl=de&source=gbs_ge_summary_r&cad=0#v=onepage&q&f=false>

7. Orshefsky, Milton: *Joan of Arc or Dragon Lady*, in: Life, 53 (17), 26.10.1962, S. 55–64, <https://books.google.de/books?id=gVUEAAAAMBAJ&printsec=frontcover&hl=de&source=gbs_ge_summary_r&cad=0#v=onepage&q&f=false>

8. Larry Burrows: *We Wade Deeper into Jungle War*, in: *Life*, 54 (4), 25.1.1963, Cover und S. 22–30, <https://books.google.de/books?id=EEgEAAAAMBAJ&printsec=frontcover&hl=de&source=gbs_ge_summary_r&cad=0#v=onepage&q&f=false>

9. Francisco Goya: *No se pueda mirar*, Blatt 16 aus den „Los desastres de la guerra", 1814–1818, 14,5 x 21 cm, Radierung, Museo del Prado, Madrid, <https://www.museodelprado.es/coleccion/obra-de-arte/no-se-puede-mirar/6e1d7c5f-b229-4753-a62e-dc712ccf5d9e>

10. Akihiko Okamura: A Little War, Far Away–and Very Ugly, in: *Life*, 56 (24), 12.6.1964, S. 34–44C und Cover, <https://books.google.de/books?id=W0EEAAAAMBAJ&printsec=frontcover&hl=de&source=gbs_ge_summary_r&cad=0#v=onepage&q&f=false>

11. David Douglas Duncan: *The Year of the Snake*, in: *Life*, 35 (5), 3.8.1953, S. 72–85, 88, 91, <https://books.google.de/books?id=W0IEAAAAMBAJ&printsec=frontcover&hl=de&source=gbs_ge_summary_r&cad=0#v=onepage&q&f=false>

12. o. A.: *Alert in Vietnam. Americans Work and Fight as the Crisis Gets Worse*, in: *Life*, 57 (22) 27.11.1964, S. 30–52 und Cover; Lee Hall: *Captain Gillespie Goes after the Vietcong* (Photographed by Larry Burrows), in: *Life*, 57 (22), 27.11.1964, S. 32–35, <https://books.google.de/books?id=M0gEAAAAMBAJ&printsec=frontcover&hl=de&source=gbs_ge_summary_r&cad=0#v=onepage&q&f=false>

13. Larry Burrows: *One Ride with Yankee Papa 13*, in: *Life*, 58 (15), 16.4.1965, S. 24–34C und Cover, <https://books.google.de/books?id=RlMEAAAAMBAJ&printsec=frontcover&hl=de&source=gbs_ge_summary_r&cad=0#v=onepage&q&f=false>

14. David Douglas Duncan: *There Was a Christmas*, in: *Life*, 29 (26), 25.12.1950, S. 8–15, <https://books.google.de/books?id=FUwEAAAAMBAJ&printsec=frontcover&hl=de&source=gbs_ge_summary_r&cad=0#v=onepage&q&f=false>

15. David Douglas Duncan: *This is War*, in: *Life*, 29 (12), 18.9.1950, S. 41–47, <https://books.google.de/books?id=8koEAAAAMBAJ&printsec=frontcover&hl=de&source=gbs_ge_summary_r&cad=0#v=onepage&q&f=false>

16. Harvey Meyerson und Catherine Leroy: *Choppers and the New Kind of War*, in: Look, 32 (9,) 30.4.1968, S. 92–100, https://dotationcatherineleroy.org/en/publications/press/

17. Tom Flaherty: *The Air War, (*Photographed by Larry Burrows), in: *Life*, 61 (11), 9.9.1966, S. 44–59, <https://books.google.de/books?id=21UEAAAAMBAJ&printsec=frontcover&hl=de&source=gbs_ge_summary_r&cad=0#v=onepage&q&f=false>

18. o. A.: *Brussels Light-Up Time*, in: *Life*, 44 (19), 12.5.1958, S. 47–56, <https://books.google.de/books?id=vFMEAAAAMBAJ&printsec=frontcover&hl=de&source=gbs_ge_summary_r&cad=0#v=onepage&q&f=false>

19. *Life*, 60 (8), 25.2.1966, Cover, <https://books.google.de/books?id=IkwEAAAAMBAJ&printsec=frontcover&hl=de&source=gbs_ge_summary_r&cad=0#v=onepage&q&f=false>

20. Maynard Parker: Marines Blunt Invasion from the North. (Photographed by Larry Burrows and Co Rentmeester), in: *Life*, 61 (18) 28.10.1966, S. 30–38 und Cover, <https://books.google.de/books?id=lIEAAAAMBAJ&printsec=frontcover&hl=de&source=gbs_ge_summary_r&cad=0#v=onepage&q&f=false>

21. Larry Burrows: *Reaching Out*, Oktober 1966, Vietnam, <http://time.com/3491033/life-behind-the-picture-larry-burrows-reaching-out-vietnam-1966/>

22. Catherine Leroy: *Up Hill 881 with the Marines*, in: *Life*, 62 (20), 19.5.1967, S. 40–44A und Cover,

<https://books.google.de/books?id=TVYEAAAAMBAJ&printsec=frontcover&hl=de&source=gbs_ge_summary_r&cad=0#v=onepage&q&f=false>

23. W. Eugene Smith: *The Battlefield of Iwo*, in: *Life*, 18 (15), 9.4.1945, S. 93–101 und Cover, <https://books.google.de/books?id=vEkEAAAAMBAJ&printsec=frontcover&hl=de&source=gbs_ge_summary_r&cad=0#v=onepage&q&f=false>

24. Larry Burrows: *The Delta. New U.S. Front in a Widening War*, in: *Life*, 62 (2), 13.1.1967, S. 22–31 und Cover, <https://books.google.de/books?id=a1YEAAAAMBAJ&printsec=frontcover&hl=de&source=gbs_ge_summary_r&cad=0#v=onepage&q&f=false>

25. David Douglas Duncan: *Inside the Cone of Fire. Con Thien*, in: *Life*, 63 (17), 27.10.1967, S. 28D–42C, <https://books.google.de/books?id=SEkEAAAAMBAJ&printsec=frontcover&hl=de&source=gbs_ge_summary_r&cad=0#v=onepage&q&f=false>

26. Catherine Leroy: *This is That War*, in: *Look*, 32 (10), 14.5.1968, S. 24–32, <https://dotationcatherineleroy.org/en/publications/press/>

27. Larry Burrows: *Vietnam. ‚A Degree of Disillusion'*, in: *Life*, 67 (12), 19.9.1969, S. 66–75, <https://books.google.de/books?id=Hk8EAAAAMBAJ&printsec=frontcover&hl=de&source=gbs_ge_summary_r&cad=0#v=onepage&q&f=false>

28. o. A.: *Vietnam. A Compassionate Vision*, in: *Life*, 70 (7), 26.2.1971, S. 34–45, <https://books.google.de/books?id=kVMEAAAAMBAJ&printsec=frontcover&hl=de&source=gbs_ge_summary_r&cad=0#v=onepage&q&f=false>

29. Tim Hetherington: *Restrepo*, A soldier from 2nd platoon rests at the end of a day of heavy fighting at the ‚Restrepo' outpost. The position was named after the medic Juan Restrepo from 2nd Platoon who was killed by insurgents in July 2007, Korengal Valley, Afghanistan, 16.9.2007, <https://www.worldpressphoto.org/collection/photo/2008/30814/1/2008-Tim-Hetherington-WY>

30. Tim Hetherington: *Restrepo*, Men of 2nd platoon drag injured Specialist Gutierrez to safety while under fire during an attack on the ‚Restrepo' outpost by Taliban fighters. Korengal Valley, Afghanistan 17.9.2007, <https://www.worldpressphoto.org/collection/photo/2008/30681/8>

31. Benjamin Lowy, Serie: *Iraq Perspectives II*, Nightvision, 2004, <http://www.benjaminlowy.com/iraq--perspectives/iraq--perspectives-ii/>

32. Benjamin Lowy, Serie: *Iraq Perspectives I*, Windows, Juli 2005, <www.benjaminlowy.com/iraq--perpectives/iraq--perpectives-i/>

33. Benjamin Lowy, Serie: *Oil on water*, 2010, <www.benjaminlowy.com/editorial/oil-on-water/OilSlickWeb_0015/>

34. Benjamin Lowy, Serie: *Oil on water*, 2010, <www.benjaminlowy.com/editorial/oil-on-water/OilSlickWeb_0021/>

35. Sergey Ponomarev: *Refugee arrive by boat on the Greek island of Lesbos*, 16.11.2015, Greece, <http://www.worldpressphoto.org/collection/photo/2016/general-news/sergey-ponomarev>

36. Samuel Aranda, *Fatima al-Qaws cradles her son Zayed (18)*, who is suffering from the effects of tear gas after participating in a street demonstration, in Sanaa, 15.10.2011, Yemen, <https://www.worldpressphoto.org/collection/photo/2012/30046/1/world-press-photo-of-the-year-2011>

V. Bibliographie

Ausst.-Kat.: Triumph und Tod des Helden. Europäische Historienmalerei von Rubens bis Manet, Köln, Wallraf-Richartz-Museum, 30.10.1987–10.1.1988; Zürich, Kunsthaus 3.3.1988–24.4.1988; Lyon, Musée des Beaux-Arts Lyon 18.5.1988–17.7.1988. Köln, Mailand 1987.

Ausst. Kat.: Eyes of Time. Photojournalism in America, New York, International Museum of Photography at George Eastman House, 28.6.–17.11.1989. Boston 1988.

Ausst. Kat.: Goya. Los desastres de la guerra, Hamburger Kunsthalle, 27. 11.1992–17.1.1993. Stuttgart 1993.

Ausst. Kat.: Attack! Kunst und Krieg in den Zeiten der Medien, Wien, Kunsthalle, 23.5–21.9.2003. Göttingen 2003.

Ausst. Kat.: Corpus Christi. Christusdarstellungen in der Fotografie, Hamburg, Deichtorhallen, 19.12.2003–12.4.2004. Heidelberg 2003.

Ausst. Kat.: M_ARS. Kunst und Krieg, Graz, Neue Galerie am Landesmuseum Joanneum, 10.1.–26.3.2003. Ostfildern-Ruit 2003.

Ausst. Kat.: Covering the real. Kunst und Pressebild, von Warhol bis Tillmans, Basel, Kunstmuseum, 1.5.–21.8.2005. Köln 2005.

Ausst. Kat.: Beautiful Suffering. Photography and the Traffic on Pain, Williamstown, Williams College Museum of Art, 28.1.–30.4.2006. Chicago 2007.

Ausst. Kat.: This is War. Robert Capa at Work, New York, International Center of Photography, 26.9.2007–6.1.2008; London, Barbican, 9.10.2008–25.1.2009; Mailand, Forma, 28.3.–21.6.2009. u. a. New York, Göttingen 2007.

Ausst. Kat.: Bilderschlachten. 2000 Jahre Nachrichten aus dem Krieg, Osnabrück, Museum Industriekultur, Kunsthalle Dominikanerkirche, Erich-Maria-Remarque-Friedenszentrum, 22.4.–4.10.2009. Göttingen 2009.

Ausst. Kat.: Darkside II. Fotografische Macht und fotografierte Gewalt, Krankheit und Tod, Winterthur, Fotomuseum, 5.9.–15.11.2009. Göttingen, Niedersachsen 2009.

Ausst. Kat.: Engaged Observers. Documentary Photography Since the Sixties, Los Angeles, J. Paul Getty Museum, 29.6.–14.11.2010. Los Angeles 2010.

Ausst. Kat.: Krieg/Individuum, Münster, Ausstellungshalle Zeigenössische Kunst, 20.2.–25.4.2010. Berlin 2010.

Ausst. Kat.: MyWar. Participation in an Age of Conflict, Partizipation in Kriegszeiten, Liverpool, Foundation for Art and Creative Technology, 12.3.–30.5.2010; Oldenburg, Edith Russ Haus, 10.6.–29.8.2010. Heidelberg 2010.

Ausst.Kat.: L'ombre de la guerre, Paris, Maison Européenne de la Photographie, 29.6.–25.9.2011. Paris 2011.

Ausst. Kat.: Serious Games. Krieg, Medien, Kunst, Darmstadt, Mathildenhöhe, 27.3–24.7.2011. Darmstadt 2011.

Ausst. Kat.: Bild gegen Bild, München, Haus der Kunst, 10.6.–16.9.2012. Köln 2012.

Ausst. Kat.: War/Photography. Images of Armed Conflict and its Aftermath, Houston, Museum of Fine Arts, 11.9.2012–3.2.2013; Los Angeles, Annenberg Space for Photography, 23.3.–2.6.2013; Washington D.C., The Corcoran Gallery of Art, 29.6.–29.9.2013; New York, Brooklyn Museum, 8.11.2013–2.2.2014. New Haven 2012.

Ausst. Kat.: Zeichen gegen den Krieg. Antikriegsplastik von Lehmbruck bis heute, Duisburg, Stiftung Wilhelm Lehmbruck Museum, 11.9.2014–1.2.2015. Köln 2015.

Abbott, Brett: Engaged Observers, Abbott, Brett (Hg.): Engaged Observers. 2010, S. 1–35.

Alexander, Shana: What is the Truth of this Picture, in: *Life*, 64 (9), 1.3.1968, S. 19.

Angeloff, Sam: Pete Dawkins Take the Field, in: *Life*, 60 (14), 8.4.1966, S. 91–100.

Arlen, Michael J.: Living-Room War 1997 (1966).

Arndt, Susan und Hornscheidt, Antje (Hg.): *Afrika und die deutsche Sprache. Ein kritisches Nachschlagewerk.* Münster ^{2}2009.

Arnett, Peter: Unter Einsatz des Lebens. Der CNN-Reporter live von den Kriegsschauplätzen der Welt. München ^{3}1994.

Associated Press: *AP 18.5 Saigon Bureau Records* Oktober 2006. The Associated Press Corprate Archives.

Baacke, Annika: Fotografie zwischen Kunst und Dokumentation. Objektivität und Ästhetik, Kontinuität und Veränderung im Werk von Bernd und Hilla Becher, Albert Renger-Patzsch, August Sander und Karl Blossfeldt (Phil. Diss. Berlin 2013). Berlin 2014.

Banning, Kendall: *The Military Censorhip of Pictures. Photographs that came under the ban during World War - and why.* 1926. U.S. Army Military History Institute Archives.

Barthes, Roland: Mythen des Alltags. Berlin 2010 (1957).

Barthes, Roland: Die Fotografie als Botschaft, in: Der entgegenkommende und der stumpfe Sinn. *Kritische Essays III*, Frankfurt am Main [2]1993, S. 11–27.

Barthes, Roland: Die helle Kammer. Bemerkung zur Photographie. Frankfurt am Main [12]2008 (1980).

Bartimus, Tad: Larry Burrows, in: Horst Faas und Peter Arnett (Hg.), *Requiem. By the Photographers who Died in Vietnam and Indochina*, New York, London 1997, S. 92–98.

Batchen, Geoffrey u. a. (Hg.): *Picturing atrocity. Photography in crisis.* London 2012.

Behrmann, Carolin und Priedl, Elisabeth: Vor Augen stellen. Zeugenschaft und Imitation, in: Carolin Behrmann und Elisabeth Priedl (Hg.), *Autopsia: Blut- und Augenzeugen. Extreme Bilder des christlichen Martyriums*, Paderborn 2014, S. 9–20.

Belting, Hans (Hg.): *Quel Corps? Eine Frage der Repräsentation.* München 2002.

Belting, Hans (Hg.): *Bilderfragen. Die Bildwissenschaften im Aufbruch.* München 2007.

Michael Beuthner (Hg.): *Bilder des Terrors – Terror der Bilder? Krisenberichterstattung am und nach dem 11. September.* Köln 2003.

Bezner, Lili Corbus: Photography and Politics in America. From the New Deal into the Cold War. Baltimore 1999.

Bischof, Marco und Burri, René (Hg.): *Werner Bischof 1916–1954. His Life and Work.* London 1990.

Blunck, Lars (Hg.): *Die fotografische Wirklichkeit. Inszenierung – Fiktion – Narration.* Bielefeld 2010.

Blunck, Lars: Fotografische Wirklichkeiten, in: Lars Blunck (Hg.), *Die fotografische Wirklichkeit. Inszenierung – Fiktion – Narration*, Bielefeld 2010, S. 9–36.

Boehm, Gottfried: Jenseits der Sprache? Anmerkungen zur Logik der Bilder, in: Christa Maar (Hg.), *Iconic Turn. Die neue Macht der Bilder*, Köln [3]2005, S. 28–43.

Boehm, Gottfried: Iconic Turn. Ein Brief, in: Hans Belting (Hg.), *Bilderfragen. Die Bildwissenschaften im Aufbruch*, München 2007, S. 27–36.

Böhme, Hartmut: Imagologie von Himmel und Hölle. Zum Verhältnis von textueller und bildlicher Konstruktion imaginärer Räume, S. 206–234.

Boot, Chris: Introduction, in: Chris Boot (Hg.), *Magnum Stories*, London 2004, S. 4–9.

Boot, Chris (Hg.): *Magnum Stories.* London 2004.

Bourdieu, Pierre und Rennert, Udo: Eine illegitime Kunst. Die sozialen Gebrauchsweisen der Photographie. Hamburg 2006 (1965).

Bradley, Mark: Imagining Vietnam and America. The Making of Postcolonial Vietnam, 1919–1950. Chapel Hill 2000.

Bradley, Mark: Vietnam at War. Oxford, New York 2009.

Brainbridge, Simon: Vietnam Revisited, in: *British Journal of Photography*, 148 (7359), 2001, S. 20–22.

Brassat, Wolfgang: Heroismus, in: Uwe Fleckner, Martin Warnke und Hendrik Ziegler (Hg.), *Handbuch der politischen Ikonographie,* 2 Bde., München 2008, S. 473–480.

Bredekamp, Horst: Bildwissenschaft, in: Ulrich Pfisterer (Hg.), *Metzler Lexikon Kunstwissenschaft. Ideen, Methoden, Begriffe*, Stuttgart [2]2011, S. 72–74.

Brink, Cornelia und Wegerer, Jonas: Wie kommt die Gewalt ins Bild. Über den Zusammenhang von Gewaltakt, fotografischer Aufnahme und Bildwirkungen, in: *Fotogeschichte*, 32 (125), 2012, S. 5–14.

Brinkley, Alan: The Publisher. Henry Luce and his American Century. New York 2010.

Brückle, Wolfgang: Bilder, die nichts zeigen. Inszenierter Krieg in der künstlerischen Fotografie, in: Lars Blunck (Hg.), *Die fotografische Wirklichkeit. Inszenierung – Fiktion – Narration*, Bielefeld 2010, S. 87–104.

Burrows, Larry: We Wade Deeper into Jungle War, in: *Life*, 54 (4), 25.1.1963, S. 22–30.

Burrows, Larry: One Ride with Yankee Papa 13, in: *Life*, 58 (15), 16.4.1965, S. 24–34C.

Burrows, Larry: The Delta. New U.S. Front in a Widening War, in: *Life*, 62 (2) 13.1.1967, S. 22–31.

Burrows, Larry: Vietnam. ‚A Degree of Disillusion', in: *Life*, 67 (12), 19.9.1969, S. 66–75.

Burrows, Larry: Lau Goes Home to Vietnam, in: *Life*, 70 (8), 29.1.1971, S. 18B–27.

Burrows, Larry: Vietnam (Introduction von David Halberstam). London 2002.

Burrows, Larry und Rentmeester, Co: Huge Vote Explodes a Vietcong Myth, in: *Life*, 61 (13), 23.9.1966, S. 34–38.

Bussemer, Thymian: Propaganda. Konzepte und Theorien. (Mit einem einführenden Vorwort von Peter Glotz). Wiesbaden [2]2008.

Bussemer, Thymian: *Propaganda. Theoretisches Konzept und geschichtliche Bedeutung (*Version 1.0) 2.8.2013, unter: <http://docupedia.de/zg/Propaganda?oldid=87494>.

Butler, Judith: Raster des Krieges. Warum wir nicht jedes Leid beklagen. Frankfurt am Main 2010 (2009).

Capa, Cornell (Hg.): *The Concerned Photographer.* 2. Bde. New York 1968.

Capa, Robert: Slightly Out of Focus. New York 1947.

Carlebach, Michael L.: American photojournalism comes of age. Washington 1997.

Carmichael, Jane: First World War Photographers. London, New York 1989.

Carter, James M.: Inventing Vietnam. The United States and State Building, 1954–1968. Cambridge 2008.

Cartier-Bresson, Henri: Der entscheidende Augenblick (1952), in: Bernd Stiegler (Hg.), *Texte zur Theorie der Fotografie*, Stuttgart 2010, S. 197–205.

Caruso, Martina: Humanistische Fotografie, in: Juliet Hacking (Hg.), *Fotografie. Die ganze Geschichte*, S. 322–323.

Castan, Sam: How Johnson Changed the War in Vietnam, in: *Look*, 29 (24), 30.11.1965, S. 32–34.

Catherine Leroy: La bataille de la cote 881 au Vietnam, in: *Paris Match* (944), 13.5.1967, S. 54–67.

Chapelle, Dickey: Helicopter War in South Viet Nam, in: *National Geographic*, 122 (5), Nov. 1962, S. 722–754.

Chapnick, Howard: Truth Needs no Ally. Inside Photojournalism. Columbia, London 1994.

Christopher, Renny: The Viet Nam War. The American War. Images and Representations in Euro-American and Vietnamese Exile Narratives. Amherst 1995.

Clayton, Daniel: Militant Tropicality. War, Revolution and the Reconfiguration of ‚the Tropics' c. 1940–c.1975, in: *Transactions*, 38 (1), 2013.

Clifford, Clark: Set a Date in Vietnam. Stick to It. Get Out, in: *Life*, 68 (19), 22.5.1970, S. 34–38.

Coleman, A. D.: Diane Arbus, Lee Friedlander, and Garry Winogrand at Century's End, Coleman, A. D. (Hg.): Diane Arbus, Lee Friedlander, and Garry Winogrand at Century's End. 2000, S. 30–37.

Cookman, Claude Hubert: American Photojournalism. Motivations and Meanings. Evanston 2009.

Crump, James: J.S. + W.E. Eine Wiederentdeckung, Crump, James (Hg.): J. S. + W. E. Eine Wiederentdeckung. 2012, S. 270–286.

Dannin, Robert: Arms against Fury. Magnum Photographers in Afghanistan. London 2002.

Daston, Lorraine und Galison, Peter: Objektivität. Frankfurt am Main 2007.

Daston, Lorraine und Galison, Peter: Photographie als Wissenschaft und Kunst [2007], in: Bernd Stiegler (Hg.), *Texte zur Theorie der Fotografie*, Stuttgart 2010, S. 59–70.

Delahaye, Luc: Der Adel der Kriegsfotografie. Ein Gespräch mit Heinz-Norbert Jocks, in: *Kunstforum* (165), 2003, S. 176–201.

Dewitz, Bodo von (Hg.): *Kiosk. Eine Geschichte der Fotoreportage, 1839–1973.* Göttingen 2001.

Diers, Michael: Schlagbilder. Zur politischen Ikonographie der Gegenwart. Frankfurt am Main 1997.

Diers, Michael: Fotografie, Film, Video. Beiträge zu einer kritischen Theorie des Bildes. Hamburg 2006.

Dille, John: Good Copters, But Bum Tactics, in: *Life*, 58 (15), 16.4.1965, S. 34D.

Dinkla, Söke: Ikonen, Monumente, Symbole, Zeichen … … Positionen der Kunst in Zeiten kriegerischer Konflikte, Dinkla, Söke (Hg.): Ikonen, Monumente, Symbole, Zeichen … … Positionen der Kunst in Zeiten kriegerischer Konflikte. 2015, S. 22–31.

Dittmar, Linda und Michaud, Gene (Hg.): *From Hanoi to Hollywood. The Vietnam War in American film.* New Brunswick 1990.

Dittmeyer, Daria: Gewalt und Heil. Bildliche Inszenierungen von Passion und Martyrium im späten Mittelalter (Phil. Diss. Hamburg 2012) (= Sensus. Studien zur mittelalterlichen Kunst, 5). Köln 2014.

Donovan, Hedley: Vietnam. The War is Worth Winning, in: *Life*, 60 (8), 25.2.1966, S. 27–31.

Donovan, Hedley: Vietnam: Slow, Tough. But Coming Along. An editors' report: his second look at the war after 17 month, in: *Life*, 62 (22), 2.6.1967, S. 68–76A.

Doss, Erika Lee (Hg.): *Looking at Life Magazine.* Washington 2001.

Dubois, Philippe: Die Fotografie als Spur eines Wirklichen [1990], in: Bernd Stiegler (Hg.), *Texte zur Theorie der Fotografie*, Stuttgart 2010, S. 102–114.

Duncan, David Douglas: „This is War", in: *Life*, 29 (12), 18.9.1950, S. 41–47.

Duncan, David Douglas: There Was a Christmas, in: *Life*, 29 (26), 25.12.1950, S. 8–15.

Duncan, David Douglas: This is War! A Photo-Narrative of the Korean War. New York 1951.

Duncan, David Douglas: The Year of the Snake, in: *Life*, 35 (5), 3.8.1953, S. 72–85, 88, 91.

Duncan, David Douglas: Inside the Cone of Fire. Con Thien, in: *Life*, 63 (17) 27.10.1967, S. 28D–42C.

Duncan, David Douglas: I protest. New York 1968.

Duncan, David Douglas: Khe Sanh, in: *Life*, 64 (8) 23.2.1968, S. 20–28C.

Duncan, David Douglas: War Without Heros. New York 1970.

Bernard Edelman (Hg.): *Dear America. Letters home from Vietnam.* New York 1985.

Edey, Maitland: The Photo Essay. A new Way to Communicate, in: The Editors of Time-Life Books (Hg.), *Photojournalism*, New York 1971, S. 54–55.

Edey, Maitland und Sullivan, Constance: Great Photographic Essays from Life. Boston 1978.

Elson, Robert T.: Time Inc. The Intimate History of a Publishing Enterprise, Volume One: 1923–1941. 3. Bde. New York 1968.

Elson, Robert T.: Time Inc. The Intimate History of a Publishing Enterprise, Volume Two: 1941–1960. 3. Bde. New York 1973.

Emminghaus, Johannes: Vesperbild, in: Engelbert Kirschbaum (Hg.), *Lexikon der christlichen Ikonographie,* 7 Bde., Freiburg im Breisgau, Basel, Wien 1968, S. 450–456.

Encyclopædia Britannica Online: *James Nachtwey*, unter: <http://www.britannica.com/biography/James-Nachtwey> (14.1.2016).

Evans-Pfeiffer, Kelly: Hawkes and Doves, in: Stanley I. Kutler (Hg.), *Encyclopedia of the Vietnam War*, New York 1996, S. 221–222.

Faas, Horst: New Fury in Vietnam, in: *Life*, 59 (1), 2.7.1965, S. 30–40A.

Faas, Horst und Arnett, Peter (Hg.): *Requiem. By the Photographers who Died in Vietnam and Indochina.* New York, London 1997.

Faas, Horst und Gédouin, Hélène (Hg.): *Horst Faas, 50 ans de photojournalisme.* Paris 2008.

Fabian, Rainer und Adam, Hans-Christian: Bilder vom Krieg. 130 Jahre Kriegsfotografie, eine Anklage. Hamburg 1983.

Fakazis, Liz: New Journalism, in: Christopher H. Sterling (Hg.), *Encyclopedia of Journalism*, Thousand Oaks 2009, S. 946–950.

Fitzner, Sebastian u. a. (Hg.): *Evolutionistische Strukturen in den Geisteswissenschaften (*fastforeword. magazin. exkurs 1) 2008.

Flaherty, Tom: The Air War. Photographed by Larry Burrows, in: *Life*, 61 (11), 9.9.1966, S. 44–59.

Fleckner, Uwe u. a. (Hg.): *Handbuch der politischen Ikonographie.* 2. Bde. München 2008.

Flowers, Jackie Walker: Life in Vietnam. The Presentation of the Vietnam War in Life Magazine, 1962–1972 (Phil. Diss. South Carolina 1996) 1997.

Flynn, John: Young Civilian Tries to Win the Fight on the People Front (Photographed by Terence Spencer), in: *Life*, 57 (22), 27.11.1964, S. 40–45.

Frank, Robert: The Americans. New York 1958 (1958).

Freund, Gisèle: Photographie und Gesellschaft. Reinbek bei Hamburg 1974 (1974).

Frohne, Ursula: Berührung mit der Wirklichkeit. Körper und Kontingenz als Signaturen des Realen in der Gegenwartskunst, in: Hans Belting (Hg.), *Quel Corps? Eine Frage der Repräsentation*, München 2002, S. 401–426.

Frohne, Ursula: Media Wars. Strategische Bilder des Krieges, in: Annegret Jürgens-Kirchhoff (Hg.), *Warshots. Krieg, Kunst & Medien* (= Schriften der Guernica-Gesellschaft, Bd. 17), Weimar 2006, S. 161–185.

Frohne, Ursula; Ludes, Peter und Wilhelm, Adalbert: Militärische Routinen und kriegerische Inszenierungen, in: Thomas Knieper und Marion G. Müller (Hg.), *War Visions. Bildkommunikation und Krieg*, Köln 2005, S. 120–151.

Fulton, Marianne: Changing Focus. The 1950s to the 1980s, Fulton, Marianne (Hg.): Changing Focus. The 1950s to the 1980s. 1988, S. 173–256.

Gaethgens, Thomas W.: Davids Marat (1793) oder die Dialektik des Opfers, in: Alexander Demandt (Hg.), *Das Attentat in der Geschichte*, Erftstadt 2004, S. 187–213.

Garner, Gretchen: Disappearing Witness. Change in Twentieth-Century American Photography. Baltimore, Md 2003.

Georg Eastman House: *The World Beat. Still Photograph Archive*, unter: <http://www.geh.org/taschen/htmlsrc13/m198703900001_ful.html> (28.1.2014).

Germer, Stefan und Zimmermann, Michael F. (Hg.): *Bilder der Macht. Macht der Bilder. Zeitgeschichte in Darstellungen des 19. Jahrhunderts* (= Veröffentlichungen des Zentralinstituts für Kunstgeschichte, 12). München 1997, hier Bd. 12.

Germer, Stefan und Zimmermann, Michael F.: Vorwort, in: Stefan Germer und Michael F. Zimmermann (Hg.), *Bilder der Macht. Macht der Bilder. Zeitgeschichte in Darstellungen des 19. Jahrhunderts* (= Veröffentlichungen des Zentralinstituts für Kunstgeschichte, Bd. 12), München 1997, S. 8–16.

Getty Images International, unter: <http://www.gettyimages.de> (28.7.2016).

Gidal, Tim N.: Chronisten des Lebens. Die moderne Fotoreportage.

Gidal, Tim N.: Deutschland. Beginn des modernen Photojournalismus (= Bibliothek der Photographie, 1). Luzern 1972.

Glasenapp, Jörn: Vergangenheit und Zukunft. Wie fotografischer Sinn entsteht, in: *Fotogeschichte*, 32 (142), 2012, S. 5–12.

Glunz, Claudia und Schneider, Thomas F. (Hg.): *Wahrheitsmaschinen. Der Einfluss technischer Innovationen auf die Darstellung und das Bild des Krieges in den Medien und Künsten (*Krieg und Literatur) (= Schriften des Erich-Maria-Remarque-Archivs, 25). Göttingen 2010, hier Bd. 25.

Gombrich, Ernst H.: Bild und Auge. Neue Studien zur Psychologie der bildlichen Darstellung. Stuttgart 1982 (1982).

Göttel, Stefan: Dschungel, in: Susan Arndt und Antje Hornscheidt (Hg.), *Afrika und die deutsche Sprache. Ein kritisches Nachschlagewerk*, Münster ^{2}2009, S. 112–115.

Graves, Ralph: Editors' Note. Larry Burrows, Photographer, in: *Life*, 70 (6), 19.2.1971, S. 3.

Greiner, Bernd: Krieg ohne Fronten. Die USA in Vietnam. Hamburg ^{2}2013.

Griffin, Michael: Media images of war, in: *Media, War & Conflict*, 3 (1), 2010, S. 7–41, unter: http://mwc.sagepub.com/content/3/1/7.full.pdf (17.12.3013).

Griffiths, Philip Jones: Vietnam Inc. New York, London 1971.

Griffiths, Philip Jones: Vietnam Inc. London 2001.

Griffiths, Philip Jones: Agent Orange. ‚Collateral Damage' in Vietnam. London 2003.

Grittmann, Elke: Die Konstruktion von Authentizität. Was ist echt an Pressefotos im Inforamtionsjournalismus, in: Knieper, Thomas (Hg.), *Authentizität und Inszenierung von Bilderwelten*, Köln 2003, S. 123–149.

Grittmann, Elke: Das politische Bild. Fotojournalismus und Pressefotografie in Theorie und Empirie (Phil. Diss. Hamburg 2006). Köln 2007.

Grittmann, Elke u. a. (Hg.): *Global, lokal, digital. Fotojournalismus heute.* Köln 2008.

Grittmann, Elke und Ammann, Ilona: Ikonen der Kriegs- und Krisenfotografie, in: Elke Grittmann, Irene Neverla und Ilona Ammann (Hg.), *Global, lokal, digital. Fotojournalismus heute*, Köln 2008, S. 296–325.

Grittmann, Elke; Neverla, Irene und Ammann, Ilona: Global, lokal, digital. Strukturen und Tendenzen im Fotojournalismus, in: Elke Grittmann, Irene

Neverla und Ilona Ammann (Hg.), *Global, lokal, digital. Fotojournalismus heute*, Köln 2008, S. 8–35.

Gustainis, J. Justin: American Rhetoric and the Vietnam War. Westport 1993.

Hägele, Ulrich: Das Sichtbare und das Unsichtbare. Afghanistan – Ikonographie der fotografischen Kriegsberichterstattung, in: Gottfried Korff (Hg.), *KriegsVolksKunde. Zur Erfahrungsbindung durch Symbolbildung* (= Untersuchungen des Ludwig-Uhland-Instituts der Universität Tübingen, Bd. 98), Tübingen 2005, S. 299–353.

Halberstam, David: The Powers That Be. New York 1979.

Halberstam, David: Stillness in the Highlands, in: Catherine Leroy (Hg.), *Under Fire. Great Photographers and Writers in Vietnam*, New York 2005, S. 24.

Hall, Lee: Captain Gillespie Goes after the Vietcong (Photographed by Larry Burrows), in: *Life*, 57 (22), 27.11.1964, S. 32–35.

Hall, Stuart: Rekonstruktion [1984], in: Herta Wolf (Hg.), *Diskurse der Fotografie. Fotokritik am Ende des fotografischen Zeitalters*, Frankfurt am Main 2007, S. 75–91.

Hallin, Daniel C.: The „Uncensored War". The Media and Vietnam. New York 1986.

Hanitzsch, Thomas: Kriegskorrespondenten entmystifizieren. Eine integrative Heuristik zur Beschreibung der journalistischen Inaugenscheinnahme von Kriegen, in: Barbara Korte und Horst Tonn (Hg.), *Kriegskorrespondenten. Deutungsinstanzen in der Mediengesellschaft*, Wiesbaden 2007, S. 39–58.

Hard, William und Dorr, Rheta Child: The Woman's Invasion. II, in: *Everybodys' Magazine*, 19 (6), 1908, S. 798–810.

Hariman, Robert und Lucaites, John Louis: No Caption Needed. Iconic Photographs, Public Culture, and Liberal Democracy. Chicago 2007.

Hariman, Robert und Lucaites, John Louis: Public Identity and Collective Memory in U. S. Iconic Photography. The Image of „Accidental Napalm", in: Lester C. Olson, Cara A. Finnegan und Diane S. Hope (Hg.), *Visual Rhetoric. A Reader in Communication and American Culture*, Thousand Oaks, 2008, S. 175–198.

Harris, John M.: America's Vision of War. A History of Combat Photography in the United States as Seen Through Three Images (Phil. Diss. Washington 2011) 2011.

Harrison, Norman K.: Press Photography in Practice. A Comprehensive Guide to Press Photography and Camera Journalism. London 1957.

Hellmold, Martin: Warum gerade diese Bilder? Überlegungen zur Ästhetik und Funktion der historischen Referenzbilder moderner Kriege, in: Thomas F. Schneider (Hg.), *Kriegserlebnis und Legendenbildung. Das Bild des „modernen" Krieges in Literatur, Theater, Photographie und Film,* 3 Bde., Bd. 1, Osnabrück 1999, S. 34–50.

Hertfelder, Thomas: Unterwegs im Universum der Deutungen. Dorothea Langes Fotozyklus "Migrant Mother", in: *Zeithistorische Forschungen/Studies in Contemporary History, Online Ausgabe*, 4 (1/2), 2007, unter: <http://www.zeithistorische-forschungen.de/site/40208749/default.aspx#pgfId-1037454a> (23.8.2016).

Hetherington, Tim: Infidel. London 2010.

Hicks, Wilson: WORDS and PICTURES. An Introduction to Photojournalism (= The literature of photography). New York 1973.

Hill, Jason E. und Schwartz, Vanessa R.: General Introduction, in: Jason E. Hill und Vanessa R. Schwartz (Hg.), *Getting the Picture. The Visual Culture of the News*, London, New York 2015, S. 1–10.

Hillgärtner, Jule: Krieg darstellen (= Kaleidogramme, 83). Berlin 2013.

Holert, Tom und Terkessidis, Mark: Entsichert. Krieg als Massenkultur im 21. Jahrhundert. Köln ²2003.

Holschbach, Susanne: Im Zweifel für die Wirklichkeit – Zu Begriff und Geschichte dokumentarischer Fotografie, Holschbach, Susanne (Hg.): Im Zweifel für die Wirklichkeit – Zu Begriff und Geschichte dokumentarischer Fotografie. 2004, S. 23–30.

Holschbach, Susanne: Einleitung. Vom Paradigma zu den Diskursen, in: Herta Wolf (Hg.), *Diskurse der Fotografie. Fotokritik am Ende des fotografischen Zeitalters*, Frankfurt am Main 2007, S. 7–21.

Holzer, Anton: Das fotografische Gesicht des Krieges. Eine Einleitung, in: Anton Holzer (Hg.), *Mit der Kamera bewaffnet. Krieg und Fotografie*, Marburg 2003, S. 7–20.

Holzer, Anton: Nachrichten und Sensationen. Pressefotografie in Deutschland und Österreich. Ein Literaturüberblick, in: *Fotogeschichte*, 28 (107), 2008, S. 61–67.

Holzer, Anton: Rasende Reporter. Eine Kulturgeschichte des Fotojournalismus. Fotografie, Presse und Gesellschaft in Österreich 1890 bis 1945. Darmstadt 2014.

Hommers, Jaennet: Gestik, in: Uwe Fleckner, Martin Warnke und Hendrik Ziegler (Hg.), *Handbuch der politischen Ikonographie,* 2 Bde., München 2008, S. 418–425.

Honnef, Klaus: Thesen zur Autorenfotografie [1979], in: Wolfgang Kemp und Hubertus von Amelunxen (Hg.), *Theorie der Fotografie. I–IV; 1839–1995*, München 2006, S. 204–210.

Howe, Peter R.: Shooting Under Fire. Images and Stories from Combat Photographers on the Front Line. New York 2002.

Huebner, Andrew J.: The Warrior Image. Soldiers in American Culture from the Second World War to the Vietnam Era. Chapel Hill 2008.

Huet, Henri: On with the War and ‚Operation Masher', in: *Life*, 60 (6), 11.2.1966, S. 20–25.

Huet, Henri; Faas, Horst und Gédouin, Hélène: Henri Huet. „j'étais photographe de guerre au Viêtnam". Paris 2006.

Hunt, George P.: Editors' Note. He went Off to War with Films in his Socks, in: *Life*, 54 (4), 25.1.1963, S. 4.

Hunt, George P.: Editors' Note. Three-Way Coverage of the Vietnam War, in: *Life*, 57 (22), 27.11.1964, S. 3.

Hunt, George P.: Editors' Note. ‚He was right up there with the pilots', in: *Life*, 61 (11), 9.9.1966, S. 3.

Hunt, George P.: Editors' Note. Photographer of the Year and other winners, in: *Life*, 62 (11), 17.3.1967, S. 3.

Hunt, George P.: Editors' Note. Recording Man at War Again, in: *Life*, 63 (17), 27.10.1967, S. 3.

Hunt, George P.: Editors' Note. A Tiny Girl with Paratroopers' Wings, in: *Life*, 64 (7), 16.2.1968, S. 3.

Hüppauf, Bernd: Was ist Krieg? Zur Grundlegung einer Kulturgeschichte des Kriegs. Bielefeld, Berlin 2013.

Hüppauf, Bernd: Fotografie im Krieg. Paderborn 2015.

Isermann, Holger: Digitale Augenzeugen. Entgrenzung, Funktionswandel und Glaubwürdigkeit im Bildjournalismus (Phil. Diss. Braunschweig 2014). Wiesbaden 2015.

J. Paul Getty Museum: *Mutter Ridge, Nui Cay Tri, South Vietnam*, unter: <http://www.getty.edu/art/gettyguide/artObjectDetails?artobj=257430> (28.1.2014).

James, Simon: Interview. James Nachtwey, in: *RPS Journal*, 140 (2), 2000, S. 66–68.

Janzing, Godehard: Thermopylai/Stalingrad. Krise des Helden und Mythos der Niederlage, in: Linda Hentschel und Caroline Schubarth (Hg.), *Bilderpo-*

litik in Zeiten von Krieg und Terror. Medien, Macht und Geschlechterverhältnisse, Berlin 2008, S. 139–157.

Jászai, Géza: Kreuzabnahme, in: Engelbert Kirschbaum (Hg.), *Lexikon der christlichen Ikonographie,* 7 Bde., Bd. 2, Freiburg im Breisgau, Basel, Wien 1968, S. 590–595.

Johnstone, Mark: The Photographs of Larry Burrows. Human Qualities in a Document, in: David Featherstone und Maria Morris Hambourg (Hg.), *Observations*, Carmel 1984, S. 93–102.

Jones, Gary und Đá, Suối: *This Girl Tròn. The Forgotten Subject of Vietnam War Photographer Larry Burrows* 13.9.2017, unter: <https://time.com/4918753/larry-burrows-vietnam-war-tron-life/> (17.10.2019).

Junger, Sebastian: Into the Valley of Death, in: *Vanity Fair*, 2008 (1), S. 86–95, 146–147.

Jürgens-Kirchhoff, Annegret: Im Sucher. Der Moment des Todes – Zu Heiner Stadlers Film Warshots (1996), in: Annegret Jürgens-Kirchhoff (Hg.), *Warshots. Krieg, Kunst & Medien* (= Schriften der Guernica-Gesellschaft, Bd. 17), Weimar 2006, S. 119–130.

Jürgens-Kirchhoff, Annegret (Hg.): *Warshots. Krieg, Kunst & Medien* (= Schriften der Guernica-Gesellschaft, 17). Weimar 2006, hier Bd. 17.

Jürgens-Kirchhoff, Annegret: Der Beitrag der Schlachtenmalerei zur Konstruktion von Kriegstypen, in: Dietrich Beyrau (Hg.), *Formen des Krieges. Von der Antike bis zur Gegenwart* (= Krieg in der Geschichte, Bd. 37), Paderborn, München, Wien, Zürich 2007, S. 443–478.

Kaiser, Ulrike: Naturvölker, in: Susan Arndt und Antje Hornscheidt (Hg.), *Afrika und die deutsche Sprache. Ein kritisches Nachschlagewerk*, Münster [2]2009, S. 180–183.

Kalish, Stanley E. und Edom, Clifton Cedric: Picture Editing. New York 1951.

Kamber, Michael und Grimm, Fred: Bilderkrieger. Von jenen, die ausziehen, uns die Augen zu öffnen. Kriegsfotografen erzählen. Hollenstedt 2013.

Keller, Ulrich: Der Weltkrieg der Bilder. Fotoreportage und Kriegspropaganda in der illustrierten Presse 1914–1918, in: *Fotogeschichte*, 33 (130), 2013, S. 5–50.

Kelman, Peter Gerald: Protesting the National Identity. The Cultures of Protest in 1960s Japan (Diss. Univ. Sydney 2001) 2001.

Kemp, Wolfgang und von Amelunxen, Hubertus (Hg.): *Theorie der Fotografie. I–IV; 1839–1995.* München 2006.

Kennedy, Liam: „A Compassionate Vision". Larry Burrows' Vietnam War Photography, in: *Photography & Culture*, 4 (2), 2011, S. 179–194.

Kepetzis, Ekaterini: Vergegenwärtigte Antike. Studien zur Gattungsüberschreitung in der französischen und englischen Malerei (1840–1914). Frankfurt am Main 2009.

Kerbs, Diethart: Zur Geschichte der Berliner Pressefotografie im ersten Drittel des zwanzigsten Jahrhunderts, in: Diethart Kerbs und Walter Uka (Hg.), *Fotografie und Bildpublizistik in der Weimarer Republik*, Bönen 2004, S. 29–48.

Kirschbaum, Engelbert (Hg.): *Lexikon der christlichen Ikonographie* [1968]. 7. Bde. Freiburg im Breisgau, Basel, Wien 1968.

Klein, Lars: Größter Erfolg und schwerstes Trauma. Die folgenreiche Idee, Journalisten hätten den Vietnamkrieg beendet, in: Ute Daniel (Hg.), *Augenzeugen. Kriegsberichterstattung vom 18. zum 21. Jahrhundert*, Göttingen 2006, S. 193–216.

Klein, Lars: Die „Vietnam-Generation" der Kriegsberichterstatter. Ein amerikanischer Mythos zwischen Vietnam und Irak (= Göttinger Studien zur Generationsforschung, 7). Göttingen 2011.

Kleinsteuber, Hans J.: Terrorismus und Feindbilder. Zur visuellen Konstruktion von Feinden am Beispiel Osama Bin Laden und Saddam Hussein, in: Michael Beuthner (Hg.), *Bilder des Terrors – Terror der Bilder? Krisenberichterstattung am und nach dem 11. September*, Köln 2003, S. 206–237.

Kluge, Friedrich und Seebold, Elmar: Etymologisches Wörterbuch der deutschen Sprache. Berlin ^{24}2002.

Knaller, Susanne: Genealogie eines ästhetischen Authentizitätsbegriffs, in: Susanne Knaller und Harro Müller (Hg.), *Authentizität. Diskussion eines ästhetischen Begriffs*, Paderborn, München 2006, S. 17–35.

Knieper, Thomas und Müller, Marion G. (Hg.): *War Visions. Bildkommunikation und Krieg.* Köln 2005.

Knightley, Phillip: The First Casualty. The War Correspondent as Hero and Myth-Maker from the Crimea to Iraq. Baltimore 1975 (1975).

Knightley, Phillip: The Eye of War. London [u. a.] 2003.

Knoll, Nina: Krieg Kamera Kunst. Krisenberichterstattung im Kunstmuseum (Phil. Diss. Karlsruhe 2012). Stuttgart, Karlsruhe 2013.

Knoll, Paul: Presse, in: K. W. Wolf-Czapek (Hg.), *Angewandte Photographie in Wissenschaft und Technik,* 4 Bde., Bd. 3, Berlin 1911, S. 77–95.

Kobre, Kenneth: Photojournalism. The Professionals' Approach. Somerville 1980.

Köppen, Manuel: Das Entsetzen des Beobachters. Krieg und Medien im 19. und 20. Jahrhundert (Habil. Universität Berlin 2004). Heidelberg 2005.

Korte, Barbara und Tonn, Horst (Hg.): *Kriegskorrespondenten. Deutungsinstanzen in der Mediengesellschaft.* Wiesbaden 2007.

Kozol, Wendy: Life's America. Family and Nation in Postwar Photojournalism. Philadelphia 1994.

Kracauer, Siegfried: Die Photographie [1927], in: Siegfried Kracauer (Hg.), *Das Ornament der Masse*, Frankfurt am Main 1977, S. 21–39.

Krois, John Michael: Die Universalität der Pathosformeln. Der Leib als Symbolmedium, in: Hans Belting (Hg.), *Quel Corps? Eine Frage der Repräsentation*, München 2002, S. 295–307.

Kutler, Stanley I. (Hg.): *Encyclopedia of the Vietnam War.* New York 1996.

Landwehr, Achim: Historische Diskursanalyse (= Historische Einführungen, 4). Frankfurt am Main 2008.

Landwehr, Achim: Diskurs und Diskursgeschichte. Version 1.0, in: *Docupedia-Zeitgeschichte*, 11 (2), 2010, unter: <http://docupedia.de/zg/Diskurs_und_Diskursgeschichte> .

Larry Burrows: Larry Burrows. Compassionate Photographer. New York 1972.

Lasswell, Harold D.: The Theory of Political Propaganda, in: *American Political Science Review*, 21 (4), 1927, S. 627–631.

Leifer, Michael: Dictionary of the Modern Politics of South-East Asia. London 1996.

Leroy, Catherine: Up Hill 881 with the Marines, in: *Life*, 62 (20), 19.5.1967, S. 40–44A.

Leroy, Catherine: A Tense Interlude with the Enemy in Hué, in: *Life*, 64 (7), 16.2.1968, S. 22–29.

Leroy, Catherine: Soldiers of North Vietnam Strike a Pose for her Camera, in: *Life*, 64 (7), 16.2.1968, S. 22–29.

Leroy, Catherine: This is that war, in: *Look*, 32 (10), 14.5.1968, S. 24–32.

Leroy, Catherine (Hg.): *Under Fire. Great Photographers and Writers in Vietnam.* New York 2005.

Lethen, Helmut: *Migrant Mother* im Zeitalter der Zirkulation, in: Peter Geimer und Michael Hagner (Hg.), *Nachleben und Rekonstruktion. Vergangenheit im Bild*, Paderborn 2012, S. 111–133.

Life (Hg.): *The Great Life Photographers.* London 2009.

Lockwood, Lee: North Vietnam Under Siege, in: *Life*, 62 (14), 7.4.1967, S. 33–44D.

Löffelholz, Martin (Hg.): *Krieg als Medienereignis. Krisenkommunikation im 21. Jahrhundert.* Wiesbaden 2004.

Loke, Margarett: Photography Review. The Vietnam War's Costs, Shown Fearlessly by a Gentle Casualty, in: *The New York Times* 13.3.1998, unter: <http://www.nytimes.com/1998/03/13/arts/photography-review-the-vietnam-war-s-costs-shown-fearlessly-by-a-gentle-casualty.html?pagewanted=all&src=pm> (1.5.2012).

Long, Ngô Viñh: Vietnamese Perspective, in: Stanley I. Kutler (Hg.), *Encyclopedia of the Vietnam War*, New York 1996, S. 591–611.

Lucchesi Palli, E. und Hoffscholte, L.: Beweinung Christi, in: Engelbert Kirschbaum (Hg.), *Lexikon der christlichen Ikonographie,* 7 Bde., Bd. 1, Freiburg im Breisgau, Basel, Wien 1968, S. 278–282.

Luce, Henry: The Camera as Essayist, in: *Life*, 2 (17), 26.4.1937, S. 62–63.

Lugon, Olivier: Le style documentaire. D'August Sander à Walker Evans, 1920–1945 (= Le champ de l'image). Paris 2001.

Lutz, Catherine A. und Collins, Jane L.: Reading National Geographic. Chicago 1994.

Maar, Christa (Hg.): *Iconic Turn. Die neue Macht der Bilder.* Köln [3]2005.

Maccarthur, John R.: Die Schlacht der Lügen. Wie die USA den Golfkrieg verkauften. München 1993.

Mai, Ekkehard: Historienbilder im Wandel. Aspekte zu Form, Funktion und Ideologie ausgangs des 19. und im 20. Jahrhundert, Mai, Ekkehard (Hg.): Historienbilder im Wandel. Aspekte zu Form, Funktion und Ideologie ausgangs des 19. und im 20. Jahrhundert. 1987, S. 151–163.

Maletzke, Gerhard: Propaganda. Eine begriffskritische Analyse, in: *Publizistik*, 17 (2), 1972, S. 153–164.

Martin, Andrew: Receptions of War. Vietnam in American Culture (= Oklahoma project for discourse and theory, 10). Norman 1993.

Matthias, Agnes: Die Fotografie, der Krieg und das Feuilleton. Künstlerische und journalistische Positionen im Widerstreit, in: *Fotogeschichte*, 24 (94), 2004, S. 43–56.

Matthias, Agnes: Die Kunst, den Krieg zu fotografieren. Krieg in der künstlerischen Fotografie der Gegenwart (Phil. Diss. Tübingen 2003). Marburg 2005.

McCombe, Leonard: The Private Life of Gwyned Filling, in: *Life*, 24 (18), 3.5.1948, S. 103–114.

McCullin, Donald: The Destruction Business. London 1971.

Meincke, Guido: Anja Niedringhaus. At War 2002–2009, Meincke, Guido (Hg.): Anja Niedringhaus. At War 2002–2009. Köln 2015, S. 118–124.

Meyerson, Harvey und Leroy, Catherine: Choppers and the New Kind of War, in: *Look*, 32 (9), 30.4.1968, S. 92–100.

Miller, Russell: Magnum. Fifty Years at the Front Line of history. London 1999.

Mitchell, W. J. T.: Pictorial Turn. Eine Antwort, in: Hans Belting (Hg.), *Bilderfragen. Die Bildwissenschaften im Aufbruch*, München 2007, S. 37–45.

Moeller, Susan D.: Shooting War. Photography and the American Experience of Combat. New York 1989.

Mok, Michael: In They Go. To the Reality of this War (Photographs by Paul Schutzer), in: *Life,* 59 (29), 26.11.1965, S. 50–63.

Molderings, Herbert: Umbo. Otto Umbehr 1902–1980. Düsseldorf 1996.

Mollin, Gerhard Th.: Die USA und der Kolonialismus. Amerika als Partner und Nachfolger der belgischen Macht in Afrika 1939–1965. Berlin 2009.

Moore, Julia: Die U.S. Army Combat Artists Teams in der Zeit des Vietnamkriegs, Moore, Julia (Hg.): Die U.S. Army Combat Artists Teams in der Zeit des Vietnamkriegs. 2003, S. 278–281.

Morris, John G.: Get the Picture. A Personal History of Photojournalism. New York 1998.

Moser, Don: Battle Jump in Vietnam. U.S. Paratrooper in a Stepped-up War (Photographed by Co Rentmeester), in: *Life*, 62 (19), 10.3.1967, S. 72–77.

Moser, Don: Their Mission. Defend, Befriend (Photographed by Co Rentmeester), in: *Life*, 63 (8), 25.8.1967, S. 24–28, 58A–62.

Moser, Don: The Edge of Peace. Photographed by Larry Burrows, in: *Life*, 65 (19), 8.11.1968, S. 26.

Müller, Marion G. und Knieper, Thomas: Krieg ohne Bilder?, in: Thomas Knieper und Marion G. Müller (Hg.), *War Visions. Bildkommunikation und Krieg*, Köln 2005, S. 7–21.

Nachtwey, James, unter: <http://www.jamesnachtwey.com/> (16.6.2016).

Newhall, Beaumont: The History of Photography. From 1839 to the Present Day. New York 1949.

o. A.: Snapshot of a Race, in: *Collier's*, XLIII (7), 8.5.1909, S. 8.

o. A.: The Word's Two Wars. Teruel Falls and Tsingtao Burns, in: *Life*, 4 (4), 24.1.1938, S. 9–15.

o. A.: Editorial. Three Americans, in: *Life*, 15 (12), 20.9.1943, S. 34–35.

o. A.: Genfer Abkommen über den Schutz von Zivilpersonen in Kriegszeiten. Vom 12. August 1949. Tübingen 1950.

o. A.: Brussels Light-Up Time, in: *Life*, 44 (19), 12.5.1958, S. 47–56.

o. A.: Vietnam. Build-Up on a Hot Border, *Life*, 57 (8), 21.8.1964, S. 26–31.

o. A.: Alert in Vietnam. Americans Work and Fight as the Crisis Gets Worse, in: *Life*, 57 (22), 27.11.1964, S. 30–52.

o. A.: The Violent End of a Man Called Malcolm X, in: *Life*, 58 (9), 5.3.1965, S. 26–31.

o. A.: Armed Forces. The Fighting American, in: *Time*, 85 (17), 23.4.1965, S. 22–26.

o. A.: Letters to the Editors, in: *Life*, 61 (21), 18.11.1966, S. 31.

o. A.: The ‚bac si' from Iowa, in: *Life*, 62 (7), 17.2.1967, S. 76A–82.

o. A.: Editorial. The Case for Bombing Pause Number 7, *Life*, 63 (16), 20.10.1967, S. 4.

o. A.: The Six-Hour War for the Embassy Saigon and Khe San, in: *Life*, 64 (6), 9.2.1968, S. 22–29.

o. A.: Vietnam. One Week's Dead, in: *Life*, 66 (25), 27.6.1969, S. 20–32.

o. A.: Vietnam. A Compassionate Vision, in: *Life*, 70 (7), 26.2.1971, S. 34–45.

o. A.: Vesperbild, in: Gerhard Strauss und Harald Olbrich (Hg.), *Lexikon der Kunst,* 6 Bde., Bd. 5, München 1996, S. 615–616.

o. A.: Berühmtes Vietnam-Foto gelöscht. Aftenposten greift Facebook an, in: *Süddeutsche Zeitung* 9.9.2016, unter: <http://www.sueddeutsche.de/digital/napalm-girl-beruehmtes-vietnam-foto-geloescht-aftenposten-greift-facebook-an-1.3154517> (10.9.2016).

Okamura, Akihiko: A Little War, Far Away–and Very Ugly, in: *Life*, 56 (24), 12.6.1964, S. 34–44C.

Olson, John: The Battle that Regained and Ruined Hué, in: *Life*, 64 (10) 8.3.1968, S. 24–28.

Orshefsky, Milton: Joan of Arc or Dragon Lady, in: *Life*, 53 (17), 26.10.1962, S. 55–64.

Orshefsky, Milton: Despite Battlefield Setbacks there is Hope–with Caution, in: *Life*, 54 (4), 25.1.1963, S. 31–33.

Orvell, Miles: American Photography. Oxford 2003.

Page, Tim: The Battle of Chu Lai. the Instant a Marine is Shot (Photographed by Tim Page), in: *Life*, 59, (10) 3.9.1965, S. 22-33, 68-76.

Page, Tim: Tim Page's Nam. Introduction by William Shawcross. London 1983.

Page, Tim: Another Vietnam. Pictures of the War from the Other Side (Doug Niven und Chris Riley Hg.). Washington 2002.

Page, Tim: Vietnam Through the Lens of Larry Burrows, in: *MHQ: the quaterly journal of military history*, 22 (3), 2010, S. 72–83.

Palli, Elisabeth Lucchesi und Jászai, Géza: Kreuzigung Christi, in: Engelbert Kirschbaum (Hg.), *Lexikon der christlichen Ikonographie,* 7 Bde., Bd. 2, Freiburg im Breisgau, Basel, Wien 1968, S. 606–642.

Panofsky, Erwin: Die altniederländische Malerei. Ihr Ursprung und Wesen. Bd. 1. Köln 1953 (1953).

Panzer, Mary: Introduction, in: Mary Panzer und Christian Caujolle (Hg.), *Things as They Are. Photojournalism in Context since 1955*, New York 2005, S. 8–33.

Panzer, Mary und Caujolle, Christian (Hg.): *Things as They Are. Photojournalism in Context since 1955*. New York 2005.

Parker, Maynard: Marines Blunt Invasion from the North. (Photographed by Larry Burrows and Co Rentmeester), in: *Life*, 61 (18), 28.10.1966, S. 30–38.

Parks, Tim: Pretty Violence, in: *NYR Daily* 21.12.2015, unter: <http://www.nybooks.com/daily/2015/12/21/pretty-violence-david-shields-war-is-beautiful/> (22.12.2015).

Parr, Martin und Badger, Gerry: The Photobook. A History. Bd. 1. 2. Bde. London 2007.

Patterson, Oscar: Television's Living Room War in Print. Vietnam in the News Magazines, in: *Journalism Quarterly*, 61 (spring), 1984, S. 35–39.

Paul, Gerhard: Die Geschichte hinter dem Foto. Authentizität, Ikonisierung und Überschreibung eines Bildes aus dem Vietnamkrieg, in: *Zeithistorische Forschungen/Studies in Contemporary History, Online Ausgabe*, 2, S. 1–15, unter: <http://www.zeithistorische-forschungen.de/site/40208413/default.aspx>.

Paul, Gerhard: Bilder des Krieges – Krieg der Bilder. Die Visualisierung des modernen Krieges. Paderborn 2004.

Paul, Gerhard: Der Vietnamkrieg als Sonderfall und Wendepunkt in der Geschichte der Visualisierung des modernen Krieges?, in: Thomas Knieper und Marion G. Müller (Hg.), *War Visions. Bildkommunikation und Krieg*, Köln 2005, S. 80–104.

Paul, Gerhard: „Mushroom Clouds". Entstehung, Struktur und Funktion einer Medienikone des 20. Jahrhunderts im interkulturellen Vergleich, Paul, Gerhard (Hg.): „Mushroom Clouds". Entstehung, Struktur und Funktion einer Medienikone des 20. Jahrhunderts im interkulturellen Vergleich. 2006, S. 243–264.

Pawek, Karl: Was ist der Mensch? (= Weltausstellung der Photographie, 1). Hamburg 1964.

Pawlak, Anna und Schankweiler, Kerstin (Hg.): *Ästhetik der Gewalt. Gewalt der Ästhetik* (= Schriften der Guernica-Gesellschaft, 19). Weimar 2013, hier Bd. 19.

Pelletier, George: Currier Museum Confronts War as Hell in New ‚Dispatches' Exhibit, in: *Bedford Journal* 30.8.2013, unter: <http://www.cabinet.com/bedfordjournal/bedfordreadersubmitted/1014554-308/currier-museum-confronts-war-as-hell-in.html> (29.1.2014).

Pelley, Patricia M.: Postcolonial Vietnam. New Histories of the National Past. Durham, London 2002.

Pentecost, Debra: War Photojournalism and Audiences. Making Meaning from Tragic Moments (Phil Diss. Vancouver 2002). Ottawa 2004.

Peters, John Durham: Witnessing, in: *Media, Culture & Society*, 23 (6), 2001, S. 707–723.

Ploetz, Michael: Rezension von: Pete Hamill: Vietnam. The Real War. A Photographic History by The Associated Press, New York 2013, in: *sehepunkte*, 13 (12), 2013, unter: <http://www.sehepunkte.de/2013/12/24140.html> (03.11.2015).

Polte, Maren: Andreas Gursky, in: Lynne Warren (Hg.), *Encyclopedia of Twentieth-Century Photography*, New York, London 2006, S. 643–644.

Prendergast, Curtis und Colvin, Geoffrey: The World of Time Inc. The Intimate History of a Changing Enterprise. Volume Three: 1960–1980. 3. Bde. New York 1986.

Price, Derrick: Surveyors and Surveyed. Photography Out and About, in: Liz Wells (Hg.), *Photography. A Critical Introduction*, London, New York ^{3}2004, S. 67–111.

Probst, Volker G.: Bilder vom Tode. Eine Studie zum deutschen Kriegerdenkmal in der Weimarer Republik am Beispiel des Pietà-Motives und seiner profanierten Varianten (Phil. Diss. Hamburg 1986). Hamburg 1986.

Prochnau, William W.: Once Upon a Distant War. David Halberstam, Neil Sheehan, Peter Arnett–Young War Correspondents and Their Early Vietnam Battles. New York 1995.

Pyle, Richard und Faas, Horst: Lost over Laos. A True Story of Tragedy, Mystery, and Friendship. Cambridge 2003.

Reck, Hans Ulrich: Kunst als Medientheorie. Vom Zeichen zur Handlung. München 2003.

Rehm, Ulrich: Stumme Sprache der Bilder. Gestik als Mittel neuzeitlicher Bilderzählung (= Kunstwissenschaftliche Studien, 106). München, Berlin 2002.

Ricketson, Matthew: Writing Feature Stories. How to Research and Write Newspaper and Magazine Articles. Crows Nest 2004.

Rosler, Martha: Drinnen, Drumherum und nachträgliche Gedanken (zur Dokumentarfotografie) [1989], Rosler, Martha (Hg.): Drinnen, Drumherum und nachträgliche Gedanken (zur Dokumentarfotografie). 1999, S. 105–150.

Rosler, Martha: In, Around, and Afterthoughts (on Documentary Photography) [1989], in: Liz Wells (Hg.), *The Photography Reader*, London 2003, S. 261–273.

Rowan, Roy: Stormy Thrust toward the Talk of Peace. Photographed by Co Rentmeester, Larry Burrows and Tim Page, in: *Life*, 64 (20), 17.5.1968, S. 24–36.

Runge, Evelyn: Glamour des Elends. Ethik, Ästhetik und Sozialkritik bei Sebastião Salgado und Jeff Wall (Phil. Diss. München 2010). Köln 2011.

Saar, John: A Frantic Night at the Edge of Laos. Photographed by Larry Burrows, in: *Life*, 70 (6), 19.2.1971, S. 26–31.

Sachsse, Rolf: Der Körper des Kriegs im Akt des Fotografen. Bildjournalismus und Kunst nach der Fotografie, in: *Kunstforum International*, 165, 2003, S. 99–105.

Sachsse, Rolf: Polemoskop und Martial Arts. Über die Rolle der Photographie im modernen und postmodernen Krieg, Sachsse, Rolf (Hg.): Polemoskop und Martial Arts. Über die Rolle der Photographie im modernen und postmodernen Krieg. 2003, S. 261–277.

Sachsse, Rolf: Bildjournalismus, in: Leon R. Tsvasman (Hg.), *Das grosse Lexikon Medien und Kommunikation*, Würzburg 2006, S. 56–57.

Said, Edward W.: Orientalismus. Frankfurt am Main [2]2010 (1978).

Salvadori, Ruben: *Photojournalism Behind the Scenes* 2013, unter: <http://www.rubensalvadori.com/index.php/project/photojournalism-behind-the-scenes/> (27.7.2016).

Schankweiler, Kerstin: Bildproteste. Digitale Bildkulturen, Berlin 2019.

Scheufele, Bertram: Visuelles Medien-Framing und Framing-Effekte, in: Thomas Knieper (Hg.), *Kommunikation visuell. Das Bild als Forschungsgegenstand – Grundlagen und Perspektiven*, Köln 2001.

Schmölders, Claudia: Affekte, in: Uwe Fleckner, Martin Warnke und Hendrik Ziegler (Hg.), *Handbuch der politischen Ikonographie,* 2 Bde., München 2008, S. 29–35.

Schneider, David M.: American Kinship. A Cultural Account. Chicago [2]1988 (1980).

Schneider, Ralf: Der Krieg, die Künste Medien. Theoretische Überlegungen, in: Annegret Jürgens-Kirchhoff (Hg.), *Warshots. Krieg, Kunst & Medien* (= Schriften der Guernica-Gesellschaft, Bd. 17), Weimar 2006, S. 11–29.

Schulte, Judith: Strategien impliziter Gewalt in den Kriegsfotografien von Tim Hetherington, in: Anna Pawlak und Kerstin Schankweiler (Hg.), *Ästhetik der Gewalt. Gewalt der Ästhetik* (= Schriften der Guernica-Gesellschaft, Bd. 19), Weimar 2013, S. 197–211.

Schwarte, Kristina Isabel: Embedded Journalists. Kriegsberichterstattung im Wandel (= Einsprüche, 18). Münster 2007.

Schwartz, Dona: On the Line. Crossing Institutional Boundaries between Photojournalism and Photographic Art, in: *Visual Studies*, 5 (2), 1990, S. 22–29.

Schweicher, Curt: Grablegung Christi, in: Engelbert Kirschbaum (Hg.), *Lexikon der christlichen Ikonographie,* 7 Bde., Freiburg im Breisgau, Basel, Wien 1968, S. 192–196.

Schwingeler, Stephan und Weber, Dorotheé: Das wahre Gesicht des Krieges. Die Hinrichtung in Saigon von Eddie Adams. Das Enstehen einer Ikone vor dem Hintergrund ihrer Publikationsgeschichte in den Printmedien, in: *Kritische Berichte*, 33 (1), 2005, S. 36–50.

Seib, Gerhard: Rast Christi, letzte, in: Engelbert Kirschbaum (Hg.), *Lexikon der christlichen Ikonographie,* 7 Bde., Bd. 3, Freiburg im Breisgau, Basel, Wien 1968, S. 496–498.

Sekula, Allan: On the Invention of Photographic Meaning [1974], Sekula, Allan (Hg.): On the Invention of Photographic Meaning, hier Bd. 13. 1984, S. 3–21.

Sekula, Allan: Den Modernismus demontieren, das Dokumentarische neu erfinden. Bemerkungen zur Politik der Repräsentation [1976, 1978], in: Wolfgang Kemp und Hubertus von Amelunxen (Hg.), *Theorie der Fotografie. I–IV; 1839–1995*, Bd. 4, München 2006, S. 120–129.

Sekula, Allan: Reading an Archive [1986], in: Liz Wells (Hg.), *The Photography Reader*, London 2003.

Sherer, Michael: Comparing Magazine Photos of Vietnam and Korean Wars, in: *Journalism & Mass Communication Quarterly*, 65 (3), 1988, S. 752–756.

Shields, David und Hickey, Dave: War is Beautiful. The New York Times Pictorial Guide to the Glamour of Armed Conflict. New York 2015.

Smith, Eugene: Country Doctor, in: *Life*, 25 (12), 20.9.1948, S. 115–126.

Smith, Marshall: „Junk Navy“ Has a Quietly Perlious Mission (Photographed by John Loengard), in: *Life*, 57 (22), 27.11.1964, S. 36–39.

Smith, W. Eugene: The Battlefield of Iwo, in: *Life*, 18 (15), 9.4.1945, S. 93–101.

Sochurek, Howard: Bold French Get the Jump on Vietminh, in: *Life*, 35 (24), 14.12.1953, S. 32–36.

Sochurek, Howard; Mecklin, John und Sully, Francois: Battle in Saigon. An Eyewitness report of Vietnam's Civil War, in: *Life*, 38 (19), 9.5.1955, S. 26–33.

Sofsky, Wolfgang: Todesarten. Über Bilder der Gewalt. Berlin 2011.

Solomon-Godeau, Abigail: Wer spricht so? Einige Fragen zur Dokumentarfotografie [1991], in: Herta Wolf (Hg.), *Diskurse der Fotografie. Fotokritik am Ende des fotografischen Zeitalters*, Frankfurt am Main 2007, S. 53–74.

Solomon-Godeau, Abigail: ‚The Family of Man'. Den Humanismus für eine postmoderne Zeit aufpolieren, in: Jean Back und Viktoria Schmidt-Linsenhoff (Hg.), *The Family of Man 1955–2001. Humanismus und Postmoderne: eine Revision von Edward Steichens Fotoausstellung*, Marburg 2004, S. 28–55.

Sontag, Susan: On Photography. New York 2001 (1977).

Sontag, Susan: Das Leiden anderer betrachten. Frankfurt am Main ^{2}2008 (2003).

Spark, Alasdair: Flight Controls. The Social History of the Helicopter as a Symbol of Vietnam, in: Jeffrey Walsh und James Aulich (Hg.), *Vietnam Images. War and Representation*, London 1989, S. 36–57.

Staiger, Jan: Selbstorganisation, Nicht-Linearität, Viabilität. Eine konstruktivistisch-sozialsystematische Perspektive auf Kriegsberichterstattung, in: Martin Löffelholz (Hg.), *Krieg als Medienereignis. Krisenkommunikation im 21. Jahrhundert*, Wiesbaden 2004, S. 145–168.

Starl, Timm: Dokumentarfotografie. Anmerkungen zu einem fragwürdigen Begriff, in: *Pakt*, 4, 1994, S. 26–29.

Steel, Andy: Photojournalism. The World's Top Photographers and the Stories Behind their Greatest Images. Mies 2006.

Steichen, Edward: Introduction, Steichen, Edward (Hg.): Introduction. 1955.

Stein, Sally: Mainstream-Differenzen. Das unverwechselbare Aussehen von *Life* und *Look* in der Medienkultur der USA, in: Herta Wolf (Hg.), *Diskurse der Fotografie. Fotokritik am Ende des fotografischen Zeitalters*, Frankfurt am Main 2007, S. 135–172.

Stiegler, Bernd (Hg.): *Texte zur Theorie der Fotografie.* Stuttgart 2010.

Stur, Heather Marie: Beyond Combat. Women and Gender in the Vietnam War Era. New York 2011.

Sumner, David E.: The Magazine Century. American Magazines since 1900 (= Mediating American history, 9). New York 2010.

Szczepaniak, Monika: „Ritter der Lüfte". Der Kampfflieger als (post)heroische Männlichkeitskonstruktion, in: Claudia Glunz und Thomas F. Schneider

(Hg.), *Wahrheitsmaschinen. Der Einfluss technischer Innovationen auf die Darstellung und das Bild des Krieges in den Medien und Künsten.* Krieg und Literatur (= Schriften des Erich-Maria-Remarque-Archivs, Bd. 25), Göttingen 2010, S. 241–252.

Talbot, William Henry Fox: The Pencil of Nature. München 1844 (1844).

The Editors: An Editorial, in: *Look*, 32 (10), 14.5.1968, S. 33.

The Museum of Modern Art: *Press Release. Photography Exhibition „Korea – The Impact of War“,* unter: <http://www.moma.org/pdfs/docs/press_archives/1497/releases/MOMA_1951_0015_1951-02-08_510208-11.pdf?2010> (16.4.2014).

The Museum of Modern Art: *Press Release. The Photo Essay*, unter: <http://www.moma.org/learn/resources/press_archives/1960s/1965> (25.10.2012).

The Museum of Modern Art: *Press Release. New Documents (*28.2.–7.5.1967), unter: <https://www.moma.org/momaorg/shared/pdfs/docs/press_archives/3860/releases/MOMA_1967_Jan-June_0034_21.pdf?2010> (10.8.2016).

Uka, Walter: Die Modernisierung der Pressefotografie. Zur Geschichte der Bildreportage in der Weimarer Republik, in: Elke Grittmann, Irene Neverla und Ilona Ammann (Hg.), *Global, lokal, digital. Fotojournalismus heute*, Köln 2008, S. 238–252.

van Kesteren, Geert: Why Mister, Why? Iraq, 2003–2004. Amsterdam 2004.

Vettel-Becker, Patricia: Shooting from the Hip. Photography, Masculinity, and Postwar America. Minneapolis 2005.

Viehoff, Reinhold und Fahlenbrach, Kathrin: Ikonen der Medienkultur. Über die verschwindende Differenz von Authentizität und Inszenierung der Bilder in der Geschichte, in: Michael Beuthner (Hg.), *Bilder des Terrors – Terror der Bilder? Krisenberichterstattung am und nach dem 11. September*, Köln 2003, S. 42–59.

Vogel, Christine (Hg.): *Bilder des Schreckens. Die mediale Inszenierung von Massakern seit dem 16. Jahrhundert.* Frankfurt am Main 2006.

Vowinckel, Annette: Agenten der Bilder. Fotografisches Handeln im 20. Jahrhundert (= Visual history, Band 2). Göttingen 2016.

Walter Wade: *„I have rather been a hawk“. Image Vernacular and Visual Narrative in the Vietnam War Photojournalism of Larry Burrows*, unter: <http://citation.allacademic.com/meta/p_mla_apa_research_citation/2/9/8/9/1/pages298914/p298914-1.php> (12.9.2016).

Wainwright, Loudon: The Great American Magazine. An Inside History of Life. New York 1986.

Waite, Maurice: Oxford Dictionary and Thesaurus. Oxford [2]2007.

Walsh, Jeffrey und Aulich, James (Hg.): *Vietnam Images. War and Representation.* London 1989.

Walter, Christine: Bilder erzählen! Positionen inszenierter Fotografie: Eileen Cowin, Jeff Wall, Cindy Sherman, Anna Gaskell, Sharon Lockhart, Tracey Moffatt, Sam Taylor-Wood (Phil. Diss. München 2001). Weimar 2002.

Walther, Silke: Von der Fotografie als Weltsprache zum ‚Theater der Realität'. Bemerkungen zur Ausstellung ‚The Family of Man' im Museum of Modern Art New York, in: Ingeborg Reichle und Steffen Siegel (Hg.), *Maßlose Bilder. Visuelle Ästhetik der Transgression*, München 2009, S. 379–398.

Warburg, Aby Moritz: Dürer und die italienische Antike, in: Werke in einem Band, hg. v. Martin Treml u. a., Berlin 2011, S. 176–183.

Warner Marien, Mary: Photography. A Cultural History. London 2010.

Wedepohl, Claudia: Von der „Pathosformel" zum „Gebärdesprachenatlas". Dürers *Tod des Orpheus* und Warburgs Arbeit an einer ausdruckstheoretisch begründeten Kulturgeschichte, Wedepohl, Claudia (Hg.): Von der „Pathosformel" zum „Gebärdesprachenatlas". Dürers *Tod des Orpheus* und Warburgs Arbeit an einer ausdruckstheoretisch begründeten Kulturgeschichte. 2012, S. 33–50.

Weinberg, Adam D.: On the Line. The New Color Photojournalism, Weinberg, Adam D. (Hg.): On the Line. The New Color Photojournalism. 1986, S. 16–69.

Weise, Bernd: Pressefotografie I. Die Anfänge in Deutschland, ausgehend von einer Kritik bisheriger Ansätze, in: *Fotogeschichte*, 9 (31), 1989, S. 15–40.

Weise, Bernd: Pressefotografie IV. Die Entwicklung des Fotorechts und der Handel mit der Bildnachricht, 14 (52), 1999, S. 27–40.

Wells, Liz (Hg.): *The Photography Reader.* London 2003.

Werckmeister, Otto Karl: Der Medusa-Effekt. Politische Bildstrategien seit dem 11. September 2001. Berlin 2005.

Werner, Elke Anna: Embedded Artists. Augenzeugenschaft als visuelle Strategie in Kriegsdarstellungen des 16. Jahrhunderts, in: Thomas Knieper und Marion G. Müller (Hg.), *War Visions. Bildkommunikation und Krieg*, Köln 2005, S. 57–79.

Westfehling, Uwe: Helden, Anti-Helden, anonyme Helden, Westfehling, Uwe (Hg.): Helden, Anti-Helden, anonyme Helden. 1987, S. 139–150.

Whelan, Richard: Die Wahrheit ist das beste Bild. Robert Capa, eine Biographie. Köln 1993.

Whelan, Richard: Robert Capa. Die Sammlung. Berlin 2001.

Wilke, Jürgen: Kriegsbilder in der historischen (Bild-)publizistik, in: Thomas Knieper und Marion G. Müller (Hg.), *War Visions. Bildkommunikation und Krieg*, Köln 2005, S. 22–56.

Wilks, Guntram: Das Motiv der Rückenfigur und dessen Bedeutungswandlung in der deutschen und skandinavischen Malerei zwischen 1800 und der Mitte der 1940er Jahre (Phil. Diss. Greifswald 2004). Marburg 2005.

Willumson, Glenn Gardner: W. Eugene Smith and the Photographic Essay. Cambridge 1992.

Wingo, Hal: The Massacre at Mylai. Photographed by Ronald Haeberle, in: *Life*, 67 (23), 5.12.19969, S. 36–45.

Wolf, Herta (Hg.): *Diskurse der Fotografie. Fotokritik am Ende des fotografischen Zeitalters.* Frankfurt am Main 2007.

Wölfl, Jan: Kriegsberichterstattung im Vietnamkrieg (= Krieg der Medien – Medien im Krieg, 2). Münster 2005.

Wulf, Christoph und Fischer-Lichte, Erika: Einleitung, in: Christoph Wulf und Erika Fischer-Lichte (Hg.), *Gesten. Inszenierung, Aufführung, Praxis*, München 2010, S. 9–17.

Wyatt, Clarence R.: Paper Soldiers. The American Press and the Vietnam War. Chicago 1995.

Wyatt, Clarence R.: Capa, Robert, in: Clarence R. Wyatt und Martin J. Manning (Hg.), *Encyclopedia of Media and Propaganda in Wartime America*, Santa Barbara 2011, S. 627–629.

Zenck, Martin (Hg.): *Gewaltdarstellung und Darstellungsgewalt in den Künsten und Medien* (= Historische Anthropologie, 34). Berlin 2007, hier Bd. 34.

Ziethen, Rahel: Kunstkommentare im Spiegel der Fotografie. Re-Auratisierung – Ver-Klärung – Nicht-kontingente Experimente (Phil. Diss. Hildesheim 2010). Bielefeld, Berlin 2013.